Leo Karrer

Die Stunde der Laien

Leo Karrer

Die Stunde der Laien

Von der Würde eines namenlosen Standes

Herder
Freiburg · Basel · Wien

Die deutsche Bibliothek - CIP-Einheitsaufnahme
Karrer, Leo:
Die Stunde der Laien : von der Würde eines namenlosen Standes /
Leo Karrer. – Freiburg im Breisgau ; Basel ; Wien : Herder, 1999
ISBN 3-451-27093-5

Herder

Verlag Herder, Freiburg im Breisgau 1999

Umschlaggestaltung: Neil McBeath
Umschlagmotiv: © Tony Stone
Herstellung: Freiburger Graphische Betriebe
Gedruckt auf umweltfreundlichem,
chlorfrei gebleichtem Papier
Printed in Germany

ISBN 3-451-27093-5

Meiner Frau

MARIA KARRER-LEUKER

in Dankbarkeit gewidmet

Inhalt

Drittes Kapitel

Umbrüche in der Gesellschaft und deren Einfluss auf die Kirche

Viertes Kapitel

Wandel im Selbstverständnis der Kirche bzw. der »Laien«

Sechstes Kapitel

Zum Tat-Ort christlicher Praxis von Laien

Siebtes Kapitel

Kirche als Ort des Handelns der Laien

Vorwort

Schon vor Jahren regte Dr. Peter Suchla, Theologisches Lektorat im Verlag Herder, eine umfassendere Darstellung der Fragen um die Laien in der katholischen Kirche an. Da mich dieses Anliegen seit langem sehr beschäftigte, fiel seine Anregung bei mir auf grosses Interesse, zumal ich eine frühere Publikation über den »Aufbruch der Christen« weiterführen und vertiefen wollte. Aber die Amtszeit als Dekan unserer Theologischen Fakultät verzögerte das Vorhaben.

Dabei hat die Aktualität der Fragestellung nichts an Brisanz verloren. Die offizielle Kirche tut sich mit den Laien nach wie vor schwer, obwohl man deren Mitarbeit beschwört. Auf der anderen Seite tragen viele Frauen und Männer das kirchliche Leben in einer Weise mit, wie dies früher kaum denkbar gewesen wäre. Die Frage ist allerdings, ob es zuerst um innerkirchliche Sorgen geht oder um engagiertes Christsein in der Welt und unter den Menschen der heutigen Zeit. Werden die Laien zu einer Chance für eine Kirche, die sich auf Gott einlässt, verlässt und sich dabei vom innerbetrieblichen Kreisen um sich selbst befreit und sich auf die gesellschaftliche Situation hin stets neu entgrenzt? Kommt die Kirche durch die Laien zur Welt? Findet die Welt durch sie einen Weg zur Botschaft Jesu und damit zur Hoffnung auf »Leben in Fülle« (Joh 10,10)? Es geht um das Christsein in der heutigen Zeit und um die Kirche unter gesellschaftlichen Bedingungen.

Ich möchte durchaus nicht meine Meinung zurückhalten, dass ich bei der derzeitigen Situation der Kirche nur wenig Reformkraft und Erneuerungswillen bei den offiziellen Organen der Kirche entdecken kann. Damit meine ich nicht die Amtsträger persönlich, sondern die kirchlichen Leitungsinstrumente. Viel Kraft, Aufbruchwille, mystische Glut und religiöser Tiefgang begegnen mir bei einzelnen Amtsträgern und vor allem bei Laien, bei Frauen und Männern, denen die Kirche aufgrund ihrer Botschaft von einem Gott der Liebe am Herzen liegt. Wenn ich auch die Wunden der Kirche sehe, so erfahre ich doch auch ihre vielen menschlichen Wunder. Dieser charismatischen Kraft sollen die folgenden Ausführungen zu Diensten stehen.

Die Kapitel des Buches stehen alle unter der Leitlinie, daß es nicht nur um die Frage geht, was die Laien in der Kirche *tun* dürfen, sondern vor allem darum, wer sie *sind.* Auf der Basis der geschichtlichen Entwicklung des Verhältnisses von Klerus und Laien (erstes Kapitel) wird gezeigt, dass der Katholizismus seit dem 19. Jahrhundert für die Laien ein Forum dafür bildete, für ihre Kirche und die eigene gesellschaftliche Emanzipation aktiv zu werden (zweites Kapitel). Das innerkirchliche Beziehungsgefüge Klerus – Laie ist dadurch nicht angetastet worden. Diese änderte sich bewusstseinsmässig erst, als sich im Verlaufe der letzten Jahrzehnte das Verhältnis zwischen Kirche und Gesellschaft aufgrund der gesellschaftlichen Modernisierungsprozesse änderte (drittes Kapitel). Diese Umbrüche mit dem teilweisen Zerfall des Katholizismus verbanden sich mit einem kircheninternen Wandel, in dessen Verlauf sich das Kirchenbild und das Selbstverständnis der Laien ebenfalls änderten (viertes Kapitel). Vor diesem Hintergrund erfolgt die theologische Rechenschaft über das Verständnis der Laien als Christinnen und als Christen (fünftes Kapitel).

Damit ist eine historische und theologische Basis gewonnen, um nach den Tat-Orten und Formen des Engagements von Laien im gesellschaftlichen Bereich zu fragen (sechstes Kapitel). Diese Fragestellung wird auf den kirchlichen Bereich weitergezogen und Kirche als Ort für das Handeln von Laien und ihre mitverantwortliche Partizipation am kirchlichen Leben reflektiert (siebtes Kapitel). Damit wird auch partizipatorisch und strukturell gefragt, wer die Laien sind. Das Schlusskapitel widmet sich den spirituellen Perspektiven der »Subjektwerdung« als Christen und Christinnen in der aktuellen Stunde von Gesellschaft und Kirche.

Von der Natur der einzelnen Kapitel her mit ihren thematischen Schwerpunkten liessen sich gewisse Überschneidungen und damit Wiederholungen bestimmter Bezugspunkte nicht ganz vermeiden.

Zum Schluss ist es mir ein grosses Bedürfnis, all jenen zu danken, die das Entstehen dieses Buches begleitet, unterstützt und es auf ihre Weise mitverfasst haben. Was sich so systematisch sammelt, ist ja letztlich das Ergebnis unzähliger Gespräche, Anregungen und Hinweise, die man anderen verdankt.

Ein besonderer Dank geht an Dr. Peter Suchla, der diese Publikation nicht nur angeregt, sondern ihr Entstehen auch konzeptionell und textlich aufmerksam gefördert hat. Ganz herzlich danke ich auch Gertrud Hagleitner-

Huber (Lustenau) für ihr hilfreiches und kritisches Gegenlesen des Manuskripts.

Einen besonderen Dank schulde ich Bernadette Schacher (Fribourg), die nicht nur das Manuskript umsichtig betreute, sondern auch stets als interessierte Gesprächspartnerin erreichbar war.

Für das mühsame Korrekturlesen der Druckfahnen sei Eleonore Näf (Fribourg) und Thomas Kleinhenz (Zürich) mein Dank ausgesprochen.

Schliessen möchte ich mit einem herzlichen Dankeswort an meine Frau, die sich nicht nur eingehend des Manuskripts, sondern auch der Druckfahnen angenommen hat. Ihr widme ich dieses Buch, denn in unserer Partnerschaft ist sie eine entschiedene Anwältin der Wirklichkeit mit all ihren Realitäten.

Marly/Fribourg, 7. Juli 1999 LEO KARRER

Erstes Kapitel

Weichenstellungen in der Kirchengeschichte

Die Frage nach den Laien ist an ihrer Wurzel eine Frage nach der Kirche und nach deren Selbst-Verständnis. Dies belegt schon ein Blick auf die Geschichte der Kirche. Im Spiegel des Schicksals der Laien erkennen wir das gesellschaftliche und gemeindliche Leben, die pastoralen Wege, die spirituellen Leitbilder, die Institution Kirche und die Politik ihrer Entscheidungsträger.

Das allein ist schon Grund genug, sich über den geschichtlichen Werdegang der Laien in der Kirche Rechenschaft zu geben. Ein weiterer Grund liegt darin, dass wir die Gegenwart mit ihren Umbrüchen und Wandlungsprozessen ohne geschichtlichen Hergang gar nicht verstehen können. Ohne Kenntnis der Vergangenheit und ohne Bezug zur Gegenwart ist kein produktives Verhältnis zur Zukunft zu finden. Zudem birgt die Vergangenheit mit ihren verschlungenen Geschichten und mit ihrer gleichzeitigen Vielfalt von Lösungsversuchen und Wegen Lehrgeld für die Beantwortung heutiger Fragen. Natürlich ist Geschichte nicht simpel zu kopieren, denn sie wiederholt sich nicht einfach. Aber trotzdem zeigt sie Abläufe, Entwicklungen und Wachstumsgesetze, setzt Lehren frei, von denen wir heute lernen können.

Theologisch nennen wir das die Tradition, die sowohl die Kontinuität der Glaubensvermittlung von einer geschichtlichen Phase in die andere meint, als auch den Glaubensinhalt, den Glaubensschatz. Sie ist verbindendes Element von Gegenwart und Ursprung. – Im Zusammenhang mit sogenannten heissen Eisen in der aktuellen Kirchenstunde gibt es die »Traditionalisten«, die wie z.B. Erzbischof M. Lefèbvre den ganzen Glaubensschatz an seiner Form im 16. Jahrhundert (Konzil von Trient) oder im letzten Jahrhundert festmachen wollen. Dabei werden entscheidende geschichtliche Phasen übersehen oder mutwillig unterschlagen. Deshalb sind diese konservativen Kräfte in Wahrheit gar keine Traditionalisten. Wahre Traditionalisten sind jene, die den ganzen Reichtum der kirchlichen Tradition bis zu ihrem Ursprung ernstnehmen und von daher die Probleme in der Kirche einer Lösung zuführen wollen.

Dies gilt auch für die Frage nach den Laien. Ein offener Blick auf die Kirchengeschichte zeigt viel Freiheit, wie heute gehandelt und entschieden werden könnte. Es zeigt sich ferner, dass am Anfang manches nicht so war, wie es heute ist, woraus sich ergibt, dass auch heute kirchliche Wandlungen und Reformen theologisch möglich sind

Der folgende kirchengeschichtliche Aufriss verdeutlicht, dass die Stellung der Laien das allgemeine Bild der Kirche widerspiegelt und die christliche Dimension von Kirche deutet und auslegt. Dabei wird das Augenmerk vor allem auf das Verhältnis von Laien und Klerus gerichtet. Es wird offenkundig, dass schon der Begriff »Laie« eine vielfältige semantische Karriere quer durch die Kirchengeschichte durchlaufen hat.

1 »Volk Gottes« in der Spannung zur heidnischen Umwelt

In den urchristlichen Gemeinden besteht die wesentliche Spannung der Kirche nicht in einer Unterscheidung von Klerus und Laien, sondern im Gegensatz des Christentums zur heidnischen Um-Welt. Die ganze christliche Gemeinde ist vom Bewusstsein getragen, zur Verkündigung des Heils in und durch Jesus Christus berufen zu sein. Mit dem Wort »Klerus« (1 Ptr 5,3) ist paradoxerweise die ganze Gemeinde gemeint, das ganze christliche Volk als Anteil und Los Gottes.

Das Wort »Laie«, dessen verwirrende Begriffsgeschichte alles andere als geradlinig verlaufen ist, kann in seiner ursprünglichen Bedeutung recht eindeutig erhoben werden. Ein unvoreingenommener Zugang zur biblischen Bedeutung des Wortes »Laie« bedingt, dass wir uns nicht von heutigen Kirchenordnungen und gängigen Vorstellungen bestimmen lassen. Laie geht ursprünglich auf das griechische Wort »laikos« zurück. Und dieser Begriff leitet sich ab von »laos«, womit eine Vielheit von Menschen, das Volk oder die Volksmenge bezeichnet wurden. Dieses profane Wort gelangte über die Septuaginta, die bedeutendste Übersetzung des Alten Testamentes ins Griechische, in die Bibel, und damit auch in die neutestamentliche Literatur. In der Septuaginta war mit »laos« das Volk Israel, das Volk Gottes gemeint.

Im Neuen Testament meint »laos« die einfachen Leute, die Menschenmenge oder dann im Sinn der Septuaginta das Volk Israel. Neben solchen Begriffsdeutungen wird nun aber »laos« auch auf die gläubigen Christen übertragen. – Gott selbst hat »aus den Heiden ein Volk für seinen Namen gewonnen« (Apg 15,14). Wer den »für euch bestimmten Christus« (Apg 3,20), den Propheten nicht hört, »wird aus dem Volk ausgerottet werden« (Apg 3,23).

Der Herr sprach zu Paulus: »Rede, schweige nicht ... denn ich bin mit dir ... Viel Volk nämlich gehört mir in dieser Stadt« (Apg 18,9f.). Nach Paulus sind die gläubig gewordenen Heiden »mein Volk«: »Ich werde ihr Gott sein und sie werden mein Volk sein« (2 Kor 6,16; vgl. Tit 2,14). Im Hebräerbrief wird dieser Begriff »Volk« nun für die christliche Gemeinde verwendet. Die Prophezeiung des Jeremias (31,31–34) vom »neuen Bund« (Hebr 8,13) wird in der christlichen Gemeinde als erfüllt betrachtet. Das Volk ist nun nicht mehr durch Beschneidung und durch die Befolgung der Kultvorschriften gekennzeichnet, sondern durch den Glauben an Jesus Christus. Der Glaube an das Evangelium entscheidet über die Zugehörigkeit zum Volk Gottes. Wir finden somit den heutigen Begriff des »Laien« in den neutestamentlichen Schriften nicht vor. Die ersten Christen nannten sich selbst vielmehr Brüder, Schüler, Auserwählte, Heilige, verstanden sich als Glieder des Volkes Gottes.[1] So werden folgerichtig im ersten Petrusbrief die Christen in ihrer Gesamtheit – in Anlehnung an das Alte Testament als »ein Volk, das sein Eigentum wurde« bezeichnet, als »eine königliche Priesterschaft, ein heiliger Stamm ....., damit ihr die grossen Taten verkündet« (1 Petr 2,9).

Schon aus diesen wenigen Befunden wird ersichtlich, dass mit »laos« alle Christen und Christinnen gemeint sind. Alle, die zum Volk Gottes gehören, sind Mitglieder des »laos«, also »Laien«, selbstverständlich auch jene, die innerhalb der christlichen Gemeinde bestimmte Aufgaben wahrnehmen. In diesem Sinn ist zu folgern, »dass der Kirche eine zutiefst laikale Struktur eignet«[2]. Entscheidend für das Verständnis des Christentums ist hier der Gegensatz zwischen Glaubenden und Nicht-Glaubenden bzw. zwischen Kirche und Welt und keine innergemeindliche ständische Unterscheidung. Die urchristlichen Gemeinden kamen ohne einen ausgrenzenden Begriff im heutigen Sinn des Wortes »Laie« aus, nahmen die Basis ernst und bezeichneten nur die Dienste eigens. Es war eine grundsätzlich geschwisterliche Gemeinschaft.

Je mehr sich die Naherwartung auf die Wiederkunft Christi verzögerte und je mehr sich die Zeit hinzog, in der sich die junge Kirche auf Dauer einrichten musste, entwickelten die Gemeinden je nach Ort und Situation angepasste und vielfältige Dienstämter und Gemeindeordnungen aus. Deren theologische Begründung folgte erst der konkreten Institutionalisierung.[3] Schon innerhalb der Abfassungszeit der neutestamentlichen Schriften und beim Eintritt in die nachapostolische Phase findet der Prozess einer gewissen praktischen Vereinheitlichung der Dienste und der »strukturellen« Ordnung ihres Gleichgewichts statt. Diese Entwicklung hatte ihre Ursachen in der missionarischen Ausweitung des christlichen Glaubens, im Schwinden der eschatologischen Naherwartung, im Aufkommen der theologischen Probleme und unterschiedlicher Lehrmeinungen und nicht zuletzt in der verstärkten Gemeindebildung und in innergemeindlichen Konflikten.

Es ist bereits deutlich geworden, dass der heutige »Laie«-Begriff nicht unmittelbar vom Griechischen »laos« abzuleiten ist. Er bildete sich aus dem Adjektiv »laikos«, was so viel bedeutet wie »zum Volk gehörig«. Dieses Wort drückt im ausserbiblischen Griechisch eine Wirklichkeit aus, die sich auf die Volksmenge im Gegensatz zur Regierung oder auf die Landbevölkerung im Gegensatz zur führenden Schicht in der Stadt bezieht. Wie alle griechischen Eigenschaftswörter mit der Nachsilbe »-ikos«, hat auch der Begriff »laikos« eine kategorisierende und klassifizierende Rolle. Er bezeichnet die Menge gerade in der sie von den Regierenden unterscheidenden Bedeutung.[4] Charakteristisch ist jedoch, dass dieser Begriff ursprünglich nicht auf Personen angewendet wurde, sondern auf Gegenstände und Dinge, die nicht Gott geweiht waren und keine Beziehung zum Gottesdienst aufwiesen. Es verband sich mit dem Begriff die Bedeutung von »profan«, »gewöhnlich« »unqualifiziert« oder »diesseitig«. Die Übertragung auf Personen findet sich im griechischen Alten Testament nur zaghaft (Jes 24,2; Hos 4,9) und meint dann das Volk, das von den Priestern abgehoben wird (Ez 48,15). Darin kann man durchaus eine Tendenz erkennen, die in der Folgezeit zu jener Bedeutung geführt hat, die uns heute noch geläufig ist und in der Geschichte zum Gegensatz von sakral (heilig) und weltlich geführt hat bzw. von Geweihten und Nicht-Geweihten (Laien). Aber für diese Folgeentwicklung kann nicht das Neue Testament haftbar gemacht werden, denn dort wird das Wort »laikos« gemieden. Die Unterscheidung von heilig und profan, wie wir sie von den Religionen und z.T. vom Judentum kennen, ist im Neuen Testament überwunden. Die ganze Wirklichkeit ist auf Gott hingeordnet; die ganze Schöpfung ist insgesamt geheiligt: »Durch Jesus ist alles geheiligt, nichts mehr ist laikós, vom Gottesdienst ausgeschlossen«.[5]

Zum erstenmal erscheint der Begriff »Laie« (laikos) schon früh im Klemensbrief an die Korinther (40,5) aus dem Jahre 96. Dort bezieht er den Begriff »laikós« auf Menschen, denn er schreibt, dass »die Laien an eigene Vorschriften für die Laien gebunden waren«, und meint damit die Synagogenordnung, in der im Unterschied zu den »Laien« die Priester und Leviten für das Heilige zuständig sind. Damit ist erstmals in einem christlichen Text der Begriff »Laie« für Menschen gebraucht worden, die nicht auf den gottesdienstlichen Raum bzw. das Heilige bezogen sind.[6] Geläufig wird der Begriff im Sinn einer Rangordnung indes erst vom 3. Jahrhundert an. Denn seit Beginn des 3. Jahrhunderts häufen sich die geschichtlichen Hinweise im Osten bei Clemens von Alexandrien († vor 215) sowie Origenes († 253/54) und im Westen bei Tertullian († nach 220) sowie Cyprian († 258), die beide klar zwischen Masse (plebs) und Klerus unterscheiden. Bei Cyprian werden Züge einer Ekklesiologie sichtbar, in der die kirchliche Institution als Ordnung der Mittel der Heilsberufung betrachtet wird.[7] Damit haben wir aber der historischen Entwicklung vorgegriffen.

Es ist schon erwähnt worden, dass sich die Kirche aus verschiedenen Gründen gleichsam konsolidieren musste, je länger sich ihre Geschichte hinzog. Als Institution konstituierte sie sich sozusagen selber – je nach Situation und Herausforderung, ohne diesen Prozess theoretisch bis ins Detail zu hinterfragen und geplant zu systematisieren. – P. Neuner unterscheidet vier wesentliche Gruppen von besonderen Aufgaben, Gnadengaben und Ämtern, ohne damit die Fülle der Charismen im Sinne des Apostels Paulus erschöpfend angeben zu wollen: »Es gibt kerygmatische Charismen, wie Verkündigungsdienste, die von Aposteln, Propheten und Lehrern ausgeübt werden. Es gibt ekstatische Charismen wie das Wundertun und das Zungenreden. Daneben finden wir organisatorische Charismen, etwa die Ordnungs- und Leitungsdienste und die Fähigkeit des Vorstehens. Und schliesslich finden wir karitative Charismen: Hilfe-Leisten, Geben, Sich-Erbarmen«.[8]

In diesem Zusammenhang sind im Neuen Testament die innere Strukturierung der Gemeinden und die Entwicklung von Ämtern (Diensten) schon festzustellen. Es ist bekannt, dass sich in der Gemeinde von Jerusalem, wo wir neben den Aposteln, deren Autorität unbestritten ist, auch Diakone finden sowie die Ältesten, die presbyteroi. Diese judenchristliche Synagogenordnung wurde für die christlichen Gemeinden tonangebend.

In den heidenchristlichen Gemeinden ist die Rede von Vorstehern und

Leitern (1 Thess 5,12f.), von Bischöfen (Episkopen: »Aufsehern«) und Diakonen (Phil 1,1f.). In den späteren Schriften des Neuen Testamentes ist das Gefälle auf geordnetere Amtsformen hin offenkundig (Epheserbrief, Pastoralbriefe an Timotheus und Titus). Hier finden wir schon den Episkopos (Bischof), der meistens in der Einzahl erscheint, und die Presbyteroi (Priester) und Diakone. Es sind somit Tendenzen wirksam, die später zur Hierarchisierung geführt haben.

Obwohl sich damals schon in Teilen jene Entwicklung anbahnte, die später nach der sog. Konstantinischen Wende im 4. Jahrhundert zur klaren Trennung zwischen Klerus und Laien führen sollte, gab es noch keinen Sammelbegriff für die Nicht-Amtsträger, ebensowenig für die Amtsträger. Die Bezeichnungen sind noch durchaus fliessend. Mit Klerus (kléros) ist noch kein besonderer Stand angesprochen, sondern das Volk Gottes als ganzes, dem selbstverständlich auch die Charismatiker, Apostel, Bischöfe und Diakone zugehören.

Von diesen durch die Exegese und durch die Erforschung der ersten Jahrhunderte (Patristik)[9] vielfach belegten Tatsachen ausgehend, darf zusammenfassend gefolgert werden: »Alle Begriffe, die in unserem heutigen Sprachgebrauch Differenzierungen innerhalb der Kirche aussagen und einen Stand im Gegensatz zu einem oder zu mehreren anderen Ständen bezeichnen, sind also im Neuen Testament jeweils Umschreibungen der Kirche als ganze und aller ihrer Glieder. Sowohl ›Laie‹ als auch ›Klerus‹, ›Priester‹ und ›Geistlicher‹ beziehen sich immer auf das ganze Volk Gottes und nie auf eine Gruppe in ihm«.[10]

Insgesamt war somit die christliche Dimension bzw. die Heilswirklichkeit der Kirche das entscheidend Verbindende aller Glieder der Kirche vor allen internen Unterscheidungen in der Kirchenordnung. Dies zeigt sich selbstverständlich in der Didaskalia, einer aus Syrien stammenden Kirchenordnung des 3. Jahrhunderts, wo es heisst: »Wenn jemand einen Laien Tor oder (leerer) Topf nennt, so wird er von der Gemeinde verurteilt als einer von denen, die sich gegen Jesus Christus empören«[11]. Die an Jesus Christus Glaubenden haben auch im Wissen um das gemeinsame Priestertum (1 Petr 2,9) bestimmte Mitwirkungsmöglichkeiten. Immerhin ist in der Kirchenordnung des Hippolyt am Anfang des 3. Jahrhunderts festgehalten: »Man weiht den zum Bischof, den das ganze Volk ausgewählt hat. Nachdem sein Name verkündet und von allen gebilligt worden ist, soll sich das Volk am folgenden Sonntag mit den anwesenden Bischöfen und Priestern versammeln. Dann sollen ihm diese mit dem Einverständnis aller die Hände auflegen«.[12] Bekannt ist die Aussage Leos des Grossen († 461), der den Kerngedanken dieses Verfahrens so formulierte: »Wer allen vorstehen wird, soll von allen erwählt sein«.[13] So war auch die Anwesenheit von Laien auf den Konzilien noch selbstverständlich, wie denn überhaupt die »ersten grossen christlichen Theologen meist Laien waren«.[14]

Von diesem vielfach erforschten und belegten geschichtlichen Hintergrund her zeigt sich, dass mit Berufung auf die ersten christlichen Jahrhunderte, die als Traditionszeugnisse auch heute massgebend sind, der Laie keineswegs als Gegenpol zum Klerus verstanden werden kann. Es gab durchaus Unterscheidungen, aber keine abgeschlossene und wertende Trennung in Stände oder Klassen. Vorherrschend war in der Urkirche das Bewusstsein der Auserwählung als Volk Gottes und von daher die Spannung zur nichtglaubenden Welt. Das bedeutet, der Laie wurde als Mitglied des Gottes-Volkes und als Glaubender verstanden und hatte damit seinen ihm vom Glauben zukommenden (theologischen) Platz in der Kirche. Allen Tendenzen, die geschichtlich gewachsene strukturelle Unterscheidung von Klerus und Laien als theologisch wesentlich und für die Kirche normativ hinzustellen, muss mit Berufung auf die Zeugnisse des Neuen Testaments und der nachapostolischen Phase entgegengehalten werden: »Am Anfang war das nicht so« (vgl. Mt 19,8).

2 Die lange Geschichte der innerkirchlichen Spaltung in Klerus und Laien

Wenn im folgenden die Meinung vertreten wird, dass sich seit dem 4. Jahrhundert die ursprüngliche Spannung zwischen Kirche und Welt sozusagen in die Kirche selber verlagert hat und für viele Jahrhunderte zur strengen Trennung zwischen Klerus und Laien führte, dann darf nicht übersehen werden, dass diese Entwicklung viele Ursachen hatte, die z.T. schon in die eben besprochene Phase zurückreichen. Zudem ist sie nicht überall im gleichen Sinn und gleichzeitig erfolgt.

2.1 Die schleichende Enteignung der Laien

Unter dem Einfluss des platonischen Gedankengutes, das zwischen der Welt der wahren Ideen und der Welt der veränderlichen Dinge unterschied, stellen die Schriften des Ignatius von Antiochien († 110) und Cyprian von Karthago († 258) die Hierarchie als Spiegelung der göttlichen Ordnung dar: Die amtlichen Dienste sind nicht nur auf die Gemeinschaft bezogen, sondern sind eine Darstellung Gottes und Christi von besonderer Gültigkeit. Die Übernahme der Leitung der Kultfeier, das wachsende Bestreben, einen Garanten der durch kollegiale Ämter unzureichend gesicherten kirchlichen Einheit zu haben, sowie die im 2. Jahrhundert entstandene amtliche Vollmacht zur Sündenvergebung führen zur Ausbildung des vollen Amtspriestertums mit den Stufen Episkopat, Presbyterat und Diakonat. Sie findet in der schon genannten Kirchenordnung des Hippolyt († 235) Anfang des 3. Jahrhunderts gewissermassen ihren Abschluss. Diese Entwicklung zeichnete sich an der Sacerdotalisierung der kirchlichen Ämter ab. Während im Neuen Testament das Wort »Priester« nur auf Jesus Christus und die ganze christliche Glaubensgemeinschaft angewandt wird, werden im Verlaufe des dritten Jahrhunderts von Hippolyt, Tertullian und vor allem dessen Schüler Cyprian priesterliche Bezeichnungen benützt. Der Bischof wird Hoherpriester, aus dem Presbyter wird ein Priester und der Diakon wird zum Levit. Tertullian († 220) fasst die kirchlichen Amtsträger im Sinne des römischen Rechts zu einer Körperschaft zusammen: Ordo mit Klerus als leitendem Stand, d.h. mit dem Bischof als »summus sacerdos« und mit Priestern und Diakonen. Die Tendenz wurde von dessen Schüler Cyprian († 258) verstärkt. Er bezieht das Priestertum auf den Kult bzw. auf den Altar (Wandlung als Konsekration: Sakrament), denn der Priester wiederholt das Opfer Christi; Leib und Blut Christi sind die Opfergaben. Es bahnte sich das an, was später zur Sakralisierung des Amtes führte, denn Bischöfe und vor allem Priester wurden zu Vermittlern und Verwaltern der Gnadengaben, des Heiligen. Cyprian war es dann, der die verschiedenen Stufen des von Tertullian vertretenen Ordo-Gedankens »Gradus« (Grade, Stufen) nannte und damit der Hierarchisierung die Wege ebnete. Charismatische Gemeindefunktionen finden immer weniger Erwähnung.[15]

Unbestritten ist die Tatsache, dass in der nachapostolischen Zeit Laien als Theologen sehr zahlreich gewesen sind.[16] »Laientheologen« waren somit in den ersten christlichen Jahrhunderten keine aussergewöhnliche Erscheinung. Viele von ihnen wurden indes später zum Priester oder zum Bischof geweiht. Die Frage ist nur, ob es schon damals – um es in heutiger Sprachwendung auszudrücken – eine gewisse »Klerikalisierung« in dem Sinne gab, dass man Laien – ohne ersichtlichen Grund auf eine Amtsfunktion hin – zum Priester weihte wie z.B. Origenes († 253/254) oder Hieronymus († 419/420).

Zudem erhebt sich die Frage, ob die Stellung der Frau damals nicht schon beeinträchtigt worden ist und die Frau in einem gewissen Sinn zur doppelten »Laiin« wurde. Im Vergleich zum Amt der Diakonin, das immerhin bis zum 6. Jahrhundert die Regionalsynoden beschäftige, war der »Stand« der Witwe wohl eher eine Lebensform denn ein kirchliches Amt[17], auch wenn die Frauen trotzdem Einfluss in der christlichen Gemeinde wahrnahmen. Zudem kam den Frauen ursprünglich auch die Vorsteherschaft einer Hausgemeinde zu. Die katechetischen, liturgischen, missionarischen und selbst die karitativen Tätigkeiten der Frauen, wie sie in den ersten Jahrzehnten noch selbstverständlich gewesen sind, wurden zusehends zurückgedrängt. Tertullian dachte beim Wort »Laie« wohl nur noch an Männer, denn bei ihm gelten für die Frauen nicht die gleichen Rechte wie für die Männer. Zu seiner Zeit scheint sich die neue Ordnung mit der Entrechtung der Frauen schon durchgesetzt zu haben, vor allem in jenen Gemeinden, die die Zukunft trugen.

Die nachhaltige Ausweisung der Frauen aus den gemeindlichen Aufgabenfeldern[18] verrät den Einfluss der schon erwähnten platonischen Philosophie, die zwischen Geist und Materie bzw. zwischen der guten Seele und dem Leib als ihrem Gefängnis unterscheidet. Dazu kamen, aus vielen Quellen genährt, dualistische Tendenzen, die auf das geistige und geistliche Prinzip im Kampf mit den Mächten des Fleisches und der Welt trafen. Dies führte dazu, daß die Weltflucht bis hin zur Leibfeindlichkeit gesteigert wurde, aber es kam auch zu Exzessen, die später tendenziös und polemisch ins Feld geführt wurden. Damit verband sich dann auch »Weibfeindlichkeit«, die zur Frauendiffamierung und Frauenverdrängung führte, die sich z.B. in Äusserungen von Clemens Alexandrinus († 220) zeigte, nach dem schon das Bewusstsein vom eigenen Wesen das Schamgefühl der Frau hervorrufen müsse.[19]

2.2 Die spirituelle Enteignung der Laien

In diesem Zusammenhang ist auch das Auftreten monastischer Strömungen zu sehen, hinter denen die Loslösung von der Welt und ihren Gütern und der Verzicht auf Ehe und körperliche Lust standen, um sicherer und schneller zur Gottesliebe zu gelangen. Das eremitische Mönchtum entstand, als sich im 3. Jahrhundert einzelne Asketen »lokal« von der Welt trennten und sich einem geistlichen Vater unterstellten oder sich als Einsiedler von der »Welt« zurückzogen.

Im Unterschied zu den Priestern waren die Mönche zumeist Laien, denn ihre Eigenart lag nicht in einem bestimmten Dienst in der Gemeinde, sondern in der Lebensform. Die Mönchsbewegung war anfänglich eine Laienbewegung. Sie bestand im wesentlichen darin, dass man der Welt entsagte. Ursprünglich prägten Aszese, Ehelosigkeit und Nichtzugehörigkeit zum Klerus den Mönch in gleicher Weise, formulierte doch Johannes Kassian († um 435) recht drastisch: »Der Mönch müsse vor allem den Bischof und die Frau fliehen«[20]. Das ursprüngliche Mönchtum war ein Rückzug von der Welt in die Wüste, um sich in Gemeinschaft oder einzeln ausschliesslich auf die Hingabe an Gott zu konzentrieren. Dieser Rückzug von der Welt war aber gleichzeitig ein Auszug aus den Gemeinden, wo die »Kleriker« mit den Laien, den Weltleuten, zurückblieben. Später hatte das Mönchtum allerdings grösste Auswirkungen auf die Kirche insgesamt und kehrte mit seiner Geistigkeit prägend in die Gemeinden zurück. Denn die monastische Spiritualität verband sich in den folgenden Jahrhunderten mit dem kirchlichen Amt, weil man bei den kirchlichen Amtsträgern von der Erwartung ausging, dass sie den Geist und die Tugend eines Mönches haben und ein ganz Gott geweihtes Leben führen sollten. Mönche und Priester wuchsen damit zu einem »Stand« zusammen, was sich seit dem 5. Jahrhundert in der gemeinsamen Tonsur zeigte. Das Ideal der monastischen Lebensform übertrug sich auf die kirchlichen Amtsträger, vor allem in der westlichen Kirche, während die Unterscheidung in der östlichen Kirche deutlicher durchgetragen worden ist.

Es blieb indessen nicht nur bei der spirituellen Angleichung des Klerus an die Ideale des Mönchtums. Dieses selber übernahm, entgegen seiner ursprünglichen Absicht, die Ämterstruktur in die Klöster und in die Orden, als Brüder zu Priestern und Bischöfen geweiht wurden.

Für unsere Fragestellung ergibt sich aber der kritische Punkt, ob durch die zunehmende spirituelle Fusion von kirchlichem Amt und Mönchtum sozusagen ein Kartell gegenüber den einfachen Gläubigen gebildet worden ist. Es ist zu fragen, ob durch den Rückzug der Mönche aus den Gemeinden und aus der Welt der Laien die praktische Ausübung des Christlichen auf die Mönche bzw. auf die »Kleriker« eingeengt worden ist, so dass der Laie erst recht – im geistlichen Sinne – ein Christ zweiten Grades wurde. Nicht die Zugehörigkeit zur christlichen Gemeinde der an Jesus Christus Glaubenden bestimmte und erläuterte nunmehr Christentum, sondern die Zugehörigkeit zu einem besonderen Stand in der Kirche. Verlagerte sich die ursprüngliche Spannung zwischen Christen und nicht-christlicher Welt nicht auf die Entfremdung innerhalb der Kirche zwischen erstrangigen und zweitrangigen Christen? War damit das spezifisch Christliche nicht allzusehr für eine Gruppe in der Kirche vereinnahmt und den »Laien« als minderen Brüdern und Schwestern gleichsam aberkannt? Denn nicht sosehr der Glaube an das Heil durch Jesus Christus definierte im praktischen Alltag der Kirche mehr und mehr den guten Christen, sondern die Lebensform der Mönche und die Zugehörigkeit zum Priesterstand. Hatte die monastische Bewegung mit dem Rückzug aus der Welt nicht die Laien in ihrem Christsein in der Welt sozusagen enterbt und deren charismatisches Selbstbewusstsein geschwächt? – Die spirituelle Abwertung der Laienschaft hing natürlich mit weiteren Ursachen zusammen, so z.B. mit dem Manichäismus, der zwischen geistigem Prinzip und dem materiellen Reich der Dunkelheit unterschied und strenge Aszese und Enthaltsamkeit forderte und Einfluss auf das Christentum gewann.

Trotz dieser Tendenzen darf nicht ausser acht gelassen werden, dass es noch selbstverständliche kollegiale Strukturen und eine starke Bedeutung der Ortskirche sowie ihrer Mitsprache gab (z.B. bei der Bischofswahl, in die die Laien z.T. einbezogen gewesen sind). Gemeinde bzw. Kirche und Laien gehörten noch zusammen. Und der Bischof war für die Gemeinde da, nicht umgekehrt.

2.3 Die praktische Enteignung der Laien

Diese Entwicklungsstränge und Tendenzen, die in unserem Zusammenhang nur auswahlweise genannt werden können, bekamen im 4. Jahrhundert durch die sog. Konstantinische Wende eine rechtliche Gestalt und damit eine soziologisch nachhaltige Stossrichtung, deren geschichtlichen Auswirkungen bis in unsere Zeit noch spürbar sind.

Der vorhin schon genannte juristisch blendend geschulte Tertullian hatte den »ordo sacerdotalis« (Bischof, Priester, Diakon ...) vom »ordo ecclesiae« (Laien) getrennt und zwischen dem Volk (plebs) und der Hierarchie (ordo) unterschieden.[21] Eine solche Unterscheidung sonderte den Laien konsequenterweise vom Klerus ab. Sie musste erst recht zum Klerus als einem in sich geschlossenen Stand in der Kirche führen, als das Christentum zunächst toleriert wurde, dann 313 die völlige Freiheit unter Konstantin dem Grossen erhielt und 381 zur bestimmenden Staatsreligion erhoben wurde. Die staatliche Ordnung des römischen Reiches in gesellschaftliche Klassen bzw. Stände wie der Ordo der Senatoren, der Ritter und des gewöhnlichen Volks (plebs) diente zur Übertragung dieser Begrifflichkeit und gestuften Ordnung auf die Kirche. Die kirchliche Hierarchie – durchaus zweckmässig für die damalige Zeit – wurde in der Folgezeit in Anlehnung an die staatliche Hierarchie und Raumordnung ausgebaut. Die Repräsentanten der Kirche erhielten eine privilegierte gesellschaftliche Ehrenstellung; ihnen wurden sogar staatliche Aufgaben übertragen. Bischöfe gehörten dann schon bald zu den höchsten staatlichen Würdenträgern, so dass ihnen Handkuss, Weihrauch, Thron und andere Ehrenrechte zustanden. Die mit der Zeit eingeführte kirchliche Distriktsordnung »Diözese« war ursprünglich eine Gebietseinheit der staatlichen Verwaltung. Die Priester beginnen seit dem 5. Jahrhundert eigene Kleidung zu tragen, seit dem 6. Jahrhundert setzt sich das Enthaltsamkeitsgebot für die Kleriker durch, und die Liturgie wird zur reinen Priesterliturgie.[22]

Das bedeutet, dass sich die Amtsträger auch im soziologischen und institutionellen Sinn zu einem eigenen Stand zu entwickeln begannen und dies in einer Kirche, die zur Reichskirche geworden war und ihren Diasporastatus in einer heidnischen Umwelt immer mehr verlor. Die Mehrzahl der Bürger im römischen Reich waren nun Christen. Über den Weg der Kindertaufe wurde das Christentum als Staatsreligion zu dem, was wir heute im Rückblick als »Volkskirche« bezeichnen.

Diese nun auch staatlich und soziologisch verankerten Verhältnisse prägten demzufolge ein gewandeltes Verhältnis zwischen Klerus und Laien. Die Trennungslinie verlief nun definitiv nicht mehr zwischen Heiden und Christen, zwischen Welt und Kirche, sondern zwischen dem Volk (laos) und den

Amtsträgern, zwischen den Nicht-Klerikern (Laien) und dem Klerus. Der frühere Gegensatz zur Welt hatte sich – für immer – in die Kirche verlagert.

Ein weiterer Aspekt ist die Sakralisierung des kirchlichen Amtes. Schon in Gallien, aber vor allem unter fränkischem Einfluss (8. Jahrhundert) rückt die Eucharistie in das Zentrum, ebenso die sakramentale Praxis, die Segnungen und religiöses Brauchtum.

Nach den Erschütterungen der Völkerwanderung hatten in unseren Regionen vor allem die iroschottischen Mönche entscheidenden Einfluss ausgeübt. Im Mittelpunkt stand die (zu verdienende) Gnade, weniger die (geschenkten) Heilsgeheimnisse. Es kam zu einer Verdinglichung der Gnadenmittel unter dem Einfluss des germanischen Rechtsempfindens und dem Hang zur sinnlichen Anschaulichkeit (Leistungsreligiosität, Dämonenfurcht). Die Einzelbeichte gewann an Bedeutung. Die Presbyter wurden so immer mehr jene Opferpriester des Neuen Bundes, denen durch die sakramentale Weihe unverlierbar die Konsekrationsvollmacht übertragen war. Die eucharistische Vollmacht lag damit im Mittelpunkt des Interesses. Der Priester wurde zum unübergehbaren »Verwalter« der heiligen Gnadengaben, der Sakramente, bes. der Sündenvergebung, zum Vermittler zwischen Gott und Mensch.

Der Dienst des Presbyters, Priesters, wurde auf diese Weise zusehends liturgisch gedeutet, nicht mehr von der Gemeindeleitung her. Dadurch verliert die »relative Ordination«, also die Weihe für eine ganz bestimmte Aufgabe an einem klar bestimmten Ort, ihre ursprüngliche Bedeutung. Man konnte nun pfarrei-unabhängig Priester sein (z.B. als Eremit oder im Kloster). Es entwickelte sich der durch Privilegien geschützte Priesterstand (»absolute Ordination«).

Der Zölibat, der zweifellos ursprünglich durch die genannten manichäischen und ähnliche Strömungen beeinflusst wurde, setzt sich erst zu Beginn des zweiten Jahrtausends als geistliche Standespflicht durch; vorher war er eher ein regional sehr unterschiedlich gehandhabtes Enthaltsamkeits-Gebot. Jetzt aber wurde er zur Ganzhingabe spiritualisiert (»Jungfräulichkeitsideal«), und zwar unter dem Einfluss der Mönchs-Spiritualität. Erst Gregor VII. († 1085) setzte den Zölibat strikt durch, der allerdings infolge entgegengesetzter Praxis vom Tridentinum neu eingeschärft werden musste.

2.4 Verschiedene Ebenen der innerkirchlichen Enteignung

Die Trennungslinien zwischen Klerus und Laien innerhalb der Kirche verdichten sich auf verschiedenen Ebenen, die im einzelnen ein Echo auf die Gesamtentwicklung darstellen.

– Auf der **politisch-öffentlichen Ebene** trat die Kirche in ein Nutzverhältnis mit der staatlichen Obrigkeit ein. Bischöfe und Priester erhielten ihren Platz innerhalb der jeweiligen gesellschaftlichen und staatlichen Rangordnung. Umgekehrt empfingen später Könige und Kaiser kirchliche Weihen, in denen sie sich verpflichteten, das Volk für die Kirche zu bewahren. Sie nahmen, wie die Geschichte später zeigte, massiven Einfluss auf das Geschehen in der Kirche und steuerten, selbst bei Papstwahlen, die Geschicke der Kirche. Insofern mischten sie sich als Laien in die »inneren« Angelegenheiten des kirchlich-doktrinären und pastoralen Lebens ein.[23] Aus dieser Vermengung von kirchlichen und staatlichen Interessen und Kompetenzen entwickelten sich die künftigen kirchenpolitischen Kämpfe um die Vorherrschaft der weltlichen bzw. der geistlichen Gewalt (Investitur-Streit). Für das gläubige Volk bedeutete diese Entwicklung allerdings, dass es zu einer kompetenzlosen Masse wurde, weil über seine Köpfe hinweg entschieden wurde.

– Die **kulturelle Ebene der Bildung** entwickelte sich in dieselbe Richtung, weil in dem durch die Völkerwanderung erschütterten Abendland die Kirche mit ihrer Ämterstruktur als einzige Institution den Ansturm überdauerte und die Mitglieder der Hierarchie und die Klöster die Monopolstellung bezüglich Bildung, Kunst und Wissen einnahmen. Auf diese Weise aber erhielt das Wort »Laie« seine negative und abgrenzende Bedeutung: der Laie ist zusehends der Nicht-Fachmann, der Ungebildete, der Un-Eingeweihte, der auch die Bildungssprache Latein nicht mehr versteht und deshalb seit dem 8. Jahrhundert der Liturgie nicht mehr folgen kann und damit in die Rolle des schweigenden und kirchlich passiven Zuhörers gedrängt wird.

– Auf der **spirituellen Ebene** wirkte sich verhängnisvoll aus, dass die Zweiheit Klerus / Laien auf die religiöse und moralisch-aszetische Ebene übertragen wurde und »Klassenunterschiede« auch der christlichen Qualität nach wirksam wurden. Waren anfänglich die Mönche die Geistlichen, so wurde diese Bezeichnung nun dem gesamten Klerus zugesprochen. Die Männer der Kirche galten als die »Geistlichen«, die Laien als die »Fleischlichen«. Die typisch christliche Lebensweise war nicht mehr das spezifisch Christliche der Urkirche, denn man orientierte sich spirituell nicht mehr primär an der Kirchenmitgliedschaft, sondern an der Loslösung von der Welt, vom irdischen Besitz und von der Ehe, an Askese und Enthaltsamkeit. Die geistliche Kompetenz und Anerkennung der Laien als Christenmenschen geriet mehr und mehr in Vergessenheit.

– Diese Entwicklung wirkte sich auf der **sozialen und kirchenstrukturellen Ebene** aus, denn die »Geistlichen« distanzierten sich vom üblichen Leben der Christen und bildeten – wie schon angedeutet – einen eigenen Stand: Immunität, Privilegien, eigene Kleidung; Enthaltsamkeitsgebote (nicht gleichbedeutend mit Zölibat). So unterscheidet auch die erste grosse Sammlung des Kirchenrechts, das Decretum Gratiani (1142), die erste Klasse der zwei Stände in der Kirche, die Priester und Mönche, von der zweiten Klasse, den Laien.

Diese soziologische Trennung zwischen Klerus und Laien als Christen ersten und zweiten Grades führte in der Folge zur amtlichen Trennung von Klerus und Laien im hierarchischen System.

3 Die amtliche Enteignung: Klerus und Laien im hierarchischen System

Der Hinweis auf das Decretum Gratiani (1142) weist auf einen mehrere Jahrhunderte dauernden Prozess hin, in dessen Verlauf sich die institutionelle Trennung zwischen Klerus und Laien und damit die Ausbildung des streng hierarchischen Systems vollzog. Entscheidende Kraft in diesem Prozess entfaltete der vom burgundischen Reformkloster Cluny stammende Mönch Hildebrand, der als Papst Gregor VII. (1073–1085) der Gregorianischen Reform den Namen gab.

Es ist nicht zu vergessen, dass trotz der gesellschaftlichen Unterscheidung von Klerus und Laien beide Stände sozusagen innerhalb des gesamten Rahmens, den die Kirche im damaligen Abendland bildete, sich nicht gänzlich voneinander weg entwickelten. Im frühen Mittelalter nahmen Bischöfe und Äbte als Fürsten wichtige Schlüsselstellungen in der Verwaltung und bei der Rechtsentwicklung im Reiche ein. Sie hatten bei der Wahl von Königen und Kaisern grössten Einfluss. Auf der unteren Ebene nahmen auch weltliche Herren wichtige Funktionen wahr, die tief in den pastoralen

Auftrag der Kirche eingriffen und ihre Leitungsgewalt über den Klerus sicherten. Beim Eigenkirchenwesen erstreckte sich ihr Einfluss vor allem auf Pfarreien und Klöster.

Bei der Bischofsernennung war der König entscheidend; er überreichte Ring und Stab als Zeichen der Jurisdiktion; und der Bischof schwur dem König den Treueeid. Selbst hinsichtlich der Legalität der Einsetzung und Amtsführung von Päpsten hatten die Kaiser ein wichtiges Wort mitzusprechen; ein Recht, das den Kaisern nicht von der kirchlichen Autorität, sondern von den Römern (als Designationsrecht für die Papstwahl) eingeräumt worden ist.[24] So sorgte z.B. Otto III. für die politische und geistliche Einheit des Reiches, indem er ausgezeichnete Kandidaten für das Papstamt bestimmte (996); und das Eingreifen Heinrichs III. in den unwürdigen Kampf einander sich bekämpfender Päpste auf der Synode zu Sutri (1046) wurde zum grössten Teil mit Lob und Anerkennung bedacht.

Diese »Harmonie« von Geistlichem und Weltlichem bzw. von gegenseitigen Abhängigkeiten innerhalb der universalen Einheit der Kirche im Abendland wurde von Gregor VII. von Grund auf erschüttert. Wie schon angedeutet war Gregor vormals Mönch des Reformklosters Cluny, nach dessen Stifter Graf Wilhelm von Aquitanien die Neugründung (909) dem heiligen Petrus zu Rom überschrieben wurde, denn kein König, kein Bischof, kein weltlicher Fürst durfte auf die Mönchsgemeinschaft Einfluss nehmen.

Gregor VII. übertrug dieses Reformprogramm des Mönchtums auf die Gesamtkirche. Er machte aus der Freiheit der Klöster von weltlicher und laikaler Macht, deren Notwendigkeit unbestreitbar war, eine Freiheit Roms von allen nicht-päpstlichen Einflüssen. Dies bedeutete in letzter Konsequenz Abhängigkeit der Ortskirchen allein von Rom und Bindung an Rom. Monastisch motivierte Kirchen-Reform bedeutete für ihn vor allem Klerusreform. Er bekämpfte die Priesterehen, verbot die Käuflichkeit der geistlichen Ämter (Simonie) und die sog. Laien-Investitur, also die von den deutschen Königen vorgenommenen Einsetzungen von Bischöfen und Äbten.

Damit war die Grundlage des Reiches in Frage gestellt. Das Ergebnis ist der bekannte Investiturstreit und der Gang von Heinrich IV. nach Canossa (1077). Schon vor den Ereignissen in Canossa hatte Gregor VII. im Dictatus papae vom März 1075 (27 Leitsätze) die päpstliche Primatialgewalt in knapper Form zusammengestellt. Sein totaler Machtanspruch gipfelte in der kategorischen Behauptung des Jurisdiktionsprimates bzw. der Herrschaft des römischen Bischofs über die ganze Kirche und letztlich über das weltliche Reich, leitete er doch aus seinem Primat den Anspruch ab, Könige und Kaiser abzusetzen; da er oberster Herr der Welt sei, dürfe er allein die kaiserlichen Insignien tragen. Der geistliche Bereich sei als ganzer dem weltlichen überlegen, und als Angehöriger des weltlichen Standes sei der Kaiser Laie und nichts als Laie.[25] Die Hierarchie verhärtete sich zur Hierokratie. – Auch wenn das Reformprogramm Gregors VII. und die päpstliche Machterweiterung auf Kosten der kaiserlichen Gewalt und gegen den Adelseinfluss in der Kirche bei den Laien und den erwachenden Volksbewegungen (z.B. Pataria in Mailand) durchaus auf Sympathien stiessen, so darf nicht übersehen werden, dass er trotz berechtigter Anliegen Ansichten vertrat, die das bisherige Nebeneinander von Klerus und Laien aufhoben und die Laien erst recht ins zweite Glied verwiesen. Canossa zeigte faktisch, wie der theoretische Grundsatz des Dictatus papae plötzlich härteste Wirklichkeit wurde. Der geistliche Machtanspruch des Papstes zementierte einen Überlegenheitsanspruch des Klerus gegenüber der Laienschaft. »Trotz aller Stützung auf die Laien hat Gregor VII. aber theoretische Ansprüche vertreten, die von einer eindeutigen Konträrstellung des Klerus gegen die Laien geprägt waren.«[26] Die Historiker würdigen den glutvollen Kampf dieses Papstes um die Freiheit der Kirche. Darin liegt ohne Zweifel etwas Bestechendes einer grossen Vision. Gleichwohl darf nicht übersehen werden, dass sein Programm zum eklatanten Ausdruck der schon Jahrhunderte vor ihm eingeleiteten Degradierung der Laien wurde.

Auch wenn das politische Programm Gregors VII. sich nur teilweise durchzusetzen vermochte, so erlebte der Anspruch der Päpste bezüglich der Oberhoheit über alle weltliche Gewalt unter Bonifaz VIII. (1294–1303) einen Höhepunkt durch dessen Zwei-Schwerter-Theorie (Unam sanctam, 1302). Demzufolge hat der Papst von Christus unmittelbar die kirchliche wie auch weltliche Gewalt empfangen. Von einem solchen Hintergrund her wird schon in etwa ersichtlich, dass die Gregorianische Reform, vielfach als wiedergewonnene Freiheit der Kirche besungen, insofern ambivalent ist, als das klerikale System auf Kosten der Nicht-Kleriker gefestigt und ausgebaut wurde, die nicht mehr zu ihm gehören durften oder an den Rand des Systems gedrängt wurden. Aus dem früheren Nebeneinander wurde eine Unter- und Überordnung von gegnerischen Ständen. So ist die schon kurz erwähnte Aussage Gratians, des Vaters des Kirchenrechtes, ein Schlusspunkt dieser

Entwicklung: »Es gibt zwei Arten von Christen. Die eine Art, die sich dem Gottesdienst hingibt und sich Betrachtung und Gebet widmet, muss von allem weltlichen Lärm frei sein, wie die Kleriker und die Gottgeweihten ... Dies sind die Könige ... Es gibt auch noch eine andere Art von Christen, die Laien. Laos heisst Volk. Ihnen ist es erlaubt, zeitliche Dinge zu besitzen, aber nur zum Brauch. Sie haben das Zugeständnis, Frauen zu nehmen, das Land zu bebauen, zu richten, Prozesse zu führen, Opfergaben auf den Altar zu legen, Steuern zu bezahlen, und so können sie gerettet werden, wenn sie die Laster durch Gutestun vermeiden.«[27] Der Text wirft insofern ein bezeichnendes Licht auf die Situation der Frau, als einseitig von Zugeständnissen an die Männer die Rede ist, die sich Frauen nehmen dürfen.

In diesem System war der Kleriker institutionell der Repräsentant der Kirche. Die Betonung des priesterlichen Dienstes konzentrierte sich u.a. auf die Kompetenz zur Lossprechung und der letzten Ölung. Die Sicherung des ewigen Lebens band die Laien an die Autorität der Kirche. Die berechtigte Sorge des Laien um sein sicheres Seelenheil wurde – bewusstseinsmässig – nicht zuerst auf Gott bezogen, sondern an den Priester verwiesen (darin lag z.B. auch der Einfluss der Beichte und des Ablasswesens). Etwas vereinfacht gesagt, wurde das ewige Leben sozusagen zu einem Recht, das zu gewähren durchaus in der »Macht« der Priester lag.

Die eindeutige innerkirchliche »Spaltung« in zwei Lager wurde dadurch festgeschrieben, wobei die Unterordnung des Standes der Laien sich nicht nur institutionell bis in unsere Tage ausgewirkt hat, sondern auch spirituell im mangelnden Vertrauen in die eigene christliche Kompetenz. Die wirklich vollen und eigentlichen Christen sind die Kleriker und Ordensleute. Für die Laien besteht nur die Chance, sich in die Hände der Kleriker zu begeben und sich deren geistlicher Vollmacht zu überantworten. Bezeichnend dafür ist nicht zuletzt die Tatsache, dass nach der Zeit der frühchristlichen Märtyrer fast alle Heiligen als Vorbilder des christlichen Glaubens dem Kleriker- oder Ordensstand angehörten: Ordensgründer, Mönche, Missionare, Bischöfe oder Päpste. »Der Laie scheint, wenn nicht prinzipiell, so doch faktisch, keinen Zugang zur Heiligkeit zu haben, solange er im ›Stand der Unvollkommenheit‹ verharrt und nicht die Welt verlässt.«[28] Der Laie definierte sich sozusagen als Angehöriger des »Standes der Unvollkommenheit«, als Konzession an menschliche Schwäche.

Eine Klerikalisierung der Kirche solcherart kann der Frage nicht ausweichen, ob die Kirche mit ihren Instrumenten dadurch nicht an die Stelle Gottes rückte, ist doch unter der Hand ein Status zur wertenden Aussage über Christlichkeit geworden und die Stufung in der Kirche fast schon zu einer Aussage über Heil und Gottesbeziehung. Darin lag die ureigenste Enterbung der Laien als »Volk Gottes« und ihrer christlichen Berufung. Sie verloren zunehmend den befreienden Glauben an sich als Christen und Christinnen. Gespürt haben dies manche wohl immer. Auch in früheren Jahrhunderten erwachte das »Volk«. Wollte es sich eventuell mit der Trennung der Christenheit in kirchliche »Geistliche« und weltliche »Fleischliche« nicht abfinden? Vielleicht durchaus aus einer tiefen Ahnung für das Christliche und aus einer religiösen Sehnsucht heraus, um sich zu holen, was man ihm vorenthielt?

4 Laien-Bewegungen als Such-Prozesse und Gegenkraft

Es wäre unredlich zu übersehen, dass die mittelalterlichen Laien-Bewegungen viele soziale, wirtschaftliche, kulturelle und politische Hintergründe hatten wie z.B. Ausweitung des Handels, Urbanisierung, Errichtung von Manufakturen und Differenzierung des beruflichen Lebens, Streit der Feudalherren usw. Aber ebenso anstössig wäre es zu unterschlagen, dass sich darin auch Aufbrüche der Laien kundtaten, die sich als Wille zum Christsein verstehen lassen (in heutiger Sprache: als Wille zum Subjektsein als Christ und Christin). Selbst die Kreuzzüge, deren Kampf für die Sache Gottes und das Heilige Land uns unverständlich bleibt, sind Hinweis auf diese Bewegung. Sie wurden zwar von Mönchen und Päpsten angeregt und propagiert, aber von Laien durchgeführt, die darin eine Chance sahen, für ein »religiöses« Anliegen selber aktiv tätig zu werden.

Durchaus in Spannung zu Grundzügen der Gregorianischen Reform und als Reaktion darauf sind Silhouetten eines »Laienprofils« festzustellen.

4.1 Prägende Bewegungen

Die Quellen über die mittelalterlichen Laien-Bewegungen sind eher spärlich und einseitig, weil sie zum grössten Teil vernichtet worden sind. Denn es darf nicht vergessen werden, dass ihre Anhänger und Anhängerinnen auch blutig verfolgt oder gar ausgerottet wurden, weil sie z.T. von einem dualistischen Weltbild[29] geprägt waren und manichäisches[30] oder pantheistisches[31] Gedankengut vertraten. Doch der weitaus grössere Teil war vom Wort Gottes, wie es in der Bibel geoffenbart ist, beeinflusst; und die Bewegungen entstanden im Geist des Neuen Testamentes.

Die mittelalterliche Laienbewegung war alles andere als einheitlich. Sie bestand aus einer Vielzahl von religiösen Bewegungen, wobei manch führender Kopf aus den wohlhabenden Schichten stammte oder Kleriker war. Im Unterschied zu den späteren Bauernkriegen im 14. Jahrhundert in England und im 16. Jahrhundert in Deutschland verstanden sie sich nicht in erster Linie als Protest der Armen (trotz Armutsideal) oder als antiklerikale Stossrichtung (trotz Kritik am Klerus).[32]

Dass Kräfte aus dem Volk im 11. und 12. Jahrhundert eine generelle Passivität der Laien überwinden konnten und Selbstbewusstsein gewannen, kann durchaus mit der Schwächung der königlichen Macht in Verbindung gebracht werden. Zudem ist nicht zu übersehen, dass die zwischen 950 und 1100 entstandene sozial-ökonomische Struktur der Lehensherrschaft ein feudalistisches System mit neuen sozialen Unterschieden hervorbrachte. Der Kampf der Masse der Bauern unter der Last der Frondienste oder der Arbeitenden in den aufstrebenden Städten gegen die Herren verband sich nun auch oft mit jenen Kräften, die Initiativen zur Reform des Klerus ergriffen. Auch die Institution Kirche war ja zwischen Ende des 10. und beginnendem 11. Jahrhundert erschüttert, so dass Laien – oft unter Führung von Klöstern oder einzelnen Bischöfen – an die Stelle der geschwächten Hierarchie traten. Erst das gregorianische Papsttum übernahm dann wieder die Führungsrolle, allerdings auch unter Zuhilfenahme von Laienbewegungen (wie z. B. die Pataria in Mailand).[33]

In diesem Zusammenhang sei an die **Katharer** oder **Albigenser** erinnert, von denen angeblich kein Wort schriftlich überliefert ist und denen Manichäismus vorgeworfen wurde. Andere betonen, dass gerade sie die wahre Kirche suchten und sich zur Keuschheit und evangelischem Leben verpflichteten. Sie wurden blutig verfolgt, wobei vor der Folter nicht zurückgeschreckt wurde, obwohl schon der kluge Papst Nikolaus I. (858–867) diese als Verstoss gegen göttliches und menschliches Gesetz verboten hatte.[34]

Eine echte Laienbewegung sind die **Waldenser**, benannt nach Waldes, einem reichen Kaufmann aus Lyon, der 1173 sein Leben grundlegend änderte. Sie forderten für sich das Apostolat und trennten sich nicht von der Kirche, indem sie z.B. am Gottesdienst der Gemeinde teilnahmen. Sie beurteilten den Priester nicht nach seinem Amt, sondern nach seiner Würde und seinem Verdienst und sahen bald auch die Laien vom Evangelium dazu ermächtigt, die Taufe zu spenden, das Abendmahl zu reichen und einander die Beichte abzunehmen. Daran konnte die offizielle Kirche nicht vorbeigehen. Papst Innozenz III. (1198–1216) versuchte, diese Kräfte für die Kirche zu nutzen, wobei es ihm gelang, die den Waldensern nahestehenden Humiliaten wieder einzugliedern. Nachdem Waldes die Predigterlaubnis verweigert worden war und er trotzdem weiter predigte, begann die Verfolgung der Waldenser, die sich in entlegene Alpentäler und nach Sizilien zurückzogen.

In diesem Horizont ist die Entstehung der **Bettelorden** zu sehen. Franz von Assisi (†1226) rief die Bewegung der Minderbrüder ins Leben. Wie Waldes wurde auch er von der Hl. Schrift inspiriert und änderte sein Leben radikal. Er erhielt die Erlaubnis zur Busspredigt. Als Wanderprediger zog er mit seinen Anhängern durch das Land. Er pflegte bei seinen Predigtzügen immer »einen Besen bei sich zu tragen, um unsaubere Kirchen auszufegen«.[35] – Seine Gemeinschaft »sollte von Laien sein, legitimiert durch ein christusförmiges Leben, nicht durch heilige Weihe und durch das Studium der Theologie«.[36] Franz von Assisi selbst wollte weder Priester, Mönch oder Eremit noch ein Ordensgründer sein. Aber Papst Innozenz III. war bemüht, diese unkontrollierbare Bewegung in einen Orden zu verwandeln und damit in das kirchliche System einzufügen, was ihm in der Folge auch gelang. Nach dem Tode des »Poverello« wurde aus der Gemeinschaft der Wander- und Bussprediger ein einflussreicher Orden, der sowohl in der Hierarchie als auch in der Theologie eine mächtige Stellung einnahm. Damit war dieser christliche Aufbruch einer Laienbewegung hierarchisch kanalisiert. Der Strom der Bewegung war kirchlich melioriert d.h. »verbessert« und begradigt.

Ein anderer markanter Bettelorden sind die Dominikaner. Dominikus (†1221) wurde als Kanoniker mit der Irrlehre der Katharer konfrontiert und begann in Südfrankreich mit einer neuen Missionsmethode. Wie die sog. Ketzerprediger zog er als armer Wanderprediger bettelnd umher, verkündete das Evangelium und suchte das Gespräch mit den Anhängern der Katharer-Bewegung. Im Jahre 1215 gründete er in Toulouse einen Orden mit damals unerhörten Neuerungen. Dominikus und seine Brüder verkündeten die Wahrheit des Evangeliums in evangelischer Armut. Aber anstelle der

Arbeit der Mönche trat bei ihnen aus pastoralen Gründen das Studium.[37] So öffnete Dominikus das kontemplative Ordensleben zur aktiven Seelsorge hin.

Im ausgehenden 12. und im 13. Jahrhundert gab es zweifelsohne einen kulturellen und spirituellen Entwicklungsschub mit allen Zeichen einer geistigen Unruhe und Suchprozessen. Das auffallendste Phänomen dürfte der Durchbruch der Frauen auf Gebieten sein, die ihnen – abgesehen von Fürstinnen – bis dahin verschlossen waren. Diese **Frauenbewegung** ist historisch noch zu wenig gewürdigt worden. Im Herzogtum Brabant entstand um 1170/80 nachweislich eine starke religiöse Frauenbewegung.[38] Frauen sammelten sich und zogen in gemeinsame Wohnungen. Abschätzig nannte man sie Beginen (wahrscheinlich vom Wort »Albigenser« abgeleitet). Meist Frauen aus begüterten Familien lebten so in Armut und Keuschheit und widmeten sich der Pflege von Kranken und Aussätzigen. Dahinter verbarg sich auch ein Protest gegen die schlechte Stellung der Frauen in der damaligen Gesellschaft, wurden doch Frauen in Adelsfamilien für Politik und Zweckheirat benutzt. – Die Beginenhäuser wurden zu einer wichtigen Lebensform von Frauen, die nicht Nonnen werden wollten. Da sie nicht ungebildet waren, ein radikales Zeugnis lebten, sich ihr Brot selbst erwerben mussten (eigene Manufakturen: Spinnen und Weben) und ihre Selbständigkeit zu erhalten wussten, wurden sie zu einer Herausforderung.

Unter kirchlichem Druck und weil Beginen kirchlicherseits verurteilt wurden, schlossen sich die Beginen zwischen 1316 und 1323 auch dem Dritten Orden der Franziskaner an oder traten in die Orden der Franziskanerinnen oder Dominikanerinnen ein. Gegen Ende des 14. Jahrhunderts scheint ihre Kraft aber erloschen zu sein.

Auch bezüglich der Frauenbewegung war das Mittelalter alles andere als einheitlich. Es wurde zunehmend eine Zeit der Seherinnen und Mystikerinnen,[39] zeitlich in etwa parallel zur Abschwächung der Beginen-Bewegung, die noch Kontemplation und Werke der Nächstenliebe verbinden wollte. Bei den Seherinnen und Mystikerinnen stand auch nicht mehr das asketische Ideal der Entsagung und Abtötung wie z.B. bei Margareta von Ungarn (†1270) im Mittelpunkt, sondern Heiligkeit als vollkommene Erkenntnis Gottes aus einer direkten Anschauung. »Das religiöse Leben wird gänzlich spiritualisiert, der Weg ist die Verinnerlichung, das Ziel die Identifikation der menschlichen Seele mit Gott in der liebenden Verschmelzung beider Willen.«[40] Dieses Phänomen steht offensichtlich im Zusammenhang mit dem Exil der Päpste in Avignon und mit dem grossen Schisma. Die Krise der Institution sowie die allgemein herrschende Unruhe der Zeit schufen zwischen 1378 und 1430 ein Klima, das den Frauen ermöglichte, sich Gehör zu verschaffen (Mechthild von Magdeburg, † um ca. 1290; Clara von Montefalco, †1308; Birgitta von Schweden † 1373; Katharina von Siena †1380). Mit grossem Mut setzten sie sich kirchenpolitisch für Reformschritte ein und stellten damit die traditionelle Hierarchie religiöser Vollkommenheit in Frage, an deren unterster Stelle die einfachen Gläubigen standen. Die Frauenbewegung hat entscheidend die Suche nach neuer Frömmigkeit geprägt und die Mystik befruchtet.

4.2 Aufwertung des aktiven Lebens im Vergleich zur Kontemplation

Die Entwicklung der Städte und des kommunalen Bürgertums bedeutete einen wichtigen Stoss gegen die feudale Gesellschaft. Wie in Kreisen des Adels bildeten sich auch im Bürgerstand Differenzierungen, wobei einige in die Ränge der Adeligen aufstiegen und als Patrizier ihnen gleichwertig wurden. Den Scharen der mittleren und kleineren Kaufleuten blieben solche Chancen verschlossen. Sie formierten sich in Gilden und Zünften und fanden darin wirtschaftliche Sicherheit und religiös-kulturelle Beheimatung. Unter diesen Voraussetzungen änderte sich auch das Berufsverständnis, sozusagen die Sicht des Weltdienstes der Laien.

Waren die Laien im Verlaufe des 11. Jahrhunderts spirituell mindergestellt, weil das Mönchsideal mit der Flucht vor der Welt und deren Verachtung der christlichen Vollkommenheit gleichgesetzt wurde, so änderte sich dies, als die Massen aus ihrer Passivität heraustraten und die handwerkliche Arbeit eine Neubewertung erfuhr. Die raschen sozialen Differenzierungen machten es nötig, dass man sich spezifischer auf die jeweilige Lebenswelt der Händler, der Kaufleute, Stadtwächter, Herbergshüter, Bartscherer, Geldwechsler, der Bauern und Handwerker einliess. Die Kirche leitete eine Seelsorge des Lebensstandes (status viae) ein und bemühte sich nicht mehr vornehmlich um Fürstenspiegel mit Handlungsanleitungen für Fürsten und um den Ritterstand. »Für all diese Männer und Frauen eröffnete sich damals die Möglichkeit, das Heil zu erlangen, ob durch die Praxis der Nächstenliebe mit Hilfe von Werken der Barmherzigkeit, ob durch die Büsserspiritualität und die damit verbundene Demut, Askese und Armut. Es war dies die Epoche, in der die Kanonisten erstmals die Existenz eines neuen Typs von Christen zu akzeptieren begannen: des »›religiösen Laien‹ … der sich weder in der Welt verlor noch in totaler Abgeschiedenheit fand, sondern sein berufliches und familiäres Umfeld mit den Forderungen des Evangeliums in Einklang zu bringen suchte.«[41] Arbeit bzw. Beruf wurden als »vocatio« im Sinne von Ruf, Berufung, Stand und Lebensaufgabe aufgefasst. Dabei sind Impulse der Schöpfungstheologie von Thomas von Aquin zu nennen, denn nach Thomas stand jede berufliche Tätigkeit in einer wesentlichenVerbundenheit mit dem schöpferischen Tun Gottes.[42] So hat selbst Gregor VII., der gegen den Laieneinfluss in der Kirche energisch vorging, den Klostereintritt des burgundischen Herzogs Hugues als Fahnenflucht und selbstsüchtiges Begehren persönlicher Ruhe und Sicherheit gegeisselt.[43] Diese Entwicklungen wurden allerdings später auf fatale Weise im 14. Jahrhundert wieder in Frage gestellt.

4.3 Streit um die Laien-Predigt

Bezeichnend für den Umgang seitens der kirchlichen Amtsträger mit diesen Bewegungen ist der Streit um die Laienpredigt. Hatte Innozenz III. (†1216) bedingt die Erlaubnis zur Busspredigt gegeben, erliess Gregor IX. (†1241) ein Predigtverbot für alle Laien, das interessanterweise nicht zuletzt von den Bettel- bzw. Predigerorden in starkem Masse gefordert wurde. Ohne Zweifel haben manche Missbräuche Anlass dazu gegeben. Aber das Bild der Laien, das in diesem Zusammenhang zum Ausdruck kam, ist verräterisch und zeigt, wie zur gleichen Zeit widersprüchliche Kräfte und Tendenzen wirksam wurden. Eine Kommission, die im Auftrag des den Laien nicht unfreundlich gesonnenen Papstes Alexander III. (†1181) die Predigterlaubnis für die Waldenser prüfen sollte, urteilte unzweideutig: »Diesen Leuten das Wort der Verkündigung anzuvertrauen, hiesse die Perlen vor die Säue werfen (Mt 7,6) und die Ordnung der Kirche auf den Kopf stellen … Aus der Quelle soll das Wasser genommen werden und nicht aus den Sümpfen«.[44]

Bei all diesen Vorstellungen spielte die Sorge um die Stellung der Kleriker eine entscheidende Rolle, hatte man doch Angst um Einfluss und Kontrolle: »Jetzt sind sie noch demütig und schüchtern und tun so, als ob sie kaum einzutreten wagten; wenn wir sie aber hereinlassen, dann werfen sie uns hinaus«.[45] Der Laie blieb in einer solchen Vorstellungswelt der dem weltlichen Bereich verhaftete Mensch, »der in die Kirche nicht hineinreden darf und in ihr nichts zu sagen hat. Er ist ... jener, der dem Geistlichen unterworfen ist, auf ihn zu hören und ihm zu gehorchen hat und der vom Klerus beurteilt und gerichtet wird«.[46] Die Laien waren nicht nur soziologisch und spirituell Christen zweiter Klasse, sondern auch institutionell die Unterlegenen, denn ihnen kamen keine Rechte mehr zu, auf die sie sich hätten berufen können.

4.4 Volkssprache und Zugang zur Bibel

Nicht unähnlich war es mit den Anliegen um Volkssprachigkeit und dem unmittelbaren Zugang zum Wortlaut der Heiligen Schrift. Auch wenn die Predigt von den Klerikern in der jeweiligen Landessprache gehalten wurde und die »Laien« die Gebete in ihrer eigenen Sprache verrichteten, so war das Fundament, die Hl. Schrift, bis Ende des 12. Jahrhunderts nicht aus dem Lateinischen übersetzt. Es zeigte sich auch darin praktisch, was heute noch den Begriff »Laien« kennzeichnete. Er war ungebildet und »un-ein-geweiht«. Auch in der Schriftunterweisung waren die Laien vom Klerus abhängig. Während die Albigenser bei ihrer Predigt noch ohne Bibel auskommen mussten, lies Waldes sich die Bibel übersetzen. Es zeigte sich auch in dieser Situation, dass in Zeiten reformerischer Umbrüche immer der Weg zu den Quellen bzw. zur Bibel gesucht wird, um sich an deren Wortlaut zu orientieren. Das öffnete naturgemäss unterschiedlichen Interpretationen der Bibel Tür und Tor. »Je mehr sektiererische Laienkonventikel« von der rechten Deutung der Tradition beim Bibellesen abwichen, »um so häufiger sah sich die Kirche gezwungen, gegen die Bibellesung in der Landessprache einzuschreiten«.[47] Seit dem 13. Jahrhundert mehren sich deshalb die partikularen Verbote des Bibellesens für Laien, ja zum Teil konnte sich der Besitz der Bibel schon gefährlich auswirken (z.B. Provinzialkonzilien von Toulouse, 1229; Tarragona, 1234; Synode von Béziers, 1246). Damit waren die Laien von den ursprünglichen Quellen des Glaubens ferngehalten.

4.5 Volksfrömmigkeit / Devotio moderna

Je mehr die Scholastik als offizielle Theologie verblasste und das kirchliche Leben sich veräusserlichte und je mehr die theologische Bildung und eigenständige Bibellektüre der Laien unterdrückt wurden, um so stärker wuchsen Formen der Volksfrömmigkeit und der Mystik. »Auch darin zeigte sich die Sehnsucht nach erlebnishaftem Christsein; und der Aufruf der Mystik zur Unmittelbarkeit des Gottesverhältnisses der Seele und zur Erhaltung der Gottesnähe im alltäglichen Leben fand unter den Laien vielfachen Widerhall ...«[48] Vor allem waren es die Bettelorden, die durch ihre Predigt und Seelsorge die mystische Lebensweise als tief und innig erlebbare Religiosität förderten. Durch ihre Volksnähe erreichte diese geistige Strömung auch eine gewisse Breite.

Die Anhänger dieser neuen Frömmigkeit der »Nachfolge Jesu« in klösterlichen und geistlichen Kreisen sowie in der Laienwelt nannten sich nach Joh 15,14f. »Gottesfreunde«. Zu dieser Gottesfreund-Bewegung zählen nicht nur Vertreter wie Meister Eckhart (†1328), Heinrich Seuse (†1366), Johannes Tauler (†1361), sondern auch Dorothea von Montenau (†1394) und Nikolaus von Flüe (†1487). Die Devotio moderna, vom Niederländer Gerhard Groote (†1384) ins Leben gerufen, wurde zu einer Bewegung, die Frömmigkeit und Leben verbinden und sich deshalb gerade nicht an Klöster und Klerus anlehnen will. Auch das Leben des Kanonikers Groote (†1384) war – ähnlich wie das von Waldes und Franz von Assisi – von einem Bekehrungserlebnis geprägt. Als Armutsbewegung wollte man dem Beispiel der Beginen folgen und sich in kleinen Gruppen oder Genossenschaften (später »Brüder des gemeinsamen Lebens«) zusammenschliessen, um in Gebet und Sorge für die Armen Christus zu dienen. Zum bekanntesten Zeugnis der Devotio moderna wurde die Schrift »Imitatio Christi« des Thomas von Kempen (†1471), welcher der von Schülern Grootes gegründeten »Windesheimer Kongregation« angehörte. Das Schicksal dieser Bewegung ist jener der Beginen nicht ganz unähnlich. Gerade von den Bettelmönchen wurden sie vielfach angefochten, weil sie ohne die Gelübde der Orden zusammenlebten. Manche Häuser nahmen die Augustinerregel an (z.B. Windesheim bei Zwolle). Gegen Ende des 15. Jahrhunderts erlosch ihre Bedeutung; ihre letzten Häuser gingen in der Reformation zugrunde.

4.6 Humanismus als Erwachen des Menschen

Natürlich erfolgte die mittelalterliche Entwöhnung der Laien von einer aktiven Mitgliedschaft in der Kirche durch die rechtliche, kulturelle und religiöse Führerschaft des Klerus nicht so einlinig und so eindeutig, wie dies eine skizzenhafte Darstellung dieser Entwicklung nahelegen könnte. Aber die Grundtendenzen mit ihren langwierigen Auswirkungen sind trotz einander verwandter oder entgegengesetzter Strömungen unverkennbar. Für das ausgehende Mittelalter sind aber schon Einflüsse und Prozesse namhaft zu machen, die zeigen, dass die starre Ordnung von Klerus – Laien auf Dauer nicht unangefochten erhalten bleiben konnte. Denn der aufkommende Humanismus – vorerst in den italienischen Städten mit ihrer an Macht und Bildung wachsenden Bürgerschaft – entfaltete sich als intensiver Versuch zur Selbstbehauptung des Menschen und zur Besinnung auf sich selbst. Der Mensch entdeckte sich als Individuum und als Träger geschichtlicher und politischer Entwicklungsschritte. Die Wiederentdeckung der Antike (Renaissance) und die Rückbesinnung auf die Quellen der Vergangenheit (»ad fontes«) prägten künstlerisch bzw. kulturell das neue Selbstverständnis und das Selbstbewusstsein der Menschen. Dass dieser Rückbezug auf die Quellen für die Theologie, für das Bibelverständnis und nach der Erfindung des Buchdrucks durch Gutenberg im Jahre 1445 auch für die Bibelausgaben, für die Interpretation der Tradition an ihrem Wortlaut usw. Auswirkungen haben musste, liegt auf der Hand.

Natürlich war auch der Humanismus bzw. die Renaissance einerseits gekennzeichnet vom Zusammenspiel vieler Kräfte und anderseits von Widersprüchen gegensätzlicher Interessen. So reichte auch das Verhältnis der Humanisten zur Kirche von Dienstbarkeit über Kritik bis hin zur Opposition. Aber neben dem Klerus traten nun Laien bzw. erstarkende Städte als Bildungsträger auf. In der Tat fand der Humanismus nicht nur vielfache tatkräftige Unterstützung durch kirchliche Amtsträger, sondern es gab z.T. überzeugte Humanisten auf dem päpstlichen Thron (Nikolaus V., Pius II., Sixtus IV., Julius II., Leo X.). Allerdings offenbarten gerade diese Inhaber des päpstlichen Thrones auch das Dilemma der damaligen Kirche. Eingeholt von der Entwicklung und den Humanismus fördernd und mittragend, erkannte die offizielle Kirche den Ernst der Stunde nicht und brachte wenig Phantasie und Hellhörigkeit für den Ruf nach Reformen an Haupt und Gliedern auf. Es war kein geringerer als der Humanist Nikolaus von Kues (†1464), ein Schüler der »Brüder des gemeinsamen Lebens«, der unüberhörbar auf die Reform der Kirche drängte als Reform der Glieder (De Concordantia catholica, 1433).

Die Tragik für die Kirche der damaligen Zeit mag man heute – aus der historischen Distanz – darin erblicken, dass die kulturelle und geistige Renaissance nicht in eine spirituelle Renaissance der Reform an Haupt und Gliedern mündete, die zu einer umfassenden religiösen Erneuerung in der Nachfolge Jesu geführt hätte. Sobald sich nämlich die gegenüber der Kirche »emanzipatorischen« Impulse des Humanismus mit der erwachenden religiösen Glut und mit den nach christlicher »Identität« suchenden Kräften unter dem niederen Klerus und Laien verbinden konnten oder wollten, führte dies unweigerlich zum Zusammenstoss mit den Machtinhabern. Man kann durchaus die Frage stellen, ob nicht manche Reformatoren – um es in heutiger Sprache zu sagen – »emanzipiert« genug geworden sind, um die Fragen nach der »Identität« des Christen trotzdem zu stellen? Andererseits gilt für viele ihrer Anliegen, dass um sie schon vielfach gerungen wurde.

5 Nur vorübergehende Phase der Öffnung?

Bezüglich der mittelalterlichen »Laien-Bewegung« ist festzuhalten, dass es sich hier natürlich nicht nur um eine reine Laien-Bewegung handelt. Das Wort wird hier gebraucht als Sammelbegriff für viele Aufbrüche und Prozesse, bei denen die Laien aus ihrem verinnerlichten Minderwertigkeitsgefühl und aus einer passiven Gleichgültigkeit herauszukommen versuchten. Aus dieser Unruhe und aus der erwachten religiösen Glut heraus wollten sie handeln, ohne sich im vorhinein in eine grundsätzliche Opposition zum Klerus begeben zu wollen. Somit sind diese Suchbewegungen mit all ihren Höhepunkten und ihren zuweilen sonderbaren Erscheinungsformen auch eine Reaktion auf die sich zusehends klerikal strukturierende Kirche, in der die Zugehörigkeit zum Klerus oder zu monastischen Gemeinschaften fast schon das Christsein schlechthin definierte. Man darf diese Zeit nicht einfachhin idealisieren, aber ihre Anliegen zu verstehen versuchen und ihre Kraft bestaunen.

Ausserdem war die Laien-Bewegung kein ausschliesslich religiöses Geschehen. Das sogenannte einfache Volk trat aus seiner Passivität heraus und blieb nicht abseits stehen – und zwar im sozialen, beruflichen, wirtschaftlichen, politischen und philosophischen Bereich. Dies zeigten der Bildungsbereich durch die Gründung von Universitäten, die kommunalen Bewegungen in Italien, das Streben der Bauern aus dem feudalen Zinszwang zu entkommen oder die damaligen Unabhängigkeitsbestrebungen, z.B. in den Urkantonen der Eidgenossenschaft. Diese Vorgänge und der Humanismus sind die gesellschaftlichen Bedingungen und Voraussetzungen für die religiösen und kirchlichen Prozesse, auch wenn sie in der mittelalterlichen Einheit von Gesellschaft und Kirche miteinander engstens verwoben waren (z.B. Uni- versitätsgründungen durch die Päpste). Zum Aufbruch führte ein vielmaschiges Netz von gesellschaftlichen Einflüssen und Gärungsprozessen.

Als aber die Kirche gewahr wurde, dass diese Aufbrüche zu Durchbrüchen führen könnten, die sie in ihrer zeitgenössischen Form in Frage stellen würde, reagierte sie mit allen verfügbaren Mitteln. Es wurde ausgeschlossen (wie z.B. die Waldenser), vernichtet (Albigenser) oder domestiziert (z.B. die Beginen). Nicht zuletzt aufgrund der Renaissance kam es zur Rückbesinnung auf traditionelle Werte, zur Orientierung an den Wüstenvätern und an den Werken des hl. Hieronymus, zu einer Spiritualität der rigorosen Askese und der Weltflucht. Nicht mehr der Dienst an den Armen stand im Mittelpunkt, sondern die Armseligkeit und Nichtigkeit des Menschen. Ehe und Sexualität wurden unter dem Primat der Jungfräulichkeit wieder tabuisiert – eine Rückentwicklung, die den »Bemühungen des vorhergehenden Jahrhunderts um eine eigenständige Spiritualität der Laien entgegenlief«[49]. Andererseits zeigt sich, dass dieser Rückschritt keine Rückkehr zum Ausgangspunkt war. »Die ›mystische Invasion‹ des ausgehenden Mittelalters, bei der die Frauen eine wesentliche Rolle spielten, hat das traditionelle klösterliche Schema endgültig ruiniert, nach welchem die Mönche und Nonnen an allererster Stelle stehen, an zweiter Stelle der Weltklerus und erst an letzter Stelle die einfachen Gläubigen.«[50] So blieben trotz aller geistiger und praktischer Rückschritte auch Durchbrüche wach, die z.T. von den Reformatoren aufgegriffen und durchgesetzt wurden. Andererseits war das klerikale System mit seinen klaren Ständen und strukturellen Ausformungen gegenüber den Laien-Bewegungen so etabliert, dass es zum Denkschema und zum ideellen Hintergrund dafür wurde, wie die Kirche auf die Herausforderungen der Reformation reagierte.

6 In der Tradition des Konzils von Trient

6.1 Die Antwort des Konzils von Trient auf die Reformation

Die reformatorischen Anliegen erfüllten viele Forderungen, wie sie im Rahmen der Laienbewegung erhoben wurden: Bibelübersetzungen, Gottesdienste in der Sprache des Volkes, Laienkelch, allgemeines Priestertum, die Überwindung der Trennung von Klerikern und Laien als »verschiedenen Christen«, die fundamentale Gleichheit der Kinder Gottes usw.

Die Klerikalisierung als Ausschluss der Laien von einer aktiven Mitbeteiligung am kirchlichen Leben löste Fragen und Gegenbewegungen aus, die sich nun (auch ein Ergebnis der Renaissance und des Humanismus) auf die Quellen des Glaubens beriefen, um auf das eigentliche Wesen des Christseins zu stossen. Insofern war die Reformation – wenn auch vereinfacht formuliert – ein Kampf gegen die klerikalisierte Verengung der Kirche, aber auch ein Ringen um das ›wahre Christsein‹ vieler Männer und Frauen in eigener Unmittelbarkeit. Wenn auch die Reformation innerkirchlich als Abfall von der römischen Kirche empfunden wurde, so transportierte sie doch auch genuin religiöse Anliegen und berechtigte Erwartungen.

Das Konzil von Trient (1545–1563) blieb aus vielen Gründen eine einseitige Antwort auf die Reformation. Die Voraussetzungen für eine gemeinsame Plattform bezüglich des Kirchenverständnisses waren scheinbar nicht gegeben. Das Konzil stand durchaus unter dem Leitsatz, dass das höchste Gesetz das Heil der Seelen sei. Es wurde auf dem Konzil – aus einem pastoralen Anliegen heraus – viel von den Bischöfen und den Priestern als Seelsorgern gesprochen. Aber insgesamt erfolgte die Auseinandersetzung mit den Reformatoren und den von ihnen ausgelösten Bewegungen doch im historisch festgefahrenen Schema »Klerus – Laie«. Der Laie kommt auf dem Konzil kaum vor, sieht man vom bekannten Dekret »Tametsi« einmal ab, das zur Verhinderung heimlicher Eheschliessungen die Eheschliessungsform vorschreibt. Der Laie wird nur im Spiegel der Aussagen über den Priester, sozusagen indirekt, sichtbar.

Die Verlautbarungen des Konzils von Trient enthalten Lehraussagen (Doktrin), Kanones als Kurzfassungen der Lehre (oder als Abgrenzung) und Dekrete als Anweisungen für die Praxis. Gerade letztere brauchten eine lange Zeit, bis sie sich in der Praxis der Diözesen oder Pfarreien durchsetzen konnten (z.B. Priesterseminare, Residenzpflicht der Bischöfe und Pfarrer).

Langzeitwirkung ging aber von den lehrhaften Aussagen (Decretes de fide) aus, die sich (nebst Fragen über Glaubensquellen, Rechtfertigung usw.) sehr stark mit Themen des Amtes und der Sakramente befassten, weil man sich auf die Betonung dessen beschränkte, was man von den Reformatoren bezweifelt oder in Frage gestellt sah. Dieser Beschränkung fielen manche geplanten positiven Aussagen zum Opfer (wie z.B. über das allgemeine Priestertum der Gläubigen).

Insgesamt erscheint der Priester »als der Mann der Sakramente, ausgezeichnet durch die Vollmacht der Wandlung und Sündenvergebung, die der Laie nicht hat. Er ist durch das definiert, was ihn vom Laien unterscheidet. Die Priesterweihe verleiht als Sakrament einen unauslöschlichen Charakter, der den Priester unendlich hoch über den Laien erhebt. Sie gliedert ihn ein in die auf göttlicher Stiftung beruhende Hierarchie und gibt ihm Anteil an den Vollmachten und Rechten, die ihr aufgrund göttlicher Einsetzung zukommen«[51].

Die Lehraussagen des Konzils führten mittel- und langfristig zu einer Vertiefung des Unterschieds zwischen Klerus und Laien bis in unsere Zeit hinein. Eine Kostprobe lieferte schon der massgebende Catechismus Romanus (1566), der die Beschlüsse des Konzil von Trient für die Pfarrer und Pfarreien aufbereiten will. Es heisst dort (II,7.2) von den Priestern, dass ihr Amt ein solches sei, »dass man sich kein höheres ausdenken kann, daher sie mit Recht nicht nur Engel, sondern auch Götter genannt werden, weil sie des unsterblichen Gottes Kraft und Hoheit bei uns vertreten«. Das ist in letzter Konsequenz eine Form des Klerikalismus, die den Stellvertreter an die Stelle dessen setzt, den er vertreten soll. Hat hier die Kirche den Kleriker nicht zwischen Gott und das Volk Gottes (Laien) geschoben? Der Zentralisierung (Romanisierung) der Kirche durch das erstarkte Papsttum diente nicht nur das Römische Brevier, das Messbuch, die Herausgabe der Vulgata (lateinische Bibel), Kalenderreform, Vereinheitlichung der Kirchenmusik, Inquisition und Index, sondern auch der Ausbau der zentralen Organe wie Kongregationen (Behörden), Nuntiaturen, Kardinalprotektorate für einzelne Nationen und Orden, Rom-Berichte der Bischöfe, Visitationswesen und dergleichen mehr. Diese Kontroll- und Weichenstellungen zeitigten in den folgenden Jahrhunderten Wirkungen, die im einzelnen hier nicht nachgezeichnet werden können, aber ohne Zweifel das Klerus-Laien-Gefälle bis heute zementierten.

Zwar gingen immer wieder Impulse und Anregungen für ein breiter angelegtes pastorales Leitbild aus, als es in den Dekreten des Konzils fassbar ist. Aber durch den Überlegenheitsanspruch des Klerus und durch die Betonung der Jungfräulichkeit als grösserer Vollkommenheit und Heiligkeit wurde dem Laien das volle Christsein bestritten. Die katholische Kirche blieb auch in der Folgezeit eine Gesellschaft von Ungleichen. Die Kluft wurde ungleich stärker betont als die Gleichheit der Getauften und Gefirmten. Natürlich ist dies damals nicht im heutigen Sinn problematisiert worden, weil ja auch die Gesellschaft von Herrschaftsverhältnissen und Ständen geprägt gewesen ist.

6.2 Langzeitwirkungen

Ähnlich wie die Laienbewegungen des Mittelalters ist auch die nachtridentinische Zeit von Frömmigkeitsbewegungen und Erneuerungen der Religiosität unter den Frauen und Männern des Volkes gekennzeichnet. Das Bruderschaftswesen, die Kongregationen und Sodalitäten, die Wallfahrten und Prozessionen, Marien- und Heiligenverehrung, Andachten und ausserliturgische Gottesdienste und die von den vielen Feiertagen des Kirchenjahres geprägte Volksfrömmigkeit sind Bereiche, in denen das Kirchenvolk sozusagen zum Zuge kam und seiner Religiosität einen gemütshaften und oft auch derben Ausdruck verlieh.

Diese religiösen Ausdrucksformen können psychologisch gedeutet werden als Versuche der Laien, sich für die Entmachtung als Glieder der Kirche und für die Minderbewertung ihrer christlichen Geltung zu entschädigen. Damit sollen nicht alle Formen der Volksfrömmigkeit schon als Blüten der Mystik oder als Zeichen einer religiösen Tiefe bewertet werden, denn der Barock legte auch in der Frömmigkeit das Gewicht auf das Äussere, Gefühlsmässige und die Phantasie. Aber in ihnen brach sich die Religiosität von Männern und Frauen eine Bahn, die sich mit der klerikal verordneten Passivität und mit dem Schweigen der Laien in der Kirche nicht abfinden wollten.

Grosse Bedeutung kam vor allem dem Jesuitenorden und den Kapuzinern zu. Der Jesuitenorden, der im Vergleich zum bisherigen Ordensideal der Kirche das Wirken in der Welt zur Ehre Gottes und für das Heil der Seelen auf seine Fahnen schrieb, stärkte das christliche Bewusstsein unter den

Laien durch die Exerzitienbewegung, durch die Gründung von Marianischen Kongregationen und durch die eindrucksvolle Pflege des Unterrichtswesens.

Es gab auch Fürsten, die sich aktiv um die Reform bemühten und sich z.T. in die »inneren« Angelegenheiten der Kirche einmischten und damit durchaus auch eigenmächtig Kirchenpolitik betrieben. Aber im 19. Jahrhundert verstummten auf der Basis der Aufklärung und der beginnenden Diskussion um die Trennung von Staat und Kirche auch diese Stimmen; es wuchsen in der Kirche Bestrebungen, sich auf sich selbst zu konzentrieren. Binnenkirchlich wurden die Laien dadurch erst recht in die Rolle der passiven und gehorchenden Kirche gedrängt, die von den Geistlichen Gnadengaben und Unterweisung erwarten durften. So blieb es dabei: Alles, was in der Kirche von Belang war, »gehörte« dem Klerus; die dynamischen Aufbrüche in der Laienschaft wurden von ihm domestiziert bzw. kirchenamtlich gebändigt und gezähmt.

6.3 Erstes Vatikanisches Konzil und das Kirchenrecht von 1917

Einen gewissen Höhepunkt dieser Entwicklung stellten das I. Vatikanische Konzil (1869/70) und das Kirchenrecht aus dem Jahre 1917 dar. Im Entwurf zu einer Kirchenkonstitution des Ersten Vatikanischen Konzils, die allerdings nicht mehr verabschiedet werden konnte, ist zu lesen: »Die Kirche Christi ist jedoch nicht eine Gemeinschaft von Gleichgestellten, in der alle Gläubigen dieselben Rechte besässen. Sie ist eine Gesellschaft von Ungleichen, und das nicht nur, weil unter den Gläubigen die einen Kleriker und die anderen Laien sind, sondern vor allem deshalb, weil es in der Kirche eine von Gott verliehene Vollmacht gibt, die den einen zum Heiligen, Lehren und Leiten gegeben ist, den anderen nicht«[52].

Auf der einen Seite sind die Hirten, die lehrende Kirche, und auf der anderen Seite die Schafe, die hörende Kirche. Der Laie bestimmt sich vom Kleriker her: »Die Gläubigen bezeugen, was ihnen von den Hirten gelehrt worden ist: Das Zeugnis der Gläubigen bezeugt das Zeugnis der Hirten«.[53]

Für das Erste Vatikanische Konzil mutet es schon wie ein Symptom an, dass im Gegensatz zu den früheren Konzilien und zu den Reformkonzilien des 15. und 16. Jahrhunderts Laien und sogenannte Laientheologen nicht einmal mehr als Hörer (auditores) zugelassen wurden.[54]

Diese geistige und spirituelle Ausrichtung und ihre institutionellen Gefässe fanden natürlich ihre prägende juristische Materialisierung und ihren bezeichnenden Niederschlag im Kirchenrecht aus dem Jahr 1917, das von Fachleuten nicht zu Unrecht als Klerusrecht charakterisiert wird. Dies verdeutlicht der Kirchenrechtler Klaus Mörsdorf, eine ausgewiesene Kapazität als Kanonist. Obwohl er den Unterschied zwischen Klerikern und Laien nur in der »jeweiligen Art des Mitwirkens«[55] erblickt, können nach ihm »Rechte und Pflichten, die alleine den Laien eigen sind, nur in dem Beziehungsverhältnis von Kleriker und Laien gesucht und gefunden werden. Weil so das für alle Christen Gemeinsame ausgeklammert werden müsste, könnte sich im Ergebnis nur ein Torso dessen herausstellen, was wirklich Recht und Pflicht der Laien ist: Darin liegt die grundsätzliche Schwierigkeit eines eigenen Laienrechtes, nach dem heute viele rufen, ohne sich der wesenhaften Zuordnung von Klerikern und Laien bewusst zu sein, die jede Trennung und Spaltung ausschliesst«.[56] – Ohne Zweifel spürt Mörsdorf – nicht zuletzt durch den vom Zweiten Vatikanischen Konzil ausgelösten Bewusstseinsprozess – die Problematik im herkömmlichen Kirchenbild. Ein Kirchenrecht, das praktisch-rechtlich den Laien vom Kleriker trennt, ist ebenso ein Torso wie ein Kirchenrecht, das den Kleriker vom Laien trennt. Das Problem liegt doch darin, dass das Kirchenrecht den Begriff Klerus kennt, aber kaum das Volk, die Laien. Denn selbst Mörsdorf sagt vom Kirchenrecht aus dem Jahre 1917 bezüglich der Laien: »Nach c. 682 haben die Laien das Recht, nach Massgabe der kirchlichen Ordnung vom Klerus geistliche Güter und vor allem die zum Heil notwendigen Mittel zu empfangen. Es handelt sich hier um ein allgemeines Gliedschaftsrecht, das in gleicher Weise dem einzelnen Kleriker zusteht. Der Kleriker ist kraft seiner Weihe und der ihm zu Teil gewordenen kanonischen Sendung in besonderer Weise zur Heilsvermittlung berufen, bedarf aber der Heilsvermittlung in gleicher Weise wie der Laie. Nicht anders verhält es sich mit den Pflichten, weil eigene Laienpflichten allein aus dem Verhältnis zum Klerus gegeben sind. Allgemein lässt sich sagen, dass die Laien verpflichtet sind, den Klerikern die gebührende Ehrfurcht zu erweisen. Gehorsam schulden sie allein den jeweils zuständigen Hirten«.[57] Man mag es drehen, wie man will: Das im Kirchenrecht juristisch geregelte Handeln betrifft die Kleriker. Und wenn einem Kleriker die geistlichen Handlungspflichten und Rechte entzogen werden, nennt man diese Strafe bezeichnenderweise »Laisierung«, er wird wieder zum Laien.

7 Die Erbschaft der Geschichte

Mit den voranstehenden historischen Ausführungen sollte die Erbschaft angesprochen werden, mit der wir angesichts der heutigen Frage nach den Laien in der Kirche konfrontiert sind. Dieses Erbe stellt die geschichtlichen Voraussetzungen dar, die unser Handeln und unsere Mentalität gefühlsmässig, ideologisch, spirituell und institutionell vermutlich mehr bestimmen, als wir uns dessen oft bewusst sind. Es ist wohl nicht übertrieben, wenn Aleksander Rajçp vermerkt: »Aus der einseitigen Betonung der kultischen Funktion des ›Priesters‹ wurden vor allem übertriebene Vorstellungen von Hoheit und Würde des presbyteralen und bischöflichen Amtes abgeleitet, weiterhin aber auch eine mönchische Spiritualität des ›Priesters‹ als ›heiliger Aussenseiter‹ und eine theoretische und praktische Identifizierung von ›Priester‹ und Kirche, während der ›Laie‹ in der Kirche zur totalen Abhängigkeit und Passivität verurteilt wurde und sich lediglich mit zeitlichen und weltlichen Dingen beschäftigen durfte«.[58]

Geschichtlich und institutionell stehen wir noch in der Gefangenschaft dieser Erbschaft einer innerkirchlichen Zwei-Klassen-Gesellschaft von Klerus und Laien. Mentalitätsmässig sind viele Frauen und Männer in eine solche Kirche hineingeboren worden, sind von ihr bestimmt und in ihr gross geworden. Aber auf der Ebene des Bewusstseins und des Handelns sind in den letzten Jahrzehnten zahlreiche Prozesse in Gang gekommen durch Suchbewegungen von Frauen und Männern, die ihr Christsein selbstverantwortlich und solidarisch verwirklichen wollen. Sie bestimmen ihr Christsein nicht mehr zuerst von ihrem Laienstand bzw. von der ihnen vom Klerus zugewiesenen Abgrenzung her, sondern sie deuten und begründen ihren Platz in der Kirche aufgrund ihrer christlichen Berufung. Diese Identitätssuche von Christinnen und Christen wird in einer Kirchenordnung, die immer noch starr von der neuerdings wieder verstärkten Unterscheidung von Klerus und Laien ausgeht, emanzipatorische Kräfte entfesseln oder freisetzen. Dies kann Last und Chance bedeuten.

Vorerst geht es aber in einem nächsten Kapitel darum, das »Erwachen der Kirche in der Seele«[59] (Romano Guardini) durch die neuzeitliche Aktivierung der Laien im Katholizismus des 19. und 20. Jahrhunderts zu orten, um die Konturen der gegenwärtigen Herausforderung und Konfliktsituation in der Kirche vorurteilsloser und freier verstehen und einschätzen zu können.

Zweites Kapitel

Der Katholizismus als Forum und Bollwerk der Laien

1 Zur Fragestellung

Im folgenden soll gezeigt werden, dass der im letzten Jahrhundert entstandene Katholizismus zur Plattform und zum Fundament für die Aktivierung der katholischen Laienschaft geworden ist. Doch ist dazu etwas weiter auszuholen. Denn auch hier ist die Geschichte nicht so geradlinig und eindeutig verlaufen, wie es ihre Nachzeichnung glauben lassen möchte. Aber der Katholizismus des 19. Jahrhunderts ist z.T. auch das Ergebnis früherer Entwicklungen.

So ist in Erinnerung zu rufen, dass etwa im Eigenkirchenwesen Laien eine unrühmliche Rolle gegenüber der geistlichen Sendung der Kirche gespielt haben. In den Jahrhunderten nach dem Konzil von Trient war trotz der klaren innerkirchlichen Trennung von Klerus und Laien der Einfluss der Laien nicht aus dem Kirchenraum gebannt. Man denke an den Einfluss der Fürsten (z.B. eines Kaisers Joseph II, der dem Staatskirchentum den Namen »Josephinismus« gab) und des Adels, der Patrizier-Regime in den Städten und Stadtstaaten (wie z.B. in Bern), der Patronatsrechte und der genossenschaftlich erworbenen Rechte, die oft tief in die Belange der Kirche und der Besetzung der Seelsorgestellen bzw. der Pfründen hineinreichten. Gegen deren wirtschaftliche Interessen und die staatskirchliche Einflussnahme (auf Klosteraufhebungen, gerichtliche Zuständigkeit der Kirche bzw. Immunität der Geistlichkeit, Durchführung von Reformdekreten, Oberhoheit des Staates, Feiertage, Schulfragen usw.) hatten es reformerische Absichten oft äusserst schwer. Dahinter stand ja der Grundsatz »Cujus regio, ejus religio«, d.h. die Religion wird durch die Regierung bestimmt.[1] Auch dies gehört, nüchtern betrachtet, zur Geschichte der Laien. Allerdings ist dabei nicht zu übersehen, dass die Klerus-Kirche weit über ihren geistlichen Auftrag hinaus Einfluss auf zivile Bereiche nahm, so dass ein erwachendes Empfinden für Freiheit, Brüderlichkeit und Gleichheit sich auch gegen diese Einflussnahme über Gebühr zu wehren begann.

Ein geschichtlicher Rückblick, vor allem auf das letzte Jahrhundert als prägende Voraussetzung für die Bedingungen der aktuellen Situation, kann davor hüten, die Vergangenheit zu verteufeln oder zu idealisieren. Es könnte ja sein, dass die sogenannte heile Welt vergangener Epochen so mustergültig gar nicht war und dass sie schon deshalb für den künftigen Weg nicht als Modell gesundzubeten ist. Anderseits ist durch einen Rück-Blick deutlicher einzusehen, dass in der momentanen Krise nicht schon das Ganze der Kirche ins Wanken geraten ist, lediglich historische Formen und Bedingungen, die sich im letzten Jahrhundert erst gebildet und seither weiterentwickelt haben. Die historische Vergangenheit müssen wir jedoch weder kopieren noch restaurieren; wir müssen aus der Geschichte lernen, dass jede Phase ihre eigenen Probleme und Herausforderungen zu bestehen und dafür die jeweils möglichen Wege der Problemlösung zu beschreiten hat. Wer nur kopiert, lernt nicht und verdummt.

Zudem hilft dieser Zugang, die kirchlichen Probleme nicht nur aus einem binnenkirchlichen Blickpunkt zu betrachten, was zumeist zu falschen Diagnosen und Therapien führte. Vielmehr geht es darum, die kirchlichen Prozesse im umfassenderen Zusammenhang mit der neuzeitlichen Gesellschaftsentwicklung zu erfassen. Denn die Kirche ist nicht einfach ein Gegenüber zum gesellschaftlichen Leben, sondern vielfach mit ihm verwoben und von ihm her bedingt. Somit sind auch kirchliche Umbrüche als spezifische Formen gesellschaftlicher Vorgänge zu entdecken. Auch im Blick auf das Verhältnis Klerus-Laien sind die Gewichtsverschiebungen im letzten Jahrhundert ohne gesellschaftlichen Hintergrund nicht angemessen zu erfassen, zumal die enge Verflechtung von Religion und Gesellschaft nach der Französischen Revolution nicht mehr so selbstverständlich gegeben war.

Mit dem Wort »Katholizismus« ist uns ein Schlüsselbegriff[2] gegeben, der das sich wandelnde Verhältnis zwischen Staat bzw. Gesellschaft und Kirche erklären helfen kann. Katholizismus meint hier jene Sozialform, in der die Kirche ihre gesellschaftliche Präsenz im letzten Jahrhundert entwickelt und strukturiert hat. Und diese historische Form war es, die zum Forum für die zunehmende Laien-Aktivierung geworden ist und vor deren Hintergrund sich in jüngster Zeit auch das innerkirchliche Verhältnis zwischen Klerus und Laien neu auszugestalten begann.

2 Katholizismus in der Spannung zwischen Kirche und Gesellschaft

Unter dem Druck der Aufklärung, der durch die Französische Revolution inspirierten liberalen Staatsideen und Emanzipationsbewegungen sowie der zeitweilig recht bedrohlichen Einschnürung durch den absolutistischen Staat gerieten das Christentum und insbesondere die katholische Kirche in arge Bedrängnis und in die Defensive. Durch die Industrialisierung und ihrer sozialen Not und die sachte voranschreitende Demokratisierung im 19. Jahrhundert mit Bevölkerungswachstum und der zunehmenden Mobilität und gesellschaftlichen Umschichtung ist dieser Prozess massiv mitbestimmt worden.

2.1 Bildung des Katholizismus als volkskirchlicher »Block« und als defensiver Schild der Kirche

Zu Beginn des Jahres 1803 (Reichsdeputationshauptschluss am 25. Februar) wurden die ehemals geistlichen Fürstentümer im Deutschen Reich aufgehoben bzw. säkularisiert. Es handelte sich um eine fast vollständige Beraubung der deutschen Kirche, d.h. um eine Konfiskation ihrer Güter und Besitzungen. Die Kirchengüter kamen in die freie Disposition der Landesherren. Dadurch wurden die damalige kirchliche Ordnung – mit Ausnahme von Österreich – zutiefst erschüttert und die wirtschaftlichen und ökonomischen Grundlagen der (Erz-)Bistümer, Abteien und Klöster weitgehend zerstört. Das Staatskirchentum wuchs, weil nun die Landesherren bzw. die Regierungen für den Kultus und die Besoldung der Geistlichen aufzukommen hatten. Die Kirche wurde vom Staate abhängig, die Geistlichen zu besoldeten Staatsdienern. Die Folgen dieser Säkularisierung und weitere Faktoren, wie z.B. die Gründung von Zeitschriften, Zeitungen und Vereinen sowie die Entstehung neuer Zentren des religiösen Lebens und nicht zuletzt eine Änderung im geistigen Klima durch die Romantik etc., führten zu einer gewissen Reorganisierung des kirchlichen Lebens.[3] Kirchenintern standen einige Reformhindernisse nicht mehr im Wege, wie z.B. die geistlichen Herrschaften, Pfründenhäufungen und deren Abhängigkeit als Domäne des Adels.

Zudem erfuhren die Katholiken auf dem Kontinent, welche Macht ihnen durch Zusammenschluss erwachsen könnte. In Irland wurde 1823 die

Catholic Association gegründet mit der Zielsetzung, die politische und wirtschaftliche Benachteiligung der irischen Katholiken in Grossbritannien auf der Basis einer machtvollen Volksbewegung abzubauen. Sie kämpften um Grundrechte, die andere schon besassen, und erreichten im Jahre 1829 die Katholikenemanzipation.[4] Basis dieses Erfolges war eine politische Massenorganisation, die dem Seelsorgeklerus als organisatorischer Rückhalt diente. Der Kirche auf dem Kontinent wurde dadurch demonstriert, welche Macht gewonnen werden kann, wenn man sich auf das breite Volk abstützt und sich zusammenschliesst.

Nun ist nicht zu übersehen, dass nach den bürgerlichen Revolutionen 1848/49, die in den meisten europäischen Ländern ausbrachen, und nach dem Bürgerkrieg in der Schweiz im Jahre 1847 (Sonderbundskrieg) bzw. nach der Gründung des Schweizerischen Bundesstaates (1848) sich die Katholiken im deutschen Reich, in den Niederlanden und in der Schweiz als Minderheiten vorfanden. Diese Minderheitenposition gegenüber den fortschrittlichen liberal-demokratischen und damals staatstragenden Kräften galt es auf Dauer zu überwinden. Damit war eine emanzipatorische Stossrichtung eingenommen. Dies bedeutete Kampf gegen die politische, wirtschaftliche und kulturelle Diskriminierung. Ein solches Vorhaben ist aber (vor allem in der Schweiz) erschwert gewesen, weil die Industrialisierung, Verstädterung und auch die neuen kulturellen Metropolen (mit Hochschulen) – also die »moderne« Zeit – an den eher agrarisch bestimmten Katholiken vorbeigingen. Und die Katholiken zogen eher dorthin, wo Arbeit zu finden war, wodurch sich Diaspora bildete. Die konfessionelle Lagerbildung wurde dadurch nicht wenig untermauert, zumal das national-liberale und protestantisch geprägte Milieu tonangebend wurde. Mit den Katholiken verbanden sich die Vorurteile, dass sie traditionell ausgerichtet und autoritätsgebunden (Rom) gegen die moderne Welt und ländlich-rückständig (»hinterwäldlerisch«) seien. Gegen sie wehrte man sich mit kulturkämpferischen Massnahmen.

Die erwachenden katholischen Gegenkräfte waren nun nicht allein die Kleriker und die kirchlichen Autoritäten, sondern auf breiter Basis Männer und Frauen, die sog. katholische Laienschaft. Dabei würde man sich Täuschungen hingeben, wenn man sich die Bildung des erwachenden Widerstandes von Anfang an als geschlossenen Block vorstellen würde. Vielmehr waren es viele kleine Rinnsale von Vereinen, Verbänden, Institutionen, Kongregationen und Vereinigungen, die sich erst gegenseitig suchen, finden und konsolidieren mussten. Die Anliegen und Wege zur Zielverwirklichung waren vielfältig und äusserst widersprüchlich. Dabei ist zu beachten, dass es nicht nur politisch um staatsbürgerliche Gleichsetzung oder um wirtschaftliche Besserstellung ging, sondern gleichzeitig auch um soziale, bildungspolitische, karitative, missionarische und kulturelle Aufgaben und Werke.

Es darf nicht übersehen werden, dass nicht nur das katholische Volk sich vielfach im Hintertreffen fühlte, sondern auch »seine« Kirche von den aufstrebenden gesellschaftlichen Kräften (Parteien, Gewerkschaften ...) und den vom Rationalismus der Aufklärung geprägten Wissenschaften an den Rand gedrängt wurde, zumal in einer zunehmend rationalistischen Umwelt, die die menschliche Vernunft zum alleinigen Massstab der Dinge erklärte, eine Offenbarungsreligion kaum Resonanz fand. Hinzu kommt der Liberalismus, der für den einzelnen Menschen ein möglichst grosses Mass an Freiheit beanspruchte, die vom Staat zu schützen sei; eine hierarchische und nicht nach demokratischen Grundsätzen aufgebaute Kirche musste liberalem Denken als Gegenhorizont erscheinen, den man zu überwinden trachtete. Damit eng verschränkt ist die Abhängigkeit und die teilweise Ohnmacht, in die die Kirche durch ein forciertes Staatskirchentum geraten war. Sowohl für das damalige Deutsche Reich als auch für die Schweiz galt, dass nur der freie gesellschaftliche Zusammenschluss der Katholiken helfen konnte, sich aus der zeitweilig recht bedrohlichen Umklammerung durch die ordnenden und dirigierenden Hände des Staates zu befreien, dessen vermeintlicher Schutz zur aktiven Bedrohung der kirchlichen Freiheit geworden war.[5]

Die Leitung der katholischen Kirche reagierte auf diese mannigfache Bedrohung oder Einschränkung ihrer Freiheit mit einem wohl noch nie dagewesenen Rückzug auf sich selbst, wohl nicht zuletzt unter dem Trauma des Verlustes des Kirchenstaates (1860 bzw. 1870). Die Lehre vom Universalepiskopat und von der lehramtlichen Unfehlbarkeit des Papstes (I. Vatikanisches Konzil 1869/70) konzentrierte alles auf das Papsttum in Rom. Umso geschlossener versuchte man, die kirchliche Unabhängigkeit durch ein Eigenleben zu garantieren, aus dem heraus man sich gegenüber den modernen Entwicklungen abwehrend und ablehnend verhielt. Die Enzyklika »Mirari vos« von Papst Gregor XVI. aus dem Jahre 1832 und der Syllabus von Papst Pius IX. aus dem Jahre 1864 verwarfen alle modernen Strömungen und Ideen bis hin zu Gewissens- und Religionsfreiheit, Pressefreiheit usw.

und verurteilten alle Bemühungen, die Kirche mit dem Fortschritt auszusöhnen. Dies bildete den Höhepunkt der geistigen Gettoisierung und des Rückzugs in den binnenkirchlichen Bereich, ein Modell des defensiven Reduits. Davon wurde auch der ideelle Hintergrund des Katholizismus geprägt und gesteuert.

2.2 Mittel und Wege der Laien-Aktivierung im Katholizismus

Um sich als konfessionelle Minderheit behaupten und die pastorale Freiheit der Kirche zurückgewinnen zu können, griffen katholische Männer und zunehmend auch Frauen in der Mitte des letzten Jahrhunderts gerade jene Rechte und Instrumente auf, die ihnen von den sog. gegnerischen Kräften und dem Staat zugewachsen waren. Es sind dies die staatsliberalen Ideale: konfessionelle Neutralität, Gewissens- und Religionsfreiheit, Niederlassungs- und Pressefreiheit, Recht auf Zusammenschluss in Verbänden, Vereinen, Parteien etc. Alle diese neuen bürgerlichen Freiheiten entwickelten sich nun in der Hand des erwachenden Katholizismus zu Instrumenten der politisch-gesellschaftlichen Selbstbehauptung (Emanzipation) und zur Wahrung des kirchlichen und religiösen Handlungsspielraumes (Identitäts-Sicherung). Es entbehrt nicht einer gewissen Ironie des Schicksals, dass nun gerade jene Ideen und Prinzipien wegweisend und hilfreich wurden, die die Kirche ihrerseits offiziell lange und unerbittlich bekämpft hatte.

Gegenüber der Macht und Suggestion der aufgeklärten Wissenschaften und den gesellschaftlichen Strömungen im Staat gab es die katholische Sammlung der Kräfte im politischen, karitativen und sozialen Verbands- und Vereinskatholizismus. In dieser defensiven Einstellung schuf man sich in eindrucksvoll aktiver Weise in lebens- und berufsspezifischen Vereinigungen, Verbänden, Parteien und Organisationen eine breite gesellschaftliche Ausgangsbasis zur Durchsetzung der politischen, sozialen und kirchlich-religiösen Ziele.

Im Unterschied zur Reformation, als primär religiöse und kirchliche Fragen den Ausschlag gaben, waren es in den Krisen des 19. Jahrhunderts nebst den kirchlichen vor allem auch politische, gesellschaftliche und soziale Probleme. Der Katholizismus bildete somit eine Sozialform zwischen Kirche und Staat, wodurch der gesellschaftliche Einfluss der Katholiken und die kirchliche Freiheit zurückgewonnen bzw. gesichert werden sollten. Der

Katholizismus bildete sich als schützender Schild für die Kirche gegenüber den der Kirche feindlich gesonnenen Kräften im Staat und als Block bzw. als Milieu, das den Katholiken eine Ersatzheimat bot. Wie ist das genauer zu verstehen?

In solchen Zusammenschlüssen suchte man Schutz vor dem Druck von aussen, aber auch den Stützpunkt für offensives Handeln im sozialen, kulturellen und politischen Bereich. Zudem schuf man sich durch die Presse und durch Grossveranstaltungen (z.B. Katholikentage) eine Öffentlichkeit für die eigenen Anliegen. Dass in diesem Zusammenhang katholische Fürsten oder katholische Kantone in der Schweiz oder das Kaisertum in Österreich zu flankierenden Säulen für den Schutz der Kirche und zur Einflussnahme auf das politische Geschehen wurden, sei am Rand erwähnt. Gleichzeitig unternahm die universale Kirche einen beachtlichen missionarischen Vorstoss in nicht-europäischen Erdteilen. Es kam zu einem bemerkenswerten Aufstieg der alten Orden und zu zahlreichen neuen Ordensgesellschaften und Kongregationen mit speziellen Zielsetzungen im Bildungsbereich, Krankenwesen, in missionarischen, sozialen und karitativen Aufgabenfeldern. In diesen Zielsetzungen gab es durchaus mannigfache Berührungspunkte mit dem sich aus- und aufbauenden Verbandskatholizismus.

Dieser wurde im wesentlichen in den Jahren 1850–1920 grundgelegt. Alle katholischen Organisationen und Institutionen dieser im sozialen, kulturellen, religiösen und karitativen Bereich tätigen Frauen und Männer schlossen sich dem Piusverein an (im Deutschen Reich 1846, in der Schweiz 1857 gegründet), dem späteren Volksverein. Der Name Pius-Verein weist eindeutig auf die Verbundenheit mit Rom bzw. mit dem Papst hin, suchte man doch zur Durchsetzung der eigenen Ziele gegen die echten und vermeintlichen Gegner die Unterstützung und die Anerkennung durch den Papst. Man orientierte sich jenseits der Alpen, was von den Gegnern als Ultramontanismus diffamiert wurde, eine Bezeichnung, die sich im frühen 19. Jahrhundert in Frankreich gebildet hatte.

Träger der Emanzipation von der staatlichen bzw. staatskirchlichen Bevormundung wurde jene Bewegung, die wir im Rückblick heute als politischen Katholizismus beschreiben können und die sich im Umfeld der katholischen Parteien formierten. Gegenüber dem Staat, der zur bedrohlichen Macht angewachsen war, konnte man sich als benachteiligte Gruppe im Staat nur insofern behaupten, als man selbst zur Macht erstarkte.

In Österreich befand sich die Kirche – im Unterschied zu den anderen deutschsprachigen Ländern – in einer Allianz mit der Krone, sozusagen in Fortführung des althergebrachten »Bündnisses von Thron und Altar«. Dort sah man sich eher von Kräften bedroht, die auch die alte Ordnung im Staat in Frage stellten. Dadurch wurde die wechselseitige Bindung erst recht verstärkt, und die Kirche sah im Staat »gewissermassen eine Garantie der Geborgenheit«. Nach dem Zusammenbruch der Monarchie kam es zum Entschluss, »die christliche soziale Partei als Sachwalterin der kirchlichen Belange, in gewissem Sinn geradezu als ›weltlichen Arm‹ der Kirche anzusehen«[6].

2.3 Kritische Beurteilung im Rückblick

Neben dem politischen Katholizismus wirkte – wie schon dargestellt – der soziale und kulturelle Katholizismus prägend auf die gesellschaftlichen Verhältnisse. Der Erfolg liess nicht auf sich warten. Gegen Ende des 19. Jahrhunderts kam es zu einer Überwindung der radikalen Frontstellung gegenüber dem Staat und gegenüber ursprünglich feindlichen Kräften (Abbau von Feind-Bildern). Der Katholizismus beteiligte sich zusehends am gesellschaftlichen und politischen Leben und setzte seine sozialen Akzente. Zudem gelang es, die freie Entfaltung der Kirche auch gesetzgeberisch zu sichern. Als eine der letzten Bastionen fielen 1973 durch Volksabstimmung die sog. Ausnahmeartikel in der Schweiz, geistesgeschichtlich gesehen Relikte aus dem letzten Jahrhundert, die das Wirken der Jesuiten verboten und Klostergründungen einschränkten.

Die Strategie zur Selbstbehauptung (Identität) und zur Durchsetzung der vielfältigen Ziele (Emanzipation) setzte Anpassung an die Kräfte-Verhältnisse und aber auch eine innere Geschlossenheit voraus. Genau daraus resultierte aber auch der Preis für den errungenen Erfolg, nämlich ein Rückzug ins katholische Milieu und eine gettohafte Geschlossenheit. – Dies führte fast zwangsläufig zu einer defensiven Mentalität des politischen, sozialen und kulturellen Katholizismus. Das ist mit dem Katholizismus als gesellschaftlicher Subkultur gemeint. Eindrucksvoll wird dies am Bild des schweizerischen Katholizismus von Urs Altermatt gezeichnet: Nach aussen präsentiert er sich bis in die jüngste Gegenwart hinein »… als ein vielfältiges Geflecht vielzähliger Organisationen und Institutionen, die dem einzelnen

Katholiken buchstäblich von der Wiege bis zur Bahre katholische Dienstleistungsorganisationen … zur Verfügung stellen. Es entsprach in einzelnen Gegenden durchaus nicht einem Einzelfall, wenn ein Katholik in einem katholischen Spital geboren wurde, vom Kindergarten bis zur Universität katholische Schulen besuchte, daneben katholische Zeitschriften und Zeitungen las, später die Kandidaten der katholischen Partei wählte und in zahlreichen katholischen Vereinen als aktives Mitglied mitmachte. Es war ebenfalls nicht ungewöhnlich, wenn sich der gleiche Katholik gleichzeitig bei einer katholischen Krankenkasse gegen Unfall und Krankheit versicherte und sein Geld auf einer katholischen Sparkasse anlegte. Denn: Die katholische Subgesellschaft stellte für die meisten Lebensbereiche und Lebensbedürfnisse gesonderte Organisationen und Institutionen zur Verfügung und bot damit dem einzelnen Katholiken so etwas wie eine Ersatzheimat«[7]. – Das ist bezüglich seiner Sozialform ein geschlossener Block-Katholizismus, der sich einigelt und verteidigt und nach innen straff und organisiert demonstrative Geschlossenheit an den Tag legen muss. Diese Sozialform ist, wie wir später sehen werden, seit Ende der 50er Jahre dieses Jahrhunderts in Auflösung begriffen oder in Teilen schon zusammengebrochen, weil sich das Verhältnis zwischen Gesellschaft und Kirche radikal verändert hat.

Was uns indes noch interessiert, ist die Rolle der Laien. Wie gesagt, haben zahlreiche Kleriker dieses vielfache Engagement der katholischen Frauen und Männer begleitet, inspiriert, gesteuert und mitgetragen. Aber im Grunde genommen war der skizzierte politische, soziale, kulturelle und religiöse Katholizismus in seiner Gründung, Auswirkung und Trägerschaft eine Tat erwachender und tatkräftiger Laien im Rahmen der vom Staat vorgegebenen Bedingungen. Dadurch, und dies darf nicht unterschätzt werden, waren die gesetzlichen und vereinsrechtlichen Grundlagen dieser Laien-«Aktivitäten« demokratisch und von »unten her« strukturiert. Die Laien nahmen im staatlichen und gesellschaftlichen Bereich christliche Grundaufgaben wahr und wurden zum Verteidigungs-Schild für eine Kirche, die seitens gesellschaftlicher und politischer Kräfte und Tendenzen in Frage gestellt war. Sicher darf man im nachhinein sagen, dass sich im Katholizismus, wie er sich im letzten Jahrhundert formierte, kirchliche, soziale und politische Zielsetzungen und religiöse Motive trafen und sich gegenseitig verstärkten. Aber es ist doch darauf hinzuweisen, dass Kirche und Katholizismus trotz der engsten Verwobenheit nicht ein und dasselbe waren, auch wenn die Katholiken und Katholikinnen einerseits der Kirche angehörten und andererseits den Katholizismus als gesellschaftliche Sozialform eines Landes konstituierten.[8]

Im Feld des Katholizismus wurden die Laien sozusagen selbstverantwortlich und »erwachsen«.

Dabei ist zu beachten, dass nach dem Wegfall der landesherrlichen Macht bei den geistlichen Fürsten der Weg zu den »Laien« offener wurde und dass Klerus und Laien angesichts der gemeinsamen Bedrohung durch staatsabsolutisches Staatskirchentum und gesellschaftliche Gegner zusammenfanden. So wurde der gewaltsam verordnete Machtverlust und die durch die Säkularisation ausgelöste Armut der Kirche zu einer Chance für dynamischere Aufbrüche, bei denen die Laien nicht in Passivität verblieben, sondern aufstanden und für ihre Kirche aktiv wurden. Allerdings blieb das alte Schema Laie – Klerus binnenkirchlich unangetastet. Thesenhaft könnte man den geschichtlichen Aufbruch folgendermassen zusammenfassen:

– Der im 19. Jahrhundert entstandene Katholizismus ist eine historische Sozialform zwischen Staat/ Gesellschaft und Kirche, der beide Pole in sich zu vereinigen sucht, ohne sich mit einem jeweils ganz gleichzusetzen.
– Dieser Katholizismus war entscheidend geprägt und getragen von der Laienschaft, wenn auch unter klarer kirchlicher (klerikaler) Führung. Es waren Laien, die auf der Basis der staatlich vorgegebenen Freiheiten und Rechte für ihre Kirche gesellschaftlich aktiv wurden.
– Die innerkirchliche Trennung von Klerus und Laien wurde durch diesen Katholizismus ideologisch nicht in Frage gestellt.
– Der Katholizismus bildete bis zu einem gewissen Grade ein relativ geschlossenes Milieu und Eigenleben (»Heimat«), in dem die Kirche eine religiöse und moralische Monopolstellung innehatte (Block, Ghetto, »Schutzschild«), was auch Schutz gegen aussen bedeutete.
– Für die Formierung des Katholizismus waren ausgerechnet jene Ideale und Prinzipien wegweisend und tragend, welche die Kirche ihrerseits offiziell lange und unerbittlich bekämpft hatte (Enzykliken »Mirari vos« von 1832 und »Quanta cura« mit »Syllabus« von 1864). Was kann man daraus für die Gegenwart folgern?

Wenn auch der Katholizismus zur Hauptsache von seiner gesellschaftlichen Defensiv-Stellung und von seiner erworbenen Machtbasis im Staat her zu begreifen ist, so kann doch nicht übersehen werden, dass er geistig und religiös ganz an die Kirche gebunden und institutionell in ihren Binnenstrukturen verankert war. Die sich anbahnende Aufgabenteilung zwischen »Weltdienst« der Laien und »Heilsdienst« des Klerus wurde von Seiten der Laien auch nicht in Frage gestellt trotz etwelcher Spannungen auf der Ebene des Handelns und der praktischen Vernunft. Zu denken ist dabei z.B. an innerkirchliche Bewegungen und Kämpfe bezüglich des sog. Reformkatholizismus (gegen Ende des 19. Jahrhunderts), hinsichtlich des Charakters der Zentrumspartei, der Ausrichtung der christlichen Gewerkschaften, des katholischen Literaturschaffens usw., die in der Spannung zwischen Modernismus und Integralismus schwankten. Aber grundsätzlich wurde dieses Verhältnis kaum als allgemeines Problem diskutiert. Im Gegenteil, die integralistische Tendenz wurde insofern noch verstärkt, als die Kirche nach dem I. Vatikanischen Konzil und nach der rigorosen Anwendung des päpstlichen Jurisdiktionsprimats ein zentralistisches Kurialsystem nach absolutistischem Zuschnitt ausbaute. Die Institution Kirche vermochte sich nicht als Geschichte zu begreifen, weil sie ihr System als göttlichen Ursprungs verstand. Auch gesamtkirchlich schienen innere Straffung und Vereinheitlichung ein Gebot der Stunde zu sein. Die Stoss-Richtung der Laien-Aktivitäten im Katholizismus zielte nicht auf die Veränderung der innerkirchlichen Verhältnisse, sondern auf das Handeln in der Gesellschaft und auf die religiösen Anliegen hin. Die spirituelle Ausrichtung, die geistige Kontrolle und die aktuellen Stellungnahmen unterstanden der bestehenden gesamtkirchlichen Struktur und der amtlich verfassten Kirche. – Einige Beispiele mögen dies belegen.[9]

Zum Gewerkschaftsstreit äusserte sich der einflussreiche Bischof Korum (†1921) von Trier dahingehend: »Auch wenn die Gewerkschaften nur katholische Mitglieder aufwiesen, die Leitung aber einem Arbeiter zuwiesen, müssten wir sie bekämpfen. Alles kommt darauf an, dass die Geistlichen die katholischen Arbeiter in der Hand behalten.« In die gleiche Richtung einer ungestörten Erhaltung der innerkirchlichen Strukturen weist auch die Instruktion der römischen Kongregation für ausserordentliche Angelegenheiten, die sich am 27.1.1902 an die christlichen Demokraten Italiens wendet: »Bei der Durchführung ihres Programms hat die christliche Demokratie die strengste Verpflichtung, dies in Abhängigkeit von der kirchlichen Autorität zu tun, in voller Unterwerfung und im Gehorsam gegen die Bischöfe und ihre Vertreter. Die katholischen Journalisten und Autoren sollen in allem, was die religiösen Interessen und die Aktion der Kirche in der Gesellschaft betrifft, ihren Verstand und ihren Willen den Bischöfen und dem Papst unterstellen«. Laiengehorsam definiert sich eindeutig als Unterwerfung.

Wie selbstverständlich sich solche Ermahnungen damals scheinbar noch anhörten, zeigt die Schlussbeteuerung eines Antrags auf dem Katholikentag 1884 in Amberg durch den damaligen Laienführer des Katholizismus im Deutschen Reich, Fürst Karl zu Löwenstein (†1921): »Das alles geben wir nun in Ehrerbietung dem väterlichen Ermessen der hochwürdigen Oberhirten anheim, was sie hiervon für geeignet finden und in welcher Weise sie es auszuführen gedenken«. In solcher Weise war Mitbeteiligung und Mitverantwortung der Katholiken kirchlich keine interne Partizipation, sondern eine Interessenwahrung und Interessenvertretung kirchlich-religiöser Anliegen gegenüber der Gesellschaft und einem als feindlich empfundenen Staat. Zwischen »Katholizismus« (Laien) und Kirche (Klerus) spielte keine gegenseitige Partnerschaft, sondern eindeutig ein System der Unterordnung der Laien im Gehorsam gegenüber dem Klerus.

Manche Krisen der katholischen Kirche im ausgehenden 19. und im beginnenden 20. Jahrhundert sind aber wie Vor-Boten zu verstehen für eine neue Verhältnisbestimmung zwischen Laienschaft und Hierarchie und in letzter Konsequenz für eine neue Sicht der Kirche selber bzw. des Verhältnisses von »weltlich« und »geistlich«.

Es sei zuerst an den bei uns in Europa kaum bekannten Isaak Hecker (1819–1888) erinnert, der davon überzeugt war, dass die Respektierung der Menschenrechte und der demokratischen Grundordnung die beste Voraussetzung für ein erfolgreiches Apostolat in den USA sei. Seine Ideen von Freiheit, Demokratie, persönlicher Gewissensentscheidung und aktiver Gestaltung der Welt wurden von Papst Leo XIII. in einem Schreiben an Kardinal Gibbons im Jahre 1899 als »Amerikanismus« bezeichnet und aufs entschiedenste verurteilt.[10] – Aber diese Ideen erwachten nicht nur in Amerika. In Frankreich setzte sich 1877 eine republikanische Mehrheit durch und eröffnete eine Ära des Laizismus, der die Kirche aus dem politischen Leben völlig ausschalten und die Nation vom »klerikalen Joch« befreien wollte.[11] Dagegen schlossen sich die Katholiken in Verbänden und Bewegungen zusammen. Besondere Bedeutung erhielt unter Führung von Marc Sagnier jene Bewegung, die sich nach ihrer Zeitschrift »Sillon« (Furche) nannte. Sagnier war von der Verwandtschaft von Christentum und Demokratie überzeugt: »Erst die Demokratie wird uns mehr Brüderlichkeit, mehr Solidarität, mehr Liebe geben; sie wird uns Christus näher bringen«[12]. Aus den Dogmen lassen sich allein noch keine unmittelbaren Handlungsanweisungen für die Gestaltung der Gesellschaft gewinnen, weshalb der Katholik in rein weltlichen Bereichen nicht unmittelbar der kirchlichen Autorität zu Gehorsam verpflichtet sei.

Die Furcht, derartige laizistische Demokratisierungstendenzen würden auch vor dem kirchlichen Bereich nicht halt machen, führte zur scharfen Auseinandersetzung mit Rom, zumal man sich dort mit Demokratie als staatlicher Ordnung und mit dem Grundsatz der Gleichheit noch nicht ganz abgefunden hatte. Im August 1910 wurde Sillon durch Papst Pius X. verboten. Marc Sagnier, der sonst orthodox und kirchentreu dachte, wurde letztlich verurteilt, weil »die Kurie den Laien keine volle Selbständigkeit im politischen und sozialen Bereich zugestehen«[13] wollte.

Noch deutlicher wird die Angst der damaligen Kirchenleitung vor der Emanzipation der Laien, als sich zu Beginn dieses Jahrhunderts die Christlichen Demokraten an der politischen Gestaltung Italiens beteiligen wollten und mit ihrem Programm versuchten, Ansprüche des Sozialismus und der Demokratie mit der Kirche zu versöhnen.[14] Sie sollten ihre Zeitung der bischöflichen Zensur unterstellen und sich merken, dass sie ihren Hirten zu folgen, nicht ihnen voranzugehen hätten. Unter Papst Pius X. trieb die Kontroverse zwischen der Bewegung, die sich nun »Democrazia cristiana italiana« nannte, und dem Apostolischen Stuhl der Katastrophe entgegen. Der Papst erblickte in diesem Verhalten einen praktischen Modernismus, den es zu zerstören galt. Dabei mag der Papst von der Angst geprägt gewesen sein, die sich in der Enzyklika »Pascendi dominici gregis« (1907) gegen den Modernismus äusserte, wo es heisst, dass die politische Selbständigkeit »... das Laientum als Prinzip des Fortschritts in der Kirche einschmuggeln ...« werde. Es könnte dann die Forderung erhoben werden, auch in der Kirche müsse »der niedere Klerus und ebenso die Laienwelt ihren Anteil am Regiment erhalten, und die über alles Mass zentralisierte Autorität dezentralisiert werden«.[15]

Im Vergleich dazu verlief die Auseinandersetzung mit der Kirchenleitung in Rom im schon genannten Gewerkschaftsstreik im Deutschland der Jahrhundertwende geradezu glimpflich ab. Die Katholiken der politischen und gewerkschaftlichen Organisationen, die für überkonfessionelle Vereinigungen eintraten, standen in diesen Organisationen treu zu ihrer Kirche, liessen sich aber im politischen Bereich keine Direktiven von den Bischöfen geben, was z.T. sogar von Bischöfen respektiert wurde. Das früher zitierte Wort von Bischof Korum, wonach die katholischen Geistlichen die katholischen Arbeiter in der Hand behalten müssen, beweist, dass es nicht nur um das Prinzip der konfessionellen Ausrichtung der Gewerkschaft (und der Zentrumspartei) ging, sondern um die Macht-Frage der Freiheit und Selbstbestimmung der Katholiken bzw. der Laien. Die Enzyklika »Singulari quadam« vom 24. September 1912 bezeichnete die christlichen Gewerkschaften zwar als nicht wünschenswert, aber doch tolerabel, während die rein katholischen Arbeitervereine mit Lob ausgezeichnet wurden. Sie gelte es in erster Linie anzustreben. Der Ausbruch des Ersten Weltkrieges liess diese Kontroverse abklingen.[16] Angesichts der Tatsache, dass sich die Kirchenleitung so schwer damit tat, den Laien bei der aktiven Gestaltung der gesellschaftlichen Ordnung die notwendige Freiheit und Verantwortung zuzugestehen, wagte im August 1908 der Gewerkschaftsführer Schiffer auf dem internationalen Kongress der christlich-sozialen Gewerkschaften in Zürich ein mutiges Wort. Er rief: »Hochwürdigste Herren Bischöfe, bis hierher und nicht weiter! Sie haben das Recht und die Pflicht, in religiösen und kirchlichen Dingen uns die Wege zu weisen; aber wo es sich um rein wirtschaftliche Dinge handelt, hat der Bischof kein Recht, ein Machtwort zu sprechen.«[17]

Insgesamt wird man sagen dürfen, dass das Selbstbewusstsein der Laien als in der Welt Handelnde im Vergleich zu deren Untertanengeist in der Zeit der feudalen geistlichen Fürstentümer am Ende des 19. Jahrhunderts konstruktiv und gestaltungskräftig wurde. Das änderte zwar noch nicht deren innerkirchlichen Status. Aber die Auswirkungen der Aufklärung und der staatsliberalen Ideen zeitigten im katholischen Umfeld ihre Früchte, zumal die offizielle Kirche sich binnenkirchlich zurückzog und das »Weltliche« weitgehend den Laien überliess.

4 Laien-Aktivierung im Sinne der Päpste: die Katholische Aktion

Die bisherigen Ausführungen über das Verhältnis Klerus-Laien dürfen ungeachtet der ängstlichen Abschirmungstendenzen gegenüber dem Einfluss der Laien nicht darüber hinweg täuschen, dass die Aktivierung der Laien den Päpsten und Bischöfen durchaus ein Anliegen war. Die zunehmende und z.T. kämpferische Distanz vieler politischer und gesellschaftlicher Kräfte gegenüber der Kirche und gegenüber dem christlichen Ethos, der militante Antiklerikalismus selbst unter Katholiken und vor allem die Trennung von Kirche und Staat (z.B. in Frankreich) gaben Anlass dazu, den Auftrag der Kirche zum Apostolat auf breiterer Basis wirksam werden zu lassen. Überliefert ist ein Gespräch des frommen und reaktionären Papstes Pius X. mit einigen Kardinälen. Er soll einmal die Frage aufgeworfen haben: »Was ist heute für das Heil der Gesellschaft am allernotwendigsten?« – »Der Bau von Schulen«, antwortete ein Kardinal. Nach dem Nein des Papstes meinte ein anderer: »Mehr Kirchen bauen«. Auf das erneute Nein des Papstes schlug ein dritter die Verstärkung der Priesterrekrutierung vor. »Nein, nein«, erklärte der Papst. »Am wichtigsten ist heute, dass man in jeder Pfarrei über eine Gruppe von erleuchteten, tugendhaften, entschlossenen und wirklich apostolischen Laien verfügen kann«.[18] Religiös motivierte und sozial engagierte Laien waren erwünscht und sollten gefördert werden, um die zunehmend wahrgenommene Kluft zwischen Gesellschaft und Kirche zu überbrücken und zu überwinden.

Allerdings war das ein anderes Leitbild als jenes der katholischen Verbände und Organisationen in den deutschsprachigen Ländern. Die Antwort der Päpste war die Katholische Aktion, in der die Laien nicht aus eigener Initiative tätig werden sollten, sondern unter der Leitung und nach Anweisung der Kirchenleitung. Mit der Katholischen Aktion versuchte man von Rom aus, die bestehenden eigenständigen katholischen Verbände in eine der Hierarchie völlig angegliederte Organisation von »oben nach unten« umzustrukturieren. Nach Pius X. sollten alle katholischen Vereinigungen in die Katholische Aktion eingegliedert werden, selbst jene, die sich um politische und soziale Belange bemühten. Nach seiner Direktive galt für die »christliche Demokratie« die »strengste Verpflichtung, von der kirchlichen Autorität abzuhängen, den Bischöfen und ihren Vertretern die volle Unterwerfung und Gehorsam zu erweisen. Es ist kein verdienstvoller Eifer noch eine aufrichtige Frömmigkeit, an sich schöne und gute Dinge zu unternehmen, wenn sie nicht vom eigenen Hirten gebilligt sind«.[19]

In diesem Denkmodell wurden die Laien nicht zuerst als getaufte und gefirmte Glieder der Kirche oder aufgrund ihrer charismatischen Berufung tätig, sondern nur als Instrumente und Beauftragte und damit in vollständiger Abhängigkeit vom Klerus bzw. von den Bischöfen. Nicht die eigene geistliche Kompetenz der Laien wurde beachtet, sondern deren gehorsame Unterwerfung unter die amtliche Kirchenführung. Dahinter stand ein bestimmtes Kirchenbild. George Tyrrell (†1906) fasste das in der Auseinandersetzung mit der Enzyklika »Pascendi« von Pius X. gegen den Modernismus folgendermassen zusammen: »Lediglich durch die Vermittlung des unfehlbaren Papstes spricht Gott zu uns als höchste Autorität. Jener ist auch das Gefäss, in das er sein himmlisches Licht giesst, das dann unmittelbar auch uns leuchten soll ... Die Bischöfe sind einfach Delegierte des Papstes und die Priester die der Bischöfe. Der Laie hat auf den Gang der Dinge innerhalb der Kirche keinerlei Einfluss auszuüben, geschweige denn zu deren Weiterentwicklung beizutragen. Gehorsam und Geld, das ist's, was von ihnen verlangt wird ... In gemischten Fragen hat der Staat sich der Kirche unterzuordnen ... Die neue Zeit hat ausserhalb der Kirche keine echte Erleuchtung dem menschlichen Geiste gebracht noch wahren Fortschritt. Wahrheit in irgendeinem anderen religiösen System gibt es nicht.«[20] Es zeigt sich, dass mit einem bestimmten Kirchenbild auch entsprechende Bilder vom Menschen, der Gesellschaft und anderer Religionen und nicht zuletzt auch von Gott verknüpft sind. Die Kirche wirkte wie eine uneinnehmbare Festung, die ihre Position mit rigorosen Massnahmen um jeden Preis halten wollte.

Dieses Verständnis des Apostolates der Laien hatte nicht mehr die theologische Tiefe, die wir bei Vinzenz Pallotti (†1850), dem Gründer der »Gesellschaft des Katholischen Apostolates zur Vertiefung, Verbreitung und Verteidigung der Frömmigkeit und des katholischen Glaubens« (1834/35 in Rom), finden können, der immerhin von den Päpsten Pius XI. und Pius XII. als erster Impulsgeber für die spätere Katholische Aktion anerkannt worden ist. In dieser kleinen historischen Rückblende soll nur darauf hingewiesen werden, dass V. Pallotti mit seinem Begriff »Apostolat« durchaus auch auf Widerstand stiess, weil man sich darunter nur das hierarchische Apostolat vorstellen konnte. Auf diesen Einwand hin rang er um die Entfaltung des Laienapostolates und begründete es damit, dass das Apostolat zu innerst mit dem Stand des Erlöstseins verbunden sei. Die Berufung zum Apostolat gehe darum allen Unterscheidungen nach Herkunft, Geschlecht und Alter, Stand und Beruf, Bildung und Ausbildung, Macht und Einfluss voraus. Seine Darlegung überschrieb er folgerichtig: »Katholisches, das heisst allgemeines Apostolat für jedermann.«[21] Erst beim Zweiten Vatikanischen Konzil wird diese Sicht, dass die Würde und Berufung der Laien in deren Christsein begründet ist, offiziell zum Durchbruch gelangen, auch wenn erste Hinweise schon bei Pius XI. zu finden sind.

Nach den schrecklichen Zusammenbrüchen des Ersten Weltkrieges wurde Pius XI. zum eigentlichen Vater der Katholischen Aktion, vor allem was ihre konkrete Gestalt betrifft. Schon zu Beginn seines Pontifikates rief er in seiner Enzyklika »Urbi arcano« (1922) mit Berufung auf das Allgemeine Priestertum aller Gläubigen zur Ausbreitung und Erneuerung des Reiches Christi auf. Dieses Apostolat definierte er als »Teilnahme der Laien am hierarchischen Apostolat«. Im Hintergrund bedrängten folgende Probleme die Kirche: Die Kirchenfeindlichkeit des Liberalismus, der die Unabhängigkeit der Welt von der kirchlichen Bevormundung betonte; der Sozialismus und der Mangel an Priestern, der die Verkündigung der Botschaft Jesu vielerorts erschwerte oder unmöglich machte. Deshalb hielt es der Papst für geraten, dass »die katholische Laienwelt nicht müssig dasteht, sondern in enger Verbindung mit der kirchlichen Hierarchie und ihren Weisungen gewärtig an den heiligen Kämpfen sich beteiligt und mit voller Hingabe ihrer Person durch Gebet und freudig geleistete Tätigkeit mithilft, den Glauben wieder zur Blüte zu bringen und die christliche Sitte wieder zu erneuern«.[22]

Die Katholische Aktion, die in ihrem Ursprung vor allem von der damaligen Situation in Italien her zu verstehen ist, versuchte in verschiedenen Standesvereinen und in verschiedenen sozialen »Milieus« den Staat, die Kultur, Wirtschaft und Gesellschaft zu durchdringen. Das war ihr Auftrag. Ihr Wesensmerkmal war die strenge Unterordnung unter die Hierarchie. Im Unterschied zu den Verbänden und Organisationen des deutschsprachigen Katholizismus, die im 19. Jahrhundert z.T. aus der Eigeninitative von Laien, also gleichsam »von unten« her entstanden sind und in denen Laien eigenverantwortlich als Katholiken und Katholikinnen in Gesellschaft und Politik aktiv wurden, war die Katholische Aktion von oben nach unten durchorganisiert. Ihre Zentralkommission »wird geleitet und assistiert, wie alle anderen Kommissionen, durch die Hierarchie, durch den heiligen Stuhl, durch den Papst, und sie wären ohne diesen einfachen und klaren Rahmen gar nicht denkbar … Die Zentralkommission muss der ganzen katholischen Aktion die Richtlinien geben wie das Blut, das vom Zentrum bis in die äussersten Kapillargefässe strömt«.[23]

Mit diesen Hinweisen sollen nicht die grossen Werke und Impulse der vielen Frauen und Männer im Bereich der Katholischen Aktion in Frage gestellt werden. Das Problem hier ist nicht deren Handeln, sondern das »Führungsprinzip« der Katholischen Aktion als dem einzig möglichen Modell der aktiven Mitverantwortung von Laien. Selbst in den Konkordaten, die Pius XI. schloss, wurde diese hierarchische Abhängigkeit der Katholischen Aktion festgelegt.

Geradezu klassisch wurde später die Formulierung von Papst Pius XII. in seiner Ansprache: »De quelle consolation« (1951), wonach die Katholische Aktion »ein Werkzeug in der Hand der Hierarchie ist, sie soll gleichsam die Verlängerung ihres Armes sein, sie ist darum ihrer Natur gemäss der Leitung der kirchlichen Obrigkeit unterstellt«. Wenn man den eben genannten Text Pius' XII. in seiner Gesamtheit liest, so sind die Breite und die Vielfalt der Katholischen Aktion deutlich genannt. Es zeigt sich ein positiver Realitätsbezug, den man bei den antimodernistischen Massnahmen unter Pius X., die über gewisse Strecken wie eine innerkirchliche »Christenverfolgung« wirken, vermisst. Aber wie beim Katholizismus in den deutschsprachigen Ländern geht es um kirchlichen Einfluss auf verlorenem Terrain bzw. um die pastorale Freiheit und um die Gestaltung der Politik und des öffentlichen Lebens aus dem christlichen Glauben heraus. In den grundlegenden Aussagen zur Katholischen Aktion spricht zuweilen eine geradezu an die Kreuzzüge erinnernde Mentalität gegenüber einer feindlich gesonnenen Umwelt, deren man nur mit »Kampf« und »Schlachten« sowie mit einer »Miliz« Herr werden könne. Aber bezüglich der Dominanz des Klerus bleibt die offizielle Doktrin gewahrt: »Es versteht sich von selbst, dass das Laienapostolat der kirchlichen Hierarchie untersteht, die auf göttliche Einsetzung zurückgeht. Das Laienapostolat kann also nicht unabhängig von ihr sein. Anders denken, hiesse die Mauer an der Basis untergraben …« Der Laie ist zum Apostolat berufen als Mitarbeiter des Priesters, häufig als sehr wertvoller, ja sogar notwendiger Mitarbeiter infolge des Mangels an Priestern …« Folgerichtig wird an anderer Stelle darauf hingewiesen, dass die Laien mit einem »Werkzeug in der Hand der Hierarchie« zu vergleichen seien. Deshalb sollen die Priester »sich also im Bewusstsein ihrer schweren Verantwortung der Laien bedienen, indem sie sie ermutigen, ihnen Anregungen geben, die Initiativen aus Laienkreisen bereitwillig entgegennehmen und sie gegebenenfalls weitsichtig fördern. In den entscheidenden Schlachten gehen bisweilen die glücklichsten Initiativen von der Front aus« (De quelle consolation).

In der Praxis jedoch konnte dieses Prinzip nicht immer lupenrein durchgehalten werden. Selbst innerhalb der Kirche war die Katholische Aktion nicht unumstritten, erblickte doch kein Geringerer als H. U. von Balthasar in ihr das Ergebnis eines reinen Machtanspruches von oben und ein künstliches Gebilde.[24] Dennoch hatte das uneingeschränkt verfochtene Prinzip der klerikalen Vormundschaft die kirchliche Praxis entscheidend geprägt. Die Sicht des Laien – noch unter dem Pontifikat von Pius XII. – verrät tiefgründig das noch vorhandene Verständnis und Bild von der Kirche selber. Alles, was in der Kirche offiziell von Belang ist, liegt in den Händen des Klerus. Durch die Laien gewinnt die Kirche an sich nichts hinzu, was der Klerus in der hierarchischen Einheit nicht schon hätte. Bei einem solchen Verständnis von Kirche ist – auch beim besten Willen der Kleriker – theoretisch kein innerer Freiraum für Laien vorhanden. Das Recht zum christlichen Apostolat hat der Laie nicht aufgrund seiner christlichen Berufung, sondern allein aufgrund der Berufung durch die Hierarchie, also durch Delegation oder gewährte Teilhabe.

Man sieht, dass bei einer solchen Geschlossenheit des Systems und einer Sichtweise von Kirche als Hierarchie ein anderes Verständnis des Laien keine praktische Chance erhalten konnte; man hätte die Existenz und das Mysterium der Kirche verletzt und gegen sie »gesündigt«, wenn man den Laien eine eigenständige Rolle oder gar eine kritische Form der kirchlichen Aktivität eingeräumt hätte. Heute geht es keineswegs darum, die damals Verantwortlichen insgesamt zu verurteilen, wohl aber darum, die Voraussetzungen ihrer Argumentation kritisch zu prüfen. Zu diesen damaligen Voraussetzungen gehört, was in einem Grundsatzreferat auf dem ersten Weltkongress für Laienapostolat im Jahre 1951 folgendermassen formuliert wurde: »Die Hierarchie göttlicher Einrichtung besitzt auch ohne Mitarbeit der Laien aus sich heraus und ausdrücklich die Mission und die Vollmacht, die sie wirksam in dem ihr eigenen Apostolat gebrauchen könnte, während die Laien aus sich heraus, das heisst unabhängig von der Hierarchie, und formell die Vollmacht absolut nicht besitzen, ein rechtmässiges und wirksames Apostolat zu verwirklichen«.[25] – In einer solchen Sichtweise wird der Laie nicht von der christlichen Existenzweise her definiert, sondern in Abgrenzung und Ausgrenzung vom Klerus. Er ist nicht von der Kirche her zu verstehen, sondern vom Kleriker her: Er ist der Nicht-Kleriker.

Insgesamt haben die Laien seit dem letzten Jahrhundert in der Welt soziale, kulturelle und politische Aufgaben selbst übernommen. Im politischen und gesellschaftlichen Bereich wurden sie zu einem Schutzschild für die Kirche. Die Laien errangen für die Kirche, vorab in den deutschsprachigen Ländern, die Handlungsfreiheit und sicherten ihr in einer pluralen Welt ihre Präsenz. Gleichzeitig blieben sie jedoch innerkirchlich bewusstseinsmässig und institutionell in der Position der »unmündigen Söhne und Töchter«, der »betreuten Schafe«. Die Spannung zwischen den erwachenden Laien und der kirchlichen Hierarchie ist in der oben erwähnten Ansprache »De quelle consolation« von Pius XII. deutlich spürbar: »Ja, ehrlich gesagt: der Ausdruck ›Emanzipation der Laien‹, den man hin und wieder hört, gefällt Uns nicht sehr. Er hat einen unerfreulichen Klang und ist übrigens historisch ungenau. Waren denn jene grossen Führergestalten … etwa Kinder und Minderjährige, die warten mussten bis zu ihrer Volljährigkeit? Im übrigen gelten im Reich der Gnade alle als Erwachsene. Und das allein zählt.«

Es kommt hier die Diskrepanz und die oft zu findende kirchliche Doppelbotschaft zum Vorschein, dass die Laien im Reiche der Gnade zwar Erwachsene seien, in der konkreten Kirche jedoch betreute Kinder bleiben. Man merkt noch nicht, dass damit ein scheintotes Problem vor sich her geschoben wird, das zu kirchlichen Bewusstseinsstörungen führt, die notgedrungen auf- und durchbrechen müssen.

Seit einigen Jahrzehnten haben in der Gesellschaft und in der Kirche Bewusstseins-Prozesse und Umbrüche eingesetzt und stattgefunden, die für diese in vielen Jahrhunderten z.T. fossilierte Erbschaft der innerkirchlichen Trennung von Klerus und Laien zu einer »erschütternden« Herausforderung geworden sind und es noch massiver werden. Wer mit einem wohlwollenden Herzen die Geschichte der Kirche in den letzten 30 bis 40 Jahren zurückverfolgt, wird nicht umhin kommen, die weiterführenden grossen Schritte anzuerkennen, die im Blick auf unser Thema geschehen sind. Die nächsten Kapitel wären ohne diese Prozesse undenkbar.

5 Erwachende Neubesinnung auf das Christsein der »Laien« zur Zeit des Katholizismus

Die Prozesse und Bewusstseinsdurchbrüche, denen in den 60er Jahren das Zweite Vatikanische Konzil ein kirchenoffizielles Forum bot, sind nicht allein als Reaktion der Kirche auf Welt und Gesellschaft zu verstehen. Bewusstseinsmässig sind *in* der Kirche trotz ihrer institutionellen Geschlossenheit manche Impulse schon lange unterwegs gewesen, um dann – unter dem Druck gesellschaftlicher Vorgänge – kirchlich das Licht der Öffentlichkeit zu erblicken. Weder können Konservative das Rad der Zeit abrupt zurückdrehen noch Progressive ihre Ziele ohne Gefühl für geschichtliche Prozesse vorzeitig zur Reife drängen. Auch Krisen, Umbrüche und Durchbrüche von Ideen, Fragen und neuen Perspektiven erleben sozusagen ihre »Brutzeit«, eine Werdephase, in der manches offiziell unerkannt oder verdrängt schwelt, um plötzlich mit Wucht aufzubrechen oder sich zu »entzünden«. Und man weiss ja, dass die Häresie mancher »Märtyrer« der antimodernistischen Hysterie wohl daran lag, dass sie zu früh recht hatten. Auch der Durchbruch eines neuen Kirchen-Verständnisses und damit der theologischen Deutung der »Laien« *als Christen* und als *Christinnen* hat sich in einem langen Zeitraum untergründig den Weg geebnet und z.T. dem Zweiten Vatikanischen Konzil die Sprache vorbereitet. Die Inkubationszeit dieses neuen und radikal-theologischen Verständnisses vom Laien als Christ bzw. als Glied der Kirche reicht – so widersprüchlich dies scheinen mag – bis in jene Zeit zurück, als sich im 19. Jahrhundert die katholische Kirche als Institution dem staatsabsolutistischen Zuschnitt mit der zentralen Gewalt in den Händen des Papstes anpasste.

Übrigens ist die Langzeitwirkung dieser ersten Ansätze aus dem 19. Jahrhundert schon in den offiziellen Äusserungen der Päpste zur Katholischen Aktion spürbar. Papst Pius XI. äusserte in seinem Apostolischen Schreiben »Ex officiosis litteris« (1933) an den Kardinal-Patriarchen von Lissabon: »Gewiss sehen wir mit grosser Freude den wachsenden Scharen entgegen, die sich auf die Einladung ihrer Bischöfe hin diesem apostolischen Kreuzzug anschliessen werden ... Zu diesem Zweck wird es nützlich sein, sie zu einer Erkenntnis zu führen, die leider noch vielen Gläubigen abgeht: dass in Wirklichkeit das Apostolat eine Verpflichtung ist, die sich aus dem Wesen des christlichen Lebens ergibt ...« Sein Nachfolger Pius XII. meinte in seiner

Ansprache »De quelle consolation« (1951): »Alle Gläubigen ohne Ausnahme sind Glieder am mystischen Leibe Jesu Christi. Daraus folgt, dass das Naturgesetz und mehr noch das Gesetz Christi es ihnen zur Pflicht macht, das gute Beispiel eines wahrhaft christlichen Lebens zu geben.« Hier kündigt sich ein Verständnis an, das allerdings noch nicht in seiner theologischen oder gar institutionellen Konsequenz bedacht und entfaltet wird.

Neuansätze zur Neubesinnung auf das Christsein der getauften und gefirmten Frauen und Männer[26] finden wir schon in eindrücklicher Weise bei J. A. Möhler (1796–1838), einem der grossartigsten Theologen des 19. Jahrhunderts, dem es um die Grundfragen des Christentums ging. Er bekämpfte die Entgegensetzung von Klerikern und Laien, weil die geistliche Kompetenz des Amtes so übermächtig war, dass jene der Christenmenschen vergessen wurde. Eine solche Herabwürdigung des gläubigen Volkes war wohl unbewusst, aber bedeutete nach ihm eine Konzentration der Kirche auf den Klerus. Karikierend äusserte er sich: »Gott schuf am Anfang die Hierarchie, und für die Kirche ist bis zum Weltende mehr als genug gesorgt ... Laie ist für ihn ein christlicher Ehrenname. Denn die Laien haben die Würde des allgemeinen Priestertums«[27]. In seiner romantisch-organischen Vision von Kirche ist er von der Sicht bestimmt, dass jeder das in die Kirche einbringe, was ihm an Gaben bzw. Charismen zuteil geworden ist. Auch heute ist aktuell, was er schreibt: »Zwei Extreme im kirchlichen Leben sind aber möglich, und beide heissen Egoismus: sie sind: wenn *ein jeder* oder wenn *einer* alles sein will; im letzten Fall wird das Band der Einheit so eng und die Liebe so warm, dass man sich des Erstickens nicht erwehren kann; im erstern fällt alles so auseinander, und es wird so kalt, dass man erfriert; der eine Egoismus erzeugt den andern; es muss aber weder einer noch jeder alles sein wollen; alles können nur alle sein, und die Einheit aller nur ein Ganzes. Das ist die Idee der katholischen Kirche«[28]. Die Gemeinsamkeit aller in der Gemeinschaft der Kirche ist ihm ein Anliegen: »Die Laien sind nicht mehr die Lakaien der christlichen Herren, sondern bilden ein königliches Priestertum, von dem der Klerus selbst ein Glied ist«[29]. Im Zentrum der Lehre von der Kirche (Ekklesiologie) steht für Möhler nicht das Trennende, sondern das, was dem Klerus und den Gläubigen gemeinsam ist. Unter den Zeitgenossen Möhlers waren es auch Kirchenrechtler, die – im Rückgriff auf reformatorische Gedanken (z.B. von Calvin) – mit dem Teilhabegedanken an den drei Ämtern eine entsprechende Beschreibung der Stellung und Aufgaben der Laien vornahmen.[30]

So betonte F. Walter (1794–1879) in seinem Kirchenrecht, dass »auch der Gemeinde und jedem Einzelnen in ihr ein grosser Einfluss auf die kirchliche Verwaltung« offenstehe, und zwar in ihrer »priesterlichen Würde«, durch die »Teilnahme der Laien« am Lehramt und schliesslich sogar dadurch, dass »den Laien bei den meisten Zweigen der äusseren Kirchenzucht, namentlich bei der Besetzung der Kirchenämter und der Verwaltung des Kirchenvermögens, ein grosser Anteil gestattet« sei. Das Priesteramt der Laien besteht in Gebet und Teilnahme am Messopfer, ihr prophetisches Lehramt in der »Gestaltung der christlichen Wissenschaft« und in ihrem privaten und öffentlichen Wirken als »Hausvater, Lehrer oder Schriftsteller« und ihr Hirtenamt in der Gestaltung weltlicher Obrigkeit im Sinne des Christentums.[31] Die Theologie von den drei Ämtern des Priesters, Hirten und Lehrers in der Sendung Christi wurde ja bekanntlich vom Zweiten Vatikanischen Konzil aufgegriffen zur Beschreibung sowohl der Sendung Christi als auch der Aufgabe des Priesters und des Dienstes der Laien. Insofern ist dies für unsere Thematik nicht ohne Bedeutung, auch wenn man sich fragen mag, ob die Drei-Ämter-Lehre noch geeignet ist, die Sendung Jesu und die Fortführung dieser Sendung in und durch die Kirche zu umschreiben.

In die Zeit des Zweiten Vatikanischen Konzils könnte man sich versetzt glauben, wenn wir die Impulse hinsichtlich des Laienbildes von Kardinal J. H. Newman (1801–1890) zur Kenntnis nehmen. Die Auffassung dieser hervorragenden Gestalt des 19. Jahrhunderts »über die Stellung des Laien in der Kirche ist ziemlich zentral in seiner Gedankenwelt und seiner Praxis. Ein Leben lang kämpfte er in der katholischen Kirche für die Verantwortung der Laien«[32]. Schon in seiner »Idea of a University« (1873) hatte er mit Nachdruck gefordert, Katholiken den Zugang zur Bildung und zur modernen Welt der Wissenschaft, auch zur philosophischen und theologischen zu eröffnen. Katholiken sollten die Befähigung zu einem eigenständigen Anteil gewinnen und dadurch zu selbständig denkenden und sprechenden Partnern des Klerus werden, und das auch in kirchlichen Angelegenheiten. Nach Newman würden die Laien dadurch zu einem eigenen Glaubenszeugnis fähig. Wegweisend ist seine Losung: »Nicht Herrschaft der Laien, sondern Mitverantwortung«[33]. Wie die »frühreifen« Gedanken Newmans damals noch im Schatten des allgemeinen kirchlichen Bewusstseins standen, wird aus dem bekannten Wort seines Gegenspielers[34], Bischof Talbot, ersichtlich, der auf die Frage, was der Aufgabenbereich der Laien sei, zur Antwort gab:

»Zu jagen, zu schiessen, sich zu unterhalten. Diese Dinge verstehen sie, aber sich in kirchliche Angelegenheiten zu mischen, dazu haben sie kein Recht«[35].

Hatte schon Newman auf den »Konsens« bzw. die Zustimmung der Gläubigen hingewiesen[36], so wurde die Mitwirkung der Laien im Zusammenhang mit dem I. Vatikanischen Konzil (1869/70) durch J. von Döllinger (1799–1890) kämpferisch verfochten.[37] Die Kirche als ganze – und damit auch die Laien – haben nach Döllingers Überzeugung ein letztes Wort über die Verbindlichkeit einer Kirchenversammlung mitzureden. Das Erste Vatikanische Konzil folgte bekanntlich anderen Ratgebern.[38]

In der Folge finden sich aus den schon erörterten historischen Gründen (es sei an den Anti-Modernismus zu Beginn dieses Jahrhunderts erinnert) nur schwerlich so deutliche Zeugnisse für die Mitverantwortung der »Laien« aufgrund ihres Christseins. Wer dennoch dafür eintrat, riskierte Verfolgung und Strafe. Dabei ist z.B. an J. Wittig (1879–1949) zu denken[39], in mancher Beziehung ein Vorläufer und Vordenker des Zweiten Vatikanischen Konzils wie O. Karrer (1888–1976)[40]. Im Blick auf Y. Congars Standardwerk »Der Laie«[41], in dem er mit einem aussergewöhnlichen Detailwissen das historische Material mit einer profunden systematischen Durchdringung verband, kann man durchaus mutmassen, ob er eventuell deshalb so breit und bis in Einzelfragen präzise differenzierend vorging, um dem Index der verbotenen Bücher bzw. einer Verurteilung zu entkommen.

Drittes Kapitel

Umbrüche in der Gesellschaft und deren Einfluss auf die Kirche

Je mehr die katholische Kirche und das gesellschaftliche Leben nicht mehr deckungsgleich waren, entpuppten sich die gesellschaftlichen Strömungen als Fährten, auf denen die Laien sich aus der Umklammerung durch den das Weltliche bestimmenden Einfluss der Geistlichen zu lösen begannen.[1] Die Laien erwachten als Christen und Christinnen und in diesem Sinn als handelnde Subjekte der Kirche. Dies ist deutlicher zu entfalten. Dabei werden die kirchlichen Prozesse und Umbrüche auf das gesellschaftliche Umfeld und Geschehen bezogen, denn innerkirchliche Vorgänge sind nur unter gesellschaftlichen Bedingungen angemessen zu durchleuchten und zu verstehen.

1 Das Bollwerk zerbröckelt

Der Katholizismus als gesellschaftliche Substruktur oder Sozialform erwuchs aus der Auseinandersetzung mit der Gesellschaft. Je mehr sich die gesellschaftlichen Bedingungen änderten, um so mehr verschoben sich auch die Verhältnisse im Katholizismus.

Gegenüber der früheren Geschlossenheit des Katholizismus mit seiner Blütezeit bis in die ersten Jahrzehnte dieses Jahrhunderts und nach einer kurzen Phase der Konsolidierung in der Zeit nach dem Zweiten Weltkrieg ist das öffentliche Erscheinungsbild des Katholizismus und der Kirche seit ca. Mitte der 60er Jahre von tiefgreifenden Umbrüchen und Anfechtungen betroffen und von einschneidenden Traditionsbrüchen gekennzeichnet. Diese Erschütterungen der in vielen Jahrzehnten gewachsenen Geschlossenheit und das z.T. lautlose Verschwinden der ehemals so selbstverständlichen Traditionselemente bedeuteten und bedeuten für manche eine kolossale Verunsicherung und für die Kirche eine Polarisierung in gegensätzliche Meinungslager. Viele der mit einem grossen Autoritätsaufwand tradierten Glaubensinhalte bis hin zu sozialen und moralischen Werten schienen für manche Katholiken und Katholikinnen sozusagen ausser Kurs gesetzt. Die Kirche selber wurde von einem internen Meinungspluralismus »heimgesucht«, dem man sich nur in der Gesellschaft ausgesetzt glaubte. Damit einher ging die zunehmende Entfremdung zahlreicher Kirchenmitglieder gegenüber der Kirche als Institution mit einer dogmatisch fein verästelten Doktrin. Die katholischen Auffassungen über die konfessionellen Schulen, die Ehe und Sexualität bzw. Geburtenregelung, über politische Fragen wie Asylpolitik usw. fanden bei weitem keine geschlossene Gefolgschaft mehr. Die Kirche wurde sich dadurch ihrer gesellschaftlichen »Diasporasituation« inne und interpretierte dies eher negativ als Abfall, Entchristlichung und Säkularisierung. Erst seit ca. zwei Jahrzehnten begann man, diese Vorgänge als gesellschaftliche Prozesse zu analysieren.

War nicht schon der Katholizismus eine gekonnte Reaktion auf den ersten gesellschaftlichen Modernisierungsschub? War er nicht eine Anpassungsleistung an die damals neue Zeit der bürgerlich modernen Industriegesellschaft? Haben sich mit den heutigen Krisenzeichen nicht die Formen und Strukturen der damaligen Modernisierungen dieses Katholizismus verabschiedet und verflüchtigt? Müssen nun nicht neue Anpassungsleistungen in einer neuen und anderen Modernität erbracht werden? Wer der oben beschriebenen Vergangenheit nachtrauern sollte und die vermeintlich »gute alte Zeit« wiederherstellen möchte, müsste zur Kenntnis nehmen, dass sich die Bedingungen seit Mitte dieses Jahrhunderts noch radikaler geändert haben als ein Jahrhundert zuvor. Die damalige Modernisierung hatte man, wie gesagt, katholischerseits damit pariert, dass man die sich anbahnende moderne Welt in ein christliches Milieu band und einen z.T. regional überschaubaren Kommunikationszusammenhang (katholische Gegenden, Diaspora) unter der Kontrolle und moralischen Führung der Kirche schuf.[2] Es verbanden sich so Tradition und Modernität. Kirche und Gesellschaft waren in dieser Subgesellschaft bis zu einem gewissen Grad deckungsgleich. Der Katholizismus war gewissermassen die Heimholung der Gesellschaft unter die kirchliche Ägide, indem Politik, Rechtsprechung, Kultur und Bildung, Schule, Freizeit, Sitte, Werke und Normen, Wirtschaft und Wissenschaft etc. in kirchlich religiösen Zusammenhängen verblieben. Der konfessionellen Minderheit gelang es, die gesellschaftliche Entwicklung kirchlich umzuleiten und in die Sozialform der katholischen Teilgesellschaft zu schleusen. So gesehen entstand der Katholizismus als Reaktion der Kirche gegenüber der Modernisierung im letzten Jahrhundert. Der Weg war – soweit als damals möglich – die Domestizierung gesellschaftlicher Wege im kirchlichen Einflussbereich.

Dieser Katholizismus war von seiner gesellschaftlichen Defensivstellung und von seiner zusehends erworbenen Machtbasis her geprägt. Trotzdem ist nicht zu übersehen, dass der Katholizismus sowohl geistig als auch ethisch und religiös normativ ganz an die Kirche gebunden war. Im Unterschied zur Katholizismus-Entwicklung in Deutschland, Österreich, Holland und Belgien fällt in der Schweiz indessen die viel stärkere eigene Verantwortung der Laien auf, was vermutlich mit den föderativen Traditionen der Eidgenossenschaft zu tun hat. Zudem hatten die Schweizer Verfassungen von 1848 und 1874 gegen politisierende Geistliche einen Riegel vorgestossen – mit einer deutlichen Spitze gegen katholische Geistliche.[3] Aber die Stoss-Richtung der Laien-Aktivitäten im Katholizismus zielte nicht auf die Änderung der innerkirchlichen Verhältnisse, sondern auf das Handeln in Staat und Gesellschaft. Die ideelle Ausrichtung unterlag der bestehenden gesamtkirchlichen Struktur und der amtlich verfassten Kirche.

Wenn natürlich im praktischen Alltag die Verhältnisse nicht so ideal gewesen sind, wie sie im geschichtlichen Rückblick zuweilen erscheinen mögen, so war dieses Verhältnis doch grundsätzlich unbestritten. Im Gegenteil, diese Tendenz wurde durch das schon erwähnte Erste Vatikanum und durch die massive Anwendung des päpstlichen Jurisdiktionsprimates ausgebaut. Denn kirchlich schienen innere Straffung und Vereinheitlichung ein Gebot der Stunde zu sein. Wer somit heute den Traditionen und dem sichere Heimat gewährenden geschlossenen Milieu nachtrauert, wird sich fragen lassen müssen, ob es wirklich religiöse und kirchliche Anliegen sind, deren Verschwinden man bedauert, oder aber zeitgebundene Bedingungen, die dem kirchlichen Leben damals Schubkraft verliehen und zusätzliche Funktionen aufsattelten.[4]

Das Verhältnis zwischen Staat bzw. Gesellschaft und Kirche bzw. des Katholizismus wird sich dann zwangsweise ändern und wandeln müssen, wenn sich die gesellschaftlichen Bedingungen bewegen und sowohl Gesellschaft als auch Kirche in Krisen und in Wandlungsprozesse geraten. Und dies vollzieht sich seit den 60er Jahren und unterzieht das feinmaschig ausgebaute Netz von Kirche und Katholizismus einem tiefgreifenden Umbruch mit schmerzlichen Zerreissproben. Die Zauberformel »Kirche und Katholizismus« hat ihren Reiz eingebüsst.

2 Gesellschaftliche Umbrüche als Differenzierung und Pluralismus

Nachdem der historisch gewachsene Katholizismus viele der früheren Funktionen nicht mehr wahrnehmen musste, weil die sozialen und politischen Ziele erreicht und frühere Gegnerschaften abgebaut wurden und weil vor allem auch die Kirche soweit arriviert war, dass sie des Schutzschildes nicht mehr bedurfte, musste er zwangsläufig in die Krise geraten. Natürlich hängt es mit gesellschaftlichen Entwicklungstendenzen zusammen, dass die Geschlossenheit des Milieukatholizismus abschmolz. Infolge der fürchterlichen Erschütterungen der beiden Weltkriege und infolge weltumspannender Prozesse und Problemberge und der damit einhergehenden Traditionsbrüche hat sich die Lage der Kirche und die des von den Laien getragenen Verbands- und Parteienkatholizismus tief verändert. Wir stehen mitten in diesen Prozessen, die nicht abschliessend zu bewerten sind. Der erneute bzw. zweite Modernisierungsschub seit den späten 50er Jahren brachte ein rasantes wirtschaftliches und technisch-wissenschaftliches Wachstum und eine ungeahnte Mobilität bei wachsender Freizeit und einen beinahe unbegrenzten Informationszugang über die elektronischen Massenmedien. Unter dem Einfluss dieser Faktoren verschwanden zahlreiche Traditionen und herkömmliche Wertvorstellungen schmollend. Religion und Kirche haben ihre normierende Monopolstellung und ihre auch gesellschaftlich verbindliche Einheitsfunktion verloren. Die Tatsachen des Abbruchs, Umbruchs und Aufbruchs in Gesellschaft und Kirche sind unübersehbar. Viel schwieriger ist es, diese Fülle insgesamt zu interpretieren und angemessen zu verstehen.

Doch der Rückgang an religiösem und kirchlichem Leben und der praktische Bedeutungsverlust des geschlossenen Block-Katholizismus als Schutzschild oder als Bollwerk sind nun nicht einfach als Säkularisierung im Sinne einer Verweltlichung oder als Ent-Christlichung zu verstehen, als wollten die Menschen der heutigen Zeit sich von Religion und von Kirche grundsätzlich distanzieren. Was wir heute als Rückgang des kirchlichen Lebens – vor allem auf Pfarreiebene –, als Zusammenbruch jahrhundertealter religiöser Traditionen oder als auswählendes Verhalten gegenüber der Lehre und den Moralvorschriften der Kirche beobachten, hat seine Ursachen weitgehend in gesellschaftlichen Vorgängen. Deshalb ist vom Deutungsmuster der »Säkularisierung« wohl Abstand zu nehmen und mit guten Gründen vom Phänomen der funktionalen gesellschaftlichen Differenzierung auszugehen.[5]

Danach geht die im letzten Jahrhundert einsetzende Modernisierung in differenzierter Form konsequent weiter.

Das Prinzip der gesellschaftlichen bzw. funktionalen Differenzierung bringt zum Ausdruck, dass soziale Teilsysteme oder Organisationen als begrenzte und relativ selbständige Handlungsbereiche begriffen werden. Die Differenzierung erwächst fast automatisch aus der zunehmend spezialisierten Bearbeitung von besonderen Problemen, Funktionen oder Dienstleistungen. Einzelne Bereiche wie z.B. Arbeit, Gesundheit, Familie, Politik, Bildung, Wirtschaft, Ökonomie, Kulturszene, Medien, Sport und Militär haben sich bis zu einem gewissen Grad zu autonomen Subsystemen nebeneinander entwickelt und sich voneinander entflochten. D.h. diese Bereiche treten auseinander und verselbständigen sich so weit wie nötig und bestimmen dann ihre Leistungen und ihre systeminternen Ordnungsvorstellungen (Rollen, Code) soweit wie möglich. Was das Ganze noch zu verbinden scheint, ist die Ökonomie, das Geld als fast noch einzige Klammer und als einzig anerkannter Tauschwert in einer differenzierten Gesellschaft. Damit werden ökonomische Rücksichten und Absichten gegenüber den Teilsystemen so dominant und können ihre schwer zu bremsende Macht ausüben.

Diese Tendenz ist durch die technologische Entwicklung, durch den Fortschritt der Humanwissenschaften und vor allem der Medizin, durch die wirtschaftliche Prosperität und durch den Ausbau der wohlfahrtsstaatlichen Sicherungen für den Einzelmenschen, aber auch infolge der Bildungsexpansion und der nicht übersehbaren Informationsflut durch die Medien sowie infolge der Mobilität ausgelöst und beschleunigt worden. Innerhalb der einzelnen Subsysteme und Organisationen mit spezifischen Dienstleistungen bedarf es zunehmend der Spezialisten und des professionellen Know-how, des Wechsels von einer differenzierten Funktion zur anderen und der berufsbegleitenden Weiterbildung.

Damit ist der Tatbestand der pluralistischen und differenzierten Gesellschaft markiert. Allerdings funktioniert diese nur durch die Steigerung von Rationalität. Gemeint ist damit der Trend zur Ver-Sachlichung und zur Mobilität mit dem Druck auf subjektive Veränderungsbereitschaft und fachliches Lernen (Professionalität). Ein solcher Modernisierungsschub spielt indes nur unter der Bedingung, dass die herkömmlichen Sozialisationsstrukturen, Wertorientierungen, Normen und Traditionen nicht blockieren, sondern sich gegebenenfalls zurückziehen oder lautlos verabschieden. Der

Einzelmensch übernimmt je nach erwarteter »Dienstleistung« (im Verkehr, an der Schule, auf dem Sportplatz, im Spital, in der Kirche etc.) den je systeminternen Verhaltenscode mit je spezifischen Regeln, die allerdings nur partielle Teilhabe bedeuten. Man ist Kunde oder Klient, identifiziert sich aber nicht total mit einem Teilsystem bzw. mit der Institution, von der man lediglich eine kompetente Dienstleistung erwartet. Im praktischen Alltagsleben sind dem Einzelmenschen somit unterschiedliche Rollen und häufiger Rollenwechsel zugemutet. Individualisierung ist das Ergebnis. Für die einzelnen Menschen bedeutet dies – im Vergleich zu früher – einen enormen Zugewinn an »Rohstoff« Freiheit bzw. Emanzipation aus früheren Formen der Zugehörigkeiten (zu Traditionen, Schicht, Berufsgruppe, Religion bzw. Konfession etc.) und der Fremdbestimmung.

Bleibt die Frage, wie der Mensch mit dem gewonnenen Rohstoff Freiheit umgeht. Gelingt eine subjektive Kultur der Freiheit? Führt dies zu einer Balance zwischen Selbst-Bestimmung und Solidarität d.h. Verbindlichkeit für andere? Wer könnte übersehen, dass früher die Identität des einzelnen Menschen über die Zugehörigkeit zu einer Bevölkerungsgruppe, zu einem Berufsstand, zum Milieu oder zur Bildungsschicht und über Brauchtum und Traditionen, Vereine sowie über einen relativ geschlossenen Konsens, über Religion, Werte und Geschlechtstypologien stabilisiert wurde. Heute dagegen ist dem Individuum auferlegt, aus dem Füllhorn der Möglichkeiten auszuwählen. Denn die sog. »post-moderne« Gesellschaft mit ihrer zersplitterten Vielfalt und ihren unüberschaubaren Subsystemen beansprucht konkret nicht die ganze Person, sondern nur Ausschnitte aus ihrer Lebensführung (als Kunde, als Konsument, als Klient …). Sach-gerechtes Funktionieren ist verlangt und erfolgversprechende Beweglichkeit, nicht Beziehungsverhalten oder sog. ganzheitliches Denken und emotionales Engagement. Diese würden nur blockieren. Deshalb überlässt man sie der privaten Lebensführung. Personenorientierte Werte weichen funktionaler Sachlichkeit.

Die Entlassung aus früheren Zwängen, Traditionen und Wertbestimmungen wird zur Zu-Mutung der Selbstbestimmung und der Eigen-Verantwortung. Was früher an bergender Heimat und Orientierung vorgegeben erschien, muss heute in Teilen zusammengebracht, wenn nicht sogar mühsam gefunden und bruchstückhaft zusammengebastelt werden. Im religiösen und kirchlichen Bereich spricht man von »Auswahlchristentum« oder von »religion à la carte« und übersieht dabei, dass dahinter eine Leistung stehen kann: das Ergebnis der zugemuteten und abverlangten Eigenverantwortung.

Vom pluralen und vielschichtigen gesellschaftlichen Kräftefeld und Hintergrund her ist auch die Kirche ein Subsystem unter vielen. Sie ist toleriert und akzeptiert, wenn sie sich an die Spielregeln der gesellschaftlichen Aufgabenteilung hält. Sie ist dann für die religiöse Sinndimension und existentiellen Bedürfnisse der Menschen zuständig, die die anderen Subsysteme nicht wahrnehmen können noch wollen.

Das Religiöse als »Sinnprovinz«, als ein Teil unter vielen aber durchdringt nicht mehr alle Bereiche des persönlichen und gesellschaftlichen Lebens und bildet nicht mehr das weltanschauliche Fundament oder den normierenden Gesamtrahmen. Die Kirche wird insofern anerkannt, als sie sich nicht in Sektoren wie Wirtschaft, Militär, Parteien, Gesetzgebung (z.B. Asylpolitik), persönliche Freiheit (Geburtenregelung) usw. einmischt, sondern sich mit ihrer gesellschaftlich zugeschneiderten religiösen Funktion begnügt. Das gesellschaftliche Überleben der Kirche ist daher – im Unterschied zum 19. Jahrhundert – kein Problem mehr. Aber sie ist nur zu einer unter vielen bestimmenden Grössen geworden. Ihre frühere Monopol-Stellung ist einer Konkurrenz-Situation gewichen.

Auch sie wird eher funktional nach einer Nutzen-Kosten-Rechnung erlebt. Man geht zur Kirche, wenn man sie braucht. Leicht erscheint auch sie wie eine andere Institution mit speziell qualifizierten Professionellen und der grossen Schar von Kunden (bzw. Gläubigen). Natürlich spürt auch die Kirche den gesellschaftlich erwirkten Rückzug vieler Menschen von der Welt der Systeme in den privaten Lebensraum. Diese Individualisierung zeigt sich im heute viel distanzierteren und auswählenden Verhalten der Katholiken und Katholikinnen zum Katholizismus und zur Kirche.

Vor dem Hintergrund der nur skizzenhaft dargestellten Entwicklung wird deutlich, dass dem institutionalisierten Katholizismus die Möglichkeit entglitten ist, die alte Sondergesellschaft aufrechtzuerhalten. Es hilft nichts, die alte Zeit beschwören zu wollen, denn die Kirche kann keine christliche Teilgesellschaft künstlich erhalten, weil die gesellschaftliche Entwicklung nicht nur dem geschlossenen katholischen Milieu die Grundlagen entzogen hat, sondern unmittelbar in die Kirche selber eingedrungen ist. Sie ist heute vor Herausforderungen gestellt, vor denen sie sich vor 100 Jahren noch hinter dem Schutzschild des Katholizismus verschanzen konnte. Die Kirche findet sich somit in einer völlig neuen Situation vor. Die gesellschaftliche Entwicklung mit all ihren Errungenschaften wie demokratische Mitsprache, Gleichberechtigung von Mann und Frau, gerechte Prozessordnung, Freiheitsrechte, Eigenverantwortung usw. kolonisiert den pastoralen »Binnen-Raum« der Kirche, auch wenn sich die Institution Kirche noch mehr wehren mag.

3 Die »einsame« Verantwortung subjektiver Freiheit

3.1 Subjekt-Ermüdung?

Es muss ernsthaft gefragt werden, ob durch diese differenzierte Leistungs-Zumutung an das Individuum dessen psychische Reserven aufgebraucht werden. Oder hat die menschliche Psyche genug Ressourcen, sich an die neue Beweglichkeit anzupassen? Wie sind in einer hochdifferenzierten, zu funktionaler Mobilität[6] zwingenden Gesellschaft die Chancen für Gemeinschaftserfahrung und Solidarität sowie für zwischenmenschliche Verbindlichkeiten (Ehe, Partnerschaften, Familie, Vereine usw.)? Kann es zur Überforderung kommen, zur Erschöpfung und damit zum Rückzug in private Nischen oder Lebenswelten? Für den Einzelmenschen ist ja die Übersicht über die unerschöpflichen Details verlorengegangen, und damit ist in vielen Teilbezügen die Einsicht nicht mehr nachvollziehbar. Er muss den Experten und Expertinnen in den einzelnen Dienstleistungssektoren und Spezialgebieten vertrauen, obwohl Wissen, Informationen und Erklärungen quantitativ zunehmen. Das Leben ist verwirrend und »schnell-lebig« geworden, ist nicht mehr wie früher traditionsgeleitet oder in einem Konsens der Werte verbunden. Früher tragfähige Solidaritätsstrukturen (Nachbarschaft, Zugehörigkeiten, Vereinsleben, Pfarrei, Sonntag ...) sind nur noch in Versatzstücken funktionsfähig oder sind gar gefährdet. Es gibt keine allgemein verbindliche Weltanschauung oder eine verbindende Religion mehr, die als gemeinsamer Bezugspunkt das Ganze orientierend zusammenhalten würde. Die herkömmliche Moral greift vielfach nicht mehr, die Profile einer »neuen« Ethik sind noch nicht klar erkennbar.

Sind die Menschen von einem solchen Hintergrund her seelisch, emotional und auch geistig nicht doch vielfach überfordert, was zur Erschöpfung der psychodynamischen Kräfte führen kann? Der Mensch muss ständig überlegen und reflektiert entscheiden. Gegenüber der ungeheuren Komplexität der Wirklichkeit aber kann dies so ermüden, dass man sozusagen »mit offenen Augen schläft«. Die wachsende Leistungsherausforderung mit dem Druck auf qualitativ differenziertes Reagieren kann die inneren Kräfte des Menschen aufsaugen. Das löst Angst und Fluchtgedanken aus.

3.2 Singularisierung als Rückzug?

Ist da nicht verständlich, dass man sich aus der Welt der bis ins Detail entschlüsselten Subsysteme zurückzieht und sich aus einer durch die Medien vermittelten totaler werdenden Öffentlichkeit verabschiedet? Die differenzierte Gesellschaft erzeugt vielfachen Leistungsdruck, dessen Anforderungen man kaum oder gar nicht zu genügen vermag. Hinzu kommt, dass die Welt über die Medien vielfach als ein solcher Problemhaufen vermittelt wird, dass ihr gegenüber Ohn-Macht und Hilflosigkeit empfunden werden und schliesslich der Wunsch, sich auf jenen persönlichen Bereich zurückzuziehen, wo es für einen noch »stimmt«, in die privaten Lebensnischen der Freizeit, der Hobbies, der Familie oder Cliquen. Hierher gehört auch die Sehnsucht nach vereinfachenden Weltbildern (Fundamentalismus), die ihre Macht aus Feindbildern gewinnen, wie auch das Aufgehen in Strömungen und Moden. Das alles entlastet auf gewisse Weise. Sind angesichts solcher Trends die Meditationsübungen und auch die Esoterik nicht Wege und Techniken, um die verlorene Ganzheit oder Heimat zurückzugewinnen?

Natürlich kommen viele Ursachen dazu, die in der individuellen Psychodynamik und Biographie liegen, die im einzelnen bestimmend und schicksalshaft werden. Aber im Horizont der gesellschaftlichen Entwicklung und angesichts der unübersehbaren Risiken, die wir mit der Technik eingegangen sind (Ökologische Probleme, Gentechnologie, Atomenergie ..), muss doch die Frage akzeptiert werden, ob manche Menschen nicht seelisch überanstrengt werden.

Es ist nicht zu übersehen, dass der Rückzug von der gesellschaftlichen Wirklichkeit mit ihren weiterführenden Entwicklungen als auch mit ihren zerstörerischen Brüchigkeiten die »Welt« erst recht zum unverdaubaren und ängstigenden Mythos verkommen lässt. Ihm gegenüber kann der einzelne Mensch nur im Modus der sozialen Distanz durchkommen, gemäss dem Slogan »man kann ja doch nichts machen«. Individualisierung wird damit zu einer Rückzugs-Strategie, bei der man sich in eine subjektive Lebensgestaltung einigelt und sein »eigenes Gärtchen« pflegt. Ob solche biedermeierliche Idylle auch das Subjekt retten kann, ist mehr als fraglich. Solche Haltung in diesem Differenzierungsprozess ist wohl kaum als individuell verantwortete Identitätssuche oder Identitätsfindung zu erkennen. Vielmehr ist es eine Vereinzelung bzw. Singularisierung, die gekennzeichnet ist vom Rückzug in die privaten Lebensnischen, die ihrerseits wiederum von der Freizeitindustrie und den Medien besetzt sind.

Singularisierung als selbstgenügsamer Individualismus mit seiner »Ethik« des autonomen Ichs verfehlt notwendige Solidaritätsschritte. Man erwartet zwar (fast) alles von der sog. Gesellschaft bzw. von den Systemen (wenngleich man mit ihnen auch Mühe hat), aber zum Geben und zum eigenen Engagement lässt man sich kaum bewegen. Eine solchermassen atomisierte und saturierte Konsumgesellschaft tut sich schwer damit, aus sich Kraft für soziale und ethische Anliegen zu entbinden. Leicht werden persönliche Verpflichtungen delegiert (an Lehrer bzw. die Schule), ohne zu merken, dass man sich aus der eigenen Verantwortung schleicht.

Spiessbürgerliche Langeweile mit einer Tendenz zur Selbstthematisierung bis hin zur Wehleidigkeit kann das Ergebnis sein, aus der man z.T. durch Gewalt oder durch Drogen zu entkommen versucht. Ist aber damit der Verlust an Heimat, Solidarität und Geborgenheit zu kompensieren? Oder kann man die verwirrende Kompliziertheit des Lebens nur dann aussitzen, wenn diese auf einfachere Lebens-Muster (z.B. fundamentalistische Strömungen) reduziert wird?

Mit dem ohne Zweifel semantisch unscharfen Begriff »Singularisierung« sind m.E. Hinweise verbunden, die mit Erschöpfung, Entkräftung, resignativen Stimmungen und mit Subjekt-Ermüdung zu tun haben und zwar infolge leistungsmässiger als auch seelischer Überforderungen. Viele Probleme des menschlichen Lebens sind nicht nur eine Frage der intellektuellen Einsicht, sondern eine Frage der seelischen Kraft.

4 Auswirkungen auf die Kirchen-Beziehung

Auch in der Kirche erleben wir nach den fortschrittsgläubigen und reformeuphorischen 60er und 70er Jahren Erschöpfungs-Zustände und ermüdende Resignation. »Burn-out« ist dafür zum Stichwort geworden. Was in der Welt Quelle für Kraft und Mut zu Solidarität und Hoffnung sein sollte, frisst sich selber auf. Statt in den kritischen Dialog mit den Chancen und abgründigen Brüchigkeiten der Moderne zu treten, verhärtet man sich hinter traditionalistischen Bastionen und will nicht wahrhaben, dass man dadurch gegenüber den Fragen und Erwartungen der Welt an die Kirche(n) regelrecht vergreist und kulturunfähig wird. Aber nebst diesem »institutionellen« Fundamentalismus sind auch die anderen fundamentalistischen Strömungen (biblizistische, doktrinäre und autoritäre) Echo auf die Mündigkeits-Zumutung: Manche setzen aus Angst in einer unübersichtlichen Welt und angesichts des Versinkens zuverlässig geglaubter Fundamente ihr Vertrauen doch lieber in ein auffangendes Netz, in die Zuverlässikeit von Systemen und Lehren und in Stellvertretung, die einen selber entlastet.

Die Folgeerscheinungen für das religiöse und kirchliche Leben aus den genannten gesellschaftlichen Prozessen sind offenkundig: Auch religiöse Praxis wird Privatsache; zur Kirche als Institution verhält man sich wie Kunden. Auch kirchlich und religiös sind viele zu »Wechselwählern« geworden. Aus dem religiösen Waren-Korb wird je nach subjektivem Bedürfnis ausgewählt (»Auswahlchristentum«). Die Spannung zwischen gesellschaftlichen Verhaltensweisen und kirchlichen Normen werden dadurch entschärft, dass man sich gesellschaftlich anpasst und die Beziehung zur Kirche und zu ihren Normen lockert.

Mit diesen von den Kirchen wohl kaum zu steuernden Strömungen geht eine andere Tendenz einher, die die Kirche als Institution an ihrer sozialen oder sozialkritischen Funktion bewertet, also nicht an ihrem theologischen Selbstverständnis. Sie wird weniger an der biblischen Botschaft gemessen. Das kann durchaus Tendenzen verstärken, die mit Reduktion des christlichen Glaubens auf Ethik zu umschreiben sind. Religion und Kirche werden an ihrem ethischen und sozialen Gebrauchswert, letztlich nach utilitaristischen Gesichtspunkten beurteilt.[7]

Je mehr aber das Verhältnis zur Kirche von subjektiven und wandelbaren Entscheidungen abhängt, umso labiler oder dynamischer wird das Mitgliedschaftsverhalten. Es liegt am Einzelmenschen, ob er/sie eine Beziehung aufnimmt, weiterführt, abbricht oder sie pflegt und ausgestaltet. – Wie nun kirchlicherseits darauf reagiert wird, ist eine interessante Frage. Sieht man die mit der Wahlfreiheit verbundenen Zwänge, zu wählen und aussortieren zu müssen? Wenn somit »totale« Kirchlichkeit verlangt und von möglichst integralistischen Seelsorgemethoden ausgegangen wird, dann muss man wissen, dass die Kirche mit ihren Ansprüchen frontal und quer gegen die Lebensgesetze der Gegenwartskultur steht und sich gesellschaftlich womöglich ins Abseits stellt. Das Modell der inneren Geschlossenheit unter Führung des Klerus und unter Anbindung an eine klar vorgegebene und vom Lehramt garantierte Doktrin empfiehlt sich keineswegs als Modell für die Zukunft. Auch wenn der Kern der christlichen Tradition nicht zur Verfügung steht und wenn auch Kirche gegenüber einer menschlich nicht mehr fruchtbaren Vereinzelung (Singles) auf Solidarität und Gemeinschaftlichkeit hinweisen soll, so gilt es, sich gegen alle Versuchungen zu integralistischen »Lösungen« zu wehren und sich auf offene Prozesse (Pluralismus) und auf flexible Weisen (Mobilität!) der Wegsuche einzulassen. – Und dies bedeutet unweigerlich Vielfalt und Widersprüchlichkeiten bis hin zu zermürbenden Polarisierungen. Konsens und Einheit haben kulturell nicht gerade Platzvorteil, d.h. vom gesellschaftlichen Umfeld her sind Solidarität und Kommunikation nicht gerade leicht gemacht. Erschwerend kommt hinzu, dass sich das katholische System immer noch als freiheitsresistent erweist und an einem Kulturargwohn krankt und dass es mit theologischen Sprachverboten stets neu den Verdacht nährt, gegen das Denken zu sein (z.B. Ordinatio sacerdotalis mit dem Verbot der weiteren Diskussion der Frauen-Ordination). Die innerkirchliche Konfliktszene mit ihren kräfteraubenden Lagerbildungen dokumentiert dies augenscheinlich.

5 Schwinden die naturalen Voraussetzungen für Christsein?

Die Krise scheint in den Augen mancher fast noch radikalere Fragen heraufzubeschwören. Die bisherigen Ausführungen gehen von einer relativ unübersehbaren und noch manifesten Bedeutung der Kirche in unseren Breitengraden aus. Sind aber die Kirchen angesichts der subjektiven Lebensgestaltung und angesichts der Wucht der gesellschaftlichen und ökonomischen Entwicklung und der ihr nachhechelnden und z.T. dienstwilligen Politik nicht offenkundig zu einer Randerscheinung geworden? Können die Kirchen sich noch im Zentrum des Interesses wähnen?

Die Tabuisierung des Religiösen scheint doch damit zusammenzuhängen, dass die Post-Moderne sich schwertut, Religion auf Institution und Doktrin (gar Dogma) festgelegt zu sehen. Wache Seelsorger und Seelsorgerinnen wittern deutlich, was Umfragen zu belegen scheinen, dass sich nämlich im religiösen Verhalten ein Erdrutsch ankündigt oder schon ereignet: Organisierte und doktrinär festgelegte Religion scheint grundsätzlich in Frage gestellt. Damit sind auch das Prinzip von Gemeinde (Pfarrei) und letztlich das Prinzip Kirche in Frage gestellt. Die häufigste Spezies der Kirchenmitglieder sind die sog. »Kirchendistanzierten«.

Das macht das seelsorgliche Engagement nicht gerade leicht. Wie jede Zeit ihre spezifischen Gefährdungen des Menschlichen aufweist und ihre Gottesvergiftungen, so auch die heutige. Zu denken ist dabei an die Sattheit infolge des Wohlstandes in der westlichen Welt, an Informationsfülle und Bildungsflut, an die Vereinzelung der Menschen und Vereisung zwischenmenschlichen Verhaltens, an konsumistische Lebensattitüden, Langeweile und die vielen Formen der Lebens-Angst usw.

Zuweilen könnte der Eindruck entstehen, als ob die naturalen Voraussetzungen zum Christsein verschüttet oder verzehrt seien. Die Menschen kommen oft auch religiös nicht mehr zu sich. In den ehemals kommunistisch regierten Ländern, in denen Religion systematisch totgesagt und diffamiert wurde, sind die Zugänge zum Glauben verbarrikadiert worden. Hier kann man nicht unmittelbar mit den Inhalten der Kirche konfrontieren. Vielmehr ist den verschütteten Spuren Gottes in den Biographien der Menschen sorgsam nachzugehen; sie sind diskret zur Sprache zu bringen. Oft werden die Mauern in den Köpfen und Herzen erst überwunden werden müssen. Ideologischer Beton ist wegzuräumen, um beackern und säen zu können. Vielleicht müssen wir von den Vorstellungen einer Seelsorge des Erntens (wie in der Hochblüte des Katholizismus) wegkommen und eine Seelsorge des Säens lernen.

6 Versuchungen für die Kirche

Der soziologische Befund ist also offensichtlich: Auch Religion ist Privatsache geworden, und sogenannte moderne Menschen haben Mühe mit institutionalisierter und dogmatischer Religion. Die Eindeutigkeit des Christentums als Offenbarungsreligion scheint zu verdunsten, es wird zu einem subjektiv ausgewählten Teil einer synkretistischen religiösen Discount-Religion. Allerdings ist nicht zu übersehen, dass Menschen Religiosität vielfach suchen. Aber oft erscheint diese als subjektiv »zubereitete« Religiosität – gegebenenfalls auch ohne Gott, so etwa bei Naturerlebnissen, Musik, Liebe usw.

Desgleichen ist zu beobachten, dass Kirche an ihrer sozialen und sozialkritischen Funktion gemessen wird. Gross angelegte Untersuchungen wie z.B. die schon öfters erwähnte »Jede(r) ein Sonderfall? Religion in der Schweiz« bestätigen, dass die spezifische Kompetenz der Kirchen im Bereich Sinnproduktion und Ethik immer noch in hohem Masse anerkannt wird. Ihre Rolle für die benachteiligten Menschen, für Entwicklungshilfe und ähnliches, wird von der Mehrheit als wichtig erachtet. Es stört letztere sozusagen nicht, was die Kirche sonst noch lehrt oder als ihr theologisches Selbstverständnis vertritt. Kirche wird in ihrer Qualität für ihre spezifischen moralischen Dienstleistungen im Blick auf ihre Kundschaft gewertet. Ihre Instrumentalität interessiert, ganz im Sinne der neuen Universalie oder massgeblichen Maxime »Funktionalität« bzw. zweckorientierte Mobilität.[8]

Das ist auch die Suggestion soziologischer Untersuchungen. Die Verbindlichkeit von Inhalten und Optionen hat zwar individuell noch eine Chance, unterliegt aber ihrerseits dem Pluralismus des Angebots und der subjektiven Ästhetik, bleibt individuelle Geschmacksache. Normativität entspringt nicht der Inhaltlichkeit, z.B. der biblischen Botschaft oder einem religionskritischen Bezugspunkt, weil letztlich Unverbindlichkeit gleichsam zur Norm erhoben erscheint, durchaus im Denkrahmen des systemtheoretischen Funktionalismus: »von institutionell festgelegter und vorgegebener, kollektiv-verbindlicher, konfessionell-kirchlich veranlasster zu individualisierter, entscheidungsoffener, selbstreflexiver pluriformer Religiosität«.[9] Wenn Religion so beliebig gefasst wird, erstaunt es nicht, dass selbst in der Untersuchung »Jede(r) ein Sonderfall?« kaum von Religionsverlust die Rede ist, denn selbst die »Humanisten ohne Religion« sind noch religiöse Prozente; und dies, obwohl die inhaltliche Auswaschung der jüdisch-christlichen Tradition durch die Untersuchung selbst belegt wird.

Von solchem gesellschaftlichen Hintergrund her (den die soziologischen Umfragen sehr wohl zu erhellen helfen) wird deutlich, wie sich eine diffuse Religiosität ausbreitet, die kaum mehr Transzendenzbezug oder gar ein personales Gottesbild erkennen lässt. Mit der Formel der 70er Jahre »Jesus ja – Kirche nein« würde man sich heute über die wahren Verhältnisse täuschen. Eher schon heisst die Devise: »Religion ja – Jesus nein«, wobei aber Religion oft vage eine Religion ohne Gottesbezug zu sein scheint. Ob sich damit letztlich ein Prozess der Befreiung von falschen und vergiftenden Gottesbildern und der Freiheit für neue religiöse Aufbrüche verbindet, ist eine offene Vermutung. Aber unmissverständlich ist dadurch eine Ausgangslage signalisiert, die die Kirche beachten muss.

Es könnte eine konfortable Versuchung der Kirche sein, genau die Nischen auszufüllen, die andere Organisationen ihr als der zuständigen Dienstleistungs-Institution überlassen. Es könnte eine vorteilhafte Chance sein, genau die von der differenzierten Gesellschaft ihr zugesonnene Funktion zu übernehmen und die Rolle einer (nur) moralischen Instanz zu spielen. Es könnte eine Verlockung sein, sich damit zufrieden zu geben, »Kuschelgruppen« ein Dach zu bieten, die die rauhe Luft des Lebens meiden wollen. Dies ist um so verführerischer, als die Kirche genau damit ihren status quo retten bzw. ihren gesellschaftlichen Status stabilisieren und sichern könnte. Aber, verrät sie damit nicht ihren Auftrag? Und könnte sie auf diesem Weg ihre Spannungen mildern und den Konflikten wirklich ausweichen?

7 Spiritualität als Megatrend – Reaktion auf die gesellschaftlichen Umbrüche

»Spiritualität« ist ein Begriff, der im deutschen Wortschatz innerhalb weniger Jahrzehnte geradezu einen Boom ausgelöst hat. Manche Soziologen und Gesellschaftstheoretiker diagnostizieren einen Trend zum Religiösen und zur Spiritualität. Die Gesellschaft ist sozusagen gegen ihre eigene Absicht religionsproduktiv geworden. Wie oben schon erwähnt, ist allerdings der Begriff des »Religiösen« sehr diffus und schwammig, der für die verschiedensten religiösen Phänomene und Suchprozesse verwendet wird. Aber die

Sehnsucht nach Spiritualität, Ganzheitlichkeit und Sinnhaftigkeit des eigenen Erlebens und Handelns ist unübersehbar.

7.1 Suche nach Spiritualität?

Vor wenigen Jahren nahm sich der »Spiegel« dieses Themas an, und zwar zur Weihnachtszeit: »Flucht ins Spirituelle. Sehnsucht nach Sinn«. Der Stern sekundierte unter dem Stichwort Religion mit »Der Menschheitstraum vom Paradies« und meinte damit die Sehnsucht der Menschen nach einem Ort der Harmonie und Glückseligkeit. Im Vergleich dazu dümpelte Focus in seichteren Gewässern mit dem Titel: »Sehnsucht nach Gefühl«. Damit ist natürlich Spiritualität nicht definiert, wohl aber einiges über die Sehnsucht nach Spiritualität angedeutet. Es gibt Signale einer geistigen Not. Die grossartigen Verheissungen der Aufklärung bzw. des Rationalismus und die Entwicklungseuphorie der vergangenen Jahrzehnte sind brüchig und z.T. obsolet geworden. Die Warenwelt und das Konsumgebahren mit der »Sucht nach paradise now« (Th. Faulhaber) haben nicht das Paradies schaffen können, sondern eher geistige Leere und seelische Verwahrlosung mitverursacht. Herkömmliche Werte haben ihre Geltung verloren. Der angestammte Glaube ist für viele Menschen sprachlos geworden und scheint in der Öffentlichkeit kaum mehr erheblich zu sein. So ist es verständlich, dass manche Menschen diesem Vakuum entkommen möchten und auf den z.T. seltsamsten Wegen die Grenzen der Erfahrung und der sinnlich wahrnehmbaren Welt zu überschreiten versuchen, um zur Transzendenz, zum geistigen Energiezentrum oder zur eigentlichen Wirklichkeit vorzudringen. Für manche erweisen sich die traditionellen Modelle des Christentums als ausgehöhlt. Esoterik und vielfältige Meditationsformen beerben die tradierten Frömmigkeitsformen. Es sind Suchbewegungen, die sich nicht mehr nur von aussen steuern lassen wollen, sondern die Balance zum eigenen Inneren d.h. ein seelisches Gleichgewicht finden möchten.

7.2 Widersprüchliche Trends

So ergeben sich widersprüchliche Trends zwischen dem Gefühl der Leere und Verlorenheit und der Sehnsucht nach Heil und dem, was trägt und erfüllt. Dabei ist nicht nur an die Versuchung zum Fundamentalismus, der die aufgenötigte Kompliziertheit auf vereinfachende Muster verkürzt, zu denken. Es gibt auch den vordergründigen Pragmatismus in einer saturierten Konsumgesellschaft, der schnell zu einem Spiessertum verkommt, aber kaum mehr Reserven für Toleranz und Solidarität aufbringt. Demnach hat nur Gültigkeit, was rentabel ist und verrechnet werden kann. Demgegenüber speisen sich die Spurensuche nach Sinn und eine neue Sensibilität für Spiritualität aus vielen Quellen. Die Phänomene gehen weit über den religiösen oder gar kirchlichen Bereich hinaus. So erklären manche Leute, dass sie spirituell seien, ohne religiös zu sein. Und gibt es nicht auch eine »atheistische Spiritualität« und ein humanistisches Ethos, die durchaus respektabel und glaubwürdig sind? Man denke auch an die Love Parade am 11. Juli 1998 in Berlin oder die Street Parade am 8. August in Zürich, die von den offiziellen Veranstaltern gern als Demonstrationen für Liebe, Friede, Freiheit, Grosszügigkeit und Toleranz bezeichnet werden.

Kümmert sich der spirituelle »Megatrend« mit seinen religiösen Potentialen um die Kirchen? Auch in den Kirchen und im kirchlich-religiösen Feld sind viele Suchbewegungen nach spirituellen Quellen aufgebrochen. Im Kontrast zur vielfach resignativen Stimmung und zur geistlichen Austrocknung der kirchlichen Betriebsamkeit entwickeln Menschen eine Spiritualität, die sich nicht restaurativ, privatisierend oder spiritualisierend vereinnahmen lassen möchten. Vielmehr orientieren sie sich an Mystik und Solidarität, an der Sorge für die Schöpfung und an einer schwesterlichen und brüderlichen Kirche.

Ob Megatrend oder nicht, es zeigt sich, dass Spiritualität in offenen und versteckten Formen aktuell ist, aber ein schillerndes Phänomen, unter dessen Schutz und Schirm sich unterschiedliche und höchst widersprüchliche Tendenzen, Absichten und Suchbewegungen sammeln.

Mit diesen Hinweisen ist die hintergründige seelische und gesellschaftliche Landschaft markiert, die den konkreten Ort für die Kirche und die Ausgangslage für das Handeln der Laien als Christinnen und Christen bildet.

8 Ausblick

Für die Rollenfindung der Laien in der Kirche gelten die Herausforderungen und die Wege der Problemlösung, wie sie sich im letzten Jahrhundert im Rahmen des Katholizismus gebildet haben, kaum mehr. Die Kirche kann angesichts der Modernisierungen der letzten Jahrzehnte und der in ihrem Gefolge geschehenen Traditionsabbrüche nicht mehr paragesellschaftlich reagieren, indem sie in Milieus und in Teilgesellschaften die Menschen kirchlich einbindet, beeinflusst und eine Ersatzheimat bietet. Die damaligen Errungenschaften und Strategien wie katholische Schulen, katholische Zeitungen und Verlage, katholische Vereine und Verbände für die verschiedenen Lebensstände (Männerbund, Frauenbund …), »katholische« Parteien und Gewerkschaften, katholischer Turn- und Sportverband, katholische (»schwarze«) Musikvereine, katholische Universität usw. fanden ihre Identität und Funktion aus der emanzipatorischen Defensivhaltung des Katholizismus. Sie entwickelten sich parallel zu ähnlichen gesellschaftlichen Institutionen.

Der sog. zweite Modernisierungsschub in den letzten Jahrzehnten hat nun diesen formierten Milieu-Katholizismus durchlöchert, seine Lebensformen von innen her weitgehend aufgelöst. Die volkskirchliche Stammlandschaft ist von den postmodernen Strömungen durchdrungen worden und z.T. lautlos verschwunden. Statt verbindlicher Zugehörigkeit zu einem Verein ist heute eher punktuelles Engagement möglich. Man gehört zur Szene, von der man sich auch wieder verabschieden kann und zu keinem festen Programm verpflichtet ist – ähnlich, wie man lieber die Dienstleistungen für Body-Building in Anspruch nimmt, als sich an einen Sportverein binden zu wollen.

In unserem Bereich bedeutet dies, dass der Katholizismus mit seiner Massenbasis und vielen »eingeschriebenen« Mitgliedern wohl kaum das Modell der Zukunft sein wird, sondern viel offenere und pluralere Formen des Laienengagements in neuen Sozialformen ihre Wege suchen müssen. Dabei ist die Tendenz nicht aus dem Auge zu verlieren, dass es zu einer elitären Gremienherrschaft kommen kann, weil die Kompliziertheit der Fragen immer stärker der professionellen Kompetenz bedarf. Im Gefolge dessen bekommen die Stabsstellen, Geschäftsstellen von Projekten und Kommissionen einen Zuwachs an Bedeutung, während die Basis oft sogar Mühe bekundet, in den einzelnen Sachbereichen sachkompetente »Laien« in die Vorstände und Stiftungen zu delegieren. Expertokratie und Bürokratie wären dann die künftige Gefahr, ebenso die Verklüngelung, bei der sich immer wieder die gleichen Leute begegnen und sich die Last der Arbeit auf wenige statt auf viele verteilt und nicht zuletzt die Ämterhäufung. Generell wird man für die Zukunft weniger von den zur Gesellschaft parallelen Verbänden und Institutionen ausgehen können, sondern eher von einem Modell der Integration in die verschiedenen gesellschaftlichen Aufgabenfelder. Dies könnte zum Beispiel bedeuten, dass seitens der Kirche weniger ein eigenes Radio-Programm oder eine Fernseh-Station betrieben werden, sondern vielmehr kompetente Frauen und Männer sich in den entsprechenden Medien engagieren und dort Qualitätsarbeit erbringen. Vor Jahrzehnten hat man in Deutschland das katholische Schulsystem verabschiedet. Auch die kirchlichen Hilfswerke haben Konkurrenz erhalten. Katholische Zeitungen und Verlage sind in der Schweiz auf ein Minimum gesunken.

In Zukunft wird wohl kaum der katholizistische Rückzug in das Milieu und in die Geschlossenheit der Gleichgesinnten der Weg sein. »Hierarchie und Klerus verlieren nicht nur das Kommando über die Zugbrücken, die einst einen kontrollierten Kontakt mit der modernen Welt ermöglicht hatten, sondern die Wälle selbst fallen auf breiter Front in sich zusammen. Eine tiefe Verunsicherung innerhalb der Organisationen des Katholizismus, die ihre Funktion als Schutzwall der Kirche nicht mehr erfüllen können, ist die Folge.«[10]

Es gilt für die engagierten Christinnen und Christen, Abschied zu nehmen von den Vorstellungen eines Bollwerks und sich auf einen Brückenschlag zu den Lebenswelten der Menschen und zu den Herausforderungsfeldern der Gesellschaft beherzt zu verpflichten. Dabei können die Erfahrungen und das Know-how des Katholizismus verfügbar gemacht und z.T. weitergeführt werden. Aber das Modell Katholizismus als geschlossene Formation mit klarer Doktrin und Strategie wird wohl kaum das Modell für das Engagement der Laien in der Zukunft sein können.

An dieser Stelle wäre es zu früh, über diese künftigen Wege im Detail nachzudenken. Es muss zuerst grundsätzlich Rechenschaft gegeben werden, welches der Auftrag der Kirche heute ist. Doch vorher wird noch zu zeigen sein, dass sich unter den Bedingungen der Moderne auch in der Kirche in kurzer Zeit sehr viel geändert hat und das alte »Klerus-Laien« Schema bewusstseinsmässig im Wandel begriffen ist.

Viertes Kapitel

Wandel im Selbstverständnis der Kirche bzw. der »Laien«

Wenn sich innerhalb der Gesellschaft und global in der Welt z.T. rasante Veränderungen abspielen und sich gleichsam im Huckepack-Verfahren der Katholizismus wandelt, dann kann dies nicht ohne Rückwirkung auf die Kirche sein. Die Kirche ist ja kein Gegenüber zur Gesellschaft; die Welt ist kein fremdes Feindesland. Vielmehr ist die Kirche engstens in sie hineinverwoben. Ob man diese der Kirche zugemuteten Umbrüche bedauert oder begrüsst, es sind Tatsachen, die es im Blick auf unser Anliegen zu beleuchten gilt.

1 Kirchliche Umbrüche in der Spannung zur eigenen Erbschaft

Bei der Sorge, wie die Kirche bzw. die engagierten Frauen und Männer unter den gewandelten gesellschaftlichen Bedingungen ihrer Berufung und der Sendung der Kirche praktisch nachkommen sollen, kommt dem Zweiten Vatikanischen Konzil (1962–1965) ohne Zweifel eine Schlüsselstellung zu. Es hat in unerwarteter Weise eine Dynamik aufbrechen lassen und Fragen zum Durchbruch verholfen, die bis auf den heutigen Tag die Tagesordnung der Kirche bedrängen. Es wäre allerdings naiv, die Umbruchsituation und den innerkirchlichen Wendepunkt als im Konzil selbst begründet und von ihm ausgelöst zu interpretieren. Noch bedenklicher wäre es, die Notwendigkeit des konziliaren Durchbruches zu verkennen und hinter all den gegenwärtigen Problemen einfachhin nur negative Krisenzeichen zu wittern. Die Herausforderungen der Kirche und ihre Krisen sind weit mehr als »nur« innerbetriebliche Feuerzeichen. Sie sind oft eher kirchliche Varianten einer allgemeineren Umorientierung und Umwertung herkömmlicher Normen, denen auch andere gesellschaftliche Gruppierungen ausgeliefert sind, wie zum Beispiel Parteien, Gewerkschaften, Verbände. Von daher muss davor gewarnt werden, Krisen in der Kirche samt und sonders als Krisen *nur* der Kirche bewerten und heilen zu wollen (z.B. Distanziertheit, Jugendprobleme, Ehe- und Familienmodelle …).

Die Hauptlinien der inhaltlichen Kräfteverschiebung seit dem Zweiten Vatikanischen Konzil eindeutig zu benennen, ist ein waghalsiges Experiment. Offensichtlich sind ein triumphalistisches Kirchenverständnis und ein starres ungeschichtliches Glaubensverständnis verabschiedet worden. Das Konzil befreite von einem auf sich selbst bezogenen Kirchenbild, das sich allein an der herkömmlichen Kirchenordnung orientierte. Zugleich öffnete es die Kirche auf die Herausforderungen der heutigen Welt hin. Es bahnte mit seinen Aussagen zur Stellung der Kirche in der Welt von heute (Gaudium et spes, 1965) den Weg zur Welt und zur Dialogbereitschaft mit anderen weltanschaulichen Kräften und kulturellen Strömungen. Es eröffnete damit ein unbelasteteres Grundverständnis für die missionarische Präsenz der Kirche in der heutigen Zeit. Gleichzeitig versuchte das Konzil mit dem Dekret über den Ökumenismus (Unitatis redintegratio, 1964) und mit seiner Erklärung über das Verhältnis der Kirche zu den nichtchristlichen Religionen (Nostra aetate, 1965) und mit seinem Eintreten für Religions- und Gewissensfreiheit eine Neuorientierung, die einem kirchlichen Integralismus und einem katholischen Block- oder gar Bollwerk-Denken eindeutig die Grundlagen entzog. Nicht unerwähnt bleiben darf das Dekret über das Laienapostolat (Apostolicam actuositatem, 1965), das die Eigenverantwortung und die Sachkompetenz der Laien verdeutlichte und zur Zusammenarbeit mit allen Menschen guten Willens aufrief (Nr. 27). Eine der Grosstaten des Konzils war ohne Zweifel die Kirchenkonstitution mit dem bezeichnenden Titel: »Licht der Völker« (Lumen gentium, 1964). Diese Konstitution thematisiert nicht zuerst – wie das damals noch geltende Kirchenrecht und trotz Versuche kurialer Kreise – die hierarchische Ordnung mit ihren Über- und Unterordnungen; vielmehr betont sie die »wahre Gleichheit« aller Glaubenden (Nr. 32). Der Gedanke von der Kirche als »Volk Gottes« (Lumen gentium, Kap. 2) korrigierte ein einseitig auf den Klerus zentriertes Kirchenbild. Kirche als Volk Gottes bedeutet vor aller charismatischen und amtlichen Unterscheidung oder Aufgliederung auf der kirchlichen Ebene die Gleichwertigkeit aller getauften und gefirmten Christen und Christinnen auf der pneumatischen Ebene des Vollzugs von Christsein. Nach den Worten des Konzils haben die Christen und Christinnen nicht irgendeinen Anteil an der Sendung der Kirche, sondern sie sind vielmehr »berufen, als lebendige Glieder … alle ihre Kräfte … zum Wachstum und zur ständigen Heiligung der Kirche beizutragen« (Lumen gentium 33), denn »alles, was über das Volk Gottes gesagt wurde, richtet sich in gleicher Weise an Laien, Ordensleute und Kleriker« (ebd. 30).

Die Kirche geriet und gerät zusehends in den Sog ihrer konziliären Öffnung. Der Wandel rührt so sehr an die Tiefe ihrer eigenen Grundlagen, dass sie in ihrer praktischen Pastoral sowie in ihrer institutionellen Gestalt und Selbstdarstellung davon nicht unberührt und unangefochten bleiben kann. Eine Kirche, die aus eigener historischer Enge aufbricht und die Öffnung auf die Welt und die Menschen hin wagt, wird von den Fragen der Menschen und von den gesellschaftlichen Wandlungsprozessen (z.B. Emanzipationsbewegungen, Menschenrechtsdiskussion, Demokratisierung, Gleichberechtigung) selber eingeholt. Die Welt stellt sich selber der Kirche und fragt nach der praktischen Relevanz der von ihr verkündeten Hoffnung. Dadurch hat sich der konziliare Impuls zur Weltverantwortung ausgeweitet, wie z.B. die Bemühungen um die aktive Sicherung des Weltfriedens, die gerechte Umverteilung der Güter dieser Erde, das Eintreten für eine gerechtere Wirtschafts- und Gesellschaftsordnung, für das Überleben der Schöpfung. Dies sind doch Impulse, die weit über den Horizont des Konzils hinausgediehen und in den konziliaren Prozess für Gerechtigkeit, Frieden und Bewahrung der Schöpfung mündeten wie auch in die Ökumenische Versammlung »Frieden in Gerechtigkeit«. Dem Aufbruch in die Welt und zu den Menschen entspricht der Aufbruch des Kirchenbewusstseins auf Seiten des Volkes Gottes.

2 Rehabilitierung der »Laien« durch das Zweite Vatikanische Konzil

Wenn der Laie theologisch, d.h. dem christlichen Glauben entsprechend, in seiner Berufung und Sendung erfasst werden soll, sind wir auf das theologische Verständnis von Kirche verwiesen. Denn die Frage nach dem Laien ist letztlich eine Frage nach der Kirche. So sind auch auf dem Zweiten Vatikanischen Konzil die Weichen für eine Theologie der Laien vor allem in der Dogmatischen Konstitution über die Kirche »Lumen gentium« (Licht der Völker) gestellt worden.

2.1 Kirche als Volk Gottes – in der Spannung zur Welt

In der Vorbereitungsphase zu dieser Konzilskonstitution über die Kirche bestand durchaus die Tendenz, das Thema Kirche im gängigen kirchenrechtlichen Schema zu behandeln. Nach der Hervorhebung der Stellung des Papstes auf dem I. Vatikanischen Konzil sollte nun das bischöfliche Amt und damit das Bistum als Ortskirche betont werden. Daran anschliessend sollten die »Stände« der evangelischen Vollkommenheit und die »Laien« zur Sprache kommen[1]. Dies hätte genau dem kleruszentrierten Bild von Kirche entsprochen, wobei allerdings auch die Priester primär in ihrer Zuordnung zum Bischofsamt gesehen wurden. Doch diesen Absichten stellten sich massgebliche Kräfte auf dem Konzil entgegen.

Schliesslich sind den Überlegungen über die hierarchische Ordnung, insbesondere über das Bischofsamt (III), über die Laien (IV), die allgemeine Berufung zur Heiligkeit (V), über die Ordensleute (VI), den endzeitlichen Charakter der pilgernden Kirche (VII) und über Maria (VIII) zwei grundlegende Kapitel über die Kirche vorangesetzt worden. Zuerst wird von der Kirche als Mysterium (Kap. I) gesprochen. »Mysterium« spielt auf den Sprachgebrauch der Hl. Schrift und der Kirchenväter bzw. der Theologen der ersten christlichen Jahrhunderte an. Gemeint ist die für die Kirche bezeichnende Einheit ihrer sichtbaren und unsichtbaren Natur. Dem entspricht, dass sie gleich zu Beginn in Beziehung zu Christus das »Sakrament« genannt wird, das »Zeichen und Werkzeug für die innigste Vereinigung mit Gott wie für die Einheit der ganzen Menschheit« (Art. 1) ist (vgl. auch Art. 8).

Was ist nun mit Mysterium gemeint? Umstritten war dieser Begriff beim Konzil unter anderem deshalb, weil damit eine Annäherung an das protestantische Kirchenverständnis befürchtet wurde. Die evangelische Theologie hat vielfach die unsichtbare Kirche und ihre Bedeutung herausgestrichen, der gegenüber die institutionell sichtbare Kirche als zweitrangig eingestuft wurde.[2] Sicher wollte man auf dem Konzil mit Mysterium nicht besagen, dass die Kirche rätselhaft, unbegreiflich und verständnismässig dunkel sei, als sei sie rationaler Planung und kritischer Rückfrage unverfügbar oder nicht zugänglich. Das hätten wohl jene gerne, die mit einem Schleier des Geheimnisvollen keine konkreten Fragen oder Kritik an Fehlern und am Versagen der sichtbaren Kirche und an ihren führenden Leuten zulassen möchten. Kirche als Mysterium ist keine sakrale Sonderwelt oder »mystische« Fluchtburg, in die man sich vor den Herausforderungen und Problemen der Menschen und ihrer Welt zurückzieht.[3] Mysterium, das sich in die Realitäten des Lebens entäussert, ist vielmehr die Rettung und Bedingung der sakramentalen Dimension von Kirche. Denn die widersprüchliche Wirklichkeit des Menschen und seiner Welt ist der einzige Ort, wo Gott ankommen kann. Also soll man das Handeln Gottes nicht jenseits unserer Realitäten verorten wollen. »Sakramental« bedeutet, die Wirklichkeit wird zum Ort und zum Zeichen für die Liebe Gottes, die Heil stiften will, d.h. Gott und Mensch, Heil und Welt gehören zusammen. Die Kirche verdankt somit ihre sakramentale Energie Jesus Christus. Damit sind Gedanken der Liturgiekonstitution aus dem Jahre 1963 aufgegriffen worden (vgl. Art. 2) Diese Aussagen über das Mysterium der Kirche bedeuten »eine Konzentration auf das innerste Wesen der Kirche ... sowie das Bekenntnis zu ihrem Weltauftrag, der hier und an vielen anderen Stellen im brüderlichen Dienst an der Einheit aller Menschen gesehen wird«.[4]

Zugleich betont die Kirchenkonstitution in Anlehnung an 1 Kor 12, dass alle Gläubigen in Christus einen Leib bilden, dass derselbe Geist alle Glieder eint und alle Glieder der Kirche Christus gleichförmig werden müssen, bis er in ihnen Gestalt gewinnt. In der Taufe wird diese Vereinigung mit Tod und Auferstehung Christi dargestellt und bewirkt. Beim Brechen des eucharistischen Brotes werden die Gläubigen zur Gemeinschaft mit ihm und untereinander erhoben (Art. 7).

Diese grundlegende Gleichheit in der sakramentalen Gemeinschaft mit Jesus Christus als Leib Christi wird im 2. Kapitel der Kirchenkonstitution weitergeführt durch den Gedanken der Kirche als Volk Gottes. Dieses Kapitel über das Volk Gottes ist absichtlich den Ausführungen über die hierarchischen Stufen (in Kapitel III) vorangestellt worden. Vor allen binnenkirchlichen Unterscheidungen sollte die Einheit der ganzen Kirche betont werden.

Diese Theologie ist nun ganz davon bestimmt, dass alle Glieder der Kirche »Subjekt« der Kirche sind bzw. Träger ihrer Sendung und Berufung: »So ist denn dieses messianische Volk, obwohl es tatsächlich nicht alle Menschen umfasst und gar oft als kleine Herde erscheint, für das ganze Menschengeschlecht die unzerstörbare Keimzelle der Einheit, der Hoffnung und des Heils« (Art. 9). Damit umfasst das Volk Gottes nicht die gesamte Menschheit. Aber der universale Heilswille Gottes wird durch die Kirche zum »Licht der Welt und zum Salz der Erde« (vgl. Mt 5,13–16). Und dafür ist das ganze Volk Gottes sichtbares Sakrament dieser heilbringenden Einheit. Weiter heisst es vom Gottesvolk (in Art. 12), dass »die Gesamtheit der Gläubigen ... im Glauben nicht irren kann ...«. Damit ist die Irrtumslosigkeit der gesamten Kirche im Glauben angesprochen, die nicht auf das Lehramt allein beschränkt ist. Vielmehr ist vom Glaubenssinn des ganzen Volkes die Rede. Damit ist der letztlich vom Lehramt zu definierende »sensus fidei« zum »sensus fidelium« ausgeweitet worden.

Des weitern wird aus einer solchen Sicht von Kirche als Volk Gottes folgerichtig das Augenmerk auf die verschiedenen Charismen gelenkt, denn der »Heilige Geist ... teilt den Einzelnen ... seine Gaben aus und verteilt unter den Gläubigen jeglichen Standes auch besondere Gnaden« (Art. 12). Und noch etwas wird aus dieser Sicht heraus deutlich hervorgehoben: die Bedeutung der Teilkirchen, deren eigene Würde, »die das Gottesvolk auszeichnet, Gabe des Herrn selbst ist« (Art. 13). Damit ist, wenn auch fast versteckt, doch ein eindeutiges konziliares Plädoyer für Pluralismus in der Kirche abgelegt. Zudem hat das Konzil bekundet, dass in jedem quantitativen Teil der Kirche (Ortskirche!) qualitativ die ganze Kirche anwesend ist.– Diese Erkenntnisse des Konzils haben natürlich weitreichende praktische Konsequenzen, wie sich noch zeigen wird.

Mit dem Volk-Gottes-Gedanken wird nun nicht einfach eine biblische Redeweise wiederbelebt. Vielmehr geht es um den erklärten Willen, Kirche nicht nur mehr als Institution der Hierarchie und des Amtes, sondern als Gemeinschaft im Glauben zu verstehen. Volk Gottes meint, dass alle Gläubigen erst zusammen Kirche ausmachen und sind. Das gemeinsame Priestertum des Volkes Gottes wird eindringlich formuliert: »Christus der Herr ... hat das neue Volk ›zum Königreich und zu Priestern für Gott und seinen Vater gemacht‹ (vgl. Apk 1,6; 5,9–10). Durch die Wiedergeburt und die Salbung mit dem Heiligen Geist werden die Getauften zu einem geistigen Bau und einem heiligen Priestertum geweiht ...« (Art. 10). Die Grundaussage ist offensichtlich, auch wenn die Sprache des Konzils heute kaum mehr zu vermitteln ist. Das Konzil will deutlich zum Ausdruck bringen, dass die Christinnen und Christen aufgrund von Taufe und Firmung das Volk des Gottes Jesu bilden und Kirche sind.

Was aber zusätzlich deutlich wird, ist das Bewusstsein der Diasporasituation für die Kirche in dieser Welt (vgl. Art 9). Welt und Kirche bilden keine mittelalterliche Einheit mehr, sondern Kirche ist in der Nachfolge Jesu »Licht der Völker«. Mit ihrem christlichen Zeugnis trifft sie nicht mehr auf eine selbstverständliche Mehrheit und Akzeptanz in der Gesellschaft. Das wird auch offenkundig im Dekret über das Laienapostolat (Apostolicam actuositatem) und in der pastoralen Konstitution über die Kirche in der Welt von heute (Gaudium et spes). Die Kirche versteht sich trotz einer z.T. recht optimistischen Zuordnung zur modernen Welt[5] in der Spannung zur Welt. Trotz dieses Bewusstseins und trotz des hohen Anspruchs an die Kirche als Mysterium und als Volk Gottes spürt man aber auch das – allerdings äusserst zaghaft angesprochene – Wissen um die eigenen Schwächen als Zeichen und Werkzeug. So werden nicht nur Pilgerschaft, Bedrängnis, Mühe, Trübsal und Verfolgung der Kirche generell erwähnt (Lumen gentium Art. 8), sondern es wird zum Ausdruck gebracht, dass die Kirche auch Sünder umfasst; sie ist heilig und zugleich der Reinigung bedürftig; sie geht immerfort den Weg der Busse und Erneuerung (vgl. auch Art. 9). Obgleich hier in noch äusserst sich selbst schonender Weise der Wirklichkeitssinn der Konzilsteilnehmer etwas wahrnahm, was scheinbar der dogmatisch geschulte Sinn noch nicht zuzugeben vermochte, so ist doch einer allzu platten Gleichsetzung der Kirche als Mysterium mit der sichtbaren bzw. institutionellen Kirche ein Riegel vorgeschoben und realitätsblinder Kirchen-Triumphalismus abgewehrt worden.

Die Kirche wird wieder entscheidend von ihrer Treue zum Wort und Weg Jesu verstanden, als Gemeinschaft von Frauen und Männern, die aus dem Glauben an den auferweckten Christus leben und aus dieser Hoffnung heraus das persönliche und gesellschaftliche Leben gestalten. Das ist die christliche Dimension von Kirche im Unterschied (nicht Trennung) ihrer geschichtlich gewachsenen Gestalt. Das Bild von einer Kirche, die praktisch mit Klerikern und Ordensleuten gleichgesetzt wird, ist grundsätzlich, allerdings nicht institutionell korrigiert worden. Es fehlt somit der Kirche etwas Wesentliches, wenn sie das Volk übersieht und wenn sie in ihr nicht die Frauen und Männer sich selbst vertreten lässt. Grundsätzlich haben die Laien bezüglich ihres Selbstverständnisses wieder ihren theologischen Ort in der Kirche gefunden. Die Laien sind – ähnlich wie in der Urkirche – sozusagen wieder zu Christen und Christinnen geworden; sie sind theologisch rehabilitiert worden. Der Begriff »Laie« ist durch diese Bewusstseinsschübe so missverständlich und obsolet geworden, dass man ihn am besten fallen liesse.

2.2 Berufung der Christen und Christinnen

Das Bild vom Volk Gottes drückt die Subjekthaftigkeit (»Würde«) aller getauften und gefirmten Christen aus, die fundamentale Ebene, auf der sich die Mitgliedschaft in der Kirche entscheidet. Es bedeutet keine sekundäre Ortszuweisung, die sich von einer ab- und ausgrenzenden Verhältnisbestimmung zum Klerus ableitet.[6]

Zu Beginn des 4. Kapitels der Kirchenkonstitution (Lumen gentium) wendet sich das Konzil »dem Stand jener Christgläubigen zu, die man Laien nennt« (Art. 30). Es folgt der programmatische Satz: »... alles, was über das Volk Gottes gesagt wurde, richtet sich in gleicher Weise an Laien, Ordensleute und Kleriker«. Ehrlich wird zugegeben, dass die Hirten wissen, »dass sie von Christus nicht bestellt sind, um die ganze Heilsmission der Kirche an der Welt allein auf sich zu nehmen, sondern ... dass alle in ihrer Weise zum gemeinsamen Werk einmütig zusammenarbeiten« (Art. 30).

Mit dem Wort »Laie« hatte man indes doch einige Last. Dies verrät der Versuch einer sprachlich etwas hilflos wirkenden Definition im folgenden Artikel: »Unter der Bezeichnung Laien sind hier alle Christgläubigen verstanden mit Ausnahme der Glieder des Weihestandes und des in der Kirche anerkannten Ordensstandes, das heisst die Christgläubigen, die, durch die Taufe Christus einverleibt, zum Volk Gottes gemacht und des priesterlichen, prophetischen und königlichen Amtes Christi auf ihre Weise teilhaftig, zu ihrem Teil die Sendung des ganzen christlichen Volkes in der Kirche und in der Welt ausüben« (Art. 31). – Ohne eine gewisse abgrenzende Verdeutlichung meinte man nicht auskommen zu können. Dabei darf bei solchen Texten nicht übersehen werden, dass sie oft Kompromiss-Formulierungen zwischen verschiedenen Konzils-Flügeln darstellen und dass gerade bei solchen Kompromissen mehr traditionell denkende und mehr vorwärtsweisende Gruppierungen miteinander gerungen haben. Insofern sind manche Aussagen des Konzils zu den Laien und zu den Hirten durchaus von dieser Spannung geprägt und wirken im einzelnen widersprüchlich.

Insgesamt ist unübersehbar, dass man den Laien positiv als Christgläubigen umschreiben wollte statt negativ von seiner Rolle als Nicht-Kleriker. Es wird eine fundamentale Gleichheit und Gleichwertigkeit aller betont: »... so waltet doch unter allen eine wahre Gleichheit in der allen Gläubigen gemeinsamen Würde und Tätigkeit zum Aufbau des Leibes Christi« (Art.

32). Aus dieser fundamentalen Gleichheit in der Berufung ergibt sich die gemeinsame Sendung aller zum Apostolat der Kirche. Auf der praktischen Ebene spricht das Konzil wiederum vom Pluralismus der Gnadengaben, Dienstleistungen und Tätigkeiten.

2.3 Sendung der Christinnen und Christen (Charismen)

Konsequenterweise ist nach den Worten des Konzils »das Apostolat der Laien Teilnahme an der Heilssendung der Kirche selbst. Zu diesem Apostolat werden alle vom Herrn selbst durch Taufe und Firmung bestellt« (Art. 33). Sie sind von Christus *selbst* dazu berufen. Jede Zwischeninstanz, die sich zwischen den sendenden Christus und den gesendeten Gläubigen stellen will, muss sich der Kritik dieser Aussagen stellen. Das Konzept der katholischen Aktion, wonach die Laien nur verlängerter Arm der hierarchischen Amtsträger seien steht dazu fundamental in Widerspruch. Weder die Beauftragung durch Amtsträger der Kirche noch deren Delegation »erschaffen« die Charismen, sondern diese erblühen und erwachsen aus der in den Sakramenten der Taufe und Firmung geschenkten Würde des Christseins. Auch wenn die hierarchischen Dienste die Fülle und das »Chaos« der Charismen zum Wohle der Gemeinde ordnen, so generieren sie nicht selber die Charismen.[7] Laien und hierarchische Dienste sind somit einander nicht untergeordnet, sondern zugeordnet (was für unsere späteren Überlegungen über synodale Kirchenstrukturen nicht ohne Bedeutung sein wird). Diese Sichtweise unterstreicht in letzter Konsequenz den personalen Charakter der je einzelnen Berufung und Sendung. Jeder Christ und jede Christin sind persönlich und von ihrer Lebensgeschichte geprägt, von Gott berufen und gesandt.

Von dieser grundlegenden Sendung bzw. Berufung aller Getauften (vocatio) wird die »unmittelbare Mitarbeit« bestimmter Laien am »Apostolat der Hierarchie« unterschieden. »Ausserdem haben sie die Befähigung dazu, von der Hierarchie zu gewissen kirchlichen Ämtern herangezogen zu werden, die geistlichen Zielen dienen« (Art. 33). Dies ist das Modell der Delegation besonderer Vollmachten durch die »eigentlichen« Amtsträger der Kirche. – »Ob damit jeder Schatten einer konstitutiven Zweiteilung der Kirchengemeinschaft verschwunden ist, lässt sich fragen … Die Logik des endgültig verabschiedeten Textes ist nicht bruchlos«[8].

Wenn wir auch zwischen der grundlegenden Berufung jedes Christen und jeder Christin und der konkreten Wahrnehmung und Praxis dieser Berufung unterscheiden müssen, so wird doch deutlich, dass die Laien bzw. die getauften und gefirmten Christen als solche Kirche mitkonstituieren. Die von der Kirchenkonstitution gelegten Grundlinien werden nun im Dekret über das Laienapostolat (Apostolicam actuositatem) aus dem Jahre 1965 konkret weiter ausgezogen. In diesem Dekret wird sehr bewusst vom »Apostolat der Kirche und aller ihrer Glieder« ausgegangen; das Apostolat besteht nicht nur darin, dass sie das Zeugnis des Lebens geben, sondern Christus verkünden (Art. 6). Die Kirche verwirklicht, wenn auch auf verschiedene Art und Weise, ihr Apostolat durch alle ihre Glieder (Art. 2). Auch in dieser Konzilsverlautbarung wird betont, dass die Pflicht und das Recht zum Apostolat den Laien »kraft ihrer Vereinigung mit Christus« zukommen (Art. 3), nicht erst kraft der Beauftragung durch einen Amtsträger. Im Zusammenhang mit den verschiedenen Bereichen des Apostolats findet die Frau eine spezielle und bezeichnende Erwähnung: »Da heute die Frauen eine immer aktivere Funktion im ganzen Leben der Gesellschaft ausüben, ist es von grosser Wichtigkeit, dass sie auch an den verschiedenen Bereichen des Apostolates der Kirche wachsenden Anteil nehmen« (Art. 9). Die Grundlage einer Pflicht und des Rechts zum Apostolat findet das Konzil in der Charismenlehre: »Zum Vollzug dieses Apostolates schenkt der Heilige Geist … den Gläubigen auch noch besondere Gaben (vgl. 1 Kor 12,7) … Aus dem Empfang dieser Charismen, auch der schlichteren, erwächst jedem Glaubenden das Recht und die Pflicht, sie in Kirche und Welt zum Wohl der Menschen und zum Aufbau der Kirche zu gebrauchen« (Art. 3).

Das Konzil hat den praktischen und gemeinschaftskonstituierenden Charakter des paulinischen Charismenverständnisses öfters betont: »Der eine Geist ist es, der seine vielfältigen Gaben gemäss seinem Reichtum und den Erfordernissen der Dienste zum Nutzen der Kirche austeilt (vgl. 1 Kor 12,1–11)« (Lumen gentium, Art. 7; vgl. auch 12).

Gewisse Spannungen der Konzilstexte zum biblischen Befund ergeben sich wohl bei der heiklen Frage nach der Prüfung der Charismen. Die Kirchenkonstitution weist diese Aufgabe jenen zu, die die Leitung in der Kirche innehaben (Art. 12). Da bei Paulus das prophetische Wort grössten Wert besitzt (vgl. 1 Kor 12–14) und er für die Prophetie eine wechselseitige Prüfung und für die Gemeindepropheten einen gegenseitigen Gehorsam vorsieht (vgl. 1 Kor 12,29; 14,30), ist der Wortlaut des Konzils nicht gerade paulus-orientiert. Auch die Interpretation: »Unter diesen Gaben ragt die Gnade der Apostel heraus, deren Autorität der Geist selbst auch die Charismatiker unterstellt (vgl. 1 Kor 14)« (Art. 7) lässt übersehen, dass Paulus in Wirklichkeit in 1 Kor 14 Ratschläge und Weisungen dafür gibt, wie die Gemeinde selbst die Aufgaben lösen kann. Er pocht dabei auf kein apostolisches Exklusivrecht, das aus ihm den Richter über alle Charismen machte. »Um so weniger dürfte die Aufsicht über die Gaben ein Monopol der Hierarchie bzw. der ihr in die Hand arbeitenden Behörde sein«[9].

2.4 Nur »Weltdienst« der Laien?

In der Phase nach dem Konzil wurde versucht, die Laien dem Weltdienst und die Kleriker dem Heilsdienst zuzuordnen. So gehen z.B. die Grundsätze der Deutschen Bischofskonferenz zur Ordnung der pastoralen Dienste (vom 2. März 1977) vom Weltdienst als dem Spezifikum des Laien aus (4.4, vgl. S. 41). – Im Vorbereitungsdokument zur Bischofssynode im Oktober 1987 über »Berufung und Sendung der Laien in Kirche und Welt« (Lineamenta) ist öfters vom Weltdienst, Weltcharakter und Weltstand der Laien die Rede (9, 11, 22, 23, 24, 29...). Ob es um die theologischen Grundlagen (Heilsdienst – Weltdienst), um die Spiritualität der Laien, um das Verhältnis der Kirche zur Welt, um die Wahrnehmung der gesellschaftlichen und kirchlichen Situation geht, hintergründig ist in den einschlägigen offiziellen Dokumenten ein heimlicher Dualismus, eine Widersprüchlichkeit am Werk, die sich auf die den Laien zugewiesene Rolle auswirken. Offensiv schickt man sie in die Welt (Missio); und defensiv grenzt man sich im innerkirchlichen Rahmen der geltenden Kirchenordnung (Communio) von ihnen ab. Damit wird immer wieder der Eindruck erweckt, als ob der Laie ein »geteiltes Subjekt«[10] sei, dessen Rolle in der Kirche aus Passivität und in der Welt aus Aktivität bestehe. Das ist im Grunde genommen das alte Muster der patriarchalischen Trennung von Klerus und Laien, von lehrender und hörender Kirche. Diese Auffassung ist jedoch nicht konzilsverträglich.

Deutlich bricht in der sonst schwammigen Sprache der Vorbereitungsdokumente zur Synode eine Sorge durch, die Papst Johannes Paul II. bei seinem Besuch in der Schweiz schon zum Ausdruck brachte: die Gefahr der Klerikalisierung der Laien und der Laisierung des Klerus. Wenn in den Lineamenta zu lesen ist: »Das kann die Gefahr einer Unklarheit über das rechte Verhältnis heraufbeschwören, das in der Kirche zwischen Klerus und Laienschaft herrschen muss, und dadurch könnte die Heilssendung der Kirche geschmälert werden ...«, dann verrät sich dahinter die Sorge um die herkömmliche Binnenstruktur der Kirche sowie Angst um die klare ständische Ordnung zwischen Klerus und Laien, deren Relativierung man befürchtet. Die Unterscheidung wird zur Trennung, wenn der Heilsdienst dem Klerus und der Weltdienst dem Laien zugeordnet werden. Eine solche Trennung entspricht weder den Erfahrungen unserer Ortskirchen, in denen so viele Frauen und Männer vielfach engagiert sind, noch dem Geist des Konzils. Denn die im Ganzen doch befreienden Züge im Kirchenbild (Ekklesiologie) des Zweiten Vatikanischen Konzils begründen die Einheit und Gleichheit aller Glaubenden in Taufe und Firmung; und diese Gemeinsamkeit ist grundlegend, die Verhältnisbestimmung von Klerus und Laien ist demgegenüber nachrangig.

Die Konzilstexte bergen missverständliche Formulierungen (Dekret zum Laienapostolat, Art. 2, 4, 29; s. auch: Pastorale Konstitution »Kirche und Welt«, Art. 43; Licht der Völker, Art. 31). Selbst K. Mörsdorf, der angesehene frühere Kirchenrechtler in München, spricht im Zusammenhang mit der Kirchenkonstitution (Art. 31) davon, dass mit »Weltcharakter« von einer soziologischen Bestimmung, also der Beschreibung eines Sachverhaltes die Rede ist, nicht von einer theologischen Wesensaussage[11]. Demgegenüber weist etwa das Laiendekret unmissverständlich darauf hin, dass die Laien, die »diese Sendung der Kirche vollziehen ... ihr Apostolat in der Kirche wie in der Welt, in der geistlichen wie in der weltlichen Ordnung« ausüben (Art. 5; vgl. auch 9). »Als Teilnehmer am Amt Christi, des Priesters, Propheten und Königs haben die Laien ihren aktiven Anteil am Leben und Tun der Kirche« (Art. 10). Wie kann man also ein z.B. von einer Pastoralassistentin wahrgenommenes seelsorgliches Amt vom Weltcharakter her verstehen?

Das Konzil hat bezüglich der einen Sendung aller Christen und bezüglich der Mit-Verantwortung aller getauften und gefirmten Frauen und Männer in der Kirche Grundsätze kompromisslos vertreten, deren Einlösung durch die Laien und Kleriker und deren institutionelle Einbindung durch die Amtsträger erst noch vor uns liegt und zur grossen Herausforderung wird. Es hat die überkommene Trennung und Unterordnung der Stände innerhalb der Kirche grundsätzlich überholt. Die Theologie des Volkes Gottes und der

Gedanke der Glaubensgemeinschaft (Communio) werden unvereinbar mit Tendenzen, die den Laien einen institutionellen Platz sozusagen ausserhalb der klerikalen Kirche zuweisen, sie auf den sogenannten weltlichen Bereich festlegen und die innerkirchlichen Vollmachten für den Klerus vereinnahmen[12]. Auch wenn dies institutionell noch der Fall ist, so lassen sich Klerus und Laien biblisch und theologisch und weitgehend auch bewusstseinsmässig nicht mehr aus ihrem Gegensatz heraus verstehen. Zu gross und fundamental tief ist, was sie eint und verbindet.

Zusammenfassend ist zu sagen, dass vor aller Differenzierung und Gliederung in der Kirchenstruktur die Gleichwertigkeit und die gemeinsame Sendung aller Getauften und Gefirmten entscheidend sind. In diesem Sinn wären Bezeichnungen wie »Christ« bzw. »Christin« oder »gläubiger Mensch« gefülltere Ausdrücke für das, was das Wort »Laie« von seiner Bedeutungsgeschichte her nur verschleiernd hergibt. Immerhin haben die Laien durch diese ekklesiologische Verankerung den theologischen Ort ihrer positiven Bestimmung zurückgewonnen.

3 Engagement der Laien in verschiedenen kirchlichen Aufgabenfeldern

Die bewusstseinsbildenden Grosstaten des Konzils werden je länger desto mehr durch die weitergehenden Prozesse seit dem Konzil zu Spätzündern auch für die Kirchenordnung und für die Fragen um Dienste und Ämter. Im beschränkten Rahmen dieser Ausführungen kann die unübersehbare Fülle der Mit-Beteiligung und des Engagementes so vieler Frauen und Männer in allen Teilen der Weltkirche leider nur kurz angedeutet werden: in der Diakonie und Caritas; im individuellen, sozialen und gesellschaftspolitischen Bereich; in den katechetischen und religionspädagogischen Aufgabenfeldern; in der Verkündigung und Theologie, in der Erwachsenenbildung, Medien- und Öffentlichkeitsarbeit; im gottesdienstlichen und sakramentalen Leben der Kirche und der Pfarreien; in Verbänden und Räten sowie in der Administration und Verwaltung der kirchlichen Güter und Finanzen usw. Einschneidende Veränderungen und Initiativen haben stattgefunden: Seit den 60er-Jahren erfuhr die katholische Kirche sozusagen auch interne Veränderungen: Laien wirken mitentscheidend in Synoden, Seelsorgeräten,

Basisgemeinden, Solidaritäts- und Ökumenegruppen mit. Ohne das Engagement von Laientheologen und -theologinnen, Katecheten und Katechetinnen, Jugendseelsorgern und Jugendseelsorgerinnen sind Pastoral und Verkündigung nicht mehr denkbar. Auf Initiative von Laien oder in Zusammenarbeit mit Laien entstanden weltumspannende Hilfsorganisationen wie Fastenopfer, Misereor, Adveniat, Missio …

Diese erfreuliche üppige Vielfalt und die veränderte Bewusstseinslage verlangen aber nach einer ihnen entsprechend dienstbaren Kirchenordnung und nach einer neuen Rollenbestimmung des kirchlichen Amtes, denn das Schema »Klerus-Laie« kann nicht mehr wie ehedem spielen. Die kirchliche Entwicklung der letzten Jahrzehnte zeigt allerdings auch mit Deutlichkeit, dass dieser Wandel zu einer schweren Prüfung der Kirche geworden ist. Es stehen nicht nur Umbrüche im Bereich der Seelsorge und der pastoralen Dienste an, sondern die Institution Kirche wird sich mit partizipatorischen und emanzipatorischen Strömungen auseinandersetzen müssen.

Die vermehrte Laien-Aktivität ist gerade durch den im vorigen Kapitel beschriebenen Katholizismus auf breiter Basis verbreitet worden, denn dort waren und sind Laien – in demokratischen – Strukturen tragend und entscheidend. Darin dürfte auch der Unterschied der Laien-Tradition in den deutschsprachigen Ländern im Vergleich zu anderen Teilen der Weltkirche bestehen. Das System des Katholizismus war in diesem Sinn »autonomer« als das in den romanischen Ländern geförderte Modell der Katholischen Aktion.

4 Theologisch und pastoral kompetente Laien: Impuls für charismatisches Selbstbewusstsein der Christinnen und Christen?

4.1 Zum Phänomen der Laien mit theologischer Kompetenz

In den deutschsprachigen Ländern ist das kirchliche Leben ohne die vielen Frauen und Männer mit theologischer, pastoraler und religionspädagogischer Kompetenz schlechterdings nicht mehr vorstellbar. Seltsamerweise hat sich der Begriff »Laientheologen« und »Laientheologinnen« breitgemacht. Laien sind diese im kanonischen Sinn, insofern sie nicht Kleriker sind; aber als Theologinnen und als Theologen sind sie eben nicht Laien, sondern Fachleute. Das darf nicht vergessen lassen, dass diese bei weitem nicht die ganze Palette der neuen kirchlichen und theologiegebundenen Berufe ausmachen. Was exemplarisch an ihnen bedacht werden soll, gilt letztlich für alle kirchlichen Berufsgruppen wie z.B. Gemeindereferenten und -innen, Katecheten und Katechetinnen sowie für die Animadores in den Basisgemeinden Südamerikas, für Katechisten und Katechistinnen in den sog. Missionsgebieten usw. Die eigentliche Pionierarbeit in Richtung beruflicher Mitarbeit von Laien in der Seelsorge und in der Katechese geht auf die Seelsorgehelferinnen zurück, die sich seit der Zwischenkriegszeit im damaligen Deutschland für die Diaspora zur Verfügung stellten. Frauen waren es auch, die die Entwicklung zum Phaenomen »Laientheologe/-in« anstiessen, und zwar in den 20er Jahren in Münster. In der Zeit nach dem II. Weltkrieg entwickelte sich die sog. Laientheologengeschichte bis 1970 fast ausschliesslich als eine Phase der »Religionslehrer«. Es handelte sich um Frauen und Männer mit einem Staatsexamen in Theologie (und in einem zweiten Fach) sowie Referendariat, das sie zum Schuldienst bzw. Religionsunterricht an den Realschulen und Gymnasien berechtigte. Diese Entwicklung bezog sich vor allem auf die Bundesrepublik. Andere theologische Laufbahnen blieben auf Einzelfälle beschränkt. Aber seit etwa 1970 »explodiert« die Ausweitung auf pastorale Aufgaben hin, und zwar auf Gemeindeebene, in Spezialseelsorgestellen sowie an kirchlichen und akademischen Stabsstellen. Diese zweite Phase differenziert die beruflichen Möglichkeiten und geht weit über die Bundesrepublik und z.T. auch über den deutschsprachigen Raum hinaus. Beide Phasen spiegeln in dichter Form die Emanzipation der Laien wider.

Der quantitative Umfang dieses Potentials ist kaum mehr auszumachen. Nicht einmal im kirchlich-pastoralen Bereich ist für die deutschsprachigen Länder ein klares Bild zu gewinnen. Es bleiben geschätzte Annäherungswerte. Sicher sind es inzwischen Tausende von sog. Pastoralassistenten/-innen und Pastoralreferenten/-innen, die auf verschiedenen Ebenen und in unterschiedlichen Aufgabenfeldern den Dienst der Kirche mittragen und über weite Strecken diesen überhaupt noch garantieren. Wie viele nun im schulischen und pädagogischen Bereich tätig sind, wäre in Erfahrung zu bringen. Nicht zu vergessen sind all jene, die in verschiedenen ausserkirchlichen und randkirchlichen Berufsbranchen wie z.B. bei den Medien, in der Gewerkschaftsarbeit, im Bildungswesen, bei Hilfswerken, in Beratungsberufen oder in therapeutischen Tätigkeiten usw. ihre theologische Kompetenz einbringen können.

Bezüglich der Laientheologen und Laientheologinnen in religionspädagogischen (1. und 2. Phase) und in pastoralen Berufen (2. Phase) ist pointiert festzustellen, dass sie kirchlicherseits vorerst unter pragmatischen Gesichtspunkten zur Kenntnis genommen worden sind. Dieses Novum hat die Kirchenverantwortlichen insgesamt doch überrascht. Es musste sich teilweise gegen deren mühsamen Widerstand durchsetzen. Nach wie vor kann man sich zuweilen des Eindrucks nicht erwehren, dass es sich dabei für manche immer noch um so etwas wie Lückenbüsser und -innen oder um eine charismatische Naturkatastrophe handelt, die es verbissen oder »gelassen« zu überwintern oder auszusitzen gilt. Welche Chancen und Berufungen dies für die Aufgaben der Kirche heute bedeuten könnte, gerät zu wenig in den Blick und reizt offenbar nur schwerlich die Phantasie.

Im Blick auf unsere Fragestellung ist zu überlegen, inwiefern die Laientheologen und -theologinnen eine Brücke sein können in die Zukunft einer Kirche, in der die Laien als getaufte und gefirmte Christen und Christinnen glaubwürdige Kirche leben. Stärken die Frauen und Männer mit theologischer, religionspädagogischer und pastoraler Kompetenz die Subjektwerdung der »Laien«? Es ist zu überlegen, welche Bedeutung den neuen Kategorien von Seelsorgern und Seelsorgerinnen beim Prozess der Differenzierung der Seelsorge und des kirchlichen Amtes zukommen könnte. Und als weitere Frage: Inwiefern könnten sie zu Impulsträgern für eine pluralistische Kirche werden? In solchen Fragehorizonten wären ihre charismatische Deutung und ihre pastorale Wirkung in grössere Zusammenhänge eingeordnet und massgeblich vom Anliegen bzw. von Visionen her bestimmt statt ausschliesslich von der reinen Pragmatik und den Mächten der aktuellen Kirchen-Stunde.[13] Denn immer noch besteht die Gefahr, das Potential der Laientheologen und Theologinnen sowie der Katecheten und Katechetinnen allzuleicht als personelle Notlösung in einer priesterarmen Zeit und damit unter dem funktionalen Aspekt der pragmatischen Nützlichkeit zu betrachten. Ist nicht vielmehr zu fragen: Welche Langzeitwirkungen für den praktischen Christen-Mut und für die Kirche können daraus erwachsen, wenn immer mehr Frauen und Männer mit theologischer, pastoraler und religionspädagogischer Qualifikation das charismatische Selbstbewusstsein der Laien stärken und sich in den Dienst des Volkes Gottes stellen, damit dieses sich selbst für die Kirche artikuliert und zum Subjekt glaubwürdigen Christseins in unseren Gemeinden und in der Kirche wird? Denn unzweifelhaft wird die Präsenz solcher Frauen und Männer sich auswirken auf die Kirche und die Gesellschaft (vielleicht nicht unähnlich wie vor 150 Jahren die Gründungen von Vereinen, Kongregationen und Verbänden), auf die Religionspädagogik, auf die Theologie bzw. das reflektierte Selbstbewusstsein der Kirche, auf die Ökumene und die Vielfalt der pastoralen Dienstkategorien, auf ein neues Miteinander von Frauen und Männern in der Kirche sowie auf die Kommunikationskultur und Kooperationsstruktur in der Kirche, auf das Gespräch zwischen Theologie und den sog. modernen Wissenschaften, auf die Ethik, auf die Ehe- und Familienpastoral, auf Erziehung, Sakramentenpraxis, auf die »Welterfahrung« der Kirche, auf den Brückenschlag zur Kultur und zur Kunst, zur Welt der Politik, des Geldes, zur Wirtschaft etc. Es ist faszinierend, darüber nachzudenken, was es bedeuten kann und bringen wird, wenn im Unterschied zum früher geschlossenen Kirchenbild immer mehr Frauen und Männer mit unterschiedlichen theologischen Abschlüssen und Zusatzqualifikationen in anderen Bereichen bzw. in den Humanwissenschaften, wenn Verheiratete sowie freiwillig und unfreiwillig Unverheiratete mit z.T. sehr unterschiedlichen Lebensformen und Lebensstilen, Spiritualitäten und biographischen Modellen, mit widersprüchlichen gesellschaftlichen und politischen Vorstellungen sowie mit voneinander abweichenden Verhaltensweisen der Nähe oder Distanz zur Kirche das theologische Selbstverständnis, die corporate identity der Kirche und die kirchliche öffentliche Meinung gestalten, artikulieren und repräsentieren. Umgekehrt wird es Auswirkungen zeitigen, wenn theologisch qualifizierte Frauen und Männer sich verletzt, verdrossen oder distanziert der Kirche entfremden oder ihr sogar den Rücken kehren. Und beginnt nicht theologische und ethische Nachdenklichkeit auch »ausserhalb« der institutionellen Kirchen und der wissenschaftlichen Theologie in säkularen Bereichen durch dieses Potential an Boden zu gewinnen?

4.2 Laientheologen und -theologinnen: Impulsträger für eine in ihren Gliedern lebendige Kirche?

Damit ist der Horizont angedeutet, vor dem die Frage nach der Be-Deutung des Phaenomens der Laientheologen im Blick auf die Subjektwerdung der »Laien« als Christinnen und als Christen zu stellen ist. Sind nun die vielen theologisch-religionspädagogisch und pastoral kompetenten Frauen und

Männer mit unterschiedlicher Kirchennähe für solche Christenpraxis Impulsgeber und verstärkendes Element? Lassen sie sich selber subjektiv unter einen solchen Anspruch bzw. unter eine solche Vision stellen? Natürlich sind alle Menschen solchen Erwartungen gegenüber Schuldner. Bleiben sie trotz stets begrenzter eigener Möglichkeiten der Vision bzw. dem Anliegen treu? Inzwischen gibt es natürlich auch enttäuschende Erfahrungen mit den neuen Seelsorgepotentialen. Verlieren sie sich in Expertokratie, auch eine Form des Klerikalismus? Oder stellen sie ihre Begabungen und Sachverständigkeit in den Dienst des Wünschenswerten, auch wenn sie um die meist kleinen Schritte grosser Visionen wissen und sich mit der Realität des Machbaren versöhnen müssen? Bei vielen Schritten der Wirklichkeitswahrnehmung (Analyse), der Vergewisserung über den richtigen Weg (Kriterien) und über das zielorientierte und sachgemässe Handeln sind bei vielen Laientheologen und -theologinnen nicht nur die vielfachen Erfahrungen, sondern auch die zusätzlichen Qualifikationen (Erwachsenenbildung, Beratungstätigkeit, Zweitstudien, juristischer Beruf, musische Begabungen und Ausbildung etc.) im besten Sinn abrufbar und fruchtbar – und zwar dort, wo immer Christen und Christinnen selber ihren Weg suchen und gehen und auch kirchlich »Hand anlegen« wollen. Dabei sind die theologischen Funktionäre nicht existentiell und spirituell Experten oder Expertinnen, sondern diesbezüglich mit anderen Christen und Christinnen im gleichen Test, mit ihnen tastend, suchend und ringend unterwegs. Mehr noch, letztere erfassen oft tiefer und praktizieren glaubwürdiger, womit sich die Theologen und Theologinnen wissenschaftlich und religionspädagogisch explizit befassen. Dem Glaubensbewusstsein der Laien muss die wissenschaftlich reflektierte Ausdrücklichkeit und fachliche Kompetenz der Theologie in den verschiedensten Aufgabenfeldern und in den Gemeinden kommunikativ zur Seite stehen. So können Theologen und Theologinnen dem charismatischen Selbstbewusstsein bzw. der Subjektwerdung der Glieder der Kirche dienen, die Laien als Mitchristen und -christinnen zur expliziten Artikulation dessen ermutigen und befähigen, was in diesen selbst angelegt ist und sich zur charismatischen Fruchtbarkeit entfalten möchte. So können sie mit ihnen den Weg gehen, ohne diesen das Selber-Gehen tribunenhaft abnehmen zu wollen. Wer solche Weg-Gemeinschaft wagt, bereichert sich selbst und geht nicht alleine. Dazu zu ermutigen, zu motivieren und Wege zu weisen (die Theorie zu »liefern«) ist Aufgabe von Theologinnen und Theologen. Theologische Sachverständigkeit steht nicht zuerst im Dienst eigener Bedürfnisse, sondern primär im Dienst der Lebensdeutung vom Evangelium her und dessen Umsetzung in die alltägliche Christenpraxis.

4.3 Subjektwerdung auch institutionell schützen

Das folgende Anliegen kann in diesem Zusammenhang nur knapp skizziert werden. Seit dem letzten Konzil haben ohne Zweifel grosse Bewusstseinsprozesse und eine früher kaum vorstellbare Pluralisierung der Meinungen in der Kirche stattgefunden. Aber wir haben fast naiv allzusehr auf die Konstanz geistiger Wandlungsprozesse und auf die ideelle Kraft von Bewusstseinsschüben alleine gesetzt, ohne darauf zu achten, ihnen strukturell ein angemessenes Gewand zu geben und damit sie institutionell gegenüber regressiven Strömungen und restaurativen Bemühungen zu schützen. Sind partizipatorische Kirchenstrukturen in synodalen Formen nicht entschiedener anzugehen, angefangen bei den überschaubaren Räumen unseres eigenen Handlungsspielraums?

In diesem Zusammenhang sind von den theologisch gebildeten Frauen und Männern nicht nur intellektuelle Argumentationshilfen zu erwarten, sondern praktische Schritte in Richtung einer synodalen Kirche. Dabei ist natürlich nüchtern in Erwägung zu ziehen, dass auch das Phaenomen »Laientheologen/-innen« alle Lagerbildungen und positionellen Schattierungen der Kirche und im Katholizismus widerspiegelt. Anhand dieses Phaenomens ist durchaus eine Spektralanalyse des gesamten kirchlichen Erscheinungsbildes möglich – sowohl positiv als auch negativ. Unter ihnen sind aber sehr viele Frauen und Männer, die mit anderen Christinnen und Christen sich nicht mehr in den Pferch einer patriarchal und klerikal übersteuerten Kirche zurückstossen lassen wollen. Sie gehen ihren Weg, auch wenn sie um die Mühsal des Weges angesichts der strukturellen Widerstandskraft des Systems Kirche wissen. Sie stützen damit die Unverdrossenheit und unterstützen Schritte in Richtung einer partizipatorischen Kirche; sie helfen, Freiräume zu finden und selber zu füllen sowie künftige Sozialformen der Kirche vorzubereiten. Allerdings sehe ich nur dann eine Chance, wenn sich dieses Engagement nicht avantgardistisch und tribunenhaft oder elitär von den Gemeinden und vom »Volk Gottes« entfernt, sondern wenn man selber die Mühsal des Weges mit den anderen teilt.

Zudem wird u.a. durch diese religionspädagogisch und theologisch qualifizierten Frauen und Männer die Kirche pluralitätsfähig und damit zukunftsfähig in einer pluralistischen Gesellschaft.

5 Die Frage nach dem »Laien« in der Wirkungsgeschichte des Konzils

Es ist offenkundig, dass die Impulse des Zweiten Vatikanischen Konzils eine Wellenbewegung ausgelöst haben, die nicht verebbt ist, sondern vielmehr zur Woge wurde, die nicht leicht zu glätten ist. Dabei ist nicht nur an die innerkirchlichen Spannungen und Zerreissproben, an das schlechte Image der Kirche und an das distanzierte Verhalten ihrer Mitglieder zu erinnern. Auch das Neue, das wächst, wirft Wellen. Es sei an das weltweit grossartige Engagement so vieler Frauen und Männer in ehrenamtlichen bis hauptamtlichen Aufgabenfeldern erinnert, an die Bewegungen, die vernetzten Hilfswerke und an das ganze Potential der neuen Kategorien von Seelsorgern und Seelsorgerinnen. Es sind unzweifelhaft Bewusstseinsprozesse eingeleitet, und gleichzeitig hat das konkrete Kirchenbild durch die genannten »Fakten« sein Gesicht geändert. Diese Aspekte insgesamt fordern die Kirche grundsätzlich, praktisch und strukturell heraus. Dies soll an einigen Ereignissen und Phänomenen verdeutlicht werden, die zeigen, wie die Geschichte seit damals Kooperation und Entfremdung beinhaltet.

Vielleicht mag es eigenartig klingen, in diesem Zusammenhang auf die Enzyklika »Humanae vitae« im Jahre 1968 zurückzukommen. Darin verurteilte bekanntlich Papst Paul VI. jede »künstliche« Geburtenkontrolle als sittlich verwerflich. Der Papst selbst war der Meinung, es liege in dieser Frage bereits eine verbindliche Erklärung des ordentlichen Lehramtes vor, an die er sich gebunden glaubte.[14]

5.1 Enzyklika Humanae vitae (1968): Bruch zwischen Lehramt und Gewissen (der Laien)

Ohne ins Detail abzuschweifen, verrät dieser Vorgang für unsere Frage gleich mehreres. Nach einer 100 Jahre dauernden Phase der Uniformierung der Kirche durch die zentrale Kirchenleitung in Rom entlud sich hier zum ersten Mal eine Auflehnung gegen eine päpstliche Verlautbarung auf breiter

Basis. Dieser Art der Ausübung des Lehramtes, wobei der Papst nicht den Stand des Glaubenssinnes bzw. den Konsens in der Kirche prüfte und abtastete, sondern vielmehr auf sein eigenes Gewissensurteil abstellte und sich auf überzeitlich und als unwandelbar betrachtete Prinzipien berief, blieb die Gefolgschaft versagt.[15] Sie führte zu einem Riss zwischen Kirchenvolk und vielen Priestern einerseits und der Kirchenführung andererseits, die – vor allem in den europäischen Ländern und in Nordamerika, zunehmend auch in anderen Teilkirchen – zu einer leidvollen Entfremdung ausgeartet ist.

Gegenüber dem persönlichen und mit dem ordentlichen Lehramt identifizierten Gewissen des Papstes trat hier die sich als solche formierende »Basis« (z.T. mit Bischofskonferenzen) für den Gewissensentscheid der Eheleute ein. Ideell glich dies einem geistigen Erdbeben. Denn die Laien begannen – durchaus auch im Trend der Individualisierung – sich von ihrem Gewissen und von ihrer Eigenverantwortlichkeit her zu definieren.

Zudem zeigte sich, dass die Rezeption kirchlicher Entscheidungen nicht mehr nur mit ungeprüfter Zustimmung rechnen konnte. Auch im Glauben, insbesondere in veränderbaren ethischen Normen, sollte dem Denken und der argumentativen Vergewisserung Raum gegeben werden. Gehorsam allein war kein Argument mehr.

Überdies entpuppte der ganze Vorgang eine Autoritätskrise. Gerade die Rettung der kirchlichen Lehrautorität war hintergründig steuerndes Motiv für das Verbot der sog. künstlichen Geburtenregelung in dieser Enzyklika. Das Minderheitengutachten, dem sich Paul VI. anschloss, warnte in geradezu beschwörender Weise vor den Konsequenzen, die sich aus einer Veränderung der bisherigen kirchlichen Lehre ergeben müssten. So steht zu lesen: »Wenn erklärt werden würde, Empfängnisverhütung sei nicht in sich schlecht, dann müsste aufrichtigerweise zugegeben werden, dass der Heilige Geist 1930, 1951 und 1958 den protestantischen Kirchen beigestanden hat und dass er Pius XI., Pius XII. und einen grossen Teil der katholischen Hierarchie ein halbes Jahrhundert lang nicht vor einem sehr schweren Irrtum geschützt hat ... Darum muss man sehr sorgfältig untersuchen, ob der vorgesehene Umschwung nicht eine endgültige Entwertung der Lehre und der moralischen Führung der Kirche mit sich bringen würde und ob nicht verschiedene sehr schwere Zweifel an der wirklichen Geschichte des Christentums aufgeworfen würden.«[16] Es ging hier also weder um eine seriöse Prüfung der Wahrheit noch um einen Dienst an den Gläubigen, sondern um die

Erhaltung einer bestimmten Lehramtsdoktrin und um die Sorge um die eigene Macht. Weil nun die Laien bis in ihr alltägliches Leben hinein davon betroffen waren und deren Selbstbewusstsein vor allem durch die Konzilsdiskussionen gestärkt worden war, versagten weite Teile – z.T. schwertragend und leidend an ihrer Entscheidung – die Gefolgschaft. Heute verstehen die meisten jungen Leute schon gar nicht mehr, warum der Papst glaubte, sich einmischen zu dürfen. Aber damals war es ein dramatisches Ringen zwischen dem persönlichen Gewissen vieler und der offiziellen Lehre der Kirche.

Im Unterschied zum Protest gegen die Unfehlbarkeitserklärung fast 100 Jahre zuvor, als die christ- bzw. altkatholische Kirche zu keiner breiten Bewegung anwuchs, wurde nun das sog. Kirchenvolk auf breitester »Front« mobilisiert.

5.2 Die Synoden in den 70er Jahren: von Laien entscheidend mitgeprägt

Die Synoden im deutschsprachigen Raum in der ersten Hälfte der 70er Jahre sind für die Frage nach den Laien als einer Frage nach dem grundsätzlichen und praktischen Kirchenverständnis von entscheidender Bedeutung. Die Impulse des Konzils wurden hier auf die Ebene der einzelnen Teilkirchen gleichsam heruntergeholt. Im Vergleich zum Konzil waren nicht nur die Bistümer und das Bischofsamt stark beachtetes Thema, sondern insbesondere die Ebene der Pfarreien bzw. der Gemeinden. Grundsätzliche Erwägungen wurden konkreter von der Handlungsebene her angegangen. Damit war auch das durchschnittliche kirchliche Erlebnisniveau des Laien in seinem Alltag erreicht.

5.2.1 Vertiefung des Selbstverständnisses der Laien

Das Verständnis der Laien gewann durch die Synoden-Prozesse an Profil. Von Brisanz war schon der Beschluss: »Die Beteiligung der Laien an der Verkündigung« der gemeinsamen Synode der Bistümer in der Bundesrepublik Deutschland (1974)[17]. Der Synodenbeschluss ging von der gemeinsamen Verantwortung von Priestern und Laien für die Verkündigung des Gotteswortes in der Gemeinde aus. Weltdienst und Heilsdienst wurden in ihrem inneren Zusammenhang betont. Im Blick auf die grosse Zahl an Laientheologen/-innen, die ausdrücklich als besondere Chance der Kirche qualifiziert wurden (2.3.1.), widmete der Beschluss seine besondere Aufmerksamkeit der amtlichen Beauftragung von Laien zur Predigt auch im Gottesdienst. Die Synodendiskussion zu dieser Frage führte zu einem römischen Reskript, das die Predigterlaubnis nur in Notlagen erlauben wollte und an die Erlaubnis des Bischofs band.[18]

Die Deutsche Bischofskonferenz veröffentlichte deshalb parallel zum Synodenbeschluss ihre Richtlinien. In der Tat hielt die Synode die Mitarbeit der Laien auch bei der Wortverkündigung für unerlässlich (2.1.3), denn »nach der Lehre der Kirche [ist] bei Wahrung der besonderen Verantwortung des Amtes der Priester nicht allein, sondern die ganze Gemeinde unmittelbarer Träger der Verkündigung und des liturgischen Handelns ...« (2.3.3). Von diesem Ansatz her ist der Predigtauftrag nicht ausschliesslich an das priesterliche Amt und die sakramentale Befähigung dazu gebunden (2.3.4). Nach fast 15-jähriger Erfahrung mit diesem Synoden-Beschluss empfand man es als einen argen Rückschritt, dass die Deutsche Bischofskonferenz auf Druck von Rom hin im Jahre 1988 eine Ordnung erliess, die den Pastoralreferenten/-innen die Predigt bzw. Homilie in der Eucharistiefeier verbot. Für die »Laien« im pastoralen Dienst, die viel Anerkennung und Berufszufriedenheit aus diesem Predigtdienst erhielten, war dies eine grosse Enttäuschung. Damit waren auch die in langen Auseinandersetzungen und Erörterungen erarbeiteten theologischen, pastoralen und spirituellen Gründe, die damals auch von der Bischofskonferenz ausdrücklich bejaht worden sind, desavouiert. Aber ebenso enttäuscht waren die Gemeinden, die von einem abwechslungsreichen und den Alltag deutenden Predigtdienst der Pastoralreferenten/–innen profitiert haben.

Im Vergleich zu den eher allgemeinen Aussagen des Konzils wurde die Würzburger Synode bezüglich der Mitverantwortung und Mitbestimmung der Laien konkreter. Im Beschluss »Verantwortung des ganzen Gottesvolkes für die Sendung der Kirche« (1974) ging es um die Mitbestimmung in Verbänden und um die Partizipation in den Räten. Insoweit das Leitungsamt der Bischöfe und Priester das Mysterium Christi fortführt, ist es allein legitimiert und unterscheidet sich von den Rechten und Pflichten der nicht geweihten Glieder der Kirche. In der Einleitung steht zu lesen: »Dies trifft aber nicht in der gleichen Weise für die Leitung der Kirche im Weltdienst zu. Dies wird besonders deutlich, wenn man sich den grossen Bereich vergegenwärtigt, der von der Kirche gewissermassen im Vorhof ihrer eigentlichen Heilsaufgabe zu verwalten ist, oder etwa im diakonischen Dienst in der Welt ...«[19]

Die Mitbestimmung der Laien gilt letztlich nur in Bezug auf den Weltdienst. Bezüglich des Heilsdienstes sind Räte-Strukturen für die verschiedenen Ebenen vorgeschlagen. Weil auf die Unterscheidung von Weltdienst und Heilsdienst zurückgegriffen wird, verliert man sich in den unklaren Vorgaben des Konzils. Die Laien sind letztlich nur im Vorhof der eigentlichen Heilsaufgabe der Kirche mitentscheidende Subjekte, womit man dem Schema Klerus-Laien verhaftet bleibt. Der Fortschritt liegt im Postulat institutionalisierter Formen der Mitverantwortung, »in denen Amtsträger und Laien vertrauensvoll zusammenarbeiten ... Auf den verschiedenen Ebenen der kirchlichen Gliederung ist deshalb dem Leitungsamt ein Rat zugeordnet, der im Rahmen des kirchlichen Rechts Mitverantwortung trägt für alle Aufgaben, die eines gemeinsamen Planens und Handelns bedürfen« (2.5).

Im Beschluss »Die pastoralen Dienste in der Gemeinde« (1975) wird wiederum auf den Weltcharakter der Laien verwiesen, die ihre Sendung in fundamentaler Weise dadurch erfüllen, »dass sie durch das Leben und Wirken in ihrem jeweiligen Lebensbereich Zeugnis für ihren Glauben ablegen« (3.2.1). Die pastoralen Dienste von Laien unterscheiden sich davon aufgrund der Feststellung, dass Laien – von den Bischöfen ausdrücklich beauftragt – »in bestimmten Sachbereichen am amtlichen Auftrag der Kirche« teilnehmen (3.1.2).

Im Anschluss werden diese Orte pastoralen Wirkens der Laien konkret aufgelistet. Man denkt dabei an Familienkreise, Verbände, an sozial-karitative Dienste, an Aufgaben im schulischen Bereich, in der Erwachsenenbildung, im Beratungsdienst und an das vielseitige Engagement im liturgischen Bereich und im weiten Feld der Verkündigung. Ein eigener Abschnitt ist dem Dienst der Frauen gewidmet. Ein partnerschaftliches Verhältnis von Mann und Frau sei in der Kirche und in den Gemeinden weithin noch nicht erreicht, obwohl die Kirche grundsätzlich immer die Gleichheit der Würde von Mann und Frau anerkannt habe (3.2.1). In den Voten an den Papst wird ein Plädoyer für die Diakonatsweihe von Frauen abgelegt, das dann allerdings negativ beschieden wurde.

Im wesentlichen ging die Schweizer Synode 72 die Fragen im Blick auf die Laien ähnlich an, indem sie sich von den Impulsen des Zweiten Vatikanischen Konzils inspirieren liess. Im Vergleich zur Würzburger Synode sind aber die Aussagen der Synode 72 praktisch offener und gegenüber weltkirchlichen Rahmenbedingungen mutiger. So ist zu lesen, die »Verantwortung aller kann sich nicht auf die Mitarbeit in der Kirche beschränken. Die Kirchenglieder sollen auch durch Mitsprache an den Entscheidungsprozessen in der Kirche beteiligt sein. Darum dürfen die Amtsträger keine einsamen Entscheide in wichtigen Fragen des kirchlichen Lebens fällen« (Synode 72. Diözese Basel: III. Kirchlicher Dienst 2.2.3). Im Vergleich zu anderen Synoden wagte sich die schweizerische Synode 72 am weitesten vor, indem sie die Frage nach der Weihe verheirateter Männer stellte (3.6.3), die Wiedereingliederung verheirateter Priester befürwortete (3.6.4) und die Prüfung der Weihe von Frauen wünschte (3.6.5; vgl. auch Entscheidungen und Empfehlungen 6.5). Insgesamt wurden die Neuansätze des Konzils weitergeführt und auf die Ortskirchen bzw. die Bistümer hin konkretisiert, die sog. heissen Eisen aus pastoraler Verantwortung beherzt angesprochen und in Verantwortung zur Gesamtkirche gesetzt.

5.2.2 Aktive Mitgestaltung der Synoden durch Laien

Wenn man auch, vor allem von der Synode in Würzburg, bezüglich innerkirchlicher Problembereiche weiterführende Schritte und mutigere Gedankenimprovisationen in stärkerem Masse gewünscht hätte, so ist doch das Faktum nicht hoch genug zu veranschlagen, dass Laien Mitglieder und Berater der Synoden waren. Darin ist ohne Zweifel der Geist des Konzils zu erkennen und ein Novum der neueren Kirchengeschichte zu sehen.

Das frühere Kirchenrecht aus dem Jahre 1917 kennt nur den Diözesanklerus als Subjekt einer (Diözesan-) Synode. Die 1983 promulgierte Neufassung des Kirchenrechts spricht von der Diözesansynode als einer Versammlung ausgewählter Priester und von anderen Gläubigen. Darin schlägt sich die Weichenstellung des Zweiten Vatikanischen Konzils und die seitherigen Erfahrungen mit den nationalen und diözesanen Synoden nieder. Mit der Beiziehung von Laien setzt das Kirchenrecht stärker auf die Repräsentativität und auf den Sachverstand der Teilnehmer und Teilnehmerinnen. Grundsätzlich bilden die Ausführungen über das gemeinsame Priestertum und die Verantwortung aller Gläubigen für die Erfüllung des der Kirche übertragenen Auftrags (Lumen gentium, 10–13) und die Einheit der kirchlichen Sendung und Teilhabe aller Glieder des Gottesvolkes an der Sendung der Kirche (Lumen gentium, 31) den theologischen Anknüpfungspunkt. Das Problem war weniger die beratende Funktion als vielmehr die Beteiligung von Priestern *und* Laien an der Entscheidungsfindung. Der Apostolische Stuhl gewährte nach K. Lehmann bei der Ausbildung der neuen synodalen Strukturen eine relative Freiheit und Vielfalt. Er wies lediglich auf zwei Bedingungen hin:

1. Die Anzahl der teilnehmenden Laien, einschliesslich der Ordensmänner, die nicht Priester sind, und der Ordensfrauen, darf die Anzahl der priesterlichen Teilnehmer nicht übersteigen.
2. Die Vollmachten der Bischöfe müssen gewahrt werden.[20]

Den Synoden im deutschsprachigen Raum (in der Bundesrepublik und in der Schweiz in den Jahren 1972–1975 und in der ehemaligen Deutschen Demokratischen Republik von 1973–1975[21]) gingen die viel beachteten Vorgänge beim Pastoralkonzil der Niederländischen Kirche voraus, das von 1968 bis 1970 in sechs Vollversammlungen tagte, von Konsultation und Aussprache geprägt gewesen war und vor allem die Kommunikation mit der Basis suchte. Das Schwergewicht lag auf einer möglichst grossen Beteiligung der Bevölkerung an der Meinungsbildung und an der pastoralen Beratung. Parallel dazu fanden aber auch Diözesansynoden (z.B. in Hildesheim 1968/69, Meissen 1969/70) statt. Die meisten österreichischen Diözesen führten bis Ende 1972 Diözesansynoden durch, wobei die Wiener Diözesansynode von 1968 bis 1971 besondere Bedeutung erlangte. Gerade letztere nahm eine Pionierstellung ein, als sie die Mitwirkung der Laien sowie Voten als Beschlussform in ihre Synodenordnung aufnahm.

Innert kurzer Zeit wurde somit die Teilnahme von Laien an Synoden eine praktische Selbstverständlichkeit. Der unvergessliche Bischof A. Hänggi konnte in seinem Geleitwort zur Gesamtausgabe der »Synode 72 – Diözese Basel« (1978) schreiben: »Zahlreiche Laien, Ordensleute und Priester haben für die Synode 72 viel Zeit und Arbeit aufgewandt. Aus dem Glauben heraus suchten sie sich den Fragen unserer Zeit zu stellen, die Botschaft Jesu für unsere Welt auszusagen und den Weg unserer Kirche in die Zukunft hinein zu markieren.«

Insgesamt zeigte sich, was F. J. Trost am Schluss der sog. Würzburger Synode resümierte: »Die vorwärtstreibenden Kräfte in der Synodenversammlung waren nicht so sehr die Bischöfe als vielmehr Theologen und Laien. Es mag sein, dass – wie nach dem Zweiten Vatikanum – nun auch hier wieder ein rückläufiger Prozess einsetzt. Aber ob die ›da oben‹, wenn sie jetzt wieder mehr das Sagen haben werden, von denen ›da unten‹ noch in allem akzeptiert werden, darf mit Fug und Recht bezweifelt werden. Zwar hat die

Synode nicht zu einer Polarisation geführt, aber auch nicht zu einer falschen Harmonisierung; vielmehr hat sie einen gesunden Pluralismus deutlich gemacht und gefördert« (Deutsches Allgemeines Sonntagsblatt. – 30. November 1975).

5.3 Rechte und Pflichten der Laien im neuen Kirchenrecht (1983)

Bekannt ist die Beurteilung des früheren Kirchenrechts durch Ulrich Stutz, Kirchenrechtslehrer und Rechtshistoriker in Berlin: »Die katholische Kirche ist die Kirche des Klerus. Papst, Bischöfe und Priester machen die Kirche aus. Nach ihrem Recht erscheinen die Laien mehr nur als Schutzgenossen und allein die Kleriker als Volksgenossen. Die Laien bilden lediglich das zu leitende und zu belehrende Volk.«[22] Das wird man vom »neuen« Kirchenrecht aus dem Jahre 1983 so eindeutig nicht mehr sagen können.[23] Ein Hinweis erfolgte schon oben, als von der Teilnehmerschaft der Diözesansynoden die Rede war. Wenn allerdings E. Corecco meint, dass »der Gläubige vom neuen CIC zur Hauptfigur des Lebens der Kirche und ihrer Rechtsordnung erhoben wurde. In dieser Beziehung hat er den Klerus und insbesondere die Hierarchie abgelöst«[24], dann täuscht dies über die wahren Verhältnisse.

Bedeutsam aber ist, dass das neue Kirchenrecht den konziliaren Gedanken des Volkes Gottes aufgreift (Can. 204 §1), auch das Bistum als Teil des Gottesvolkes (Can. 369) sieht und ebenfalls die Pfarrei als Gemeinschaft von Gläubigen bestimmt (Can. 515 §1). Damit geht das Kirchenrecht im Vergleich zum vorausgehenden aus dem Jahre 1917 dynamischer von den Personen aus und nicht zuerst von der Institution. In diesem Rahmen spielen dann eigens die Pflichten und Rechte aller Gläubigen eine Rolle (Can. 208 – Can. 223) und anschliessend die Pflichten und Rechte der Laien (Can. 224 – Can. 231).

In Anlehnung an das Konzil (Licht der Völker, 33,2) betont der neue Codex, dass sich die Teilnahme der Laien an der Sendung der Kirche auf Taufe und Firmung gründe (Can. 225 §1). Ähnlich wie das Konzil spricht auch er vom »Weltcharakter« der Laien, denn sie haben die Pflicht, »die Ordnung der zeitlichen Dinge im Geiste des Evangeliums zu gestalten und zur Vollendung zu bringen und so in besonderer Weise bei der Besorgung dieser Dinge und bei der Ausübung weltlicher Aufgaben Zeugnis für Christus abzulegen« (Can. 225 §2).

Als ihre besonderen Handlungsfelder werden Ehe und Familie genannt (Can. 226). In ihren gesellschaftlichen Tätigkeitsbereichen haben sie die Weisungen des Lehramtes zu beachten, wenn sie für sich in Anspruch nehmen, im Sinne der Kirche zu handeln (Can. 227).

»Die Hälfte der acht neuen Canones, die über den Laien handeln, ist der Skizzierung des klassischen Bildes des katholischen Laien gewidmet. Seine Dienste für die Kirche bestehen in der Erfüllung seiner kirchlichen Pflichten im familiären Bereich und – im grösseren gesellschaftlichen Kontext – in gehorsamer Gefolgschaft gegenüber den kirchlichen Hierarchen. Bezeichnenderweise wird eher von den Pflichten als von den Rechten der Laien gesprochen. Deutlich sind die Hinweise auf die leitende Funktion der kirchlichen ›Hirten‹ (c. 228) sowie des kirchlichen Lehramtes (›Ecclesiae magisterium‹, c. 227).«[25] Die andere Hälfte der Bestimmung über die Laien ist jenen gewidmet, die kirchliche Ämter und Aufgaben wahrnehmen oder erfüllen, die auch den Laien zugänglich sind. Es ist dabei an die Lehrverkündigung (Religionsunterricht) gedacht, eigens erwähnt wird die Möglichkeit zum Theologiestudium (can. 229). Die Bestimmungen über die Tätigkeit von Laien im Rahmen der Liturgie, d.h. die Ämter der Lektoren und der Akolythen sind auf die Männer eingeschränkt (can. 230). Für eine zeitlich begrenzte Dauer sind diese Aufgaben (der Begriff ›Amt‹ wird vermieden) für alle Laien zugänglich (can. 230 §2 und §3). In Notsituationen sind Wortverkündigung, Leitung von Wortgottesdiensten, Taufspendung und Kommunionausteilen möglich.

Auffälligerweise wird in diesen Canones kein Bezug zu weiteren Bestimmungen für kirchliche Ämter und Aufgaben der Laien genommen, z.B. zur Eheassistenz bei kirchlichen Trauungen (can. 1112), zur Spendung von Sakramentalien (can. 1168) und zur Möglichkeit, Laien als kirchliche Richter zuzulassen (can. 1421). Eine soziale Dimension gewinnt das Kirchenrecht, wenn es in einer allgemeinen Formulierung das zeitliche Wohl jener Laien sicherstellen will, die in ihrem ständigen Dienst stehen. Es handelt sich dabei um angemessenen Lohn, Kranken- und Sozialversicherungen sowie Altersvorsorge (can. 231).

Die Bestimmungen über die kirchlichen Vereinigungen bzw. Vereine verraten ihrerseits, wie sich die Kirche den idealen Laien wünscht. Es wird die Empfehlung ausgesprochen, möglichst Mitglied von Vereinigungen zu werden, die von der zuständigen kirchlichen Autorität errichtet oder empfohlen worden sind (can. 298 §2). Die Tendenz ist nicht zu übersehen, von der Hierarchie unabhängige Initiativen zu verhindern. So werden keine privaten Vereinigungen zugelassen, wenn deren Statuten nicht von der entsprechenden kirchlichen Autorität anerkannt oder geprüft worden sind (can. 299 §3). Ohne deren Zustimmung darf sich auch keine Vereinigung katholisch nennen. Überhaupt ist »Überwachung« (vigilantia) ein häufig verwendetes Wort, was das Kontrollbedürfnis der kirchlichen Instanzen verstärkt und eine streng zentralistische Tendenz verrät.[26]

Wenn immer es um Beratung durch Laien oder um deren Anhörung geht, sind die einschlägigen Ausführungen zurückhaltend und zögerlich (can. 377 §3; can. 524). So verwundert es nicht, dass die Errichtung des Priesterrates durch den Bischof verpflichtend ist (can. 495), während die Bestellung eines diözesanen Pastoralrates, der ja auch aus Laien besteht, nur eine Kannbestimmung ist (can. 511).

Die neuen seelsorglichen Berufe wie z.B. die der Katecheten und Katechetinnen, Gemeindereferenten und -referentinnen sowie Pastoralreferenten und -referentinnen werden im neuen Kirchenrecht kaum berücksichtigt. Das wird von manchen bedauert. Vielleicht ist es aber auch gut so, da die diesbezüglichen Suchbewegungen in den einzelnen Teilkirchen und die unterschiedlichen Berufsbilder der einzelnen pastoralen Dienste nicht vorschnell eingeengt werden. Wohl gibt es Hinweise zur Predigt von Laien (can. 766), aber wie andere Bestimmungen für den liturgischen Bereich, sind es Aufgaben, die »Löcher« stopfen sollen bzw. als Notprogramm zugelassen sind. In der Missionsarbeit können einheimische Laien als Katechisten eingesetzt werden (can. 784) und in der kirchlichen Vermögensverwaltung gibt es gewisse Mitwirkungsrechte (can 492 §1), die natürlich von Land zu Land recht unterschiedlich geregelt sind.

Trotz der Detailfortschritte und der Anpassung der Sprache, weil man um den negativen Aspekt des Begriffs »Laie« wusste, ist insgesamt zu folgern, dass das neue Kirchenrecht nicht daran denkt, das Schema »Laie-Klerus« zu verändern, sondern von einem Laien ausgeht, »der in allen wirklich wichtigen kirchlichen Belangen der Führung durch die Kleriker bedarf«.[27]

5.4 Das erwachte Selbstbewusstsein der Frauen und die feministische Theologie

Natürlich war das Konzil kein Auslöser der feministischen Diskussion in der Kirche oder gar des erwachenden Selbstbewusstseins der Frauen. Aber das Konzil hat Bewusstseinsprozessen einen gewissen Schub verliehen, der den Frauenanliegen ebenfalls zugrundeliegt und diese verstärkt. Dass in der Zwischenzeit diesbezüglich grosse (Fort-)Schritte geschehen sind, wird augenscheinlich, wenn man die von einem Mann verfassten knappen Notizen zum Stichwort »Feminismus« im »Lexikon für Theologie und Kirche« (2. Auflage, Freiburg) aus dem Jahre 1960 (Band IV) mit den differenzierten Ausführungen in der dritten Auflage aus dem Jahre 1995 vergleicht.

Die Frauenbewegung, der es nicht nur um Gleichberechtigung, sondern um die Selbstbestimmung der Frau geht, ist m. E. eine entscheidende Kraft auf dem Weg der Subjektwerdung der Laien im Bereich der katholischen Kirche. Und es ist zu fragen, wieviel bei diesem Aufbruch der Christinnen und Christen nicht gerade der Frauenpower zu verdanken ist. Ohne Zweifel ist mit der Frauenbewegung in der Kirche dieser ein Gradmesser gegeben, wie es mit der Mündigkeit der Christen gemeint ist und ob die offizielle Kirche im eigenen Bereich Prinzipien ihrer eigenen Soziallehre ernst zu nehmen gewillt ist.

Es ist eine Binsenwahrheit, dass Feminismus ein pluralistischer Begriff ist und sehr disparate Theorien und Praktiken meint. Dies dürfte jedoch weniger die Zielsetzung als vielmehr die Wege zur Zielverwirklichung betreffen.

Das neue Selbstbewusstsein der Laien im kirchlichen Bereich hängt damit zusammen, dass Frauen ihre unterschiedlichen und individuellen Erfahrungen und Beobachtungen als gesellschaftliches und als kirchliches Geschehen wahrnehmen. Dadurch verhalten sie sich nicht als vereinzelt betreute »Objekte« und bescheiden sich nicht mit den kirchlich und gesellschaftlich zugewiesenen Rollen. Vielmehr sind sie aus dem privaten Ojektstatus aufgebrochen in eine öffentliche Bewegung, die sensibilisiert. Die Ziele der Gleichberechtigung und Selbstbestimmung münden in den Kampf gegen die Mechanismen, Strukturen und Attitüden der männlichen Herrschaft über Frauen, gegen die Ausnützung und Entmündigung der Frauen. Das muss natürlich Auswirkungen zeitigen und Sprengsatz bedeuten in einer Kirche, in der die Entscheidungskompetenz ganz in den Händen zölibatärer Männer liegt. Selbst die *Diskussion* über die Priesterweihe von Frauen wurde offiziell als beendet erklärt. Das hat nicht nur mit der strukturellen Kirchenordnung zu tun und mit Kompetenzverteilung, sondern mit einem vielfältigen Gebilde aus Doktrin, Brauchtum, liturgischer Symbolik, ethischen Normen, grundsätzlichen Aspekten, Gottes- und Menschenbildern, Idealen und Realitätsbezügen aus dem kirchlichen Leben mit all den Beziehungsnetzen und Solidaritäten. In einem solch tiefgehenden und fein vernetzten Bezugsfeld geschehen auch viele Verletzungen; und wenn sie entdeckt und erkannt sind, übertragen sich geweckte Sensibilitäten auf alle Bereiche.

Nachdem die Frauen ihren eigenen Weg zu Gott und ihren eigenen Selbstwert vor Gott entdeckt haben, interpretieren sie auch die Frauen in der Bibel und in der Kirchengeschichte und auch die Rolle der früheren Frauenbewegungen kritisch und emanzipatorisch und umgekehrt. Sie werden – im Verbund mit anderen – entschiedener dafür eintreten, dass sie an kirchlichen Prozessen beteiligt sind und Strukturen, die dies blockieren, verändern sowie patriarchale Mentalitäten und Sprach- und Sprechweisen bekämpfen.

Der Aufbruch der Frauen bedeutet somit eine Infragestellung des Selbstbildes der Kirche und deren klerikaler Steuerung. Das Eintreten der Frauen für selbstbestimmtes Denken, Beraten und Handeln verbindet sich so mit manchen Programmpunkten des erwachenden Laienbewusstseins in der Kirche. Kirchliche Frauenbewegung und Laienaufbruch treffen sich in vielen Anliegen wie z.B. Gleichberechtigung, Partizipation und Mitverantwortung.

Es versteht sich von selbst, dass sich die feministische Theologie, die all diese Aufbrüche und Anfragen wissenschaftlich bedenkt, auf alle Themen und Disziplinen der Theologie bezieht. Es geht darum, kirchliche Lehre und kirchliches Handeln aus dem Denken und dem Erfahrungsreichtum der Frauen durchzudenken und zu gestalten. Daran muss auch den Männern gelegen sein.[28] Allerdings wird entscheidend sein, dass nicht Idealbilder, z.B. mit den Frauen würde alles viel besser oder die Männer müssten die kirchliche Übersicht wahren, den gemeinsamen Prozess der Mensch-Werdung und das Ringen um entsprechende partnerschaftliche Wege in Gesellschaft und Kirche verhindern oder blockieren.

Feministische Theologie wird somit nicht nur zur Herzschrittmacherin für den weiteren bewussten und handelnden Aufbruch der Frauen und der Laien in der Kirche, sondern ändert Mentalitäten und differenziert Argumente. Vor allem verändert sie insgesamt die Erkenntnistheorie der Theologie als wissenschaftliches Selbstbewusstsein der Kirche.

5.5 Bischofssynode über die Laien im Jahre 1987

Einen erneuten Anstoss erhielt die Laienfrage durch die im Jahre 1987 abgehaltene Bischofssynode in Rom. Ihr Thema lautete: »Berufung und Sendung der Laien in Kirche und Welt«. Sie wurde im Frühjahr 1984 für den Herbst 1986 angekündigt, dann aber auf den Herbst 1987 verschoben. Der Grund lag darin, dass Papst Johannes Paul II. kurzfristig eine ausserordentliche Bischofssynode aus Anlass des 20. Jahrestages des Konzilsabschlusses anberaumte. Diese ausserordentliche Bischofssynode befasste sich schwerpunkthaft mit der Kirche als Geheimnis und als »Communio« bzw. als Gemeinschaft.[29] Durch diese Verschiebung gewann die eingehende theologische und seelsorgliche Vorbereitung Zeit. Zudem war thematisch zum Anliegen der Bischofssynode eine inhaltliche Brücke geschlagen. Diese Bischofssynode zum »Laienthema« im Jahre 1987 wurde wie kaum eine andere zum Anlass für viele Bildungsveranstaltungen in Akademien und Pfarreien und für eine breite Diskussion. In diesem Prozess alleine schon lag ihre Bedeutung oder Fruchtbarkeit.

5.5.1 Vorbereitungsphase

Eine erste Stufe der offiziellen Vorbereitung bildeten die Lineamenta, ein römischer Positionstext. Er versteht sich nicht als Resolutionsentwurf, sondern als Denkanstoss, der natürlich über das Thema und seine beabsichtigte Behandlung einiges verraten kann. So ist er z.B. von der klaren Abgrenzung zwischen Klerus und Laien geprägt, um beiden Ständen eindeutige Bereiche und Aufgaben zuzuweisen.[30]

Das Papier ist auf Schritt und Tritt um diese Grenzziehung bemüht. Es wird vor der Klerikalisierung der Laien und vor der Laisierung der Kleriker gewarnt. Mit Berufung auf das Konzil wird die Bestimmung der Laien als Nicht-Kleriker dadurch legitimiert, dass sich das allgemeine Priestertum der Gläubigen und das besondere Priestertum nicht nur dem Grad, sondern dem Wesen nach unterscheiden. So erscheint es nur folgerichtig, dass die Laien eine spezifisch laikale Spiritualität anstreben, ohne dass jedoch das spezifisch Laikale klar benannt wird. Angesiedelt wird diese Diskrepanz zwischen Priestern und Laien wiederum in der Betonung des Weltcharakters der Laien. Mit Bezug auf eine Aussage Papst Pauls VI. heisst es in den Lineamenta: »Erste und unmittelbare Aufgabe (der Laien) ist nicht der Aufbau und die Entwicklung der kirchlichen Gemeinschaft – hier liegt die besondere Aufgabe der Hirten –, sondern sie sollen alle christlichen, vom Evangelium her gegebenen Möglichkeiten, die zwar verborgen, aber dennoch in den Dingen der Welt schon vorhanden sind und aktiv sich auswirken, verwirklichen« (Nr. 8). Weil man sich des Widerspruchs zu Konzilsaussagen durchaus bewusst war, beugte man vor. So wird behauptet, dass der sog. Weltcharakter oder die Welthaftigkeit der Laien nicht nur eine soziologische Tatsache darstelle, sondern auch eine theologische Aussage sei, eine Interpretation, der allerdings Kanonisten, Pastoraltheologen und Dogmatiker widersprochen haben.[31]

Dieser Vorbereitungstext hat auch in den deutschsprachigen Ländern, wie schon erwähnt, eine eingehende und lebendige Diskussion ausgelöst. Zum einen wurde die Konzilsverträglichkeit dieses Dokument erörtert, nämlich ob es den Geist des Konzils wiedergebe oder von Ängstlichkeit und Sorge um das Amt diktiert sei. Zur Thematik selber wurde in der Kritik daran erinnert, dass die Unterstreichung der Besonderheit des priesterlichen Amtes die gemeinsame Basis in den Hintergrund geraten lasse und das Anliegen des Konzils untergrabe, welches das allen Ständen Gemeinsame betonen wollte. Der Verlust der fundamentalen Gemeinsamkeit führe zu falschen Polarisierungen und Lagerbildungen wie Amtskirche und Laien, »Kirche von oben« und »Kirche von unten« usw. Dadurch schwinde das gegenseitige Vertrauen und die Dialogbereitschaft. Die Festlegung der Laien auf den Weltcharakter beschreibe den aktuellen Laien-Typ, sei keine Wesensbeschreibung. Der Weltdienst gehöre zum Wesen der Kirche, sei kein Vorfeld der Kirche und an keinen Teil in ihr delegierbar. Fragen im Blick auf die neuen Kategorien von Seelsorgern und Seelsorgerinnen wurden aufgeworfen, zu deren Bedeutung am Aufbau der kirchlichen Communio und zum Amtsverständnis. In den Stellungnahmen waren schlussendlich auch viele Anregungen für eine Theologie und Spiritualität der Laien zu finden sowie für den Mut zur Weltverantwortung als auch für die gemeinsame Sorge des ganzen Gottesvolkes.

Für den konkreten Verlauf der Bischofssynode wurden nun die Ergebnisse der Umfragen und Antworten zu den Lineamenta in einem Instrumentum laboris, also in einem Arbeitspapier für die Synodendiskussion zusammengefasst. Im Wesentlichen ging es nicht über die Lineamenta hinaus, was die grundsätzlichen Positionen betrifft. In der »Analyse« wurde der Blick auf die gesellschaftliche Lage ausgeweitet und vor allem auch Fragen der Frauenbewegung aufgenommen.

5.5.2 *Zum Verlauf der Bischofssynode*[32]

Inwiefern liess sich nun diese Bischofssynode als Forum für die einschlägigen Fragen, Herausforderungen und auch für die sog. heissen Eisen innerhalb der Kirche in die Pflicht nehmen?

5.5.2.1 Die Frau in der Kirche

In der ersten Phase der Synode wurde in überraschender Weise das Frauenthema sensibel aufgegriffen. Es sei an einzelne Voten amerikanischer und europäischer Bischöfe wie Weakland, Schwenzer, Bullet usw. erinnert, die für Schlagzeilen sorgten. Sie wehrten sich gegen die Diskriminierung der Frau auch in der Kirche und setzten sich für einen erweiterten Handlungsspielraum der Frauen in der Kirche ein. Im weiteren Synodenverlauf war allerdings die eigentümliche Tendenz festzustellen gewesen, dass die Aussagen und kritischen Fragen bezüglich der innerkirchlichen Stellung der Frauen zunehmend harmonisiert wurden. Die harten Fragen wurden entschärft, wie denn ohnehin die heissen Eisen nur dem kundigen Interpreten hinter verklausulierten Sätzen zugänglich werden. In Erinnerung geblieben ist mir die Feststellung »Die Frauenfrage hat sich beruhigt« auf der von deutschen Bischöfen am Ende gewährten Pressekonferenz. Das hätte man wohl gerne gehabt. Die Bischofssynode fand m. E. insgesamt nicht die Zivilcourage, die tapferen Einzelvoten ihrer Mitglieder (auch an Erzbischof Legaspi von den Philippinen und an Kardinal Malula aus Kinshasa ist zu erinnern) zum Anlass für eine offene und angstfreie Erörterung der echten Probleme und der weiterführenden Schritte zu nehmen. Zwar gab es Laien, Frauen und Männer als Auditoren und Auditorinnen. Sie haben das Defizit nicht wettgemacht. Sie waren auch nicht repräsentativ für die interessierte kirchliche Basis und schonten in fast klerikaler Manier den Kreis der Geweihten. Ob die einschlägigen Papiere mit der Mahnung vor der Klerikalisierung der Laien auch solche Laien meinen?

5.5.2.2 Welt-Verantwortung (Laien-Apostolat) und Bildung der Laien

Nicht unähnlich erging es dem vielfach angesprochenen Anliegen des sog. Laien-Apostolates. Es wurde eindrucksvoll vom vielfältigen Engagement der Frauen und Männer in den verschiedenen Teilkirchen gesprochen und dabei vor allem von den Vertretern aus Südamerika, Afrika und Asien ein bereicherndes narratives Element eingebracht: Sie brachten nicht Begriffe auf einen vorgenormten Nenner mit der Gefahr, dass wiederholt wurde, was eh schon alle wissen. Vielmehr wurde erzählt, mitgeteilt und berichtet. Dabei wurde stets auf den Mangel an entsprechenden Voraussetzungen und Fachkenntnissen hingewiesen worden, die Notwendigkeit einer vertieften Bildung und Kenntnis der kirchlichen Soziallehre ebenso betont wie die Dringlichkeit der Mitwirkung von Frauen und Männern in den verschiedenen kulturellen, sozialen, wirtschaftlichen und gesellschaftlichen, aber auch kirchlichen Aufgabenfeldern. Es war beeindruckend. Aber solange die Laien zum Mittun und zur aktiven Mitverantwortung eingeladen werden, ohne ihnen jedoch echte mitbestimmende Partizipation zuzusprechen, bleibt manche Beschwörung halbherzig.

5.5.2.3 Spiritualität der Laien

Im Zusammenhang mit der Weltverantwortung der christlichen Frauen und Männer sind nicht nur die Bedeutung der (Aus-)Bildung und der Verbände etc. erwähnt, sondern auch die Grundhaltungen und die Formen des christlichen Engagements erörtert worden. Heiligung und Heiligkeit tauchen immer wieder als selbstverständliche, aber auch formelhafte Anliegen auf. Die Hinweise sind alles andere als einheitlich. Aber dies spricht durchaus für den diesbezüglichen Realitätsbezug, denn sie spiegeln die Fülle und Vielfalt der Ausgangspunkte, Situationen und der Begabungen in der Kirche wider.

5.5.2.4 Unterschlagene Fragestellungen

Die Fragen um das kirchliche Amt, insbesondere zum Thema Viri probati bzw. verheiratete Priester und Öffnung der kirchlichen Ämter für Frauen, hatten keine Chance, Gehör zu finden. Ebensowenig stiessen die Probleme um partizipatorische Strukturen in einer synodal verfassten Kirche mit entsprechender Mitverantwortung der Laien auf einen öffentlichen Diskurs in der Synodenaula. Man mag formal zu Recht einwenden, dass dafür die rechtlichen und zeitlichen Voraussetzungen auch nicht gegeben waren. Diesbezüglich waren der Gesprächsraum und das Gesprächsklima zu sehr eingegrenzt und einer gegenseitigen Selbstzensur unter den teilnehmenden Bischöfen ausgesetzt. Vermutlich war es auch nicht deren Herzensanliegen. Und den Realisten unter ihnen schien es wohl geraten, dass nicht alles gesagt sein muss oder soll, was man weiss. Demgegenüber würde ich erwarten, dass die Bischöfe ihren Dienst der Einheit gerade dann wahrnähmen, wenn sie zwischen der Universalkirche und den Teilkirchen, zwischen Weltkirche und Realität vermitteln müssten. Sie sind doch vom eigenen Anspruch her nicht nur Repräsentanten Roms in den Teilkirchen, sondern auch Repräsentanten ihrer Diözesen und somit der Laien. Zudem wäre m. E. gerade ein Beratungsorgan wie eine Bischofssynode der Ort, wo ohne Entscheidungsdruck bis an den verantwortbaren Rand die sog. heissen Eisen diskutiert werden könnten.

Insofern ist auch diese Synode eine Episode gewesen mit Symptomcharakter für das, was sie nicht durfte, aber hätte sollen. So ist das beeindruckende Potential an Laientheologen und Theologinnen, an Gemeindereferenten und -referentinnen, Katecheten und Katechetinnen usw., auf denen doch inzwischen die Hauptlast der Vermittlung des Glaubens an die künftigen Generationen in unseren Ländern ruht und die weitgehend auch viele pastorale Dienste sichern, von den deutschen Bischöfen zwar genannt, aber fast verschämt verschwiegen worden. Auch da ereignete sich, was in der Kirche allzuoft zu beobachten ist: Man täuscht sich über die wahren Verhältnisse hinweg und verrät die echten Sorgen und Fragen, die auf der gesamtkirchlichen Ebene nicht vermittelt und in ihr Recht eingesetzt werden. Ungeachtet dieser Mängel bleibt aber wahr, dass die Begegnungen und der Austausch auf dieser Bischofssynode eine nicht zu unterschätzende Bedeutung hatten. Solche Foren des Dialogs und der Kommunikation sind schon als Prozess von kirchenbildender Kraft und Symbolik.

Am Schluss verabschiedete die Bischofssynode eine Botschaft. Deren Visionen und das Anliegen einer universalen Solidarität mit den Menschen in all ihren Nöten und Hoffnungen sind ein eindrucksvoller Beleg für das Bemühen der Synode, die Pastoralkonstitution des Konzils über die Kirche in der Welt (Gaudium et spes) zum eigenen Anliegen werden zu lassen. Umfassende Ideale ersparen allerdings nicht die Mühe der Umsetzung und den Mut zu praktischen Schritten. Darüber macht der Text keine Angaben. Der Test für den Text erfolgt aber nicht auf der Ebene einer weltkirchlichen Zusammenkunft, sondern in konkreten Schritten auf allen kirchlichen Ebenen in den Pfarreien, Dekanaten und Diözesen sowie in den Vereinen und Verbänden. Diese sollten auf eine Kirche hin erfolgen, die bestehende Diskriminierungen zu überwinden sucht, die Vision der Kirche als Volk Gottes konkret zu verwirklichen trachtet und Verunstaltungen und Selbstverletzungen der Kirche als Sakrament der Einheit unter den Menschen und mit Gott abzubauen bemüht ist.

6 In der Spannung sich verschärfender Kontestation

Unsere Kirche ist unübersehbar in die Schlagzeilen geraten. Dies hat nicht zuerst mit peinlich agierenden Presseleuten oder mit hämischer Berichterstattung der Medien zu tun, die zweifelsohne auch die Szene mitprägen. Vielmehr sind die Bilder bedrückend, die die Kirche von sich selber vermittelt. Natürlich ist nicht aus dem Auge zu verlieren, dass Kirchenverstimmungen viele Quellen haben können, unter anderem im gesellschaftlichen Umfeld und auch in der Psychodynamik und Biographie des einzelnen Menschen. Aber mit Händen zu greifen sind auch hausgemachte Beweggründe, die zu einer Kirchenverdrossenheit und sogar zu einer entmutigenden Kirchenerschöpfung beinahe zwangsläufig führen. Man muss keine Chronik der Ereignisse aufführen, um das zu belegen.

Im Blick auf die Laien sind es vor allem die Kirchenvolksbegehren, die aufschlussreich sind. Die Kirchenvolksbefragungen in Österreich, Deutschland, Belgien, Südtirol, auch in Italien und anderswo sowie die Petitionswellen in der Schweiz sind als eine Reaktion auf diese Krisenstimmung zu verstehen.

Was kann man zu diesen »reizenden« Vorgängen verantwortlich zu sagen versuchen? Was zeigt sich darin hinsichtlich der Stellung und des Selbstbewusstseins der Laien in der Kirche?

6.1 Kirchenvolksbegehren: Fakten, die zu denken geben

Vielleicht ist es für das Verständnis hilfreich, die Vorgänge in den deutschsprachigen Ländern zuerst einmal knapp Revue passieren zu lassen, um sie vergleichen zu können.[33]

6.1.1 Auslöser in Österreich

Die Vorgänge in Österreich belegen, dass kirchliche Entscheidungen auf Landesebene wie auch in der römischen Kirchenleitung die Wogen hochgehen liessen. Im März 1995 kam das Fass zum Überlaufen, als in der renommierten Wochenzeitschrift ›Profil‹ Kardinal Groer vorgeworfen wurde, früher einen Zögling missbraucht zu haben.[34] Vor allem die Art und Weise, wie auf diese Vorwürfe seitens der offiziellen Kirche reagiert wurde und die Tatsachen selber vertuscht wurden, verstärkte den Unmut. Daraufhin kam es im April zu ersten Initiativen auf ein »Kirchenvolksbegehren« hin, das innerhalb von drei Wochen durchgeführt wurde (Stichtag 5. Juli) und über eine halbe Million gültige Unterschriften einbrachte.[35] »Das Kirchenvolksbegehren zeigt nur den Teil des Reformwunsches, der sich in dieser Form der politischen Aktivität –nämlich einem Volksbegehren – äussert. Dahinter steht ein noch viel breiterer Wunsch nach Reformen in der römisch-katholischen Kirche. Nicht alle Forderungen des Kirchenvolksbegehrens finden die gleiche Akzeptanz; aber bei den derzeitigen strittigen Themen (Zölibatsverpflichtung, Ordination von Frauen, Scheidung, Sexualmoral, Mitbestimmung einschliesslich bei Bischofsernennungen) ist die Forderung nach Reformen in allen Gruppen deutlich. Wer sind nun – aufgrund der Umfrage – die Unterzeichner(innen)? Sie haben einen starken Reformwunsch, sehen sich selbst als religiös, kirchlich gebunden, aber nicht mit allem einverstanden (kritisch-aktiv). Sie sind überwiegend weiblich, zwischen 40 und 50 Jahre alt und haben eine hohe Schulbildung.«[36] Nach einer ersten Irritation hat die österreichische Bischofskonferenz Dialog signalisiert. Ihr Vorsitzender, Bischof Weber von Graz, sah im »Kirchenvolksbegehren« ein Alarmzeichen, aber auch ein Zeichen für die Vitalität der Kirche. Die Erklärung der österreichischen Bischofskonferenz aus Anlass ihrer Herbstsession vom 7. bis 9. November 1995 (s. Kath.-Press v. 11.11.1995, 13ff) war indes eher enttäuschend, denn die Vorschläge für einen Katholikentag und weitere Gespräche wurden in der Tendenz als Abfederung der Anliegen des Kirchenvolksbegehrens empfunden und verrieten eine geteilte Bischofskonferenz.

6.1.2 Kirchenvolksbegehren in Deutschland

Ebenfalls nach erstaunlich kurzer Zeit der Vorbereitung ist auch in Deutschland das Kirchenvolksbegehren vom 16. September bis 12. November 1995 über die Bühne gegangen und hat über 1 1/2 Millionen Unterschriften von Katholiken und Katholikinnen eingebracht. Der Text hält sich eng an die Fassung der österreichischen Vorgaben.[37] Je »massiver« und öffentlichkeitswirksamer diese Initiative an Boden gewann und sich doch nicht nur als »Luftblase« (Bischof J. Wanke) entpuppte, desto vorsichtiger und offener wurden die ursprünglich missmutigen und ablehnenden Töne seitens der Deutschen Bischofskonferenz und führender Laien des Verbandskatholizismus (Rita Waschbüsch und Annette Schavan).

Später wurde den Initianten und Initiantinnen der Ernst des Anliegens zwar zuerkannt. Unterschwellig jedoch wurde durchaus in paternalistischer Manier von »gutwilligen Laien« gesprochen, die indessen nur noch sehr vage Vorstellungen vom Konzil hätten und infolge Informationsdefizit sich zu schnell mit einer theologischen Strömung identifizierten.

In Deutschland wie in Österreich sind die Prozesse als Sammlungsbewegungen von unten weitergegangen, z.B. in der Initiative »Wir sind Kirche« und in dem von der Katholischen Aktion getragenen Dialog für Österreich.

6.1.3 Petitionen in der Schweiz

Die Schweizer Bischofskonferenz war an ihrer Herbstsitzung Anfang September 1995 Adressatin gleich mehrerer Petitionen, von denen »Kirche 95 – Nein zum Pflichtzölibat, Ja zu den Weiheämtern für Frauen« 73.000 Unterschriften auf sich vereinigen konnte. Auslöser war der am 2. Juni bekannt gewordene Rücktritt von Bischof Hansjörg Vogel. Die Umfragen zum Priesteramt, die von der Pfarrei Hünenberg ausgehend vom Schweiz. Kath. Frauenbund und dem im April gegründeten Netzwerk Offene Kirche Schweiz getragen und in den Ferienmonaten Juli und August (!) durchgeführt wurde, erfuhr auch die aktive Unterstützung durch die Zeitschrift »Der schweizerische Beobachter« (26.000) Unterschriften), was auf manche wie eine Einmischung »von aussen« wirkte. Insgesamt hatte sich die Schweizer Bischofskonferenz mit weiteren Petitionen zu befassen: drei, die sich für die Abschaffung des Pflichtzölibats (2370), die gleichen Rechte für die Frauen in der Kirche (865) und die Zulassung laisierter Priester sowie Weihe von verheirateten Männern (982) aussprachen. Dazu kam noch eine Petition aus dem Raum Bern (228) und eine Unterschriftensammlung, in der etwa ein Viertel der Weltpriester aus dem Bistum Basel die Abschaffung des Pflichtzölibates befürworteten (144).

Mit dem Titel »Die Zeit für Vertröstungen ist abgelaufen« forderten elf kirchliche Verbände an einer Pressekonferenz am 8. November 1995 in Vertretung ihrer 350.000 Mitglieder die Schweizer Bischöfe auf, »sich in Rom und in der Öffentlichkeit mit grösster Entschiedenheit dafür einzusetzen, dass die Zölibatsverpflichtung der Priester und Bischöfe aufgehoben wird«. Anschliessend lief auch in Genf eine Petitionswelle an.

Seitens der Schweizer Bischofskonferenz reagierte man wie üblich, man stellte Dialog in Aussicht und betonte die Notwendigkeit, sich mit anderen

Bischofskonferenzen abzusprechen. Gleichzeitig dachte man laut darüber nach, »was die Katechese denn versäumt habe, wenn man die Strukturen der Kirche mit einem internationalen Konzern vergleiche und nicht in erster Linie als eine Initiative Gottes sehe, deren Autorität Christus sei« (KIPA 282, 9.10.1995,7). Auch in der Schweiz wurde wie in Österreich und in Deutschland darauf hingewiesen, dass es wichtigere Aufgaben gebe und dass man von einer »verwirrenden Nabelschau« wegkommen müsse.

Im Vergleich zu Österreich und Deutschland, wo die Kirchenvolksbegehren auch eine beachtliche mediale Aufmerksamkeit auf sich lenken konnten, blieben die schweizerischen Petitionen – in Reaktion zum plötzlichen Rücktritt des Bischofs Hansjörg Vogel von Basel – inhaltlich viel enger auf die Ordination von Frauen und verheirateten Männern eingeschränkt. Zudem kamen sie in verzettelten Einzelgängen zustande und demonstrierten die Schwäche des föderativen Denkens und Handelns auch in der Kirche Schweiz: Es fehlte die Synergie, d.h. das sich gegenseitig verstärkende Zusammenwirken der vielen Initiativen, um die es stets sehr schnell still wurde.

Wer an heisse Eisen rührt, darf sich nicht darüber wundern, dass er widersprüchliche Reaktionen erntet. Aber sind Kirchenvolksbefragungen und Petitionen des sog. Kirchenvolkes deshalb sinnlos und bar aller Vernünftigkeit? Lassen die Kirchenvolksbegehren – bei aller problematischen Einseitigkeit infolge Konzentration auf innerkirchliche Themen – nicht sozusagen eine Spektralanalyse zu, die auf viele Wunden in der Kirche hinweisen kann, aber auch auf viele kleine Wunder, die verheissungsvoll zeigen, dass Neues wächst? In den Kirchenvolksbegehren stecken inkognito viele Probleme und Hoffnungen im Blick auf die Zukunft der Kirche und auf die Fragen und die Kraft der Laien. Dies soll im folgenden entfalten werden.[38]

6.2 Kirchenvolksbegehren enthüllen Probleme und Wege der Laien

Was zeigt sich nun im Hinblick auf das Verhältnis des Laien zur Hierarchie und auf das Selbstverständnis der Laien?

6.2.1 Megaphon für verändertes Bewusstsein

Die Vermutung dürfte wohl zutreffen, dass vor wenigen Jahrzehnten solche Aufrufe und Kirchenvolksbegehren kaum Aussicht auf Erfolg gehabt hätten. Das Kirchenbewusstsein war noch viel stärker von Auffassungen geprägt wie z.B. der ausschliesslichen Zuständigkeit des Klerus für alles, was in der Kirche offiziell von Belang ist. Auf der Basis der früher schon genannten gesellschaftlichen Prozesse und der vom Zweiten Vatikanischen Konzil verstärkten Umbrüche in der Kirche ist aber inzwischen deutlich bewusst geworden, dass alle getauften Frauen und Männer Kirche bilden. Von daher hat sich die frühere innerkirchliche Gliederung in Klerus und Laien bewusstseinsmässig relativiert; ebenso die zentralistisch gesteuerte hierarchische Ordnung, weil die Kirche am Ort (Pfarrei) und die Ortskirche (Bistum) in ihrem Eigenwert erkannt worden sind. Die Laien definieren sich nicht mehr negativ in Absetzung vom Klerus, sondern positiv von ihrem Kirchesein. Das charismatische Selbstbewusstsein der Laien ist erwacht.

Wenn sich innerhalb kurzer Zeit derart viele Katholiken und Katholikinnen für die Anliegen des Kirchenvolksbegehrens und für die verschiedenen Erklärungen stark gemacht haben, dann ist das ein Ausdruck für ein neues »Kirchengefühl«. Das interessierte »Kirchenvolk« bekundet kirchlich seine Zurechnungsfähigkeit. Die Christinnen und Christen verstehen sich nur noch begrenzt als Befehlsempfänger oder als passive Hörerschaft einer allein verantwortlichen Zentrale. Die Laien – in der Welt Erwachsene – sind nicht mehr bereit, sich in der Kirche wie unmündige Kinder behandeln zu lassen. Die Frauen sind zunehmend nicht mehr willens, sich mit der innerkirchlichen Geschlechterapartheid abzufinden. Männer und Frauen registrieren pastorale Probleme wie die der wiederverheirateten Geschiedenen, der pfarrerlosen Gemeinden und der ökumenischen Fragen, tolerieren zunehmend weniger den Entscheidungsstau, der daher kommt, dass die Entscheidungsträger der Kirche die Probleme entweder nicht zur Kenntnis nehmen oder deren Diskussion schlichtweg blockieren.

Der Kirche werden angesichts der gesellschaftlich tief greifenden Prozesse manche Umbrüche und neue Wege zur Erfüllung ihrer Aufgabe zugemutet, wofür das traditionelle Kirchensystem keine überzeugende Dynamik freisetzt. Wo man sich bei Entscheidungen am früheren System orientiert, verliert die Kirche ihre Glaubwürdigkeit und das kirchliche Amt demontiert sich in seiner jetzigen Form selbst am nachhaltigsten. So liegt an der Wurzel der Kirchenvolksbegehren ein neu erwachtes Bewusstsein der Laien, von dem zu hoffen ist, dass es Impulse für die Zukunftsfähigkeit der Kirche entwickeln wird.

6.2.2 Ventil für vorenthaltene Mitsprache

Es ist zu fragen, wo dieses neue charismatische Selbstbewusstsein auch institutionell eine Kanzel hat, sich zu äussern und sich vernehmen zu lassen. Wo haben die Fragen, Probleme, die Einsichten, Interessen oder Sorgen der kirchlichen Basis eine *strukturell verankerte* Chance, sich gehört zu wissen? Man muss es leider wiederholen: Es sind in der katholischen Kirche derzeit keine Dialogstrukturen vorgegeben, die auch »von unten nach oben« zuverlässig funktionieren und ein Gegengewicht zur Einbahnkommunikation »von oben nach unten« darstellen würden.

Wenn dem Volk Gottes mit dem gewandelten Kirchenbild und Selbstverständnis aber innerkirchlich keine wirksamen Instrumente für Mitsprache und Kommunikation zur Verfügung stehen, dann grenzt es schon fast an ein psychologisches Naturgesetz, dass Ersatz-Instrumente ausserhalb der sperrigen Kirchenordnung gesucht werden. Gegenüber einer zentralistisch gesteuerten Kirchendoktrin baut sich eine parallele Kirchenöffentlichkeit auf: Die Kirchenvolksbefragung wird so zum Ventil für die dem Volk Gottes vorenthaltenen Äusserungsmöglichkeiten. Sie wird zu einer wirksamen Schiene, auf der das Kirchen-Volk sich artikulieren kann und gegebenenfalls Gegendruck (Protest!) zu erzeugen versucht. Sitz-Streiks vor Bischofsweihen, »Kirche von unten«, Frauenkirche, Aufbruchbewegungen, die Kölner Erklärung 1989, aber auch kritische Zeitschriften wie »Publik-Forum« (Deutschland), »Aufbruch« (Schweiz) oder »Kirche intern« (Österreich) usw. sind Ersatz und Symptom für den Mangel an partizipatorischen Strukturen in der Kirche. Dieser institutionelle Mangel an Dialog-Instrumenten vergiftet die innerkirchliche Atmosphäre zusätzlich in einer Zeit des verunsichernden Meinungspluralismus und der bemühenden Spannungen und Streitfälle. Dadurch werden viele Probleme zu »heissen Eisen«. Nur in einer partizipatorischen Kirche, in der niemand von vornherein aus dem Ringen und aus dem Dialog um Ziele und Wege ausgeschlossen ist, können im offenen Disput und im notwendigen Streit heisse Eisen geschmiedet werden. Andernfalls verglühen sie, das heisst, die Leute an der Basis fragen »oben« nicht mehr nach, wenn kirchliche Strukturvorgaben den praktisch notwendigen und theologisch möglichen Handlungsspielraum im kirchlichen Alltag zuschnüren, sondern gehen möglicherweise in scheinbar schismatisierender Selbsthilfe ihre eigenen Wege – mit all den damit verbundenen Nachteilen, dass örtliche »Päpste« und »Päpstinnen« ihr Kirchenregiment führen können.

Dagegen wäre es für viele Entscheidungsträger in der Kirche menschlich befreiend und dem Anliegen der Kirche dienlich, wenn sie in synodale Strukturen der echten Mitsprache auf allen kirchlichen Ebenen eingebunden wären. Es gäbe zwar nicht weniger Probleme, aber einen Gewinn an Wirklichkeitsbezug. Man kann sicher nicht behaupten, dass grimmige Machtgelüste die Kirche diktieren. Allerdings ist zu sehen, dass sich die Entscheidungskompetenz (Macht) in der Kirche so an die Spitze(n) verlagert hat, dass dies einen ungeheuren Wirklichkeitsverlust mit sich bringt. Man denke z.B. an die Fragen um Ehe und Familie, an Mitsprache und an Konfliktfälle usw. Deshalb wirken manche Entscheidungen fremd und seltsam; und Wirklichkeitsverlust führt zur Selbst-Verdummung. Man sieht nicht mehr, was wachsen und sich entfalten will, weil mit dem schon immer Gewussten das Neue zugedeckt wird. Man wird an das Bild (bzw. den Film) des letzten Kaisers von China erinnert, der in der Weltferne des Hofes sein altes Zeremoniell weiterzelebriert, aber nicht merkt und spürt, dass die Welt um den Hof herum sich radikal gewandelt hat und der Hof eine einsame Insel geworden ist, auf der man die Realitäten um sich herum nicht mehr wahrnimmt und für die Aussenwelt zum ergötzlichen Spektakel geworden ist. Solche Assoziationen müssen all jene bekümmern, die davon überzeugt sind, dass gerade die Impulse des Evangeliums Hoffnung schenken, zur Solidarität motivieren und Kommunikation eröffnen können – in einer Welt, in der die Hoffnungsressourcen vielfach aufgebraucht erscheinen. Es führt auch dazu, dass häufig übersehen wird, was sich in den letzten Jahrzehnten an der Basis bereits an Positivem entwickelt hat und dass die Freiräume für beherztes Handeln im kirchlichen Alltag oft viel grösser sind als in anderen vergleichbaren »Betrieben«. Das Image der Kirche und die feilgebotenen Klischees täuschen über die mutmachenden Aufbrüche hinweg und lassen kaum erkennen, dass Kirche auch erfahren wird als Ort solidarischer Gemeinschaft und religiöser Orientierung und Besinnung, für die Menschen dankbar sind.

6.2.3 Beste katholische Soziallehre

Sowohl die Inhalte als auch der Vorgang des Kirchenvolksbegehrens selbst entsprechen wichtigen Anliegen der m. E. nach wie vor modernen Soziallehre der Kirche. Die Grundprinzipien der christlichen Soziallehre sind bekanntlich das Personsein des einzelnen Menschen in Freiheit und eigener Verantwortlichkeit, das Subsidiaritätsprinzip und die Solidarität in der Bezogenheit und Gebundenheit des individuellen Menschen in die Gemeinschaft mit anderen. Der 1978 im Auftrag der Bischöfe von Augsburg und Essen herausgegebene Katechismus (Botschaft des Glaubens) betont folgerichtig, dass die Kirche für Freiheit und Gerechtigkeit eintritt, für Versöhnung und Frieden, für Menschenwürde und den Schutz der Schwachen, für die Verdammung des Machtmissbrauchs und die Erfüllung des Gebots der Menschenliebe (293). Die meisten Anliegen des Kirchenvolksbegehrens bewegen sich im ethischen Rahmen gerade dieser Forderungen. Nur richten sie sich hier nicht an den Staat, sondern an die Kirche selber. Diese wird hier sozusagen von ihren eigenen ethischen Grundsätzen eingeholt.

In diesem Zusammenhang ist auch die aktuelle Kirchensituation zu sehen. Ist manche hämische Medienschelte über die Entscheidungen des Vatikans sowie die harsche Kritik am Papst nicht gerade in der Spannung zu suchen, die entsteht zwischen den hohen Idealen der kirchlichen Soziallehre und der mangelnden Breitschaft, diese im eigenen kirchlichen Kompetenzbereich zur Anerkennung zu bringen? Bei negativen Urteilen über den Papst wird m. E. oft übersehen, dass sein Charisma u.a. in der unbeirrten Fortschreibung der katholischen Soziallehre liegt (Würde des Menschen, Wert des Lebens – von Anfang an, Vorrang der Arbeit vor dem Kapital, Gleichberechtigung von Mann und Frau, Gewerkschaftsrechte ...). Über die Medien werden aber einseitig die Äusserungen zu Sexualfragen, Zölibat und Frauenpriestertum in den Vordergrund gerückt. Selbstkritisch ist zu fragen, ob wir uns im gesellschaftlichen Herausforderungsfeld von den Impulsen des Papstes bezüglich der sozialen Probleme mitreissen lassen. Fixieren sich viele Erklärungen nicht zu sehr auf binnenkirchliche Sorgen? Anderseits ist kritisch an die Kirchenleitung(en) die Frage zu richten, ob sie sich nicht um die Wirkung ihrer eigenen Soziallehre und um ihre Glaubwürdigkeit bringt, wenn sie im kirchlichen Bereich nicht selbst durch die Praxis definiert, was sie grundsätzlich an die Adresse der Welt zu Recht vertritt: Im eigenen Bereich lebt die Kirche ihre eigenen Prinzipien nicht. Diese Nicht-Anwendung der oft so eindrucksvoll vertretenen Soziallehre verursacht bei vielen Christinnen und Christen Wut, Anklage und Trauer, die sich nun im Kirchenvolksbegehren eine Stimme leihen.

Die Menschen werden äusserst hellhörig, wenn die Kirche an die Welt moralische Höchstpreise verkündet (Menschenrechte, Demokratisierung usw.), im eigenen Bereich als Institution indessen nicht die Kosten im Sinn dieser Höchstpreise zu übernehmen bereit ist. Der Ruf nach einer glaubwürdigeren Kirche ist zum Fanal dafür geworden.

6.2.4 Definitionsmacht in der Kirche von der Basis mitbeansprucht

Die Kirchenvolksbegehren sind vermutlich ein Ausdruck dafür, dass die ethische und normative Definitionsgewalt in der Kirche nicht mehr nur auf die Hierarchie und ihre theologischen Experten beschränkt bleibt, sondern dass der erwachende Glaubenssinn der gläubigen Frauen und Männer samt ihren Erfahrungen kommunikativer Mitspracheformen und -garantien bedarf.

Selbst die kirchliche Soziallehre und sogar der neue Katechismus der katholischen Kirche räumen das Recht auf Widerstand unter bestimmten Bedingungen ein. Zudem wird im Kanon 212 allen Angehörigen der Kirche das Recht eingeräumt, ja sogar die Pflicht auferlegt, den Hirten ihre Meinungen und Sorgen mitzuteilen, die das Wohl der Kirche betreffen. Eben dies geschah auf dem Wege der Volksbegehren. Man sage nun nicht, dafür hätten wir die Räte oder die Chance von Synoden. Beratende Gremien, die schon in ihrer Existenz von jenen abhängen, die sie beraten sollen, sind lediglich ein allererster Schritt in die Richtung echter Partizipation und Herstellung von Öffentlichkeit für einige der brennenden Probleme in der Kirche. Ihm müssen dringend weitere Schritte folgen in Richtung auf angemessene Strukturen, die dem gewandelten Bewusstsein und Selbstverständnis des sog. Kirchenvolkes Rechnung tragen. Es stellt sich die Frage nicht nur nach dem theologischen und pastoralen Ort, sondern auch nach dem institutionellen Ort der getauften und gefirmten Frauen und Männer, nicht nur der geweihten Männer. Dieses Anliegen, das sich nicht nur daran orientiert, was die sog. Laien *tun* dürfen, sondern wer die Laien in der institutionellen bzw. empirischen Kirche *sind*, wäre in einer synodalen Kirche, wie noch zu zeigen sein wird, besser aufgehoben.

6.3 Innerkirchliche Verzögerung der konziliaren Naherwartungen

Die Tatsache ist unübersehbar und vielfach diagnostiziert: In den deutschsprachigen Ländern herrscht in vielen kirchlichen Kreisen eine depressive Lähmung, oft sogar eine ausgesprochen larmoyante Katerstimmung. Von der Freiheit der Kinder Gottes und von der Freude der Neugeborenen der Schöpfung ist in der Öffentlichkeit herzlich wenig zu spüren.

Zur Zeit des Konzils aber, als wir in der Aufbruchstimmung mit Begeisterung Theologie studierten, konnte ein Konzilsberichterstatter wie Mario von Galli auf dem Katholikentag in Stuttgart 1964 noch ohne Hemmungen in den Jubel Tausender hineinrufen: »Kirche, wie bist du jung, wie bist du schön.« An die Theologiestudierenden der aktuellen Kirchenstunde ist dies kaum mehr zu vermitteln, Was ist geschehen? Ist das Feuer erstickt?

6.3.1 Bewusstseins-Schisma oder Pluralismus in der Kirche?

Bewusstseinsmässig ist das Aggiornamento des Konzils weitergewachsen; es hat sich vertieft. Es sei erinnert an die Konzilsimpulse zur Ökumene und zur Hinwendung zu den nichtchristlichen Religionen (durch die Erklärung zur Religionsfreiheit), zur Liturgie, zum Selbstverständnis der Kirche als Volk Gottes bzw. zur Communio-Ekklesiologie, zur kollegialen Leitung der Kirche, zur Verantwortung für die Welt und Öffnung zu den Armen sowie zum allgemeinen Heilswillen Gottes, wonach Gott keinen Menschen vom Heil ausschliesst. Diese und andere »Geistesblitze« des Konzils befreiten aus einer statischen Kirchlichkeit, die von vielen als beengend und angstmachend empfunden wurde. Zudem vermittelte das Konzil – durch die Medien frei Haus geliefert – das Bild einer bunten und vielgestaltigen Weltkirche, die sich an heisse Themen heranwagte, den Dialog suchte und vor Konflikten nicht zurückscheute. Wir waren damals, analog zum gesellschaftlichen Lebensgefühl, von einer innerkirchlichen Fortschrittseuphorie gepackt, die die Widerständigkeit der Realität unterschätzte sowie die eigene Glut und die langfristige Kraft von Bewusstseins-Veränderungen überschätzte. Es entwickelten sich konziliare Naherwartungen, deren Erfüllung sich dann zusehends hinauszögerte, deren Schwung zu erlahmen begann und verflachte. Das ist einerseits verständlich, denn man kann nicht dauernd auf Hoch-Zeiten des Gefühls tanzen. Anderseits gewannen in der Ernüchterungsphase auch jene wieder Platzvorteil bei der innerkirchlichen Diskussion, die sich nie mit dem Aggiornamento des Konzils anfreunden konnten. Zudem gingen manche Entwicklungen für viele zu schnell vor sich. In Jahrhunderten Liebgewordenes und Traditionen verschwanden fast lautlos über Nacht, sodass manchen bange wurde, ob nicht urkatholische Positionen preisgegeben würden. In einer unruhig und für manche kälter gewordenen Kirche trauerten manche ihrer früheren Kirchen-Heimat nach. Die progressiven Tendenzen bildeten gleichsam den

Gegenhorizont für jene Kräfte, die sich ans vorkonziliare Kirchenbild zu klammern versuchten.

Diese Bewusstseinsprozesse und Kontroversen führten zu einem »Schisma« zwischen progressiven und konservativen Lagern. Aufgrund der früheren »Geschlossenheit« waren wir darauf nicht vorbereitet. Dieses Bewusstseins-«Schisma« ist Ausdruck eines innerkirchlichen Pluralismus. Pluralitätsfähigkeit ist aber nicht als Verrat an Grundsätzen zu verfemen, sondern vom gesellschaftlichen Umfeld her Prinzip der Integration von Vielfalt.

6.3.2 Schisma zwischen Kirchenleitung und Kirchenvolk

Die unterschiedlichen »Lager« innerhalb der Kirche und die gesellschaftliche Entwicklung bringen eine Kirchenleitung verständlicherweise unter Druck und damit auch in Gefahr, mit disziplinarischen Massnahmen die früher scheinbar heile Welt restaurieren zu wollen. Die fortschreitenden vielfältigen Bewusstseinsschübe, die sich in den Kirchenvolksbegehren zu Wort gemeldet haben, werden dadurch verschärft, dass die Kirche strukturell noch vorkonziliar verfasst ist und seit Jahren die kuriale Zentralisierung forciert. Das macht es der offiziellen Kirche zunehmend schwerer, ein produktives Verhältnis zu ihrer eigenen Vergangenheit und einen verantwortlich-offenen Umfang mit der Gegenwartskultur zu finden und zu gestalten. Die Entfremdung zwischen Gläubigen und Amtskirche ist offenkundig.

Mit Augen greifbar wurde dies, als am 11. Oktober 1997 die »Internationale Bewegung Wir sind Kirche« eine Kirchenvolksbegegnung in Rom organisierte und zwar in Erinnerung an das 35 Jahre zuvor eröffnete II. Vatikanische Konzil. Der Bischof von Rom fand trotz mehrerer unbeantwortet gebliebener Schreiben keine Zeit für die Stellvertreter von Millionen Katholikinnen und Katholiken aus drei Kontinenten. Vielmehr erschien wenige Wochen später am 13. November die sog. »Laieninstruktion«, die – von acht Dikasterien des Vatikans abgezeichnet – ein Machtwort in Sachen Kirchenordnung dekretierte und die Kluft nicht hätte schärfer und kälter dokumentieren können. Von den Impulsen des Zweiten Vatikanischen Konzils ist im praktischen Teil nichts zu spüren. Die Kirchenverdrossenheit hat somit auch handfeste innerbetriebliche Ursachen. Die schockierenden Bischofsernennungen in Österreich und in der Schweiz sind ein weiteres Symptom dafür.

Eine lähmende Kirchenerschöpfung wird m. E. auch durch eine Art Selbstthematisierung durch disziplinierende Massnahmen veranlasst, die auf Dauer langweilen und nicht einmal mehr Gegenreaktionen hervorrufen. Es sei an die Beschlüsse des Vatikans gegenüber der Befreiungstheologie, an den Treueeid, an die Verweigerungen des »nihil obstat« (kirchliche Beruferlaubnis) für Theologinnen und Theologen erinnert. Die Laieninstruktion mit ihrer massiven Zurückbindung der Laien, deren Tonfall und deren Klima selbst von Bischöfen kritisiert wurde, ist kein Einzelfall. Die Vorgänge um das römische Votum zur Schwangerschaftsberatung vom 27. Januar 1998 und das Papstschreiben über den theologischen und rechtlichen Status der Bischofskonferenzen Ende Juli 1998 sind de facto römische Grenzziehungen und depotenzieren letztlich selbst die Kollegialität unter den Bischöfen.

In die gleiche Richtung stiess schon die römische Instruktion zu Diözesansynoden vom 8. Juli 1997, die eine synodale Partizipation abwehrt; dabei gerät das »Bischofsamt … in eine geradezu monarchisch anmutende Isolation innerhalb der Ortskirche«.[39] In der Verlautbarung zum »Schutz des Glaubens« im vergangenen Sommer ist die Theologie wieder Zielscheibe der Verschärfung, wobei Bezug zur »Professio fidei« von 1989 und auf die Ablehnung der Priesterweihe von Frauen (Ordinatio sacerdotalis 1994) genommen wird. Diese knappen Hinweise wollen nur belegen, dass die Amtskirche selber Schlagzeilen produziert, die den denkenden Menschen einfach nicht mehr zu vermitteln sind, weil sie an den Fragen der Menschen vorbeigehen. Das Profil der Kirchensorgen, wie sie vom Zentrum artikuliert werden, verrät eine kaum zu überbietende Realitätsfremdheit. Was theologisch möglich und pastoral nötig ist, scheint gar nicht mehr in den Blick zu kommen.

6.4 Spannungen zwischen nachkonziliaren Prozessen und noch traditioneller Kirchenstruktur

Das bisher Gesagte macht offensichtlich, dass nicht nur die historischen Voraussetzungen des früheren Milieu-Katholizismus sich gewandelt haben, sondern auch das Bild und Selbstverständnis der Kirche und die Rolle der Laien. Jene Kirche, in die noch viele selbstverständlich hineingeboren worden sind, existiert heute nicht mehr wie vor dem Konzil. Der weite Weg von einem Kirchenbild, das am unfehlbaren Lehramt, an unfehlbaren Wahrheiten und an »ewigen« Traditionen orientiert war, zum Verständnis von Kirche als Volk Gottes mit Partizipation aller getauften Christen und Christinnen, ist in kurzer Zeitspanne zurückgelegt worden. Man muss sich wirklich vor Augen führen, welcher Bewusstseinswandel seit dem Zweiten Vatikanischen Konzil und vor allem seit den Synoden sich auch innerkirchlich ereignet hat und den Gläubigen z. T. auch zugemutet worden ist. Eine Hauptspannung musste sich zwangsläufig ergeben aus dem vielfach noch vorhandenen vorkonziliaren Kirchenverständnis und einem nachkonziliaren Kirchenbild, das in verschiedenen Formen unterwegs ist und die nachkonziliare Kirche herausfordert. Zudem hängt das Bild von Kirche nicht nur mit dem Gottesbild zusammen, sondern auch mit dem Selbstbild, der Art und Weise, wie man sich selber sieht und erlebt. Emotionales und Intellektuelles, Atmosphäre und Traditionsbrüche, Heimatsuche und Argwohn gegenüber Institutionen, Mystik und Politik, Persönliches und »Sachliches« gehen vielfach und gleichermassen bewusst oder weniger bewusst ineinander über. Nur realitätsferne Blindheit kann in solcher Lage Krisen und Konflikte grundsätzlich verübeln.

Die Diskrepanz zwischen vorkonziliaren Kirchenstrukturen und nachkonziliarem Kirchenbewusstsein wird z. B. an den das Kirchenvolk so verstimmenden Bischofsernennungen der letzten Jahrzehnte deutlich. Rom wollte disziplinarisch durchgreifen, aber mit einem untauglichen Mittel, wie die Bischofsernennungen in Chur, Salzburg, St. Pölten, Feldkirch usw. eindeutig signalisieren. Diese katastrophale Personalpolitik der kirchlichen Zentrale hat über weite Strecken das kirchliche Leben gelähmt und die Polarisierung ungemein vergiftend angefacht, die Kirche für viele zu einem lächerlichen und traurigen Schauspiel verkommen lassen. Am traurigsten stimmt mich, dass dadurch vielen wohlgesonnenen Christen und Christinnen die Freude vergällt worden ist und viele z. T. fassungslos ihrer Kirche gegenüberstehen. Man kann darin beim besten Willen nicht sehen, dass die Kirchenleitung in Rom die »Brüder und Schwestern in ihrem Glauben stärken« will. Das Symbol für Hoffnung ist in den Augen mancher zum Diabol für Hoffnungslosigkeit heruntergewirtschaftet worden. Schon in den 80er Jahren waren die Zeichen der Enttäuschung unmissverständlich, als manche in den 60er und 70er Jahren engagierte Katholikinnen und Katholiken einem kirchlichen »Burn out« erlagen, da sich ihre ursprünglich vitalen kirchlichen Naherwartungen immer mehr verzögerten.

Das innerkirchliche Problem liegt, wie gesagt, darin, dass wir zum einen bewusstseinsmässig mit verschiedenen und widersprüchlichen Kirchenbildern konfrontiert sind und dass zum anderen institutionell noch vorkonziliare strukturelle Bedingungen herrschen bzw. seit einigen Jahren zunehmend verstärkt werden. Die Institution und gesamtkirchliche pastorale Planung und Steuerung hinken hinter den pluralen Bewusstseinsprozessen nach und werden der unmittelbaren Probleme und Fragen im pastoralen Alltag kaum gewahr.[40]

6.5 Zusammenfassendes Ergebnis

Halten wir fest: Das Zweite Vatikanische Konzil markiert einen Umbruch gegenüber der eigenen in vielen Jahrhunderten entstandenen Erbschaft. Es hat ihn nicht initiert, wie dies in tradionalistischen Kreisen immer wieder behauptet wird, es hat ihn offengelegt.

Theologisch entscheidend ist das Verständnis von Kirche als »Sakrament«, das heisst als Zeichen und Werkzeug für die innigste Vereinigung mit Gott wie für die Einheit der ganzen Menschheit« (Dogmatische Konstitution über die Kirche »Lumen Gentium«, 1) und als »Volk Gottes« (9-17). Gegenüber einem Kirchenverständnis, das eher vom Kirchenrecht und vom Klerus her geprägt war, hatte die neue Sprache des Konzils eine dynamisierende Wirkung.

Diese bewusstseinsbildenden Texte des Konzils haben sich in den letzten Jahrzehnten zu explosiven Faktoren entwickelt für die Kirchenordnung, die Fragen um Amt, Priestertum und Zölibat und Frauenpriestertum sowie um grössere Mitsprache der getauften Frauen und Männer im Ringen um eine glaubwürdige Kirche und zeugnishafte Christenpraxis.

Die innerkirchlich drängend gewordenen Fragen werden von der verantwortlichen Kirchenleitung zur Zeit nicht einmal ansatzweise einer Lösung zugeführt, ja nicht einmal offen und wohlwollend diskutiert. Trotzdem darf nicht übersehen werden, dass viele Impulse aus der Zeit vor und nach dem Konzil durchgebrochen sind und Wirkungen zeigen, die als erfreuliche Zeichen für die Zukunftskraft der Kirche verstanden werden dürfen.

Eigens erwähnt werden muss die Frauenfrage und die feministische Diskussion. Für die einen ist es ein Krisenbegriff, mit dem das erwachte Bewusstsein für die vielfache Benachteiligung der Frauen in Gesellschaft und Kirche angesprochen wird. Aber Feminismus ist auch ein Strategiebegriff für Emanzipation und Ausbruch aus aufgedrängten Rollen und Leitbildern. Dadurch wird er zum Programm, Selbstbestimmung und gleiche Rechte und Chancen für Frau und Mann durchzusetzen. Den Frauen ist für ihre geistige Kraft und ihren seelischen Mut zu danken, denn es geht dabei um das unteilbare Ganze des Menschen und um befreiende und heilende Dimensionen des Christseins.

Durch diese Bewusstseinsschübe und Entwicklungen haben die Laien ihr charismatisches Selbstbewusstsein und ihre positive theologische Ortsbestimmung zurückgewonnen: Christinnen und Christen erfüllen das Zeugnis der Kirche dadurch, dass sie die Lebensabsicht Gottes für die Menschen im persönlichen wie im gesellschaftlichen Bereich geltend machen.

Aber nüchtern ist festzustellen, dass dieser bewusstseinsmässigen Entwicklung und dem inzwischen in fast allen Bereichen von Laien mitgetragenen kirchlichen Leben noch keine institutionelle Änderung der Kirche gefolgt ist. Dabei ist zu denken an eine grössere Mitverantwortung der engagierten und interessierten Christinnen und Christen, an eine grössere Eigenverantwortung der Ortskirche eines Landes oder eines Bistums, an ein unbefangeneres ökumenisches Zusammengehen usw. Demgegenüber gilt weiterhin das starre Schema Klerus-Laien. Damit lastet sich die Kirche weiterhin Spannungen und Konflikherde auf. Oder will man zusehen und warten, bis sich wache Laien holen, was ihnen vorenthalten wird?

Durch diese Zerreissproben zwischen den widersprüchlichen Kirchenbildern und den Bewusstseinsschüben einerseits und dem zu eng gewordenen Korsett der Kirchenordnung fällt der derzeitigen Kirche die Aufgabe zu, ein neues Verhältnis zur eigenen Herkunft (Tradition) und zu ihrer Sendung in der heutigen Zeit zu finden. Ansonsten wird leider verhindert, dass die Kirche ein verantwortliches Verhältnis zu den Fragen und Nöten der Menschen, zur modernen Kultur und zu gesellschaftlich brisanten Problemen findet.

Vor diesem Konflikthintergrund und angesichts der auch in der Kirche erfolgten Entwicklungen ist nun im weiteren der Frage nachzugehen, wo und inwiefern insbesondere die Laien, engagierte Frauen und Männer zu einem Impuls für eine menschenfreundliche Kirche werden könnten. Es will scheinen, dass das Feuer in der Kirche letztlich von unten her entfacht werden muss. Dafür ist es aber zuvor nötig, nun auch theologisch Rechenschaft darüber zu geben, was es mit den Laien auf sich hat bzw. wer sie theologisch *sind*.

Fünftes Kapitel

Theologische Rechenschaft: Die Laien als Christinnen und Christen

1 Warum eine Theologie der Laien?

Man kann sich fragen, was nun eine systematische theologische Rechenschaft über den Laien noch soll? Hat das Konzil mit seinen Ausführungen über Berufung und Sendung der Laien nicht schon das Entscheidende zum Ausdruck gebracht? Sind etwa die tiefen Gedanken (und damals geradezu revolutionären) Impulse eines J. A. Möhler, J. H. Newman, J. von Döllinger, J. Wittig, O. Karrer oder Y. Congar u. a. nicht mehr als des Guten genug? Schliesslich hat Pius XII. geradezu die Identität von Kirche und Laien promulgiert, wenn er darauf insistiert, dass »die Gläubigen und besonders die Laien in der vordersten Linie des kirchlichen Lebens stehen. Für sie ist die Kirche das Lebensprinzip der menschlichen Gesellschaft. Darum sollen sie, gerade sie, immer klarer das Bewusstsein haben: Wir gehören nicht nur zur Kirche, wir sind die Kirche.«[1]

Systematisierung will ja nicht heissen, unbedingt etwas Neues zu sagen. Vielmehr geht es darum, das, was Theologen und die reiche Tradition der Kirche zu unserer Fragestellung an erhellenden und vertiefenden Gedanken erbracht haben, im Zusammenhang zu bedenken. Es handelt sich dabei um Zugänge zum theologischen Verständnis des Laien, die gleichsam als Kriterien und als klärende Prüfsteine dienen, wenn es um weiterführende praktische Fragestellungen geht wie Apostolat der Laien und dessen konkrete Herausforderung, um Partizipation in der Kirche, um die Bestimmung des kirchlichen Amtes, um Spiritualität usw. Es genügt keineswegs zu sagen, was Laien tun dürfen, vielmehr ist theologisch zu begründen und zu bedenken, wer sie sind. Theologisches Nachdenken schenkt argumentative Kraft durch die Vertiefung des Anliegens und klärt Zusammenhänge.

2 Bedeutende Entwürfe einer »Laien-Theologie«

2.1 Yves Congar

Das imposante Werk Yves Congars über die Laien[2] verbindet dieses Anliegen mit der Rücksicht auf seine Zeit. Immerhin waren es bei Erscheinen des Buches noch 10 Jahre bis zum Konzil, das dann allerdings in seinen Aussagen und bei seinen Bemühungen, den Klerikalismus zu überwinden, auf Congars Werk und dessen Rezeption zurückgreift und den Ansatz bestätigt. Der Laie wird bei Congar vom Weltbezug her gedeutet. Mit Bezug auf die Lehre Thomas von Aquins bezieht sich nach Congar der Kleriker eher auf die Erstursache, also auf Gott, der letztlich alles ins Dasein ruft und im Sein erhält, während die Laien auf die Zweitursachen hin konzentriert sind. »Dass die innere Wahrheit der Zweitursachen durch die Erstursache beschlagnahmt wurde, dagegen erhob sich die moderne Laienbewegung, die im Grunde die Rechte der Zweitursachen, d.h. der irdischen Dinge wieder zur Geltung bringen wollte.«[3]

Vor diesem Hintergrund beschreibt Congar den Laien als den Menschen, »für den die Dinge existieren, für den ihre Wahrheit nicht durch eine höhere Beziehung wie versunken und abgeschafft ist. Denn was es für ihn, christlich gesprochen, auf das Absolute hinzubeziehen gilt, das ist gerade die Wirklichkeit der Elemente dieser Welt, deren Gestalt vergeht.«[4] Damit sind Laien und Kleriker auf das gleiche Ziel hingeordnet. Die Laien sind vollberechtigte Glieder der Kirche und haben dementsprechend auch in der Kirche Rechte und Pflichten. Ihre Spiritualität kann nicht in der Loslösung von dieser Welt im Geiste des mönchischen Ideals erblickt werden. Vielmehr geht es darum, dass die Laien gerade in der konkreten Welt den Anspruch erkennen, den Gott erhebt. Umfassend argumentativ beschreibt Congar das Verhältnis des allgemeinen Priestertums der Gläubigen zum Priestertum der geweihten Diener.[5] Später meinte er, dass seine Wertschätzung der Laien – eben aus der damaligen Situation heraus – »noch ziemlich klerikal«[6] gewesen sei. Trotzdem war er Bahnbrecher für ein neues theologisches Selbstbewusstsein der Laien im Hinblick auf die konziliaren Prozesse.

2.2 Josef Cardijn

Interessant scheint mir, dass der grosse Charismatiker und Praktiker des Laienapostolates, der Begründer der weltweiten Bewegung der Christlichen Arbeiterjugend (CAJ), Konzilsperitus und späterer Kardinal Josef Cardijn die Impulse Congars kaum aufgreift.[7] Ihm geht es um konkretes Laienapostolat und um die christliche Arbeiterjugend als Zelle der Laienbewegung unter der Arbeiterschaft. Die Umgestaltung des realen täglichen Milieus schwebte ihm vor, die Erfassung und Durchdringung der Massen im christlichen Sinne. Der gesamte Lebensraum sollte eine tiefgreifende Umformung erleben. Im Hintergrund stand das Bild einer Pastoral, die für gesundes Wasser sorgt, in dem die Fische schwimmen. Letztlich war das eine Zielsetzung in Richtung Milieu-Apostolat, das in etwa an den Milieu-Katholizismus erinnert, allerdings hier auf die Industrie- und Betriebswelt konzentriert, ähnlich wie das Experiment mit den Arbeiterpriestern. Dem hat auch die Schulung und Bildung zu dienen, denn die »Sendung des Laien als Laie … besteht darin, die weltliche und göttliche Sendung der Menschheit zu entdecken und sie wieder an das Mysterium der Schöpfung und der Erlösung zu binden; er muss der Welt des zeitlichen und profanen Bereiches ihre göttliche, religiöse, erlösende Bedeutung zurückgeben«[8]. Es geht um die Erfüllung einer Mission in einer entchristlichten Umwelt, wobei einer Ghetto-Kirche eine tätige Kirche entgegengesetzt wird.[9] Wenn Laien im profanen Leben ihre missionarischen Aufgaben wahrnehmen und die »in ihnen liegenden Gefahren« vermeiden, werden sie daran mündig.[10] Im Unterschied zu Y. Congar wird der weltliche Bereich nicht so sehr in seinem eigenen »Wert« erkannt, sondern eher als »Missionsgebiet« interpretiert. Zudem ist die Rolle des Laien von der des Priesters auch bezüglich der Zielsetzung im Schema »Klerus – Laie« klar unterschieden: »… der Priester muss für den Laien die Gnade bereitstellen, die er zur Ausübung seines Laienapostolates benötigt … Er reicht dem Laien Christus …«[11] Das bedeutet letztlich ein delegatives oder übertragenes Apostolat der Laien, nicht eines primär aufgrund einer unübertragbaren Sendung in Taufe und Firmung.

2.3 Gérard Philips

Ganz anders argumentiert der Löwener Dogmatiker Gérard Philips.[12] Bei allem Respekt gegenüber Y. Congar betont G. Philips stärker die Einheitlichkeit der Sendung von Laien und Priestern. Vor allem sieht er Unstimmigkeiten, wenn man die Laien auf den weltlichen und die Kleriker auf den geistlichen Bereich festlegt. Er wehrt einem spiritualistischen Rückzug der Kirche in eine sakrale Sonderwelt ebenso wie er den innerkirchlichen Wirkraum der Laien öffnet und auf den Glaubenssinn der Kirche (sensus fidelium) zu sprechen kommt, an dem die Laien Anteil haben. Dabei ist er vom Grundgedanken der Inkarnation inspiriert, der eine Nebeneinanderstellung von weltlicher und kirchlicher Sphäre unmöglich macht. Allerdings betont G. Philips auch die Vollmacht des Klerus und den Gehorsam der Laien und wehrt sich gegen die Autonomie der Laien, welche die Kirche »durch einen laizistischen Wind verpestet«.[13] Spürte hier der weitsichtige Theologe etwas, was die praktische Kirchensituation noch nicht gestattete? Immerhin wurde am 26. Januar 1955 das Buch von J. Thomé: »Der mündige Christ. Katholische Kirche auf dem Weg der Reifung«[14] auf den Index gesetzt, weil dieser die unsichtbare Kirche als geheimnisvollen Leib Christi von der sichtbaren Kirche unterschied, die nur durch mündige Laien aus ihrer Erstarrung herauskommen könne. Diese neuen Christen müssten auf das eigene Gewissen achten, sie müssten um die Grenzen einer von aussen kommenden Autorität wissen und persönlich zu verantwortende Entscheidungen übernehmen, um die Kirche aus ihrer Regungslosigkeit herauszuführen.

2.4 Josef Pieper

Eine etwas andere Tendenz verrät die Diskussion in den deutschsprachigen Ländern. Es mag sein, dass sich das sog. Laienapostolat dieser Länder durch die Form des Verbands-Katholizismus einer grösseren Unabhängigkeit vom Klerus erfreute als in Frankreich oder in den romanischen Ländern. Die Auseinandersetzung erfolgte auf einer grundsätzlichen Schiene des Verhältnisses von Glaube und Welt. So erinnere ich mich noch selbst an die Umfrage der Zeitschrift »Wort und Wahrheit« zur Frage nach den Laien und der Heiligung der Welt im Jahre 1958. Josef Pieper, der Münsteraner Professor für Philosophie, wehrte sich gegen den Kurzschluss einer weltlosen Religiosität, welche die natürliche Schöpfung gleichsam glaubte überspringen zu können.[15] Hintergründig ist ein Plädoyer für das Ernstnehmen der innerweltlichen Gegebenheiten zu spüren. Der Laie ist in diese Welt eingebunden, und dort sei eine genuine Laienspiritualität zu buchstabieren. Es war die Zeit der – ebenfalls in Münster – aufkommenden Politischen Theologie.[16]

2.5 Franz Xaver Arnold

Dieses Panorama drängte stärker auf die Frage nach dem Handeln der Laien in der Welt und nach dem Verständnis der weltlichen Bezüge aus der Sicht des Glaubens. Ist die Welt, um es etwas einfach zu formulieren, heidnische Umwelt, die es zu erobern gilt? Ist das gesellschaftliche Ambiente einer säkularisierten Welt einfach das Gegenüber zur Kirche, womöglich garstiges Feindesgebiet? Hat die Welt in ihrer unmittelbaren Realität auch etwas zu sagen oder ist sie lediglich zu bekehrendes Missionsgebiet? Die Frage nach dem Laien wird in diesem Horizont zu einer Frage nach seiner Spiritualität und nach seinem Handeln und Verhalten in den konkreten Lebenswelten. So galt schon Mitte der 50er Jahre die Aufmerksamkeit der welthaften Frömmigkeit.

Franz Xaver Arnold formulierte: »Haben Kultur und Zivilisation, Technik, Wirtschaft und Wissenschaft doch auch irgendwelche Beziehung zu jener letzten Wirklichkeit des Reiches Gottes, und welcher Art ist dann diese Beziehung?«[17] Mit Berufung auf Thomas von Aquin betont er die relative Eigenständigkeit und Eigengesetzlichkeit des profanen Bereichs gegenüber dem geistlichen. Die weltlichen Wirklichkeiten haben eine Bedeutung in sich und aus sich und nicht nur als Mittel im Dienst an der Kirche bzw. in ihrer Nutzbarmachung für letzte Ziele. Dadurch ist für ihn auch der Eigenwert des Laienstandes gegeben, nämlich das Werk Gottes in dieser Welt zu tun. Der Laie entwickelt seine christliche Frömmigkeit nicht neben seiner beruflichen Tätigkeit, sondern im Beruf; er findet seine Identität durch den Weltcharakter.

2.6 Alfons Auer

In die gleiche Richtung weist Alfons Auer mit seinem Werk »Weltoffener Christ«.[18] Weltoffenheit und Laienfrömmigkeit sind seine Schlüsselbegriffe. Christliche Laienspiritualität muss den Tatsachen des Lebens Rechnung tragen. Die Frömmigkeit des Laien kann und darf nicht weltlos sein. »Sie muss vielmehr am Stoff der Welt verwirklicht werden.«[19] Letztlich ermögliche das Ernstnehmen der nichtreligiösen Welt als Stoff erst die mystische Hinordnung auf Gott. – In seinem späteren Buch »Christsein im Beruf«[20] zeigt Auer am Modell der Berufsarbeit auf, wie aus dem christlichen Glauben heraus die irdische Wirklichkeit zu verstehen ist und wie aus einem solchen Verständnis heraus christliches Dasein fruchtbar vollzogen werden kann.

2.7 Karl Rahner

Während es A. Auer weniger um eine nach allen Seiten geschützte Definition des Laien geht, unterscheidet Karl Rahner klar zwischen Kleruszugehörigkeit bzw. kirchlichem Amt und Weltcharakter der Laien.[21] Für K. Rahner, zu dem man auch in unserem Fragezusammenhang nicht genug zur Schule gehen kann, hört das Laiesein dort auf, »wo in irgendeinem Umfang eine ganze oder teilweise Anteilnahme an der potestas iurisdictionis oder potestas ordinis oder an beiden beginnt«[22], jemand also Anteil am kirchlichen Amt hat. Positiv umschreibt er den Laien als »Christ, der in der Welt bleibt«.[23] Dabei ist für Rahner bei aller realistischen Sicht einer sündigen Welt diese kein kirchlich »exterritoriales« und widerspenstiges Missionsland, sondern sie wird positiv als Schöpfung Gottes und als erlösbare und zu heiligende Wirklichkeit gedeutet.[24] Der Laie ist somit »der von Gott in Christus Jesus in Gnade zum ewigen Leben Berufene« und als solcher Mitträger der geschichtlichen Greifbarkeit dieser Berufung und Gnade, welche durch die Kirche total sichtbar wird.[25]

Andererseits hat Rahner den Begriff des Amtes ausgeweitet, weil für ihn der Laienstand dort endet, wo jemand einen kirchlichen Dienst oder Beruf ausübt. So schreibt er schon Mitte der 50er Jahre jene bahnbrechenden Worte, die später auch im Zusammenhang mit den neuen Kategorien von Seelsorgerinnen und Seelsorgern bedeutsam werden sollten: »... überall dort, wo jemand auf irgendeine Weise rechtmässig im habituellen Besitz irgendeines (über die Grundrechte jedes getauften Kirchenmitglieds hinausgehenden) Stückes einer liturgischen oder rechtlichen Gewalt ist, ist er nicht mehr im eigentlichen Sinn Laie, gehört er eben nicht mehr zum einfachen ›Volk Gottes‹.«[26] Mit Berufung auf K. Rahner konnte man 20 Jahre später im Zusammenhang mit den Laientheologen/-innen im pastoralen Dienst argumentieren: »Im Grunde genommen ist ein Laie, der im Auftrag der Kirche offizielle Dienste und Aufgaben übernommen hat, ein Amtsträger im weiteren Sinn des Wortes; mindestens hat er ein Amt in der Kirche inne, auch wenn dieses Amt noch nicht offiziell zu einem Amt der Kirche geworden ist, das im Konsens der Gesamtkirche verankert wäre.«[27] Die Frage nach dem kirchlichen Status der sog. Laien-Seelsorger und -Seelsorgerinnen hat somit indirekt die theologische Vergewisserung über das »Wesen« des Laien forciert. Dabei zeigte sich schon, dass das Schema Laie-Kleriker sowohl dem Verständnisstand als auch der pastoralen Realität in der Kirche zu eng geworden war. Der Begriff Laie selber ist schillernd geworden. So kann K. Rahner in prägnanter Treffsicherheit formulieren: »Der Laie in der Kirche ist kein Laie, sondern – ein Christ.«[28]

2.8 Kleine Zwischenfrage: Laie als »Amt«?

Ob es zur Klärung der Problematik beiträgt, wenn die Sendung der Kirche bzw. des Volkes Gottes als Amt des Laien oder als Basisamt erklärt wird, ist m. E. mehr als fraglich.[29] Erstens ist das Christsein selber das Tiefste und Umfassendste, was von Laien theologisch ausgesagt werden darf. Es muss somit nicht mit Amtssiegeln geadelt oder überhöht werden. Zum anderen klärt es den Unterschied zwischen Laien und »Amtsträgern« mit klaren Führungs- und Entscheidungskompetenzen nicht. Wie noch zu zeigen sein wird, ist die Frage nach dem kirchlichen Amt eine praktische Frage und deshalb nicht mit Verweis auf die Grundsendung der Kirche zu spiritualisieren oder auf eine so allgemeine Ebene zu heben, dass das klare Profil des Amtes nicht mehr zu definieren ist.

Allerdings ist an dieser Terminologie zu würdigen, dass sie von der Einheit der Sendung von Priestern und Laien ausgeht und dafür ein Denkmodell bemühen will.

2.9 Edward Schillebeeckx

Auch Edward Schillebeeckx unterscheidet zwischen Amt und Laienschaft.[30] Er bestimmt aber den Auftrag der Laien, in der Welt das Reich Gottes zu suchen, als spezifisch christlichen bzw. ekklesiologischen Auftrag. Von besonderem Gewicht ist dabei die Konzilsdefinition des Laien: »Sache der

Laien ist es, kraft der ihnen eigenen Berufung in der Verwaltung und gottgemässen Regelung der zeitlichen Dinge das Reich Gottes zu suchen. Sie leben in der Welt .... Dort sind sie gerufen ..., durch das Zeugnis ihres Lebens, im Glanz von Glaube, Hoffnung und Liebe Christus den anderen kund zu machen« (Lumen gentium, 31).

Laien sind somit nicht einfach durch ihren sog. Weltcharakter definiert, sondern durch ihre christliche Beziehung zur Welt. Letztere wiederum ist eine durchgängige Perspektive der Kirche und keineswegs auf die Laien alleine beschränkt. Die Ämter der Kirche sind aber ihrerseits auf diese durchgängige Perspektive bezogen, sodass nun – im Unterschied zum Ansatz Rahners – die Grundlage all dessen eine fundamental laikale Grundstruktur ist, die der Kirche und allen ihren Glieder eignet. Während Rahner den Begriff des Amtes ausweitete, erfährt hier das Verständnis des Laien eine Bedeutungserweiterung.

Wenn mit diesen Überlegungen die Probleme und Fragen um das kirchliche Amt gelöst werden sollen, so verraten sie die Hilflosigkeit von theoretischen Ermächtigungen gegenüber praktischen Problemen und gegenüber der Widerstandskraft jahrhundertelang gewachsener Strukturen und Mentalitäten. Andererseits belegen all diese gedankenscharfen Überlegungen, dass der Laie letztlich in seinem Wesen nur dann erfasst ist, wenn er nicht in kircheninterner Absetzung vom Amt beschrieben wird, sondern in seiner Existenzweise als Christin und als Christ. Der Begriff »Laie« ist eigentlich entbehrlich geworden. Die Kirche verlöre nichts, wenn sie sich von diesem Wort verabschieden würde, aber sie verlöre praktisch alles, wenn sich die Laien verabschieden würden.

3 Zur Problemstellung

Im Grunde genommen, so haben wir gesehen, ist die Frage nach den Laien eine Frage nach der Kirche und nach dem Verständnis von Christsein. Es ist daher zu beschreiben, was Christsein bedeuten kann und was der Kirche in ihrer fundamentalen Zeugnisdimension fehlen würde, wenn sie ihre Sendung nur an die Kleriker oder an eine bestimmte Lebensform binden würde, wie das ja in ihrer Geschichte über weite Strecken der Fall gewesen ist. Dadurch hat sich die Kirche in diesem Bereich Lasten und Pseudoprobleme aufgesattelt.

Letztlich bergen die noch nicht ausgetragenen Probleme zwischen Klerus und Laien gleichsam inkognito tiefer gelegene Spannungsherde. Man denke an die Wertungsgefälle zwischen Weltlichem und Geistlichem, zwischen Gnade und Sünde, zwischen Geistigem und Fleischlichem, zwischen Ewigkeit und Zeit, zwischen Kontemplation und Aktion, zwischen Sonntag und Werktag oder zwischen Sakralität und Säkularität, zwischen sauberer Theorie bzw. Doktrin und kompromittierender Praxis ... Bislang wurde meist zwischen Idealität und Realität so unterschieden, dass alles gleichsam von sauberen und ewigen Prinzipien her beleuchtet, normiert und beurteilt wurde. Nur die Realität mit ihren produktiven sowie zerstörerischen Aspekten hatte kaum eine Stimme, obwohl sie weitgehend mächtiger war als die Ideale, die sie bändigen sollten. In letzter Konsequenz ging es scheinbar um eine Distanz zur menschlichen Realität, zur menschlichen Freiheit und zum menschlichen Denken, weil diese aus einer pseudotheologischen oder aus einer neurotischen Angst heraus grundlegend beargwöhnt und als Einfallstor der Sünde, des Abfalls und des Unglaubens verdächtigt wurden. Gott und Mensch, Evangelium und Welt, Gnade und freies Denken wurden z.T. selbstverständlich als einander entgegengesetzt oder als nebeneinanderliegende Bereiche gedacht.

Das aber ist ein Denkmodell, das die *inkarnatorische* Tiefe des Glaubens gedanklich nicht umzusetzen vermag. Es ist eine dualistische »Zweistockreligiosität«, die zwischen dem Raum des Heiligen und dem Raum der Sünde und des Allzumenschlichen trennt, als könnten Gott und Mensch nicht zusammenfinden. Das Ergebnis ist eine sakralisierte Religiosität, die aber nicht mehr sakramental zu verstehen wäre, wonach die Wirklichkeit Symbol und Ort für das Ankommen Gottes ist. Wie man sieht, geht es um das Verhältnis von Glaube und Wirklichkeit, von Idealität und Realität. Die Einstellungen den Laien gegenüber verraten seismographisch die Störungen und Anfälligkeiten in diesen Spannungsbereichen. Nicht die Polarität in den genannten Spannungsfeldern und Unterscheidungen soll hier bestritten werden. Eine einseitige und einlinige Bewertung, in der der eine Pol nur aus dem Blickwinkel des anderen betrachtet und gewichtet wird, führt jedoch zu Verzerrungen und Dämonisierungen, zu Zweiteilungen, die Zusammengehöriges trennen, statt aufeinander zu beziehen und füreinander fruchtbar zu machen.

Im Hintergrund der permanenten Zurücksetzung der Laien durch den Klerus waren geistige und geistliche Störungen wirksam, die Natur und

Übernatur, Gott und Welt, Weltflucht und Weltbejahung einander entfremdeten oder sie gar schieden. Das ist, bei Licht betrachtet, die versteckte eigentliche Problematik, wenn wir vom Laien in der Kirche sprechen.

Ohne die Laien würde die Kirche die Vielfalt ihrer Lebendigkeit, ihre pneumatische Wirksamkeit bis in die letzten Details der Wirklichkeit und bis in die entlegendsten Katakomben des menschlichen Bewusstseins unterbinden. Ohne die Laien würde sie nie echte Universalität und Communio erreichen, weil Gemeinschaft und Universalität im Detail beginnen, von »unten« nur wachsen können und Weltbezug eine Treue zur Unmittelbarkeit der unüberschaubaren Realität voraussetzt. Glaube ist nicht schon Welt; aber er liebt die konkrete Welt, weil Gott den Menschen zum Heil werden möchte. In diesem Sinn ist Kirche ohne Weltbezug nicht denkbar und dieser nicht ohne die Laien, ohne die unübersehbare und nicht mehr zu systematisierende und chaotische Fülle des Volkes Gottes.

In diesem Horizont stellt sich die Frage nach den Laien neu: Wie kann die Kirche mit ihrer Botschaft zur Welt kommen und in der Wirklichkeit ankommen? Wenn Laien nicht Kirche sind und gestalten, verliert die Kirche den Bezug zur Wirklichkeit und damit ihren von Gott zugewiesenen Weinberg.

Ohne die Laienfrage so zu stellen, ist es kaum möglich, das einseitige Gefälle oder die künstlichen Gegensätze zwischen Gnade und Realität, zwischen Geistlichem und Weltlichem, Geist und Welt, zwischen Seele und Leib, Heiligem und Profanem, zwischen Erfahrung und ihrer Deutung, zwischen kontemplativer Beschaulichkeit und aktivem Christsein und damit zwischen Glauben und Wirklichkeit zu heilen. Auch die Probleme um die Frau in der Kirche, um die Partizipation der Laien, um eine Askese der Entfaltung (und nicht der Ab-Tötung) und letztlich um eine sich diakonisch verschenkende Kirche sind kaum angemessen anzugehen. Es geht um nichts weniger als um Menschheit und Gott. Der Laie als Christ und Christin ist somit dort zu finden und zu beschreiben, wo Gott die Menschen sucht und wo die Menschen Gott suchen in der konkreten und widersprüchlichen Wirklichkeit des Lebens. Theologiegeschichtlich ist dies nicht nur durch die anthropologische Wende der Theologie (K. Rahner) vorbereitet worden, sondern auch durch die Theologie der irdischen Wirklichkeiten (T. de Chardin, J. B. Metz) und durch die insgesamt pastorale Ausrichtung, die die Theologie vom Zweiten Vatikanischen Konziel erhalten hat.

Von daher soll im folgenden die Frage nach den Laien zuerst als Suche Gottes nach dem Menschen angegangen werden. Dafür sind aus dem reichen Schatz der kirchlichen Tradition die Inkarnation und die sakramentale Grundstruktur der Kirche angemessene Zugänge. Die Antwort des Menschen auf die liebende und den Menschen suchende Initiative Gottes soll anschliessend mit den theologischen Überlegungen zur Einheit von Gottes- und Menschenliebe zu vertiefen versucht werden.

4 Gott auf der Suche nach den Menschen und ihrer Welt

Wenn schöpfungstheologisch gesprochen das ganze Universum und die Menschen von Gott ins Dasein gesetzt und in ihm gehalten sind, dann ist auch die Liebe Gottes zu seinen Geschöpfen und das Heilwerden dieser seiner Schöpfung eine universale Hoffnung. Und die Universalität des Heilswillens Gottes meint die ganze Wirklichkeit mit ihren guten und bösen Tagen und Taten und mit allem, was diese Wirklichkeit in ihrer Komplexität und Differenziertheit bis in die verlorenste Einzelheit hinein ausmacht. Die Laien gewährleisten diese Wirklichkeitsnähe der Kirche, die kein Detail dieser Welt und ihrer Geschichte von ihrer Heilshoffnung ausnehmen kann, ohne ihrer Berufung und Sendung untreu zu werden.

An der charismatischen Kraft der Laien bzw. ihrer konkreten Mündigkeit im jeweiligen gesellschaftlichen und kirchlichen Kontext lässt sich somit die Treue der Kirche zum Auftrag ihres einzigen »Meisters« gleichsam messen. Und über die Stellung und Einstellung der Laien lässt sich das Selbstverständnis der Kirche auf praktische Weise definieren. Es zeigt sich dann auch, welche Kluft zwischen Anspruch und Wirklichkeit bestehen mag und in welche Richtung Reformschritte gehen müssten. In diesem Sinn ist auch grundsätzliches theologisches Nachdenken eine Erhellung und Hilfe im Blick auf die Praxis und auf notwendiges Handeln.

4.1 Inkarnation: Gott will zum Menschen und in seine Welt

Bedingung des Glaubens ist nicht zuerst einmal die Entscheidung und die Wahl des Menschen, sondern das Handeln Gottes durch und in Jesus Christus. Inkarnation bringt in diesem Zusammenhang die fundamentale christliche Aussage zur Sprache, dass es der Mensch Jesus von Nazaret ist, in dem sich Gott authentisch gezeigt und sich selbst ausgesagt hat. Gott schickte seinen Sohn in Fleischesgestalt und lässt ihn unter den Menschen wohnen (vgl. Joh 1,14). »Der glaubende ... Christ darf, ja muss auch heute selig sagen: an Weihnachten ist Gottes Wort Fleisch geworden und hat unter uns gewohnt ... Auch heute darf und soll in seliger Unbefangenheit an Weihnachten verkündigt werden, dass Gott Mensch geworden ist«[31]. In der Person Jesu hat Gott sich so niedergelassen und bei ihm Einlass gefunden, allerdings ohne die Menschlichkeit Jesu aufzuheben, dass Jesus zum Wort der unwiderruflichen Zusage der Liebe Gottes für uns geworden ist. Wenn wir in diesem Sinn Jesus als Christus, als den in das Leben Gottes Aufgenommenen bekennen, dann sagen wir nicht, seine Menschlichkeit sei göttlich. Vielmehr soll ans Licht gebracht werden, dass in Jesus Christus zwischen Gott und Mensch eine Einheit von göttlicher und menschlicher Wirklichkeit eingegangen worden ist, ohne die sich der Mensch mit seiner Welt nicht ganzheitlich und von seiner erhofften Zukunft her angemessen verstehen und aussagen kann. Das »Geheimnis« der Inkarnation[32] ist somit von einer polaren »Spannung« der Einheit gekennzeichnet, ohne diese »Pole« zu vermischen oder gleichzusetzen. Aber diese Einheit ist auch nicht zu trennen, setzt sie doch letztlich den Menschen darüber ins Bild, was in ihm selbst zutiefst angelegt ist und als Verheissung schlummert. In ihm selbst gründet ein göttlicher Kern, der ihn über sich hinaus öffnen möchte auf das hin, was in Jesus Christus unüberbietbar zur Offenbarung für alle Menschen geworden ist. In Jesus Christus ist Gott gleichsam zur Welt gekommen und hat die Begrenztheit und Bedrohung von Stall, Krippe und Ablehnung nicht gescheut. Aber in Jesus Christus ist auch der Mensch zu Gott gekommen und damit zu einer bedingungslosen Freiheit, die sich von den Mächten dieser Welt nicht mehr erpressen lassen will, sondern sich letztlich in eine umfassende und endgültige Vorbehaltlosigkeit der Liebe entlassen und freigeben will. Was wir von Jesus so als Wort Gottes bekennend sagen, wird zur Hoffnung der Christinnen und Christen für alle Menschen: In ihm hat Gott sein Antlitz gezeigt.

Wenn wir somit auf das christliche Bekenntnis von der Inkarnation verweisen, so ist damit ausgesagt: »Jesus ist wahrhaft Mensch mit allem, was damit gesagt ist, mit seiner Endlichkeit, Weltlichkeit, Materialität und seiner Partizipation an der Geschichte dieses Kosmos in der Dimension des Geistes und der Freiheit, an der Geschichte, die durch den Engpass des Todes hindurchführt.«[33] Gleichzeitig ist damit zum Ausdruck gebracht, dass Gott sein Suchen des Menschen und seine Entäusserung in die Bedingungen unserer Welt als Selbstmitteilung oder als Beziehung (Bund!) nicht mehr widerrufen wird, dass er seiner Liebe zu uns treu bleibt, auch wenn wir selber treulos sind.

Was heisst das nun für unseren Zusammenhang? Es belegt mit den ehrwürdigen Argumenten der kirchlichen Tradition, dass der christliche Glaube selbst das grösste Plädoyer ist für die konkrete Wirklichkeit, für die Weltlichkeit der Realität mit ihren geschichtlichen Bedingungen, für das Denken und die Freiheit, für die Kreatürlichkeit bis hin zu ihrer Fleischlichkeit. Und diese Welt ist unmittelbare konkrete Erfahrung dafür, wie das Mysterium des liebenden Gottes in Jesus von Nazaret konkret geworden ist. Im Leben der Laien als Christen und Christinnen materialisiert und objektiviert sich gleichsam das Handeln der Kirche in einer Vielfalt und Differenziertheit, ohne die die Wirklichkeit auch in der Kirche nicht angemessen zu sich selber kommen kann. Die Laien garantieren gewissermassen diesen Wirklichkeitsbezug und darin die Welthaftigkeit des Christseins.

4.2 Jesus: Gott ist Heil

Über Jesus und sein Wort können wir uns ein Bild von Gott machen. Am Verhalten, Handeln und an der Botschaft Jesu wird für uns zugänglich und gleichsam ablesbar, was es mit dem Menschen vom Gott Jesu her auf sich hat und welche Würde dem Geschöpf gegeben ist.

Jesu Parteiergreifung für die Menschen, sein ganzes Verhalten ist geprägt und erfüllt von seiner einzigartigen Beziehung zu Gott. Gott, dessen »Herrschaft« und »Reich« Jesus in Wort und Tat verwirklichte, ist ein geschichtlicher Gott, der Gott der Bibel, in deren Tradition Jesus aufgewachsen ist. Es ist der Gott Israels, der Gott Abrahams und Saras, Isaaks und Rebekkas sowie Jakobs und Rahels. Er ist auch der universale Gott, der keine Götter neben sich duldet, der Gott, der sich den Menschen zuwendet.

Diesen Gott persönlich anzurufen hat Jesus sich nicht gescheut. Er verzichtete darauf, wie es damals teilweise üblich war, diesen Namen zu umschreiben. Er sprach von Gott als seinem und unserem Vater. Obwohl dies nicht ganz neu war, wird aber in den Gebeten Jesu eine neue Dimension und eine überraschende Nähe zu Gott als Vater sichtbar. »Mein Vater« als persönliche Gebetsanrede eines einzelnen an Gott stellte etwas Neues dar.[34]

Die Rede vom Sohn gleichsam im Gegenüber zum Vater ist demzufolge als christliches Proprium anzusehen.[35] Jesu Gottes-Erfahrungen wären mit dem Begriff »Erwähltsein« in ihrer tiefen Dichte nicht angemessen zum Ausdruck gebracht; vielmehr steht die gegenseitige Zuwendung und Beziehung von Vater und Sohn im Mittelpunkt, sei es als Gehorsam des Sohnes dem Vater gegenüber (Mk 13,32), sei es im Sinn der Bevollmächtigung des Sohnes durch den Vater (Mt 11,27). Was sich schon in den Exorzismen, in der Sündenvergebung, in der Jüngerberufung in seine Nachfolge und mit der Ankündigung des Reiches Gottes zeigt, vertieft sich gerade im Verhältnis zu Gott, den er Vater nennt.

Jesus verdankt sich diesem Gott und versteht sich und seine Sendung aus dieser unmittelbaren Gottesbeziehung heraus. Er ist in Person das Wort Gottes, d.h. die Gottesherrschaft als das endgültige Heil ist mit der Person Jesu verknüpft. »Denn Jesus proklamierte nicht nur die kommende Gottesherrschaft, sie wurde auch in ihm Ereignis, sein Wort, sein Tun, seine Person zusammenschliessend«.[36] Die Güte, Liebe und Gerechtigkeit Gottes und die Verheissung von »Leben in Fülle« (Jo 10,10) wurden im Menschen Jesus und in seinem Wirken für uns erfahrbar. Er ist damit in Person die Botschaft bzw. Hoffnung auf einen Gott, der den Menschen als freien und geliebten Partner ruft und annimmt.

Damit hat Jesus die schöpfungstheologische Sicht des Menschen radikalisiert, an die Wurzel ihrer Bedeutung geführt. Des öftern hat Jesus auf das verwiesen, was »im Anfang« war bzw. was der Plan Gottes gewesen ist. Der Mensch ist in dieser ursprünglichen Schöpfungssicht ein aus grundloser Liebe geschaffenes, wenn auch begrenztes Wesen Gottes. Damit ist das Entscheidende gesagt. Der Mensch ist nicht nur das in seiner Hilflosigkeit angenommene Geschöpf, sozusagen der kurierte Notfall, nicht zuallererst der Bettler oder Erbarmenswürdige. Vielmehr ist er in seinem Dasein bzw. Werden schon das in Liebe geschaffene Wesen. Seine Existenz ist von Gott besorgtes Dasein als Ausdruck seiner Liebe. Dass wir sind und werden, ist bereits Ausdruck seiner Liebe. Mit Kategorien wie Recht auf Ansprüche, Gehorsam, Unter- und Überordnung, Selbstbehauptung als Recht des Stärkeren und abkapselnder Selbstverwirklichung wird sie nicht mehr erfasst. So kennt Liebe letztlich keine Instanz, vor der sie eingeklagt oder gefordert werden kann. Wenn überhaupt, dann bindet sich Liebe dadurch, dass sie sich selber gibt und schenkt. Der Mensch und seine Wirklichkeit sind dadurch als Wert in und an sich ausgewiesen. Gerade darin erweist es sich, was es mit den Menschen von Gott her auf sich hat, ähnlich wie Gott sich einen Namen gab, indem er auf sein Handeln und Mitsein verwies: »Jahwe: ich bin der für Euch daseiende, und ich werde der für euch Seiende sein in Ewigkeit« (Ex 3,14). Auch der Name Jesus, Jeschua, verweist darauf, was es mit dem Weg und mit der Person Jesu auf sich hat: »Jahwe ist Heil«. »Heiland« ist m. E. nach wie vor ein glücklicher Ausdruck dafür.

Wenn im Lichte der Botschaft Jesu der Mensch in seinem Dasein Geschöpf der Liebe ist, dem Gott zum erfüllenden Heil werden will, dann kann das Christentum gar nicht anders als alle Berührungsängste zum Menschen und zu seiner Welt abzubauen. Letztlich ist das Christentum geradezu wirklichkeitssüchtig, denn es geht um die konkrete Welt als dem Ort und Raum, wo Gott ankommen will. Die Brücke dazu sind in der Kirche die Laien bzw. alle Glieder der Kirche. Deren innerkirchliche Einschränkung oder Eindämmung bedeuteten dann, dass Wirklichkeitszugänge unterbunden und die inkarnatorische Kraft gebremst oder verspielt werden.

4.3 Bleibende Nähe durch den Heiligen Geist

Wenn wir von der Inkarnation bzw. von Jesus Christus und im Lichte seiner Botschaft von schöpfungstheologischen Gesichtspunkten sprechen, dann stellt sich immer noch die Frage, wie kann Gott bzw. die Botschaft Jesu gegenwärtige Wirklichkeit prägen. Die Weise seiner Gegenwart sprechen wir im Bekenntnis zum Hl. Geist aus. Damit ist eine durchgreifende Perspektive des christlichen Glaubens zum Ausdruck gebracht, insofern der Glaube in der Geschichte an das Wirken des Geistes Gottes gebunden ist. Diese Frage hat die Kirche von Anfang begleitet. Als die Jesus-Bewegung mit ihrer Botschaft von der Sorge Gottes für die Menschen selber keine direkten Erfahrungen mehr mit dem historischen Jesus aufweisen konnte, war die Geisttaufe Grundlage ihres Glaubens, ihrer Sendung und der kirchlichen Gemeinschaftsbildung. »Das kraft des Pneumas oder Heiligen Geistes vorhandene neue Leben der Gemeinde bringt diese Glaubensgemeinschaft in Zusammenhang mit dem Lebenswerk und dem Tod Jesu von Nazaret. Pneuma und Anamnese: lebendige Erinnerung an die durch die Kirche überlieferte Geschichte wie auch das überlieferte Verhalten und der Lebensweg Jesu von Nazaret und die handelnde Gegenwart des Geistes Christi in dieser kirchlichen Glaubensgemeinschaft bilden die beiden Seiten ein und derselben Medaille«.[37] Von diesem Geist ist die Kirche beseelt; er wirkt im persönlichen Leben jener Menschen, die sich auf das Wort Jesu einlassen und in seinem Geiste das persönliche und gesellschaftliche Leben zu gestalten bemüht sind.[38]

Mit anderen Worten, im Geist ist uns der in Jesus Christus nahe gekommene Gott anwesend. Er ist geradezu das Geschenk der Gegenwart Gottes. Er will sich in die innerste Mitte unserer kreatürlichen Wirklichkeit verschenken. Natürlich ist dies keine objektive oder raum-zeitliche Vorstellung, sondern vielmehr von dynamisch-personaler Qualität im Sinne von Mitsein und Mitgehen, im Dasein und Fürsein für uns Menschen, so wie es schon der soeben erwähnte Jahwenamen ausdrückt: »Ich bin der für Euch daseiende« (Ex 3,14). Der Hl. Geist ist somit indirekt erfahrbar, gleichsam an seiner Wirkung zu erkennen, an seinen Gaben, wie es die Frömmigkeitsgeschichte auszudrücken pflegte, als Energie und als Kraft. »Das Tun des Geistes scheint darin zu bestehen, dass er kommt«.[39] Sein Kommen öffnet für die Verheissungen und verweist auf das je Grössere und Neue. Ihn selber bekommen wir nicht zu Gesicht (Jo 3,8). Er ist Geber, der sich als Gabe in seinen Gaben verausgabt, sich gleichsam in die Menschen hineinverschenkt. Er bewirkt Freude, schöpferische Phantasie, Mut und Vertrauen. So schenkt der Geist Gottes einem jeden Offenbarung, damit sie anderen nützt (1 Kor 12,7), Einheit (1 Kor 12,13) und Fähigkeit, Diener des neuen Bundes zu sein (2 Kor 3,6), Freiheit (2 Kor 3,17), Glauben (2 Kor 4,13) und Gemeinschaft (2 Kor 13,13). Seine Früchte sind Liebe, Friede, Geduld, Güte und Treue (Gal 5,22) sowie Einsicht und Weisheit (Kol 1,9), Kraft und Besonnenheit (2 Tim 1,7).

Der Geist Gottes und sein »Wehen« und Wirken sind nicht zu gängeln, er lässt sich seiner nicht bemächtigen. »Es ist der Geist, der letztlich alles wirkt ...; denn der Geist gibt ›wie er will‹. Aber dieser Geist überfährt den Menschen nicht, er zwingt den Menschen nicht auf die Knie ... Selbst der Geist respektiert die Veranlagung des Menschen ... Es wäre verheerend und absurd zugleich, wollte man die Begabungen der Menschen und die Wirkungen des Geistes auseinanderreissen (12,4–11).«[40] Der Hl. Geist ist nun keine Instanz, auf die man sich berufen könnte, um das Wehen des Geistes auf das Amt oder nur auf bestimmte anerkannte Wirkformen festzulegen. Auch kann man sich nicht im vorhinein auf den Geist berufen, um sich selber und die eigene Meinungen zu legitimieren. Es können sich im Streit auch in der Kirche Gegner auf die gleichen Schrifttexte und auf den Hl. Geist berufen. Das Wirken des Geistes kennt seine Kriterien. Dabei sind nicht ausserordentliche oder sonderbare Begabungen schon Merkmal des Hl. Geistes. Vielmehr werden wir erinnert: »Liebe Brüder, wenn Gott uns so geliebt hat, müssen auch wir einander lieben. Niemand hat Gott je geschaut; wenn wir einander lieben, bleibt Gott in uns, und seine Liebe ist in uns vollendet. Daran erkennen wir, dass wir in ihm bleiben und er in uns bleibt: Er hat uns von seinem Geist gegeben« (1 Joh 4,11ff).

Christliche Existenz kann somit fast lapidar als Leben aus dem Geiste Jesu umschrieben werden: »Die Hoffnung aber lässt nicht zugrunde gehen; denn die Liebe Gottes ist ausgegossen in unsere Herzen durch den Heiligen Geist, der uns gegeben ist » (Röm 5,5). Die Gabe des Hl. Geistes entflammt die Begabungen bzw. bringt die Früchte des Geistes hervor, die sich in konkreten Aufgaben bewähren. Das »Leben aus dem Geist« durchzieht die ganze urchristliche Grundhaltung und Ausrichtung: »Lasst euch im Geist entflammen und dient dem Herrn« (Röm 12,11). Die Sorge um den Geist ist geradezu ein Merkmal des christlichen Lebens: »Erneuert euren Geist und Sinn« (Eph 4,23) und eindringlich: »Löscht den Geist nicht aus« (1 Thess 5,19).

Damit sind uns Massstäbe für das gegeben, was wir Geisterfahrungen nennen mögen. Diese erschöpfen sich nicht im Wunderbaren oder gar Erfolgreichen, sondern bewähren sich im Alltag, der in der Regel der Ernstfall von Treue und Hingabe, der Bewältigung von Leiden und der Hoffnung ist. Aber auch in der Schwachheit und in eigener Ohnmacht ist der Geist Gottes stark (vgl. 2 Kor 12,9). »Denkt man daran, wie sehr der Geist Gottes die Symbole der Armut, der Ohnmacht, der Erfolglosigkeit und Unterlegenheit wählt und sich an die Kleinen, Verachteten, Rechtlosen und Notleidenden als Adressaten wendet, dann werden alle an der Siegermentalität orientierten Vorstellungen von Stärke und Erfahrung des Geistes in Frage gestellt.«[41] Und nicht unterschlagen werden darf, dass Be-Geist-erung und Freude am Evangelium, sagen wir auch die Freude an Gott, Erfahrungen und Früchte des Geistes zu nennen sind: Wir können unmöglich schweigen über das, was wir gesehen und gehört haben. Die Rede vom Hl. Geist verweist in eine solche Weite, in solchen Reichtum und in solche Lebendigkeit, dass er nicht zu definieren ist. Er umfasst oder übergreift alles, was wir oben an polaren Spannungsverhältnissen genannt haben: Geistiges und Materielles, Seelisches und

Körperliches, Profanes und Heiliges, Religiöses und Weltliches, Amt und Charisma, Klerus und Laien usw. So schöpferisch der Hl. Geist Gottes ist, so wenig erschöpft er sich. Somit ist er auch nicht in unsere begrenzende Begrifflichkeit zu bannen.

Aber was sollen diese Ausführungen im Blick auf das Thema der Laien in der Kirche?

Theologisch wird zwar nichts Neues gesagt, aber Entscheidendes in Erinnerung gerufen. Nichts, was zur Abgrenzung und Trennung von Geistlichen und Laien (Weltlichen) oder zur Zweitrangigkeit der Mehrheit des Volkes Gottes in offiziellen Belangen der Kirche oder zur prinzipiellen Degradierung der Frauen geführt hat und immer noch führt, kann sich auf das Zeugnis des Evangeliums oder auf die pneumatologische Sicht von Kirche und Christsein berufen. Von der Berufung her sind alle, Kleriker wie Laien, »Geistliche«: »Denn alle, die sich vom Geist Gottes führen lassen, sind Söhne Gottes. Denn ihr habt nicht den Geist empfangen, der euch wieder zu Knechten macht, so dass ihr euch fürchten müsstet; sondern ihr habt den Geist empfangen, der euch zu Söhnen macht, den Geist, in dem wir rufen: Abba, Vater! Der Geist selber bezeugt unserem Geist, dass wir Kinder Gottes sind« (Röm 8,14–16).[42]

Allerdings ergeht auch an alle Glieder der Kirche, Kleriker wie Laien, die Frage, ob es nicht an uns liegen kann, dass der Geist Gottes nicht mit der vollen Kraft wehen und dort wirken kann, wo er will. Die Mahnung »Löscht den Geist nicht aus« (1 Thess 5,19) gilt allen, die sich um glaubwürdiges Christsein und um eine überzeugende Kirche mühen bzw. die auf den Namen Jesu getauft sind.

Die theologische Rede vom Hl. Geist verweist zudem auf die Gegenwart Gottes in jeder geschichtlichen Stunde der Kirche und in jeder einzelnen Biographie. Die unsystematisierbare Fülle dieser Gegenwart sowie das stille Wirken des Geistes Gottes bis in die dunkelsten und hellsten Stunden dieser Geschichte und Geschichten »materialisiert« sich aber nicht nur in den Amtsträgern der Kirche, auch nicht nur bei den Frauen und Männern im »Stand der Vollkommenheit«, sondern in allen, die auf den Namen Jesu vertrauen und ihn suchen. Denn über alle ist das Pleroma, die »Fülle des göttlichen Lebens« (Kol 2,9; Eph 3,19) ausgegossen, welches in der Kirche anwesend ist (Eph 1,23). Somit untergräbt die Kirche das Wirken des Hl. Geistes, wenn sie das Zeugnis der Laien – trotz chaotischer und charismatischer Unbändigkeit – in einer Weise einengt, dass dieses nicht mehr zur vollen

Entfaltung gelangen kann. Und die Laien versündigen sich gegenüber ihrer Geistbegabung, wenn sie aus Bequemlichkeit oder Desinteresse lieber in der Rolle passiver Schafe verharren. Es liegt an ihrer charismatischen Kraft, sich dafür einzubringen, dass die Kirche geistesgewärtig und geistesgegenwärtig sich auf die gesellschaftliche und menschliche Wirklichkeit einlässt und dort Gott ankommen lässt.

4.4 Sakramentale Grundstruktur der Kirche

4.4.1 Zur Fragestellung

Mit den Hinweisen auf die Inkarnation, mit den schöpfungstheologischen und christologischen Überlegungen sowie mit den Aussagen zur geistgewirkten Dimension der Kirche war die Absicht verbunden, das volle Heimatrecht der Laien in der Kirche theologisch, d.h. von den Grundlagen des christlichen Glaubens her zu erhellen und zu begründen. Die Universalität des Heils von Gott her meint die ganze Wirklichkeit. Gott will alle Menschen erreichen und ihnen mit seiner Liebe nahe sein. Die Laien sind somit nicht nur Zeugen dieses Heilswillens Gottes, sondern bis zu einem gewissen Grad Garanten und Brücken dafür, dass die Wirklichkeit in ihrer unmittelbaren Weltlichkeit zu Gott finden bzw. in der Kirche vor Gott kommen kann. Mit der theologischen Rede von der sakramentalen Grundstruktur der Kirche kann das bisher Gesagte zusammengefasst und konzentriert verdeutlicht werden.

Vor allem kann der Zugang über die sakramentale Grunddimension des Christlichen vor allen Ideologien warnen, die den Glauben in einen sakralen Sonderraum verbannen wollen, um das Heilige vor der Welt, ihren Gefahren und dem Bösen gleichsam zu retten. Die Geschichte der Laien belegt genügend, wie die mindere Stellung der Laien und ihr Selbstverständnis von solch abwertenden und abwehrenden Vorstellungen geprägt und gesteuert waren. Im Gegenprofil zum Laien wurde der Klerus überhöht und mit der heiligen Herrschaft der Kirche praktisch gleichgesetzt. Dahinter verbarg sich aber, wie wir sahen, das grundlegende Schisma zwischen Gott und Welt, zwischen dem Heiligen und dem Profanen sowie zwischen Heil und Unheil.

4.4.2 Zum Verständnis der sakramentalen Grunddimension

Wir wissen, dass die sieben Einzelsakramente ihren je besonderen Charakter haben und Zeichen der Hoffnung in verschiedenen Lebenssituationen und an den sogenannten Lebens-Wenden sind. Was ihnen gemeinsam ist, kann nicht einfach nachträglich aus der Summe der 7 Sakramente herausdestilliert werden. Vielmehr haben die einzelnen Sakramente eine ihnen vorgegebene gemeinsame Basis und einen Bezugspunkt: Jesus Christus und sein in der Kirche wirkender Geist. Erst von daher werden sie Zeichen der Hoffnung und des Heils. Die ins konkrete Leben geerdete Hoffnung im Vertrauen auf das Wort und den Weg Jesu ist das, was den Kern der Kirche als pilgerndes Volk des Gottes Jesu ausmacht. Es geht dabei nicht um eine zur Praxis distanzierte Theorie. Vielmehr ist Kirche nur dort, wo sie geschieht, sich ereignet und wo immer Menschen aus dem Glauben an Jesus Christus ein solidarisches Verhältnis zu sich selber, zur Mit-Welt und Umwelt und darin zum Gott Jesu suchen und wagen. Der Sinn der Sakramente ist somit nicht aus der Addition der 7 Einzelsakramente zu folgern.

Das ist mit der sakramentalen Grunddimension von Kirche und Christsein gemeint: Das gläubig angenommene und gestaltete Leben von Christinnen und Christen selber ist Ereignis, Ort und Symbol, Zeichen und Hinweis für das, was es mit dem Menschsein unter dem Auge Gottes auf sich hat. Die sakramentale Grundstruktur und die einzelnen Sakramente stellen also nicht Hoffnung und Nähe Gottes *her,* sondern stellen sie *dar* und haben verweisenden und offenlegenden Charakter. Sie sind *Zeichen* der Hoffnung auf neues und befreiendes Leben, keine religiösen Leistungsausweise.

4.4.3 Sakramentalität ist nicht Sakralität

Eine Gefahr in der Geschichte des Christentums bestand immer wieder darin, den Glauben als reine Innerlichkeit oder als dem konkreten Alltag entzogenen Sonderbereich misszuverstehen. Das Weltliche, Profane wurde im Widerspruch zum Göttlichen und Heiligen gesehen.

Dahinter verbarg sich eine sakrale Auffassung von Religion: Das Religiöse war ein abgehobener Sonderbereich mit heiligen Zeiten, geheiligten Räumen, geweihten Personen, gesegneten Gegenständen …, die damit der Tendenz nach dem Profangebrauch und dem banalen und normalen Alltag entzogen wurden und versagt blieben. Diese Sicht drückt ein sakral-missdeutetes, aber kein sakramental verstandenes Christentum aus. Letztlich blieben Gott und Mensch bei einem solchen Denkansatz getrennt.

Sakramental meint demgegenüber das Ineinander von Glauben und Wirklichkeit, die Erfahrung von christlicher Lebenshoffnung in der konkreten Bruchstückhaftigkeit, sozusagen im Erdreich des unmittelbaren persönlichen und gesellschaftlichen Lebens.

Das menschliche Dasein ist aus sich nie eindeutig zu erfassen und für seinen ganzheitlichen Sinn durch-sichtig (transparent). Identität und Selbstfindung des Menschen geschehen nur bruchstückhaft. Alles menschliche Handeln ist meist vieldeutig und noch vieldeutiger zu interpretieren. Menschen stehen in einem Spannungsverhältnis

- zwischen Naturverfallenheit und Reifung zur eigenverantwortlichen Person
- zwischen Abhängigkeit oder Bestimmung von aussen und eigenem Freiheitswagnis
- zwischen gesellschaftlichen Lebensbedingungen mit Schuld-Strukturen und eigener Biographie mit Chancen und Grenzen
- zwischen Gelingen und Vergeblichkeit des Bemühens
- zwischen Glück und Unglück
- zwischen Lebenwollen und Sterbenmüssen
- zwischen vielen spannungsvollen und bestimmenden Polen und Einflüssen und der Sehnsucht nach Ganzheit.

Von daher kann auch bei besten Bedingungen Leben höchstens annäherungsweise gelingen. Das Ganze zu erleben und zu verbinden gelingt nicht. Daher ist das konkrete Leben für den einzelnen Menschen eine Gratwanderung

- zwischen Banalem und Einmaligem
- zwischen oberflächlichen und tiefen Erfahrungen
- zwischen gesunden und kranken Tagen
- zwischen Verirren und (sich) Finden
- zwischen Rücksichten und Absichten
- zwischen Pathos und Echtheit
- zwischen Egoismus und Erreichbarkeit für andere
- zwischen idealen Vorstellungen und harten Realitäten
- zwischen Zynismus und Dankbarkeit

- zwischen Treue und Untreue
- zwischen Depression und Zuversicht
- zwischen Schuld und Versöhnungssuche
- zwischen so vielen Ängsten und den Versuchen ihrer »Bändigung« oder dem Zulassen der Ängste.

Das konkrete Leben ist nicht in der Retorte zu entwickeln noch aseptisch unter klinischen Bedingungen fern von der Realität zu züchten. Es ereignet sich vielmehr im Humus der Wirklichkeit. Dieses konkrete Leben mit seinen existentiellen Spannungsfeldern bzw. als gelingende und misslingende Gratwanderung zwischen Fortschreiten und Rückschritten ist genau der Ort, wo der Gott Jesu den Menschen nahekommen und sich als Gott des Lebens erweisen will. Gerade in der Widersprüchlichkeit und unübersehbaren Verstricktheit des persönlichen und gesellschaftlichen Lebens ist der Ort zu suchen, wo Hoffnung in die Furchen des Alltags gesät und in den Herzen der Menschen aufgerichtet werden soll.

Christsein und Kirche sind somit nicht sakrale Sonderwelten in ausgesparten heiligen Bezirken und Räumen, gleichsam jenseits der Welt, der Fakten und Realitäten. Vielmehr wollen sie zur Verheissung werden, dass die konkrete Geschichte der Menschen auf ihre Sinnerfüllung vertrauen darf, dass das Dasein letztlich ein von Gott besorgtes Dasein ist und damit die Menschen ihren Weg in Hoffnung gehen dürfen. Diese Hoffnung vermögen die einzelnen Teilerfahrungen in der Welt nicht herzugeben noch selber zu »machen« und zu »erschaffen«. Die konkrete und nur bruchstückhaft wahrnehmbare Wirklichkeit wird zum Zeichen für Nähe Gottes und damit für Hoffnung unter den Menschen. Das ist mit der sakramentalen Grunddimension der Kirche bzw. des christlichen Lebens gemeint.

Da aber das menschliche Leben nur über viele Einzelakte, Einzelschritte und begrenzte Erfahrungen geschieht und für das Verstehen zugänglich ist, braucht es auch im Leben der Christinnen und Christen »punktuelle« Zugänge zur Tiefe und zur ganzheitlichen Lebens-Hoffnung, die uns durch Jesus Christus eröffnet worden sind. So sind alle Erfahrungen und alle Wege, die auf diese Tiefe hinweisen und dahin versammeln, von sakramentaler Natur und Bedeutung. In besonderer Weise sind die Einzel-Sakramente gleichsam Tiefenbohrungen, Kanäle und Zeichen, die konkrete und als bedeutungsvoll empfundene Lebenssituationen und Knotenpunkte mit dieser Hoffnungsperspektive verbinden und diese Erfahrungen zum ausdrücklichen Symbol für die Nähe Gottes zum einzelnen Menschen werden lassen. Diese unübertragbare Einmaligkeit zeigt sich übrigens auch darin, dass die Sakramente nie einer Masse oder einem Kollektiv gespendet werden, sondern immer dem einzelnen Menschen (»Einzel-Behandlung«). Jeder ist in seiner einmaligen Würde ernst genommen und unverwechselbar bei »seinem Namen« gerufen (vgl. Jes 43,1).

4.4.4 Ur-Sakrament und Grund-Sakrament

Von diesem Hintergrund her wird auch verständlich, warum in der jüngeren Theologie- und Seelsorgegeschichte ein juristisches und rituelles Verständnis der einzelnen Sakramente zurückgetreten ist zugunsten einer tieferen, ganzheitlichen und lebensgeschichtlich erhellten Sicht der Sakramente und der Kirche in ihrem Bezug zu Jesus Christus.

Daher sind noch zwei theologische Begriffe kurz zu charakterisieren, die im Verlaufe der letzten Jahrzehnte den Wandel im Sakramentenverständnis zusätzlich markieren und die Würde der Kirchenmitgliedschaft qualifizieren.

Schon vor dem Konzil hat Karl Rahner (und sein Mitbruder Otto Semmelroth) von Christus als *dem* sakramentalen »Urwort Gottes in der Geschichte der einen Menschheit« geschrieben[43], denn in Jesus ist »Menschliches« und »Göttliches« in Einheit verbunden. Im Dienste dieses Urwortes Gottes steht die Kirche, die K. Rahner gleichenorts »Ursakrament« nennt und »Ursprungsort der Sakramente« im eigentlichen Sinn. Die einzelnen Sakramente sind sozusagen Selbstvollzüge der Kirche. Kirche ist an ihrer Wurzel die geschichtliche Konkretisierung und Ausfaltung der Botschaft Jesu, sozusagen Verleiblichung und menschliche »Materialisierung« des Urwortes Gottes an die Menschen.

In diesem Sinn kann *Jesus das »Ur-Sakrament«* sowie das »Sakrament der Gottesbegegnung« (E. Schillebeeckx) und damit die entscheidende Ursprungsquelle für die *Kirche als Grund-Sakrament* genannt werden, woher die Einzel-Sakramente je ihr besonderes Profil als Zeichen und Symbole der Hoffnung gewinnen und entfalten können. Letztere sind in spezifischen Lebenssituationen aktualisierende liturgische Vollzüge des Grundsakramentes Kirche.

So ist auch vom Laien auszusagen, dass er Adressat und Träger dieser sakramentalen Grunddimension von Kirche ist.

5 Einheit von Gottesliebe und Menschenliebe als Seele der Kirche

Die dargestellten Zugänge zu einem theologischen Verständnis des Laien als Christ und als Christin sind gleichsam vom klassischen Bestand der kirchlichen Glaubenstradition gewonnen. Deren Formulierungen sollten uns davor bewahren, zu einlinige und zu einseitige Verständniszugänge zu eröffnen, und uns davor schützen, das Ganze nur aus der Pragmatik unseres Handelns und unserer Interessen zu sehen. Christen und Christinnen sind als solche nicht die Ersthandelnden, von denen die Initiative ausginge, sosehr ihr Handeln im Geiste der Nachfolge Jesu und der Umkehr eingefordert wird. Zuerst sind wir Beschenkte durch die Hoffnung, die uns in Jesus Christus eröffnet worden ist. Aus diesem Grunde haben wir die Suche Gottes nach dem Menschen primär dargestellt.

Im Anschluss daran ist nun im folgenden der Antwort des glaubenden Menschen entsprechende Aufmerksamkeit zu schenken. Wie ist die Suche des Menschen auf Gottes liebende Initiative, die Antwort auf das ergangene Wort Gottes in theologischer Vergewisserung zu vermitteln? Es geht letztlich um dies, was die Seele der Kirche ausmacht, um die ekklesiale Dimension unserer Fragestellung. Im Anschluss an die Theologie Karl Rahners[44] soll dies mit dem Gedanken der Einheit von Gottes- und Menschenliebe versucht werden. Dadurch gewinnen wir einen theologischen Zugang im Blick auf den handelnden Glauben bzw. auf die Seele der Kirche als Gott antwortende (anbetende) Gemeinschaft inmitten der Welt und unter den Menschen.

5.1 Christsein und Sozialform Kirche

Wenn theologisch nach der Kirche gefragt werden soll, dann sind hilfreiche Unterscheidungen angebracht. Die Kirche ist nicht umfassend verstanden, wenn sie nur als funktionale Reaktion auf gesellschaftliche Einflüsse interpretiert würde. Sie ist demgegenüber auch Echo auf die Botschaft und den Weg Jesu. Sie ist also nicht nur umfrage-reaktiv in Blick zu nehmen, sondern entscheidend botschafts-orientiert.

Festgehalten werden darf, dass Kirche da als solche erfahren werden kann, wo Menschen sich miteinander auf den Weg und die Botschaft Jesu von Nazaret einlassen und wo in unserem persönlichen und gesellschaftlichen

Alltag von jener neuen und grösseren Liebe und Hoffnung etwas gelebt und erfahren wird, von denen uns die biblischen Urkunden des Glaubens erzählen. Kirche wird demzufolge durch menschliche Beziehungen und Kommunikation in gesellschaftlichen Lebenswelten, in der Wirklichkeit bis hin zu unseren fiktiven Bildern von der Realität zum anschaulichen Hinweis auf das anbrechende Reich Gottes.

Der gesellschaftliche Standort und die Gesetze des Lebens fliessen stets in die konkrete Definition einer praktischen Kirchentheorie mit ein. Sie bestimmen mit, was Kirche soll und worin Christsein sich erfüllt. Es scheint mir gerade in der aktuellen Stunde eine Seite der Berufung der Laien zu sein, Realität und damit Zeitgenossenschaft in der Kirche in ihr Recht einzusetzen. Kirche verleiblicht sich in unterschiedlichen Lebenskontexten somit als Volk des Gottes Jesu und als »Zeichen und Sakrament der Einheit mit Gott und der Einheit der Menschen untereinander« (Lumen gentium, 1) *und* als empirisch zugängliche Gemeinschaft und Organisation. Sie bindet in sich die spannungsvollen Pole Gott und Welt bzw. Mensch. Daher hat sie gleichsam 2 Plattformen: die Gottesfrage(n) und die Menschenfragen. Sie sind nicht zu trennen. Sonst drohen von beiden Ebenen her immer wieder Bodenlosigkeit: Gottes-Verlust oder Realitäts-Verlust.

Die Berufung der Kirche, in Wort und Tat Zeugnis vom wiederkehrenden Herrn und von der Verheissung auf »Leben in Fülle« (Jo 10,10) zu geben, ist das glaubensgemässe Mass für alles, was Kirche in ihrer geschichtlichen Sozialform bzw. Gestalt ausmacht. Das Geheimnis bzw. Mysterium der Kirche ist somit keine abstrakte Geheimlehre, keine mysteriöse Religiosität, von der etwa Amtsträger den nicht eingeweihten Laien Mitteilung machen. Vielmehr zeigt sich das Geheimnis der Kirche als das allen Menschen angebotene und nicht in ihrer Verfügung stehende Ja der Liebe Gottes zu den Menschen und ihrer Welt. Die christliche Dimension, in der die Realität zum sakramentalen Symbol und Ort für Gottes Kommen in unsere Geschichte wird, ist der innere Kern aller Kirchlichkeit. Daraus ist zu folgern, dass die empirische Kirche insofern Berechtigung hat, als sie mit all ihren menschlichen Wunden und Wundern Ausdruck und Zeichen für lebendiges Christsein ist und diesem zu Diensten steht. Es ist somit vor einer kurzschlüssigen Trennung von Christsein und Kirche ebenso zu warnen wie vor einer voreiligen Gleichsetzung. Wenn Kirche nicht mehr als Erfahrungsraum von Lebenshoffnung aus dem Glauben an Jesus Christus heraus erlebt, wenn nicht mehr Kraft aus der gelebten Solidarität mit anderen geschöpft wird, versiegen leicht die psychologischen Voraussetzungen des persönlichen Christseins und die Zugänge zu den Quellen des Glaubens. Ausschlaggebend ist dennoch nicht an erster Stelle die soziologische Integration in die organisierte Kirche, sondern der existentielle Vollzug des Christseins als Gottesdienst und Menschendienst als die zwei Seiten der einen Medaille.

5.2 Biblische Magna charta des Christseins: Gottes- und Menschenliebe

5.2.1 Der gelegene und ungelegene Jesus

Realistischerweise sind manche Formen der heutigen Christusfrömmigkeit nicht zu leugnen, die in fast gnostischer Haltung aus der persönlichen und gegenwärtigen Verbindung zu Christus zu leben bemüht sind. Was an Christus bewegt, ist der eigene Weg zur unmittelbaren subjektiven Gottinnigkeit. Das soll nicht abgewertet werden. Es stellt sich aber die Frage, ob die Jesusbilder zuweilen nicht doch ins Schemenhafte verflachen und sich mit Anteilen von Projektionen und Idealisierung anreichern, die sich mit der biblisch vermittelten Realität des irdischen Jesus kaum vergleichen bzw. von dieser korrigieren lassen. Jesus ist auch mit seinen provozierenden Handlungen, mit seiner Botschaft von einem Gott, der das Heil der Menschen will und entsprechend Barmherzigkeit, Verzeihen und Liebe geltend macht, mit seiner Kritik an gesetzlich-ritueller Frömmigkeit und an ichbetonter Religiosität sowie mit seiner gesellschaftskritischen Predigt ernst zu nehmen. Die Botschaft Jesu, wonach er Gottes Nähe als seine konkrete Liebe verwirklichte, würde ansonsten zerschmelzen und als vages Klischee erst recht anfällig für subjektive Entschärfungen werden.[45]

Wenn in der Verkündigung Jesu, wie sie sich vor allem in der Bergpredigt oder in den Gleichnissen niederschlägt, sich ein Bezug zur Ethik Jesu finden lässt, dann ergibt sich als Kerngehalt die Einheit von Gottes- und Nächstenliebe (Mt 5,17; 22,40). Was gegen die Liebe ist, ist a-theistisch, ist nicht von Gott. Erst im Tun werden somit Versöhnung, Gerechtigkeit, Liebe glaubwürdig. Der Glaube als Gottes- und Menschenliebe wird erst im Vollzug authentisch. Das bedeutet, dass der Mensch seine Beziehung zu Gott nicht von seinem Verhalten zu den Mitmenschen trennen kann. Es ist nicht zum Gott Jesu zu kommen, ohne die Schwester und den Bruder in diese Bewegung miteinbeziehen zu wollen. Die Haltung Jesu ist diesbezüglich erschreckend und unbequem eindeutig: »Wenn du deine Gabe auf dem Altar opfern lässt und dich dort erinnerst, dass dein Bruder etwas gegen dich hat, so lass deine Gabe dort vor dem Altar, und geh, zuerst versöhne dich mit deinem Bruder. Und dann komm und opfere deine Gabe« (Mt 5,23f).

5.2.2 Verhältnis von Glaube und Liebe (bzw. von Orthodoxie und Orthopraxie)

Geht somit Orthopraxie vor Orthodoxie? Wie ist das Verhältnis von Glaube und Liebe? Oder hat nicht der Glaube doch Vorrang? Mit Berufung auf die Stelle im ersten Johannesbrief »Gott ist Liebe« (1 Joh 4,8; vgl. auch 11ff) ist zusammenzufassen, dass wir in der Nachfolge Jesu nicht allein dadurch stehen, dass wir Gott »bekennen«, sondern dass wir die Liebe tun. Bestimmend sind die konkreten, wenn oft auch mühsamen und meist kleinen Schritte der Solidarität, der Liebe, des Verstehenwollens und der Versöhnungsbereitschaft und einer ausharrenden Treue und Gelassenheit. Darin erfüllt sich – vor allen Positionen in der Kirche und vor allen noch so religiös angereicherten Frömmigkeitsformen – die christliche Identität. Das Vermächtnis der im Geiste Jesu inspirierten Aussagen, wie sie im ersten Johannesbrief zu finden sind, ist kompromisslos grundsätzlich: »Wer nicht liebt, hat Gott nicht erkannt« (1 Joh 4,8) und: »Wie kann die Liebe Gottes in dem bleiben, der Vermögen hat und sein Herz vor dem Bruder verschliesst, den er in Not sieht?« (1 Joh 3,17). Primär ist somit die Liebe als Haltung und Vollzug, die allerdings vom Glauben her über ihre letzte Tiefe (Sinnspitze) und Erfüllung gleichsam ins Licht gesetzt wird.

Der allererste »Gegenstand« der Liebe und einer im Geiste Jesu diakonischen Kirche ist somit nicht die Not der anderen oder deren Bedürftigkeit, nicht die Situationen und Ursachen menschlichen Leids und Versagens, auch nicht Krankheit, Schuld und Sterben, sondern vor allem der konkrete einzelne Mensch selber, mit all seinem Suchen und mit all seinen Begabungen und mit alldem, was er sich, den Mitmenschen und Gott gegenüber schuldig bleibt und bleiben muss. Liebe ist somit nicht nur Konsequenz aus dem Glauben, sondern mit-konstituierende Dimension des Glaubens.[46]

5.3 Mystische Tiefe der Kirche

5.3.1 Kirche: Heilsmysterium

Kirche ist eine komplexe Wirklichkeit, die »aus menschlichem und göttlichem Element zusammenwächst« (Lumen Gentium, 8). Sie ist Mysterium, insofern sie ihre innere Einheit durch ihre Verbindung mit Jesus Christus findet. Sie ist eine empirische Wirklichkeit, insofern sie in soziologischer Sicht Gemeinschaft von Menschen ist.

Ursprünglich bedeutete »Communio« nicht Gemeinschaft zwischen Menschen, sondern die durch Taufe erworbene mit anderen gemeinsame Anteilhabe an den Gütern des Heils. »Die jeweilige durch die Taufe grundgelegte communio der Kirche am Ort, welche in der gemeinsamen Feier der Eucharistie ihren Höhepunkt findet, muss freilich ihrerseits mit allen anderen Ortskirchen, welche ebenfalls an der einen Taufe und an der einen Eucharistie teilhaben, in communio stehen.«[47] So besteht die universelle Kirche »in und aus« Ortskirchen, wie das Zweite Vatikanum formuliert (Lumen gentium, 23).

Das Einheitsprinzip ist weder eine Zentralregierung in Rom noch der freiwillige Zusammenschluss vieler Ortskirchen aus demokratischem Willen heraus, sondern allein die Gemeinschaft im Glauben an Jesus Christus und letztlich die Eucharistie-Gemeinschaft. Insofern kann man sagen, dass in jedem quantitativen Teil der Kirche qualitativ die ganz Kirche gegenwärtig ist, wenn auch keine Teilkirche alleine das Ganze ist

Wenn Kirche von ihrer hohen Zielsetzung her als »Hoffnungsgemeinschaft« umschrieben wird, die sich auf Jesus Christus einlässt und sich auf ihn verlässt, dann ist mit dieser theologischen Formulierung die soziale Bedeutung von Kommunikation zwischen den Menschen eingebunden und grundgelegt. Die Kirche ist – vor aller funktionalen Bestimmung und disparaten Vielfalt im Tun – eine Gemeinschaft. »Schon die Erwählung Israels, die Herausführung, die Heimholung und die Verheissung richtete sich immer an das Bundes*volk*, eine Dimension, in der auch Jesus selber in seinem jüdischen Glauben und in seiner eschatologischen Hoffnung lebte, handelte und verkündete ... Bei aller Wandlung des soziokulturellen Kontextes vom Judenchristentum zum hellenistisch-heidenchristlichen Raum bleibt es selbstverständlich, dass christlicher Glaube sich immer einbettet, verflochten und in wechselseitiger Kommunikation mit anderen Männern und Frauen, mit kleinen Hausgemeinden oder einer grösseren Kirche befindet.«[48]

Kirche wird demzufolge durch mitmenschliche Beziehungen und Kommunikation zum Zeichen des anbrechenden Reiches Gottes und zum Sakrament des Heiles. »Liebt einander. Wie ich euch geliebt habe, so sollt auch ihr einander lieben« (Joh 13,43). Wenn in diesem Zusammenhang von »Communio« oder »Koinonia« die Rede ist, dann ist damit kein Nebeneinander von vielen Aktivitäten, kein diffuses Wir-Gefühl oder Linientreue im Sinne eines Korpsgeistes gemeint, sondern das Offenbarwerden der Güte und Menschlichkeit, die von Jesus Christus her zur Sprache kommen und zu einem neuen Verhalten führen will – und zwar ohne jegliche abwertende Differenz zwischen Geistlichen und Fleischlichen, zwischen Klerikern und Laien oder zwischen Mann und Frau.

Für eine Kirche, in der sich Gottesdienst und Menschendienst verbinden, ist damit eine eminent kirchen- bzw. christenkritische Dimension eingebracht. Dies liegt auf der Hand, wenn wir an die innerkirchlichen Streitfälle auf den verschiedenen Ebenen denken, an das Gefälle Klerus-Laien, an die Dominanz der Männer in den Entscheidungsgremien, an die mangelnde Partizipation und miese Konflikthandhabung, an viele anonym wirkende »bürgerliche« Pfarreien oder an die zentralistische Grosskirche und an den zögerlichen ökumenischen Brückenschlag usw.

5.3.2 Optionen für eine Kirche als Heils-Mysterium

Daraus erwachsen konkret folgende Optionen, die die theologische Vision mit der konkreten Handlungsebene verbinden wollen:

– Das *ganze* Volk Gottes ist Zeichen des ankommenden Heils und verantwortlich für die Sendung der Kirche. Niemand ist als unberufen auszuschliessen; denn von Gott her sind alle berufen und »beansprucht«, Subjekt christlichen Handelns zu werden.

– Das Volk Gottes wird aus seiner mystischen Tiefe bzw. aus der Quelle des gottesdienstlichen Feierns und Dankens seine sakramentale Ursprungsenergie schöpfen.

– Das Volk Gottes wird nur im Wagnis der Solidarität mit den Menschen in Not und Armut glaubwürdige Gemeinschaft: Insofern ist die Kirche kein beliebiger Verein, sondern eine diakonische Gemeinschaft, in der Menschen Verbindlichkeiten eingehen.

– Frauen und Männer in der Kirche können nicht einfachhin ein System von Glaubenssätzen (Katechismus) weitertradieren; vielmehr werden sie –

der Freiheit und dem Vermögen der Menschen Rechnung tragend – personalen Glauben als Antwort auf die Existenzfragen der Menschen und zur Gestaltung des gesellschaftlichen Lebens wagen müssen.

– Die Kirche wird alle Formen der Diskriminierung zu überwinden suchen und sich als Gemeinschaft von Frauen und Männern und von Jüngeren und Älteren verwirklichen.

– Die Kirche wird zu einer Stätte, wo der ganze Reichtum der auseinandergebrochenen christlichen Tradition in partnerschaftlicher Ökumene eingebracht werden kann.

– Die Kirche wird sich nicht als ein sich selbst erwärmender Ofen genügen, sondern erkühnt sich zu einer um die Gesellschaft und um den Einzelmenschen sowie um die Welt als Schöpfung Gottes engagierten Praxis.

5.3.3 Kirchliche Gemeinschaft dient personalem Glauben

Wer glaubend und hoffend sich auf das Evangelium d.h. auf das Wort und den Weg Jesu von Nazaret einlässt, gewinnt daraus den entscheidenden Koordinatenpunkt seines Lebens. Dieser Glaube erweist und vertieft sich von seinem Ursprung her als neue Beziehung zu sich selbst, zur Mit-Welt und Um-Welt und darin zum Gott Jesu. Er erfüllt sich nicht als Lehre oder als religiöses Ritual, sondern dadurch, dass aus der geschenkten Hoffnung heraus konkrete Hoffnungsschritte getan und Liebe sowie Solidarität praktiziert werden.

Im Mittelpunkt christlicher Daseinsgestaltung und damit allen kirchlichen Lebens steht der persönliche Glaube an den in das Leben Gottes aufgenommenen Jesus, der Gottes Lebensabsicht für jeden Menschen und sein Ja der Liebe zu jedem Menschen offenbar werden liess. Aus dieser Lebens-Hoffnung ist Lebens-Mut und Lebens-Kraft zu schöpfen und auszuteilen gegen alle zerstörerischen Erfahrungen des Sterbens, des Leidens und der scheinbaren Allmacht des Todes.

Doch zum Glauben findet der einzelne Mensch nicht aus eigener Gnade. Der Glaube kommt vom Hören. »Höre Israel« (Dtn 6,4) steht im Mittelpunkt des jüdischen Gottesdienstes als Zeichen des von Gott ausgehenden Heilshandelns. Dieses Hören ist Gabe und Aufgabe. Von Menschen wird das offene Ohr und das bereite Herz erwartet, sich auf das Gehörte einzulassen und daraus das eigene Handeln bestimmen zu lassen.[49] Auch Paulus ruft eindringlich in Erinnerung, dass der Glaube vom Hören komme

(Röm 10,8–15). Das Hörenkönnen und das Vernehmen des Wortes Gottes setzen aber die verkündigende Kirche voraus.

Doch der Ersthandelnde bleibt Gott. Ausgangsereignis jeder Verkündigung ist das: »Und Gott sprach«. Dabei hat Gott sich den Menschen jeweils situationsgemäss erschlossen: »Viele Male und auf vielerlei Weise hat Gott« (Hebr 1,1) zu uns Menschen gesprochen. Dass das Wort Gottes den einzelnen Menschen erreicht, ist ein Dienst der Kirche.

Kirche findet somit ihre Existenzberechtigung darin, dass sie gleichsam den Gottessamen in die Furchen des individuellen und gesellschaftlichen Lebens sät und streut und eine Ahnung von dem immer noch grösseren Gott Jesu vermittelt und selber ausstrahlt. Dieser Mut zum eigenen Auftrag ist heute um so dringlicher, als viele Hoffnungsressourcen ausgeplündert und bei vielen Menschen erschöpft erscheinen.

Kirche kann nicht erwarten, eine dialogische Gemeinschaft bzw. Communio zu werden, wenn sie nicht in ihren ureigensten Lebensvorgängen aus dem Geiste Jesu zu handeln bemüht ist und im »Dialog« mit Gott kommunikative Gemeinschaft wagt. Die Verheissung Jesu: »Wo zwei oder drei in meinem Namen versammelt sind, da bin ich mitten unter ihnen« (Mt 18,20) hat auf der Ebene der empirischen Kirche durchaus verbindende Bedeutung.

Dafür steht der Kirche beim Vollzug der einander durchdringenden Grundgesten wie Martyria (Verkündigung), Leiturgia (Gottesdienst) und Diakonia (Menschendienst) ein reiches Instrumentarium zur Verfügung, z.B. Religionsunterricht, Gemeindekatechese, Bibelarbeit, Erwachsenenbildung, Predigtverkündigung, Meditationsgruppen, Öffentlichkeitsarbeit, Medien, Theologie, Verbände und Vereine, Sakramentenpastoral, Gottesdienste und Gebetsreichtum, Rhythmus des Kirchenjahres, soziale Dienste und diakonische Werke, Beratungsstellen, Hilfswerke, Bildungseinrichtungen, kulturelle Projekte, aber auch oppositionelle Bewegungen und neue Formen wie City-Kirche, ökumenisch gemeinsame Wege usw. Die Auflistung allein zeigt schon, wie viele Wege offenstehen. Entscheidend wird jedoch sein, dass immer wieder der Bezugspunkt zum einenden »Prinzip« oder zur Ursprungstreue zurückgefunden wird: zum menschenfreundlichen Gott. Andernfalls werden auch kirchliche Aktivität und pastorales Handeln unter der Hand gottlos. Sie verlieren ihre Seele und werden auf Dauer sinn-los.

Doch damit ist nur ein wesentlicher Aspekt einer Kirchen-Theorie genannt. Dieser Aspekt ist, wie schon früher betont, nicht situationslos zu definieren. Die Frage nach der Kirche und nach christlicher Praxis ist – wie schon vermerkt – über das konkrete Leben zu definieren. Diese Lebensrelevanz ergibt und zeigt sich nur unter gesellschaftlichen Bedingungen, von den Menschen und ihrer Welt her.

5.4 Diakonische Kirche als solidarische Handlungsgemeinschaft von Christinnen und Christen

Die Verankerung in der Botschaft Jesu ist sozusagen der eine unverzichtbare Pol. Aber der Ort, wo sich die Gottesfrage bewähren und in vielen kleinen Schritten sozusagen auferstehen will, sind die Menschenfragen. Gottesdienst und Menschendienst sind wie zwei Pole, die wohl in Spannung zueinander stehen, aber einander unverzichtbar bedingen.

Versuchungen lauern auch hier, nämlich überall dort, wo die Kirche sich von den Menschen zurückzieht und über Gebühr sich selbst thematisiert, wo Menschen in fundamentalistischen Formen sich absichern oder in innerkirchlichen »Kuschelgruppen« sich selbst einigeln und genügen wollen, wo das Rechthabenwollen die Liebe dominiert.

5.4.1 »Die Wahrheit tun« (Diakonie-Formen)

Auch wenn wir im konkreten Alltag gegenüber dem Anliegen Schuldner bleiben, so ist doch unverkürzt der Anspruch zu vertreten: Kirche lebt dort, wo sie aufgeht im Dienste an den Menschen und im Dienste dessen, dem sie sich verdankt. Der gesellschaftliche Standort ist somit für die Christen und Christinnen der Ort, an dem die »Wahrheit zu tun« ist (Joh 3,21), wo Gottes Dienstanweisungen (Gottes Wille) konkret zu suchen und praktisch auszuführen sind. Für eine Kirchentheorie sind somit diese Orte zu benennen, denn sie bestimmen den Horizont für die Christenpraxis und den Ort, wo Optionen zu treffen und zu verantworten sind. Solche Herausforderungsfelder seien im folgenden nurmehr genannt.

Eine praktische Kirchentheorie wird somit danach fragen, ob und wie sich die Christen und Christinnen als charismatisch Erstverantwortliche mit den amtlich Zweit-Verantwortlichen dort engagieren, wo immer es gilt, die menschlichen und gesellschaftlichen Probleme als »Dienstanweisungen« Gottes wahrzunehmen und solidarisch aufzugreifen. Dort sind die Orte konkreter Liebe bzw. Diakonie zu suchen und zu finden.

5.4.2 Dienstanweisungen Gottes

Zu denken ist dabei an die *politische Diakonie*, die auf die Armut an elementaren Lebensbedingungen eine Antwort sucht. Es sei erinnert an die Ursachen für Hunger, Ungerechtigkeit, Sexismus und ideologische Abwertung von Menschengruppen (Rassismus) sowie das Eintreten für eine gerechte Wirtschafts-Ordnung.

Im engsten Verbund damit stehen die Sorgen um die Zukunft angesichts der Gewalt gegenüber der Natur sowie zwischen Menschen, verschiedenen Rassen und Nationen. Ausdruck solcher *Friedens-Diakonie* ist m. E. der konziliare Prozess für Gerechtigkeit, Frieden und Bewahrung der Schöpfung, dem man neuen Schwung und langen Atem wünscht.

In diesem Spektrum sind auch ethisch und strukturell wichtige Weichen zu stellen, wenn immer in der praktischen Politik nach den tragenden Werten und nach kultureller Gestaltung des Lebens (Gentechnologie, Strafrecht, Ehe und Familie ...) oder lokal, regional und global neue Solidaritätsstrukturen das gesellschaftliche Miteinander gestalten sollen. Dies verbinde ich mit *ethischer und kultureller Diakonie.*

Des weiteren sind die eher individuellen Notlagen und Aufgabenstellungen nicht zu übersehen. Die *therapeutische Diakonie* lässt sich auf die oft namenlose Not der geistigen, psychischen und körperlichen Behinderungen einzelner ein.

Die *soziale Diakonie* engagiert sich angesichts der Armut an Mit-Welt und an zwischenmenschlichen Beziehungen. Sie bemüht sich um Solidarität mit isolierten, vereinsamten, vergrämten oder müdegewordenen Menschen, die aus ökonomischen, gesellschaftlichen, seelischen oder biographischen Gründen behindert sind, mit anderen in Beziehung zu treten.

In all diese Bereiche verwoben sind die Verlegenheit und die z. T. tabuisierten Fragen um Lebenssinn und Lebensperspektiven, die an ihrer Wurzel religiöse Dimensionen offenlegen und oft eine Armut an Lebenszuversicht und an Hoffnung an den Tag bringen. Angesichts der Sinnkrise und Glückssuche der heutigen Menschen (Ganzheitlichkeits-Sehnsucht) scheinen viele um Antworten verlegen und suchen sie oft nicht bei den Kirchen. Wenn Lebensperspektiven zerbrechen und Lebensfreude in Verdruss oder Ekel umkippen, versteht sich *religiöse Diakonie* als Antwortversuch auf die Sehnsucht nach »Leben in Fülle« (Joh 10,10)

5.4.3 Mut zum Wagnis

In all diesen Herausforderungsfeldern ist praktischer Christenmut gefragt. Sie spiegeln das Panorama wider, vor dem Christinnen und Christen gefordert und gerufen sind, wo Kirche Gottesdienst und Menschendienst als die zwei Seiten der einen und unteilbaren Sendung zu wagen hat. Man kann es gar nicht ernsthaft genug bedenken: Die konkrete Liebe ist nicht erst eine Konsequenz aus dem Glauben, als ob Liebe (nach oder hinter) dem Glauben nachhinke, sondern ist Vollzug des christlichen Glaubens. Kirche ist somit insofern real existierendes Christentum, als sie dienende und versöhnende Kirche ist. Diakonie als Vollzug von Liebe und Solidarität ist theologisch und praktisch der Grundakkord der christlichen Dimension von Kirche.

Damit sind alle innerkirchlichen Separatismen und Klassengesetze im Lichte des Glaubens einer radikalen prophetischen Kritik ausgesetzt. Noch viel mehr aber sind die grundlegenden Perspektiven erschlossen, die die Laien zusammen mit den Dienstträgern der Kirche aufruft und ermächtigt, ihr Christsein in seiner ganzen charismatischen Kraft zu wagen und zu leben. Aber keine und keiner können sich mit Hinweis auf eine sündhafte und schuldhafte Kirche selber aus der eigenen Haftbarkeit für eine glaubenswürdige Kirche und aus der Verantwortung für das eigene Christsein davonstehlen. Denn das Mündigwerden können nicht andere abnehmen, mündig werden kann man nur selber, allerdings nicht alleine. – Dem sollen die folgenden Kapitel Aufmerksamkeit widmen.

Sechstes Kapitel

Zum Tat-Ort christlicher Praxis von Laien

Bisher haben wir nach einem geschichtlichen Rückblick auf die Rolle der Laien im Katholizismus den Blick auf die aktuelle gesellschaftliche und kirchliche Situation gerichtet. Vor diesem situativen Hintergrund erfolgte dann die theologische Vergewisserung und grundsätzliche Rechenschaft. Aus der Spannung zwischen dem situationsorientierten Ist-Zustand und dem grundlegenden theologischen Auftrag ergibt sich nun die Frage nach dem Handeln, nach den weiteren Zielen und konkreten Schritten von Handlungsperspektiven. Die folgenden exemplarisch gewählten Aufgabenfelder mit ihren konkreten Handlungsreichweiten wollen das Anliegen erhärten und andeuten, ohne eine umfassende (praktisch-theologische) Konzeption bieten zu wollen – die auch gar nicht möglich wäre.

Für die folgenden Überlegungen soll nochmals an das Ergebnis erinnert werden, das sich aus den Umbrüchen in der Gesellschaft und aus deren Einfluss auf die Kirche ergab. Als Resümee folgerten wir, dass im Hinblick auf die Rolle der Laien sich die Probleme und Wege der Problemlösung des 19. und der ersten Hälfte des 20. Jahrhunderts nicht mehr anbieten. Denn der zweite sog. Modernisierungsschub hat in den letzten Jahrzehnten den formierten Milieu-Katholizismus weitgehend aufgelöst. Das Bollwerk ist zerbröckelt. Es braucht heute einen neuen Brückenschlag, der nicht auf die früheren, sondern auf die aktuellen Herausforderungen mit ihren Bedingungen für Problemlösungen antwortet. Dem will das folgende Kapitel seine Aufmerksamkeit widmen.

Doch zuerst werden wir nach dem Horizont für unsere Frage suchen, d.h. nach einem Verständnis von Leib- und Seelsorge fragen, das zwar um die Notwendigkeit von theologischen Fachleuten weiss, aber das seelsorgerliche Handeln nicht nur auf die Professionellen reduziert, sondern auf alle, denen lebendige Kirche am Herzen liegt. Im Anschluss daran stellt sich die Frage, wo nun die Handlungsfelder der Laien bzw. die Tatorte christlicher Praxis zu finden und zu orten sind, ohne sich in Patentrezepte verlieren zu wollen. Damit ist das Terrain beschrieben, das nach neuen Sozialformen – im Unterschied zu den Wegen des Milieu-Katholizismus mit seinen fest abgestützten Organisationen und gesellschaftlichen Absicherungen – sucht und Hinweise auf eventuelle Spuren lenken möchte.

1 Leib- und Seelsorge als Dienst am Christsein

Wenn wir an die verschiedenen Diakonieformen als Gottes Dienstanweisungen denken, dann wird ersichtlich, dass beim Handeln der Kirche alle menschlichen Dimensionen ins Spiel kommen, somit von Leib- und Seelsorge zu sprechen ist. Zu beantworten ist allerdings die Frage, wie eine Leib- und Seelsorge aussehen soll, die unserer spannungsreichen und widersprüchlichen Situation angemessen entspricht.

1.1 Veränderte Bedingungen

Angesichts der lauten oder stillen Emigration aus der Kirche sind alle Versuche zur restaurativen Konzentration der Kräfte keine Modelle für die Zukunft. Wenn die Menschen nicht selber kommen, muss die Kirche zu ihnen gehen, sich zu ihnen gesellen, ohne einer missionarischen Gewalt oder Zudringlichkeit zu verfallen. Das Grundproblem dabei scheint mir, dass immer noch so getan wird, als müssten die Menschen heimkommen in die Kirche. Viel eher geht es um eine pastorale Be-Weg-ung, in der die Kirche die Wege zu den Menschen sucht.

Offenkundig ist: Alle kirchlichen Versuche, feste Burgen zu bauen, die Menschen gleichsam in die Heils-Festung oder Gnadenanstalt zurückzuholen und sie kirchlich umfassend zu »vergesellschaften », haben kein gesellschaftliches Fundament mehr. Gegenläufige religiöse Bewegungen sollten nicht darüber täuschen. Die Kirchenbindung geht vielmehr über das Subjekt bzw. über die persönlichen Bewusstseinsprozesse und über die freie Entscheidung des einzelnen Menschen. Sie unterliegt der persönlichen Motivation, denn dem einzelnen Menschen ist auch religiös eine grosse Freiheit und Entscheidungskraft zugemutet. Es hilft wohl kaum, die damit gegebenen labilisierenden Faktoren zu bejammern oder beleidigt zu regieren, wenn die Menschen Kirche nicht brauchen? Helfen dabei pastorale Alternativen wie Volkskirche oder Entscheidungskirche, Pfarrei oder Gemeinde, nominelle Kirchenmitgliedschaft oder Praktizierende, ungefragt Getaufte oder bewusst Entschiedene, Massenkirche oder Kleine Herde, Servicekirche oder Umkehr-Pastoral, Anpassung als soziologische Integration oder Widerstand als Wahrung der religiösen Identität, aktive Anhänger oder passive Mitglieder, politische oder mystische Christen und dergleichen mehr?

1.2. Vieldimensionale Pastoral: Viele Wege führen zu Gott

In der Spannung zwischen der gesellschaftlichen Situation und der unübertragbaren Aufgabe, die Frohe Botschaft in den Herzen der Menschen als Hoffnung für das Leben zu errichten, ist der Kirche aufgetragen, in vielfältigen Formen ihrem Dienst nachzukommen. Dies geschieht dadurch, dass sie in vieldimensionaler Dichte (Nähe und Distanz) an den Lebens-Brennpunkten der Menschen erreichbar und präsent ist. Seine glaubwürdige Tiefe erreicht dieses Handeln nicht dadurch, dass die Menschen zu einem idealistischen Kirchenaktivismus oder zur kirchlichen Disziplin angeleitet werden (gegen die totale Kirche oder totale Pfarrei). Vielmehr kommt es darauf an, dass im konkreten Alltagsleben und an den brüchigen und erfreulichen Lebensbrennpunkten das Evangelium vom Gott Jesu verkündet und gedeutet wird, auch wenn die Menschen individuell nur einen gelegentlichen Kontakt zur Kirche wollen. Entscheidend sind die Botschaft Jesu und die Lebensbrennpunkte, nicht primär die kontrollierbare kirchliche Erfassbarkeit oder der Grad religiösen Eifers.

Praktisch bedeutet diese These von der Pastoral als Begleitung an den Lebensbrennpunkten, dass sich kirchliches Handeln gelassener und phantasiereicher auf die unmittelbaren gesellschaftlichen Gegebenheiten (Individualisierung, Pluralismus, Mobilität...) und die menschlichen Situationen in guten und bösen Tagen einlässt. Diese sind es, die die Vielfalt der pastoralen Wege und ihrer Dichte bestimmen, nicht kirchliche Erfüllungs-Erwartungen und möglichst integrale Erfassung durch eine Art pastoraler Mastkur, die vielen nicht bekommt.

Das Anliegen einer Pastoral an den Lebensbrennpunkten ist nicht mit billiger Anbiederung an die heutige Zeit zu verwechseln oder mit einem Ausverkauf von Religion. Zwar können sich im Bereich der Sakramentenpastoral manche des Eindrucks nicht erwehren, dass die Seelsorger und Seelsorgerinnen »absegnen« müssen, was vom Glauben her zu verneinen wäre (z. B. bei Taufe, Firmung, kirchlicher Hochzeit, Beerdigung). Aber wenn auch wenigstens ansatzweise Offenheit und Bereitschaft für das vorhanden sein muss, was die Sakramente zutiefst meinen, so sind doch Sakramente Zeichen des Heiles und keine religiösen Leistungsausweise. Mit anderen Worten: Es gibt graduell und inhaltlich sehr unterschiedliche »Kapazitäten«, Intensitätsgrade oder »Temperaturen« der religiösen Praxis und Typen der Nähe und Distanz zur Kirche. Für die Kirche kann somit kein Katalog von Maximalforderungen Massstab sein für das pastorale Handeln. Jede Lebenssituation kann pastoraler Ernstfall werden, weil vom Gott Jesu her sich jede menschliche Erfahrungssituation zur Heilssituation verdichten kann.

Wenn manche der Kirche wie einem religiösen Dienstleistungsbetrieb begegnen, so bedeutet dies nicht schon automatisch, dass es bei ihnen nicht zu geschätzten und fruchtbaren Anknüpfungen und pastoralen Begegnungen kommen kann. Das pastorale Handeln fängt nicht beim Erfolgserlebnis an. Aufgetragen ist, zu säen und wachsen zu lassen, nicht die wachsende Saat krampfhaft nach Unkraut abzusuchen und den Acker dauernd neu umzupflügen (vgl. Mt 13,24–30). Dass die Kirche auf die Brüchigkeit und »unideale« Situationen eingeht, muss sie nicht defensiv rechtfertigen, sie hat nur zu verantworten, *wie* sie darauf eingeht und reagiert.

Im Klartext bedeutet dies, die Wertung Gott zu überlassen und keine Chance aus einer rigorosen »Alles oder nichts«-Haltung heraus zu verspielen. So werden alle, die das pastorale Leben mittragen, dankbar sein für alle, die aktive Anhänger sind, aber auch offen und erreichbar sein für alle, die mehr oder weniger »nur« Mitglieder sind. Es gibt auch heute in der Kirche eifrige Anhänger und passive Mitglieder, Sympathisanten, aktivere Gefolgschaft, Besserwisser, Distanzierte, Komische, Fern-Stehende, Skeptische, Mitläufer usw. Je nachdem gehen diese Kategorien wohl mitten durch uns selber hindurch. Und zu allen ist Kirche gesendet und gerufen, um den Samen der Botschaft Jesu auszustreuen, ohne im einzelnen kontrollieren oder garantieren zu können, ob und wieweit die Saat aufgeht. Aufgabe ist, zu säen, nicht die Herde in weisse und schwarze Schafe einzuteilen. War das nicht schon zur Zeit Jesu so? Es gab jene, die er in seine Nachfolge rief, es gab eine Jüngerschar, Sympathisanten/-innen, wandernde und sesshafte Anhänger und Anhängerinnen, Skeptische, Heilsbedürftige, Suchende, Berechnende, hämische Gegner und lauernde Bösewichte.[1] Und Jesus hat niemanden ab- oder weggewiesen, sondern bei der Lebenssituation der Menschen angeknüpft.

1.3 Alle sind zur Leib- und Seelsorge berufen

Wer ist nun Träger einer Seelsorge, die zu den Menschen will? Von unseren theologischen Prinzipien her ist zu sagen: Die ganze Gemeinde ist Subjekt der Seelsorge. Die landläufige Vorstellung von Seelsorge band diese bis zum Zweiten Vatikanischen Konzil fast exklusiv an die Hirten, die »Pastores«. Die ganze Kirche jedoch bzw. das ganze Volk des Gottes Jesu ist für die Sendung der Kirche zuständig und verantwortlich und zwar in einer universalen Solidarität mit den Menschen und ihrer Welt. Einer der wohl grossartigsten Sätze des Konzils finden wir gleich am Anfang der Pastoralkonstitution »Die Kirche in der Welt von heute« (Gaudium et spes): »Freude und Hoffnung, Trauer und Angst der Menschen von heute, besonders der Armen und Bedrängten aller Art, sind auch Freude und Hoffnung, Trauer und Angst der Jünger Christi. Und es gibt nichts wahrhaft Menschliches, das nicht in ihren Herzen seinen Widerhall fände.« Somit ist der Seelsorge die Sorge um den ganzen Menschen in allen seinen Dimensionen (»Leben in Fülle«: Joh 10,10) und Gefährdungen anvertraut. Sie ist nicht mehr länger auf die Kunst der Hirten (Pastores) oder auf Seelsorger und Seelsorgerinnen »vom Amtes wegen« einzuengen. Vielmehr nehmen die Glieder der Kirche je nach Begabung bzw. Charisma (»wie der Geist es einem jeden zuteilt«: Röm 12,6; 1 Kor 12,11) oder auf eine ausdrückliche Beauftragung hin (pastorale Dienste) diese Sendung als Leib- und Seelsorge wahr, um die Botschaft Jesu konkret gegenwärtig zu setzen.

Wenn prinzipiell alle Gläubigen zur »Seelsorge« berufen und aktive Gestalter des gemeindlichen bzw. kirchlichen Lebens sind, dann hat sich unter der Hand auch das Verständnis von Seelsorge selber gewandelt. Denn nun ist Seelsorge nicht mehr zuerst die Betreuung oder Belehrung durch Priester, auch keine pastorale Versorgung vieler Adressaten durch einige priesterliche bzw. theologische Experten, sondern letztlich ein kommunikativer Prozess zwischen Glaubenden, bei dem – mit den Augen des Glaubens gesehen – alle gleichwertige Söhne und Töchter Gottes sind.

1.4 Mystagogische Leib- und Seelsorge

Das Verständnis von Seelsorge ist in diesem Horizont wieder heimgekehrt zu seinem ursprünglichen und eigentlichen Charakter: zum Dienst

(Diakonia). Die Konturen solcher Seelsorge als gegenseitiger Dienst sind zuhörende, einfühlsame und annehmende Begleitung, bei der versucht wird, vom Leben, den Erfahrungen, Fragen und Ängsten der Betroffenen auszugehen und mit ihnen gemeinsam zu suchen und zu verstehen. Es geht um Christsein als Subjekt-Werden in sehr unterschiedlichen Lebenssituationen. Für solche Seelsorge hat schon vor Jahren Karl Rahner den Begriff der »neuen Mystagogie« geprägt. Nur dann kann der heutige Mensch ein glaubender sein, »wenn er eine wirklich echte, persönliche religiöse Erfahrung gemacht hat, immer neu macht und darin durch die Kirche eingeweiht wird«.[2] Denn die Kirche stellt die Beziehung zwischen Gott und Mensch nicht her – sie würde sich als Instrument wohl schnell überschätzen –, sondern sie dient der Nähe zwischen Gott und Mensch. Die Wege der Menschen differenzieren danach die pastoralen Wege und Methoden.

Leib- und Seelsorge ist somit ein in der Praxis höchst unübersichtliches, pluralistisches und vielfältiges Kommunikationsgeschehen als Begegnung zwischen Menschen, bei dem Gott zur Sprache kommen kann und zur Erfahrung werden darf. Theologisch geht sie davon aus, dass Gott in seiner Liebe schon längst bei den Menschen ist, bevor die Kunde und Botschaft von ihm diese erreicht hat. Alle pastoralen Bemühungen dienen somit dazu, Glauben und Gotteserfahrungen im konkreten Auf und Ab des Lebens zu ermöglichen. Die Kirche will zu den Menschen, weil Gott dort befreiend und heilend ankommen will. Es soll geweckt werden und wachsen, was zutiefst im Menschen selbst zur Fülle des Lebens und der Entfaltung grundgelegt ist und als bereichernde Möglichkeit der Lebensgestaltung schlummert. Es geht somit nicht primär um umfassende Kirchlichkeit oder äussere Integration in die Kirche. Vielmehr ist Christlichkeit als vertiefter Lebensgewinn gemeint; es geht um menschliche Erfahrungen im Horizont des Evangeliums bzw. des Gottes Jesu.

Für die alltägliche und mühsame Praxis will dies besagen: Selbst wenn die Menschen ihrerseits höchst selten nur den Weg zur Kirche suchen oder sich von ihr distanzieren, so darf Kirche sich nicht von den Menschen distanzieren. Seltene Kontakte soll sie als gelegentliche Nähe zu gestalten versuchen. Sie ist da für ihre (eher weniger werdenden) aktiven Anhänger, aber auch für ihre (eher mehr werdenden) passiven Mitglieder. – Oft wird sie nicht direkt religiös handeln können, sondern zuerst den verschütteten Spuren Gottes im Menschen nachgehen müssen und den Beton und die Mauern wegräumen, die die Frage nach Gott behindern. Erst dann ist das Säen möglich. Wir müssen von den volkskirchlichen Vorstellungen einer Seelsorge des Erntens wegkommen hin zu einer Seelsorge des Säens, in die wir uns erst noch einüben und mentalitätsmässig einfühlen lernen müssen.

Das »Herz« (dem post-modernen Jargon tut dieser Ausdruck natürlich weh) dieser These meint nichts weniger, als dass das Wort Gottes überall dort zum Leben ermutigend, das Leben in seiner Tiefe und Ganzheitlichkeit deutend und vor allem auch befreiend und heilend den Menschen entgegenkommt, wo Menschen Erfahrungen des tiefen Glücks, des Gelingens, der Dankbarkeit und Freude, aber auch des Scheiterns, der nagenden Selbstzweifel, des Zerbrechens und der eigenen Abgründe, der Verlassenheit und der Boshaftigkeit machen. Das bedeutet, mit jenen auf dem Weg zu sein, die Höhepunkte (Hochzeiten) ihres Lebens erfahren, die in Krisen, Krankheiten und Zerwürfnisse geraten sind, die der Beratung bedürfen, die sich in materieller körperlicher und seelischer Armut befinden, die in der Öffentlichkeit und im Beruf grosse und oft einsame Verantwortung tragen, die sich am Rande der Lebenskraft und des Lebenwollens fühlen. Das bedeutet, dort gegenwärtig zu sein und Solidaritätsschritte ermöglichen zu helfen, wo Menschen an der Entfaltung ihres Lebens gehindert sind, und dort Protest und Kritik einzulegen, wo Lebendigsein verhindert wird.

2 Das ganz gewöhnliche Leben im Humus der Alltagserfahrung

Für die folgenden Überlegungen sei bei den Ausführungen über die sakramentale Grundstruktur des christlichen Daseins angeknüpft. Dort haben wir gesagt, dass das spezifisch Christliche nicht als etwas Besonderes oder Ausgefallenes zu verstehen ist, gleichsam, als käme es zum normalen Alltag noch hinzu. Ein so verstandenes Christentum wäre in der Tat ein sakralisierter und geschichtsloser Mythos, der der Realität und dem Humus des Lebens in letzter unvermittelter Distanz gegenüberstände. Mit W. Kasper ist vielmehr zu sehen: »Es gibt nicht den ausgesparten Bereich des Christlich-Sakralen, aber es gibt das Christlich-Sakramentale«.[3] Das Christliche erfüllt sich im Sakramentalen, in dem der Raum der kreatürlichen Wirklichkeit durchlässig und sozusagen tiefensichtig wird für das, was in ihr zur (sinn-)vollen Entfaltung und zur unbegrenzten Verwirklichung gelangen und durchbrechen soll. Die Kirche ist in diesem Sinn eine kommunikative Gemeinschaft, die den einzelnen Menschen und Gruppen im Erzählen, in Symbolen und in der Deutung der Lebenserfahrungen diese sakramentale Tiefendimension »aufleuchten« und transparent werden lässt. Bei aller Ambivalenz der Wirklichkeit und bei aller »Bockigkeit« menschlicher Erfahrungen gegenüber einer sakramentalen (transzendenten) Durchlässigkeit können diese doch zu exemplarischen Orten und Wegen werden, die eine Öffnung zu dem bewirken, was es mit dem Leben und der Geschichte der Menschen vom Gott Jesu her auf sich haben könnte, worauf das menschliche Dasein angelegt ist.

2.1 Unsystematisierbare Fülle christlicher Lebenswege und Prozesse

Bei aller Begabung, über sich hinaus zu wachsen, erfährt der Mensch sein Leben als Mensch-Werdung im Fragment. Deshalb schwankt er leicht zwischen den unterschiedlichen Polen der Realität und zwischen sich selber und den ihn bestimmenden Einflüssen. In der Integration dieser Spannungspole und im Freiwerden für sich und die anderen läge so etwas wie die Utopie eines gelingenden Lebens. Dabei ginge es nicht um sich selbst verlierende Verschmelzung mit anderen noch um eine besitzergreifende Vereinnahmung der Umwelt. Vielmehr ist dem Menschen ein Reifungsprozess auferlegt, aus der eigenen Mitte heraus ein Verhältnis zu sich selber, zur Mitwelt bzw. den anderen Menschen und zur Umwelt der sog. objektiven Realitäten zu suchen, zu finden und selbstverantwortlich zu gestalten. Ohne das Wagnis des eigenverantwortlichen Gestaltens ist Freiheit und Identitätsfindung nicht erhältlich. Dieses Wirklichkeitsverhalten nimmt alle leiblichen, geistigen und seelischen Kräfte und Begabungen des Menschen in Anspruch, seine Sinne, sein Körpergefühl, die Triebe, die Vernunft, die Sprachfähigkeit und das Abstraktionsvermögen, die Intuitionen des Gefühls und die psychischen Kräfte, Glücks- und Leidensfähigkeit, charakterliche Möglichkeiten und Unmöglichkeiten, ererbte oder erworbene Sachverständigkeit und all das, was wir glückliche oder unglückliche Veranlagungen nennen. All das kann Lebensgestaltung oder Passivität unterschiedlich bedingen. Das Leben mit seinen guten und bösen Seiten führt in den Humus – und damit oft auch in den »Dreck« – der Realität.

Und zu dieser konkreten Realität geriete die Kirche in Distanz, wenn nur eine bestimmte Lebensform zum bestimmenden geistigen Hormonhaushalt würde. M. a. W. ohne die Laien auf allen Ebenen zum Subjekt des kirchlichen Lebens werden zu lassen, erlitte die Kirche einen ungeheuren Wirklichkeitsverlust. Damit wäre der Ort ihrer Sendung verlassen und verraten.

Das alltägliche Leben der Christinnen und Christen beinhaltet somit eine unsystematisierbare Masse und Üppigkeit an konstruktiven und destruktiven Inhalten, Formen und Verhaltensweisen. Es sei an die individuell höchst widersprüchlichen Biographien und an die sozialen, kulturellen, ökonomischen, medialen, beruflichen, politischen, geschichtlichen, geschlechtlichen, körperlichen, geistigen und religiösen Dimensionen und gesellschaftlichen Bedingungen erinnert. Wie sehr ist das Leben von individuellen und kollektiven Erfahrungen des Gelingens und des Scheiterns bestimmt. Wie abhängig sind wir von kollektiven Bewusstseinsprozessen, Moden und dem individuellen Pegelstand von Gescheitheit und Dummheit, Behinderungen und Talenten, von der Wachheit und Dumpfheit des Gemüts und des Geistes. Man denke ferner an das technische, handwerkliche sowie wissenschaftliche Arbeiten, die künstlerische Virtuosität und menschliche Kreativität, an die oft zu wenig geehrte praktische Alltagsklugheit und die stille Treue im menschlichen Miteinander, an all die Angst, Schuld und die Schmerzen und das Sterben. Der Erfahrungsraum des menschlichen Lebens meint somit den einzelnen und die einzelne, umfasst aber auch den Horizont und die Gesamtheit der von den Menschen erbrachten und erfundenen Leistungen sowie der vertanen, erloschten und schuldhaften Werke und Taten. Diese ausholende Liste möchte nur beispielhaft erhellen, dass keine Wirklichkeitsbereiche von der christlichen Hoffnung auszunehmen sind. Der christliche Glaube ist vielmehr wirklichkeitssüchtig und realitätshungrig. Den Laien obliegt die Aufgabe, die Realität mit ihrer ganzen Widersprüchlichkeit und mit ihren schöpferischen und tödlichen Anteilen zum Weinberg Gottes werden zu lassen und im Rahmen der Kirche für diese Vision ein Wächteramt wahrzunehmen. Auf diesem Realitätsbezug basieren auch die sakramentale Dimension der Kirche und die einzelnen Sakramente. Denn die Wirklichkeit ist genau der Ort, wo unmittelbare Erfahrungen zum Material und zum Zeichen für das Handeln Gottes in dieser konkreten Welt werden. Eine spiritualistische Einseitigkeit wird leicht sakral und verliert den Bezug zur Erde, zu den Menschen, zum Leben. Im Himmel gibt es aber keine Sakramente. Sakramente sind vielmehr Zeichen für einen Glauben, der die Erde liebt und ihr Hoffnung schenkt. In diesem Sinn sind auch die Laien Garanten für eine im Leben verortete und damit eine sakramental dichte Kirche.

Christsein würde dann bedeuten, in all den genannten Spannungsfeldern des Lebens ein Verhältnis zu sich selber, zur Mit-Welt und Um-Welt zu wagen und zu gestalten und in alledem und durch all dies hindurch sich auf den Gott Jesu einzulassen und ein Verhältnis bzw. eine Beziehung zu ihm zu suchen. Dann werden die Christinnen und Christen die Erfahrung am eigenen Leibe und an der eigenen Seele machen, dass Christentum und Welt keine bürgerliche heile Welt versprechen oder gar deckungsgleich sind. Sie werden die Fremdheit der Botschaft Jesu durchtragen lernen müssen, ohne die Spannung auf die eine oder andere Seite abreagieren zu wollen, so verständlich dies auch wäre.

Die Quintessenz unserer Diskussion ist die »banale« Tatsache, dass variable Formen sich gegenseitig herausfordernder Modelle und Wege christlicher Existenz möglich sind: als Frau oder als Mann in unterschiedlichen Lebensformen und –weisen, als Alleinstehende, Verwitwete, Geschiedene, Verheiratete, in Familien und im Beruf, durch Freizeitgestaltung, gesellschaftliches Engagement, Reichtum oder Armut, mit spezifischen Fähigkeiten, Behinderungen, Schicksalsschlägen und Schulderfahrungen, unmittelbaren Aufgaben und Herausforderungen, Bindungen und Abhängigkeiten … wie das Leben so spielt oder das Leben oder wir uns es zuteilen.[4]

2.2 Exemplarisch gezeigt an der Ehe und Familie von Christinnen und Christen

Die Wirklichkeit belegt es millionenfach. Traditionelle Ehekonzepte und Familienmodelle stehen in Frage. Viele bekannte Gründe, die hier nicht eigens aufgeführt werden müssen, haben zu pluralen Partnerschafts- und Familienformen geführt; die Schar der Singles bzw. der Alleinstehenden wächst. Wenn im folgenden das Modell der ehelichen Partnerschaft als exemplarische christliche Lebensform dargestellt wird, dann deshalb, weil gerade darin die sakramentale Einheit von Wirklichkeit und Glaube aufgezeigt werden kann und weil bei diesem Modell durchaus Verhaltensweisen im Test stehen, die letztlich für alle menschlichen Beziehungen Gültigkeit besitzen. Nicht zuletzt soll damit zum Ausdruck gebracht werden, dass die Ehe »um des Himmelsreiches willen« der Ehelosigkeit »um des Himmelreiches willen« nicht nachgeordnet werden darf.

Bei unserem Vorhaben, die Ehe von Christen und letztlich (!) jede personale Beziehung als exemplarisch für das entscheidend Christliche zu entfalten, ist mit Nachdruck darauf hinzuweisen, dass Exemplarität hier nicht Beispiel, Symbolwert oder Allegorie meint, sondern zu begreifen ist als Vergegenwärtigung und als tatsächliche »Verleiblichung« des Fundamentalen bzw. als sakramentale Wirklichkeit.

In der konkreten wie auch jeweils vieldeutig erscheinenden Situation genügt eine rein definitorische oder begrifflich-theologische Darstellung nicht. Der Sachverhalt ist vielmehr handlungsbezogen anzugehen, er ist zu »operationalisieren«[5]: Es ist anzugeben, wie man es macht, wie man eine Ehe bzw. Partnerschaft oder Freundschaft christlich lebt, wie man ihre fundamentale Dimension praktisch zu entfalten bemüht ist. Es ist deshalb von der Partnerschaft zu sprechen als Sinngestalt der dauerhaften Sozialstruktur Ehe[6].

2.2.1 Offenheit als Voraussetzung für Partnerschaft

Ein erstes, worin das fundamental Christliche in der Partnerschaft von Christen spezifisch zur Handlungsanweisung wird, ist dazusein für ein anderes bzw. für andere. Die Partnerschaft lebt von der Bereitschaft zur gegenseitigen Offenheit. Offenheit ist nicht automatisch schon Partnerschaft, aber sie ist deren nicht hoch genug zu veranschlagende Voraussetzung; ihr Gegenteil wäre Verschlossenheit. Von der Fähigkeit und Freiheit, sich loszulösen, zu geben und aber auch zu empfangen, hängt, wie der Ehealltag zeigt, Gelingen und Misslingen der Partnerschaft ab. Für die menschliche Beziehung ist von entscheidender Bedeutung, dass man sich vom Partner kein festgefahrenes Bildnis macht, ihn nicht zur Funktion seiner eigenen Wünsche degradiert. Oft werden unbewusste Erwartungen oder Auflagen an den Partner bzw. der Partnerin oder deren »Leistungen« geheiratet, gleichsam etwas an ihm oder von ihr, nicht aber der Partner oder die Partnerin als unverfügbares Gegenüber. Natürlich geht es nicht ohne Bilder. Aber Partnerschaft bildet den Raum, wo Offenheit sich darin erproben kann, dass Bilder revidiert werden, dass man die Bilder hinter sich lässt und auf den Partner bzw. die Partnerin – unbeschadet seiner oder ihrer Last und Belastung – als solche und um ihrer selbst willen zugeht. Sonst entsteht Angst, und Angst verunsichert und macht offen oder versteckt aggressiv.

Eine so verstandene Offenheit der Partner zueinander und füreinander bewegt sich prozesshaft fort in eine gemeinsame Offenheit der Partner, die aus jeder selbstgenügsamen Zweisamkeit hinausführt. Schon die erotische und sexuelle Dimension weisen auf Fruchtbarkeit hin, auf das Kind, auf die Erziehung und hinterfragen jeglichen Autismus zu zweit. Echte Offenheit kann keine Konkurrenz zum solidarischen Verhalten mit anderen Menschen sein. Im Gegenteil: Wenn man sich dem Partner gegenüber offenzuhalten versucht, wird man selber insgesamt offener für alle potentiellen Formen der Kontaktgewinnung, für die Mitmenschen und für die über die Familie hinausgehende Mitgestaltung des menschlichen und gesellschaftlichen Miteinanders.

Zeigt sich hier nicht doch eine Grundstruktur christlicher Existenzweise, nämlich die Gestaltung und das Aushalten des menschlichen Alltags und des Lebens in all seinen Bezügen in der Offenheit für die vorgegebene und nicht mehr verfügbare Botschaft Jesu als die Freiheit, sich auf den Glauben mit der ganzen Person einzulassen? Christlicher Glaube vollzieht sich nicht isoliert, vielmehr in der Offenheit für andere und in der Gemeinschaft mit anderen.

2.2.2 Partnerschaft als gegenseitige unverbrüchliche Annahme (Liebe in Bindung)

Offenheit ist nicht formal als Dasein für andere oder sozusagen als voluntaristische Übung misszuverstehen. Partnerschaft ist vielmehr positiv als Partner*beziehung,* als Wille zueinander, als gemeinsamer Weg und als spannungsvolle Bindung aneinander zu gestalten. Sie verwirklicht sich im Stetsneu-Gemeinschaft-Werden von Mann und Frau, ein Prozess, der womöglich alle Dimensionen des Mensch ins Spiel kommen lässt: bewusste und unbewusste, emotionale, erotische, sexuelle, geistige, familiäre, erzieherische, gesellschaftliche, kulturelle und rechtliche; Bereiche der Werte, des Glaubens, der Arbeit, des Wohnens, der politischen Gesinnung und Aktivität, Eigentum, Beruf, Gesundheit usw. Von daher darf man ohne Übertreibung sagen, dass die eheliche Partnerschaft als Lebens- und Liebesgemeinschaft der komplexeste Ort des Radikalfalls der Liebe oder (nüchterner ausgedrückt) menschlicher Solidarität ist, wo sich zwei Menschen auf das Jasagen zueinander einlassen.[7]

In diesem Zusammenhang ist die Sexualität nicht isoliert zu sehen, wie dies in der Moraltheologie der Vergangenheit leider der Fall gewesen ist. Allzusehr sind Erotik und Sexualität mit (meist schwerer) Sünde und dadurch mit Schuldgefühlen beladen worden. Auch in dieser Hinsicht werden die Aufbrüche der Laien die herkömmlichen Aussagen der offiziellen Kirche praktisch unterwandern und bewusstseinsmässig auf die Dauer ändern. So sehr von der Bibel und der heutigen Theologie zur Ehe, zur Familie und zur Partnerschaft Grossartiges gesagt wird, so wenig hilfreich sind die herkömmlichen Doktrinen der Kirche zu Fragen der Sexualität, der Geburtenregelung usw. Die Möglichkeit der Sünde und der Schuld liegt nicht auf der Ebene des Erlebens von Erotik und Sexualität, sondern ausschliesslich auf der Ebene der Beziehung zu sich selber, zum Mitmenschen, zur Partnerin, zum Partner. Insofern Sexualität zur Ausbeutung, zur Täuschung oder zur Abhängigkeit usw. wird, stellt sich die ethische Frage, aber nicht aufgrund der Sexualität selber. Es geht also um Beziehungsverhalten.

Diese prozesshafte *Beziehung* (stets neu »in Beziehung treten»), dieser Versuch der Treue zueinander im steten Bemühen, die Lebensgemeinschaft als Gemeinschaft partnerschaftlicher (und familiärer) Solidarität zu gestalten, kann zum exemplarischen Vorgang innerhalb der gesamten komplexen Lebenswirklichkeit werden, durch die hindurch jene Hoffnung und Sinntiefe des Ganzen transparent und tragend werden können, die sich in Jesus von Nazaret als Verheissung eröffnet haben. Die eheliche Partnerschaft wird von dieser christlichen Grundperspektive her in Kirche und Gesellschaft zu einem konstruktiv gelebten Hinweis (Zeichen), der das radikale Ja Gottes zum Menschen anzeigt und – wenn auch gemessen am theologischen Leitbild – in menschlicher und alltäglicher Verringerung das Bezeichnete schon wirksam werden lässt und vergegenwärtigt. Darin kann die Ehe von Christen zur Erinnerung an das Ja Gottes zum Menschen werden, nicht nur für die beiden Partner oder die Familie, sondern auch gleichsam »nach aussen ».

Von daher wird verständlich, warum nicht die Trauung als einmaliger Ritus das Sakrament ausmacht, sondern der ganze Prozess der Partnerfindung und Partnerschaftsgestaltung. Daraus wird ersichtlich, warum die Eheleute sich selber das »Sakrament« spenden, d.h. zum Zeichen werden.[8]

2.2.3 Treue als Entschiedenheit und gegenseitige Zuverlässigkeit

Wie der individuelle Mensch nicht reifen kann, wenn er fixiert stehen bleibt, sondern nur, wenn er sich immer weniger fremdbestimmt frei entfalten kann und dadurch seine Eigenständigkeit festigt, so binden sich Partner in gegenseitiger Annahme und Hingabe um so stärker und um so »tiefer«, je differenzierter sie sich personal entwickeln und je ungebrochener sie sich selbst in die gemeinsam zu gestaltende Partnerschaft einbringen können. Jegliches Wachstum und Werden ist ein Vorgang von Differenzierung; davon leben alle zwischenmenschlichen Beziehungen und jegliche Partnerschaft, oder sie werden schnell langweilig und versiegen auf die Dauer.

Je vielseitiger die Beziehung gelingt, um so vielgestaltiger sind die Bindungen als gemeinsame Geschichte, die sich zur Entschiedenheit zum Partner hin und zur Familie verfestigt. Die rechtliche Form der Partnerschaft kleidet diese Entschiedenheit in eine gesellschaftliche und kirchliche Form und bestimmt nicht nur die Eindeutigkeit der Partner zueinanderhin, sondern auch deren Beziehung zu anderen und zur Gesellschaft. Selbstverständlich verführt auch die Institution Ehe leicht zur Eigenart aller Institutionen, nämlich starr zu werden und sich auf den Rahmen zu verlassen, statt ihn immer wieder selbst zu füllen. Erfolgt letzteres nicht, dann werden Ehe und Familie zum Ort, wo die Entfaltung der Persönlichkeit gehemmt und spürbar vernachlässigt wird, wo sie zum Diabol für die Entfremdung von Frau und Mann wird statt zum Symbol für Liebe und Versöhnungsbereitschaft.

In Richtung einer so verstandenen Entschiedenheit einerseits und der Zuverlässigkeit andererseits ist auch parnerschaftliche Treue zu verstehen.

Der anthropologische Sinn der Monogamie wäre verfehlt, wollte man sie nur quantitativ als Beschränkung auf einen Partner oder eine Partnerin oder – negativ – nur als geschlechtliche Abstinenz ausserhalb der Ehe oder eingegrenzt auf den sexuellen Bereich verstehen. Vielmehr können die Ausschliesslichkeit und die Unauflöslichkeit qualitativ als Chance und als Möglichkeit einer persönlich-personalen Ganzhingabe und als Ganzbindung gesehen werden, etwa im Sinne: »So intensiv, so umfassend, so total, so bedingungslos und so verbunden, wie ich zu dir (diesem einmaligen Mann, dieser einmaligen Frau) stehe, stehe ich sonst zu keinem...« (J. Duss-von Werth). – Ein solches umfassendes Ja verstärkt hinwiederum die Offenheit und Zuverlässigkeit: Wenn ich Treue positiv als Ja zu mir erfahre, dann brauche ich mich nicht mehr verkrampft abzusichern oder mich des Anderen neurotisch zu vergewissern, sondern ich kann mich loslassen und frei werden, weil ich mich vom Partner bzw. von der Partnerin gehalten und angenommen erlebe. Dann gewinnt auch der Humor seine grosse Chance.

Und – um den Bezug zur sakramentalen Dimension anzuzeigen – ist die *Radikalität,* mit der sich Jesus für die Menschen engagierte und sich bis ins Sterben hinein entäusserte und sich selbst weggab, nicht letztlich in seinem Rückhalt bzw. in seinem Glauben an Gott begründet? Und zeigt die Unverbrüchlichkeit der Treue Gottes zum Menschen (Bund zwischen Jahwe und dem Volk Israel) nicht auch, dass die Untreue des einen Partners (Bundesvolkes) nicht zum Anlass zur Treuelosigkeit des anderen werden muss (Treue des Bundesgottes)? Die Untreue in der Partnerschaft beginnt demzufolge schon da, wo man sich in Krisen der Konfliktbewältigung und der Kommunikation als partnerschaftlichem Prozess entzieht, die Konfliktbewältigung suspendiert und verdrängt oder die Flucht in Ersatzlösungen antritt. Untreue geschieht auch dann, wenn der Partner nicht mehr als er selber in seiner unverfügbaren Einmaligkeit respektiert oder gar geschützt, sondern rein zweckmässig verrechnet wird.

2.2.4 Partnerschaft als Umkehr zum Partner/zur Partnerin und als Vergebung

Angesichts des Scheiterns und Misslingens vieler Ehen und angesichts der Partnerschaftsprobleme ist vor einer falschen Idealisierung zu warnen. Auch die theologische Deutung ist alles andere als mit der Wirklichkeit gleichzusetzen. Die Chance einer glückenden Partnerschaft kann in vielen kleinen Schritten der Entfremdung und des Schuldigwerdens verspielt werden, aber auch von sozialen und frühkindlichen Bedingungen her im voraus schon vertan sein.

In kritischen Phasen einer Partnerschaft wäre entscheidend, die Belastungselemente immer wieder auf die elementare Ebene hin zu orientieren: auf die Offenheit, auf partnerschaftliches Verhalten, auf vereinbarte Kompromisse, um von daher Krisenpunkte zu bereinigen, sonfern das möglich ist. Indem man um Klärung bemüht ist, Schuld eingesteht und zu korrigieren bzw. in Ordnung zu bringen bemüht ist, bleibt man nicht bei den Problemen stehen, die zur Entfremdung und Enttäuschung führen können. Vielmehr wird versucht, hinter diese Erfahrungen zu gehen und den Partner bzw. die Partnerin wieder zu sehen und zu begegnen. Damit wird das Belastende oder die Schuld nicht zum Anlass oder zur Versuchung, an mir hängenzubleiben oder auf Rechthaberei oder Gekränktsein fixiert zu bleiben, sondern vielmehr zu einem erneuten Anfang, aus der Situation herauszukommen und aus mir selbst herauszugehen. Dann können auch Krisen zu einer echten Chance für neue Kommunikation werden.

Darin würde ein Grundelement christlicher Existenz verwirklicht: das der Umkehr, der Metanoia, der Busshaltung; und dieses *christliche Grundelement* der Umkehr kann zu einem exemplarischen *Beziehungselement* zwischen den Partnern werden und die Partnerschaft befruchten und kreativ beleben. Es beinhaltet die Fähigkeit zum Vergeben, aber auch, um Vergebung bitten zu können.

Erst wenn man sich den Konflikten stellt und sie nicht flieht, kann auch in schmerzhaften Prozessen die Empfindsamkeit für das, was noch nicht stimmt und sinnig ist, und das (feine) Gefühl für das positiv Tragende in einer Partnerschaft wachsen. Wenn in den vielen Kleinigkeiten des Alltags im Miteinander echte Solidarität und freisetzende wie auch freimachende Liebe versucht wird, dann werden diese Einzelheiten und Erfahrungen trotz ihrer Ambivalenz auf den ersten Blick immer mehr transparent für Liebe, die trägt und in manchen Fällen auch ertragen und durchtragen hilft. So kann sich auch trotz mancher Belastbarkeit einer Partnerschaft eine tiefe Offenheit ergeben, kann selbst durch Krisenerfahrungen und Schmerzen hindurch eine Dankbarkeit für den Partner wachsen.

2.2.5 Partnerschaft in Erwartung ihrer Erfüllung (Hoffnung)

Damit stehen wir an den Grenzen unserer Erfahrung, bei denen wir aber nicht stehenbleiben können. Liebe wehrt sich gegen ihre Teilbarkeit und birgt in sich den Willen zu ihrer Ganzheit. Sie erinnert in ihrer jeweiligen Gestalt und Setzung an ihr Wesen und weckt dadurch die Hoffnung und den Willen nach ihrer letzten Tiefe und Erfüllung – fernab jeglicher Bedrohung. Dadurch wird sie auch ansatzweise zu einer Verheissung, die auf Erfüllung drängt und selbst in leidvollen Formen der ehelichen Partnerschaft diese Hoffnung auf Erfüllung zu wecken vermag.

Und gerade darin, dass die partnerschaftliche Liebe in ihrer jeweiligen konkreten Gestaltung und Gegenwart die Hoffnung auf ihre Vollendung weckt und diese Erfüllung in vielen kleinen Schritten ja schon tut und dadurch eine Ahnung von ihrer Vollendung nicht nur verleiht, sondern verheisst …, darin zeigt sich am deutlichsten die exemplarische Vergegenwärtigung des fundamental Christlichen bzw. der sakramentalen Dichte in der Ehe von Christen und Christinnen. Im Glauben an die sich erfüllenden Verheissungen Jesu von Nazaret gewinnt die Ehe von Christen ein die Partnerschaft verstärkendes und vertiefendes Motiv, nämlich an die Vollendbarkeit ihrer eigenen Liebe zu glauben und deren Erfüllung erwarten zu dürfen.

Das innere Wesen der Liebe ist ja von der Tendenz der Liebe her zugleich ihre Zukunft: nämlich ihre volle und bedingungslose Erfüllung. Die Liebe lebt von Hoffnung, sonst verkümmert sie. In diesem Sinn ist die Partnerschaft von Christen und Christinnen in allen ihren exemplarischen Formen transparent für das entscheidend Christliche: d.h. ohne jegliche Entfremdung und in Freiheit Mensch zu werden und erfülltes Menschsein zu finden vor Gott, den Jesus seinen Vater nennt. Mit anderen Worten, in der Ehe von Christen beginnt und ereignet sich die Solidarität und Treue, die im Glauben an die radikale Treuezusage Gottes zum Menschen ihre letzte Sinnverankerung erhält. In diesem Sinn ist das unterscheidend Christliche in letzter Konsequenz das vor Gott entscheidend Menschliche.

Beides wird – wo Christen ihre Partnerschaft bewusst gestalten – in äusserst dichter und komplexer Gestalt ansichtig und durchsichtig, auch wenn die konkrete alltägliche Partnerschaft von der Vieldeutigkeit all der verschiedenen menschlichen Situationen und Gefährdungen geprägt oder auf den ersten Blick gar nicht eindeutig sein mag (und weshalb diese Ausführungen manchem gar idealistisch erscheinen mögen). Aber dem Anliegen ist Treue angezeigt, auch wenn man ihm persönlich vieles schuldig bleibt.

Mit diesen holzschnittartigen Ausführungen soll angedeutet werden, dass gerade die partnerschaftliche Liebe, wie sie in der Kirche für die Eheleute als Sakrament verkündet und gedeutet wird, Realität und Ankommen Gottes, also die sakramentale Einheit von Zeichen und Bezeichnetem am dichtesten erfüllt. Auch alle menschliche Liebe, Solidarität, Versöhnungsbereitschaft und mitmenschliche Zuverlässigkeit ist in ihrer – sagen wir – anonymen Sakramentalität auf Gottes Liebe hin gewürdigt. Damit rede ich freilich keiner inflationären Sakramentalität das Wort,[9] vielmehr geht es um eine bewusste Gestaltung der Ehe als Sakrament, auch wenn man in der Praxis immer hinter dem Anspruch bleibt. Aber die Ehetheologie ist m. E. in dem Sinn zu radikalisieren, d.h. an ihrer Wurzel zu fassen, als in ihr der christliche Glaube in seiner entscheidenden Tiefendimension für die Sinnerhellung und Gestaltung des menschlichen Lebens zum Vorschein kommt und zugleich und darin auch die Mitte der ehelichen Partnerschaft sich aussagt. Denn Sakramente deuten menschliche Wirklichkeit – aber im Lichte des Evangeliums.

2.3 Ambivalenz allen Tuns

Abschliessend ist die Ambivalenz jeden menschlichen Handelns zu betonen. In der unsystematisierbaren Fülle der Biographien und Lebensbezüge, in den Ehen und Partnerschaften sowie in den Familien, auf den beruflichen Feldern des Lebens und im Umgang mit Eigentum und Geld ist die Wirklichkeit nur unter den Bedingungen von Spannungen und Widersprüchen erhältlich. Das bedeutet, die Lebensbereiche sind weder idealistisch noch diabolisch einseitig zu bewerten, auch wenn sie zwischen den beiden Polen mehr oder weniger hin und her schwanken. So besteht auch der Alltag wie das öffentliche und politische Leben aus vielen fraglichen, doppeldeutigen, verfänglichen und zweischneidigen Bedingungen, Einflüssen und Sachzwängen, inmitten der Suggestion der Realität, ihren Verführungen und ihrer Brüchigkeit. Und dies ist genau der Ort, an dem sich Christsein als Wirklichkeitsverhalten bewähren und beglaubigen soll, fernab jeder Flucht in eine heile Welt der Idealität.

Vor diesem Hintergrund stellt sich nun die weitere Frage nach den Tatorten von Laien als Christinnen und Christen etwas anders. Es soll erkundet werden, welches die Aufgabenfelder der Kirche bzw. ihrer engagierten Mitglieder in der gesellschaftlichen Öffentlichkeit sind. Wo zeigt sich Handlungsbedarf für den charismatischen Mut von Laien, durch die die Kirche Wirklichkeit nicht nur erleidet, sondern wahrnimmt und mitzugestalten versucht?

3 Brücken zum Menschen und zum aktuellen Markt der Moderne

Wir sind davon ausgegangen, dass das gleichsam geschlossene Milieu und konfessionelle Ghetto des Katholizismus trotz seiner grossartigen Erfolge der Vergangenheit angehört. Im Unterschied zu dieser defensiven Bollwerk-Mentalität ist heute Öffnung angesagt, indem die Berührungsängste vor den aktuellen Herausforderungen und der modernen Zeit überwunden werden. Das heisst aber mit anderen Worten: Brücken schlagen und sich in die Fragen und Suchbewegungen der heutigen Zeit in den verschiedenen Kontexten einmischen.

Die Kirche befindet sich, wie in anderem Zusammenhang schon erwähnt worden ist, mit der (Post-)Moderne nicht grundsätzlich auf Kriegsfuss. Sie sitzt vielmehr mit der heutigen Zeit im gleichen Boot. Es handelt sich um eine Art Schicksalsgemeinschaft. Dieser konkreten Welt und dieser Zeit mit ihren Kulturen gelten die Verheissungen des Evangeliums, die schon jetzt wirksam werden sollen. Unsere früheren Ausführungen über die verschiedenen Diakonieformen als »Dienstanweisungen Gottes« in der heutigen Zeit haben schon mehr als deutlich gemacht, dass es für die Kommunikation mit der modernen Zeit Anknüpfungspunkte und Anliegen mehr als genug gibt. Zu denken ist dabei an die Optionen des konziliaren Prozesses (Friede, Gerechtigkeit, Bewahrung der Schöpfung), an die Sackgassen der gesellschaftlichen Entwicklung und die Suche neuer Solidaritätsstrukturen, an das Lebensrecht aller, der Armen, Behinderten, der Alten usw.

In solcher schicksalshafter Zeitgenossenschaft mit der modernen Kultur und Zivilisation werden nicht nur die Gefährdungen kritisch-prophetisch mutig anzumahnen sein. Vielmehr ergeben sich an die Adresse der Kirche und der Gläubigen Anfragen im Sinne der Fremdprophetie, die zur notwendigen Selbstkorrektur führen sollten. So ist z.B. zu fragen, wie geht die Kirche im eigenen Bereich mit der individuellen Freiheit um? Um ihrer Glaubwürdigkeit willen müsste die Kirche mit allen Kräften bemüht sein, unnötige Differenzen dort beizulegen, wo Menschenrechte letztlich auf eine christliche Wurzel zurückgehen: Gleichberechtigung von Mann und Frau, subsidiäre Entscheidungsfindung, partizipatorische Mitverantwortung etc. Solange die Kirche wichtige Elemente ihrer immer noch weitgehend aktuellen Soziallehre nicht im eigenen Rahmen anzuwenden bemüht ist, sondern eher noch eklatant dagegen verstösst, ist sozusagen alle Liebesmüh um den sog. »modernen« Menschen umsonst.

3.1 Verwirrende Vielfalt an kommunikativen Sozialmilieus

Im Spannungsfeld zwischen den gesellschaftlichen Bedingungen des Individualismus bzw. Pluralismus und dem der Kirche vorgegebenen Auftrag wird nebst den bisherigen klassischen Orten der Pastoral, nämlich Pfarrei und Spezialseelsorge sowie Vereine und Gruppierungen, eine vielseitig gestufte Weise der Teilnahme und des Kirchenbezugs akzeptiert und positiv gestaltet werden müssen.

Einzelseelsorge: Einzelkontakte oder Begegnungen können oft die einzige Form eines Kirchenbezugs sein. In diesem Zusammenhang erhalten die sog. Kasualien, vor allem Taufe, Hochzeit und Beerdigungen, eine singuläre und oft geradezu schicksalhafte Bedeutungsdichte, wenn sie nicht durch weitere flankierende Bezüge gestützt sind. Interessant sind immerhin auch Beobachtungen an prominenten Wallfahrtsorten (wie z.B. Einsiedeln, Mariastein usw.), dass dort immer mehr Einzelgespräche gewünscht werden von Menschen, die ihrer Pfarrei oder der Kirche entfremdet sind. Weitere Wege zu den Menschen und ihrer Welt sind Verbände, Hilfswerke, Beratungsstellen, sachbezogene Stabstellen und Projekte, die problemorientierte und lebensrelevante Aufgaben im *diakonischen Sinn* wahrnehmen. Damit sind nicht nur Aufgabenfelder für Seelsorger und Seelsorgerinnen, sondern auch für die Laien genannt.

Medien: Sie sind nicht nur Produkt, sondern auch Motor der sog. Moderne. Sie sind der Information und der Meinungsbildung verpflichtet und stellen weitgehend Öffentlichkeit her. Sie schaffen unverzichtbare Foren der Kommunikation für die Kirche, wenn sie kritisch-prophetisch unter den Menschen präsent sein will und dadurch erreichbar auch für die distanzierten Zeitgenossen. Das Image der Kirche (Selbstdarstellung) ist von der Medienwelt in einer kaum korrigierbaren Weise geprägt.

Reise- bzw. Freizeitsektor: Angesichts des Massentourismus und der Mobilität ist nach Phantasie gefragt, wie dem befreizeiteten Menschen, der touristisch unterwegs ist, begegnet werden kann.

Andere Bereiche, die oft nur von wenigen Pionierpersönlichkeiten beachtet oder gar gesehen wird, sind *Kultur* und *Kunst.*

Auch die unterschiedlichen *Bewegungen und Projekte,* der Konziliare Prozess, Pax Christi, Theologische Vereinigungen sowie gesellschaftspolitisch aktive Initiativen, aber auch Fastenopfer, Caritas, Misereor und Adveniat u. dgl. m. sind Orte bzw. kommunikative Sozialformen für das Handeln von Christinnen und Christen.

Näherhin ist auch an die lebensphasenorientierten *Glaubenskurse* und an die *Theologiekurse* zu erinnern, deren Konjunktur unbestritten ist (Zürich, Würzburg, Wien) und an die modernen Wege der Bibelarbeit. Mit diesen Hinweisen soll eine erste Übersicht über das weite Feld konkreten Handelns mit und durch Laien gewonnen werden. Im Folgenden geht es um Beispiele, anhand derer das Ganze verdeutlicht werden soll.

3.2 Mitten im Leben daheim: Am Beispiel das Ganze verstehen

Vom projektorientierten Lernmodell wissen wir, dass wir nicht am Ganzen lernen oder arbeiten können, sondern nur in Teilbereichen. Das Ganze ist zwar im Auge zu behalten; aber konkretisieren lässt es sich nur exemplarisch. In diesem Sinn gelten die folgenden Stichworte als Hinweise auf konkrete Tatorte für Christsein, die ohne Laien schlechterdings undenkbar wären und die Phantasie anzuregen vermögen.

3.2.1 City-Kirche

Der Begriff City-Kirche ist noch sehr jung. Das Wort selbst verrät seinen Ursprungsort: London. Der Kirchenrektor von St. James Piccadilly/Soho in London hat sich mit der City-Church auseinandergesetzt.[10] Im Grunde genommen sind es die Entleerung der zentralstädtischen Pfarreien infolge urbaner Mobilität und der Rückgang an Kirchenpraxis gewesen, welche die grossen City-Pfarr-Kirchen entleerten. St. James im reichen Viertel Piccadilly/Soho mit seinen Herrenclubs, teuren Geschäften und seiner kosmopolitischen Anziehungskraft war um 1980 zu einer winzigen Gottesdienstgemeinde geschrumpft. Über einen Beauftragten für Public Relations versuchte der Pfarrer, St. James zu einem Zentrum werden zu lassen, »in das die Leute gerne kommen«, zu einem Zentrum der kreativen Kontroverse, wo säkuläre und religiöse Tagesthemen diskutiert werden. In eindrucksvoller Weise und mit einer befreienden Offenheit gelang es, City-Kirche als Bewegung im Schnittpunkt gesellschaftlicher Herausforderungen, Kultur und Religion wachsen und sich gestalten zu lassen, mit der Folge einer wechselseitigen Integration von Diakonie und Gottesdienst sowie kultureller Prophetie.

»Die Erfahrung hat gezeigt, dass eine Kirche, die nach den … skizzierten Prinzipien arbeitet, viele anzieht, die etwas über das Christentum lernen wollen – manchmal zum erstenmal in ihrem Leben. Auf einmal gibt es den erwachsenen Katechumenen, und wichtige Abschnitte auf dem Weg zur Taufe und Konfirmation werden in Gegenwart der Gemeinde bewusst gegangen. Es entwickeln sich kleinere Kreise, Gemeinschaftsgruppen und Netzwerke aller Art und Zusammenarbeit untereinander und mit den vielen säkularen Gruppen, die sich oft in ähnlichen Angelegenheiten engagieren. »[11] Von denen, die in der Innenstadt arbeiten, werden sich die einen der Gemeinschaft anschliessen und Bestätigung und Ermutigung brauchen. Es wird andere geben, die in Positionen mit Macht und Einfluss bleiben, aber die Mentalität eines »Subversiven in Rang und Würden« entwickeln; es wird noch andere geben, die ihren Lebensstil ändern wollen, um »jene Reise nach unten« anzutreten, so dass sie eine Berufung entdecken können, die den Forderungen und den Ansprüchen des Reiches Gottes besser entspricht.[12] Dafür und für alle weitere Reflexion, die solche menschlichen Entscheidungen und Zwangslagen begleitet, stellt die City-Kirche einen Schirm dar, unter dem kleine Gruppen blühen. Diese Vision führte in London u.a. zu folgenden Projekten: Dynamis als Forum für gesellschaftspolitische Fragen, Christlicher Glaube und christliche Praxis: Katechumenat, Zentrum für Gesundheit und Heilung, Schöpfungsbezogenes Spiritualitätszentrum, Café St. James, Plattform für Kunst, Interreligiöse Beziehung (Interfaith), Alternativen zum westlichen Lebensstil, William-Blake-Gesellschaft (Kulturarbeit, die bei der künstlerischen Ortstradition ansetzt) usw.

Dem Modell der City-Kirche ist zu entnehmen, welche Formen die Selbstdarstellung der Kirche annehmen bzw. in welche Richtung die kirchlichen Initiativen gehen dürften. Gebraucht wird hier bewusst der Begriff der City-Kirche, nicht Stadtkirche, denn letztere meint im landläufigen Sinn eher eine überpfarreiliche Koordinationsebene (Pfarr-Verband, Dekanat). Mit City-Kirche sind aber neue Gehversuche gemeint, die inspiriert sind vom Dreiklang: Gesellschaftliche Diakonie und Einzelhilfe – Religion – Kultur. Sie verbindet als Sozialform Offenheit für Realität und Pluralismus.

Die Impulse aus England haben sich inzwischen in den Niederlanden, Frankreich, Dänemark, Schweden und vor allem auch in Deutschland ausgewirkt und zu ähnlichen Initiativen geführt, die mehr oder weniger auf evangelischer Seite in die Wege geleitet worden sind. In Deutschland sind u.a. zu nennen: Kreuzkirche im thüringischen Suhl, Evangelischer Hospitalhof in Stuttgart, Michaeliskirche in Erfurt, Nikolaikirche in Leipzig, St. Mariä Himmelfahrt in Mönchengladbach. In der Schweiz gibt es seit dem Frühjahr 1994 solche Versuche als »Offene Kirche« vor allem in Basel (St. Elisabethen), St. Gallen und Zürich.

Ende April 1994 wurde in der sorgfältig renovierten Elisabethenkirche in Basel die erste City-Kirche der Schweiz eröffnet. Manche Details des Werdegangs dieses Projektes erinnern an die City-Church St. James in London. Die reformierte Kirche der Stadt Basel litt seit geraumer Zeit am bekannten Mitgliederschwund. Denn auch in Basel entvölkert sich die Innenstadt. In dem Mass, wie Büroraum den Wohnraum verdrängt, ziehen die Menschen aus der Innenstadt aus; und die im letzten Jahrhundert von Christoph Merian im Stadtzentrum erbaute Elisabethenkirche stand eines Tages leer. Nach vierjähriger aufwendiger Renovation drängte sich eine neue Nutzung auf. Die Vision dazu ist vor allem Pfr. Felix Felix zu verdanken, der – ursprünglich aus freikirchlichem Haus – von einer partnerschaftlichen und offenen Kirche träumte. Inspiriert wurde er dabei von Père Pinsard SJ, den er während seines Theologiestudiums kennenlernte. Père Pinsard betrieb im Pariser Pigalle eine Kneipe für Zuhälter, Prostituierte und Transsexuelle.

Das Anliegen einer Offenen Kirche zeigt sich in St. Elisabethen darin, dass man Raum schafft für Kultur und Kunst, für religiöse und spirituelle Erfahrungen über Konfessionsgrenzen hinweg, für Ruhebedürftige und Ratsuchende, aber dass man auch ein Forum der politischen Öffentlichkeit sein will. Im Programm zeigt sich eine Mischung aus Spiritualität, Kultur und Sozialhilfe. Es finden Ausstellungen statt, Theater- und Tanzabende, Podiums-Veranstaltungen zu aktuellen politischen und gesellschaftlichen Fragen. Räume für religiös-spirituelle Erfahrungen sind ebenfalls selbstverständlich, weniger konventionelle Gottesdienste, mehr themenbezogene Gebete, Meditationen und interreligiöse Begegnungen. Natürlich ist die City-Kirche ökumenisch. Die katholische Kirche ist im Vereinsvorstand von St. Elisabethen vertreten und inzwischen auch an der Finanzierung beteiligt. Die Arbeit leisten hauptsächlich Ehrenamtliche.

Die Erfahrungen mit der City-Kirche Elisabethen in Basel sind vielversprechend. Es ist zu vermuten, dass dort Experimente gewagt und Erkenntnisse gewonnen werden, die zu Impulsen und Herzschrittmachern für weitere City-Kirchen im deutschsprachigen Raum werden könnten.

3.2.2 Verbände/Hilfswerke: Sonden und Antennen in gesellschaftlichen Problembereichen

Auch wenn sich gesellschaftliche Trends in den deutschsprachigen Ländern und darüber hinaus ähnlich entwickeln, so sind die Geschichte, die Schwerpunkte der Herausforderungen sowie die strukturellen Aspekte der Verbände, Projektträger und Hilfswerke der einzelnen Länder recht unterschiedlich.

Trotzdem darf mit einer gewissen Allgemeingültigkeit die These vertreten werden: In der Spannung zwischen Gesellschaft und Kirche sind die entscheidenden Brücken und Kanäle seitens der Kirche wohl weniger die Räte, (diözesane) Kommissionen oder die Totalität einer Pfarrei, sondern eher die Vereine und Verbände, die kirchlichen Hilfswerke, Projekte und Beratungsstellen usw. Sie sind Sonden in die verschiedensten Problembereiche, gleichsam Antennen für die Herausforderungen des persönlichen und gesellschaftlichen Lebens. Als Instrumente oder Wege, mit Hilfe derer die Kirche speziellen Aufgaben nachkommt, stehen sie sach- und problembezogen und insofern relativ selbständig neben den klassischen Ebenen der Pastoral, neben den Ordensgemeinschaften und den staatskirchenrechtlichen Gremien, auch wenn sie im einzelnen durchaus miteinander kooperieren und organisatorisch vernetzt sein mögen.

Nicht zu übersehen ist, dass es gerade in diesem weiten, vielfältigen Bereich zu entscheidenden Kontakten und Kooperationsmodellen mit zivilen und staatlichen Institutionen und analogen Werken kam. Auch die kirchlich-emanzipatorischen Bewegungen und Elemente zeigen sich hier am deutlichsten – nebst den bildungspolitischen Gremien und den Stellen in der Medienwelt.

Die Stärke des Weltbezugs bzw. der funktionalen Nähe zu gesellschaftlich definierten Fragestellungen führt andererseits ohne Zweifel häufig zu Zerreissproben zwischen einem zweckmässigen Agieren in kirchenfremden Bewährungsfeldern und dessen Verankerung in der christlichen Motivation. Beide Pole sind oft schwerlich zu verbinden. Kirche ist vielfach als motivierendes Aktionspodium und als nützliche Koalitionspartnerin gesucht, aber kaum als kritische und als evangeliumsorientierte Instanz. Verstärkt wird dies u.a. durch die Tatsache, dass pragmatisches und auf Nahziele hin operierendes Verhalten die so nötige konzeptionelle Arbeit auf der Basis zuverlässiger Analysen und klarer Zielvereinbarungen verhindert. Eine kritisch-prophetische Präsenz der Christen und Christinnen in unserer Gesellschaft bedarf aber gerade der konzeptionellen Vergewisserung, um motivieren und offensiver bzw. selbstbewusster handeln zu können. Zudem ist ohne Visionen langer Atem kaum zu gewinnen.[13]

3.2.3 Absichtslose Diakonie

Die Repräsentativbefragung zur Religion der Schweizer und Schweizerinnen (Jede(r) ein Sonderfall?) hebt nebst der Rolle der Kirche für die Sinnfrage deren Bedeutung zur Konkretisierung gesellschaftlicher Solidarität

(Menschen am Rand der Gesellschaft, Friedensarbeit, Entwicklungshilfe ...) hervor.[14] Zu einer ähnlichen Einschätzung der diakonischen Bedeutung der Kirche kamen auch vorausgehende Befragungen in den anderen deutschsprachigen Ländern.

Diakonische Kirche als Handlungsgemeinschaft von Christen und Christinnen bezieht sich, wie früher schon gezeigt, auf absichtsloses Engagement und auf konkrete Hoffnungspraxis in den erwähnten Herausforderungsbereichen: politische Diakonie, kommunikative Diakonie sowie Friedens- (und präventive) Diakonie, therapeutische, kulturelle und ethische sowie religiöse Diakonie. Was in all diesen Bereichen an Christen-Mut und an Menschenfreundlichkeit praktiziert wird, entzieht sich einer akademischen Systematisierung. Offenkundig ist, dass die Glaubwürdigkeit der Kirche zuerst hier »abgelesen« wird, nicht an der doktrinären Stichhaltigkeit der Argumente, am geschlossenen System oder an kirchlichen Prunkbauten.

Berühmt geworden ist das Wort Dietrich Bonhoeffers: »Die Kirche ist nur Kirche, wenn sie für andere da ist.«[15] Nicht minder prophetisch sind die Worte Alfred Delps, eines anderen Märtyrers der Nazidiktatur: »Das Schicksal der Kirchen wird in der kommenden Zeit nicht von dem abhängen, was ihre Prälaten und führenden Instanzen an Klugheit, Gescheitheit, ›politischen Fähigkeiten‹ usw. aufbringen.« Entscheidend wird die »Rückkehr der Kirchen in die ›Diakonie‹: in den Dienst der Menschheit. Und zwar in einen Dienst, den die Not der Menschheit bestimmt, nicht unser Geschmack oder ... die Gewohnheiten ... einer noch so bewährten kirchlichen Gemeinschaft... Diakonie habe ich gesagt. Damit meine ich das Sich-Gesellen zum Menschen in allen seinen Situationen mit der Absicht, sie ihm meistern zu helfen, ohne anschliessend irgendwo eine Spalte oder Sparte auszufüllen.«[16]

Christliche Diakonie als schwesterliche und brüderliche Solidarität mit Menschen und der Schöpfung in Not sieht deshalb nicht nur die individuelle Not, sondern auch die subjektive wie weltweite Verflechtung von Nöten mit den Ordnungsvorstellungen und Bedingungen struktureller Art. Im Anschluss an das Gleichnis vom barmherzigen Samariter geht es nicht nur darum, Wunden zu verbinden. Es geht wesentlich auch darum, die Räuberei aufzudecken und ihr ein Ende zu bereiten.[17] Zuwendung zu den Menschen in Not und strukturelle Massnahmen gehören zusammen.

Mit diesen Ausführungen soll dargelegt werden, dass sich der Geist Jesu in der Kirche nicht nur im Zeugnis des Glaubens, nicht nur im gottesdienstlichen und sakramentalen Leben vollzieht, sondern unverzichtbar im Tun der Liebe, im karitativen bzw. diakonalen Handeln. Kirche als Vergegenwärtigung des »fortliebenden Christus« in Wort und Sakrament und als Vergegenwärtigung des »fortlebenden Christus« im diakonischen Tun bedingen und »interpretieren« sich gegenseitig.[18] Es soll ferner vor Augen geführt werden, dass es gerade die diakonischen Dienste sind, in denen nebst engagierten Klerikern vor allem unzählige Frauen und Männer aus dem Laienstand und aus den Orden beispielhaft Kirche praktizierten. Darüber gibt es kaum eine umfassende Geschichtsschreibung. Aber diese Geschichte selber wird weitergehen.

3.2.4 Kultur/Kunst

Kultur und Kunst sind nicht nach allen Seiten gesichert zu definieren. Sie umfassen ohne Zweifel ein weites Spektrum und meinen den Prozess und das Ergebnis dessen, was der Mensch in der Auseinandersetzung mit sich, seiner Mitwelt und Umwelt sowohl in seinem Handeln als auch geistigen Ringen hervorgebracht hat. Damit hat Religion selbst schon vielfache kulturelle Aspekte. Kulturelles und künstlerisches Handeln betrifft auf unterschiedlichen Niveaus Erziehung und Bildung, Printmedien, Film, Rundfunk, Theater, Musik, Literatur, Architektur, Sport, Geschichte, Verkehr, Landschaftsgestaltung, Wissenschaften, Technik und politische und ökonomische Strukturen usw. Entscheidend ist indessen der authentische d.h. um möglichst echte Darstellung ringende Ausdruck und die kommunikative Vermittlung von erfahrener und interpretierter Wirklichkeit, von Erleben und Suchbewegungen der Menschen. Sobald Menschen anfangen, Leben und Erfahrungen gestalterisch und schöpferisch auszudrücken, werden sie wurzelhaft Künstler. Von daher kann ein christliches Ethos, das dem Leben und Lebendigsein aus der Hoffnung auf »Leben in Fülle« dient, gar nicht anders als alles fördern und kommen lassen, was der kreativen und schöpferischen Ausdrücklichkeit dient.[19]

Von einem solchen Verständniszugang her muss es traurig stimmen, dass von vielen Frauen und Männern eine so tiefe Kluft zwischen Glauben und moderner Kultur empfunden wird. Darin entpuppt sich mit seismographischer Präzision das Drama der Entfremdung des sog. modernen Menschen von der christlichen Wurzel seiner Lebensdeutung und schöpferischen Lebensgestaltung.

Natürlich gibt es aufgeschlossene Einzelpersönlichkeiten; es gibt auch noch kirchliche Auftragskunst, kirchenmusikalische Institutionen, Sakralkunst und Kirchenbau etc. Aber bedürfte es insgesamt nicht eines mutigeren Brückenschlags und offeneren Dialogs zur Welt der Literatur, Musik, des Theaters und Films, der Malerei und der bildenden Kunst, zur wissenschaftlichen Welt und zur Bildungspolitik. Und wie gehen die Pfarreien mit den Kirchen-Chören um, immer noch ein grosses Potential, wo Frauen und Männer kulturell kirchliches Leben gestalten und repräsentieren?

Im überschaubaren und lebensweltlichen Alltag sind bei genauerem Hinsehen die Chancen der Kirche und deren Ansatzpunkte für schöpferische Kultur gar nicht so gering, wie die Klage über die tiefe Kluft zwischen Kirche und moderner Kultur vermuten lässt. In der Jugendarbeit, in der Gestaltung des Kirchenjahres, durch das z.T. wiederkehrende Brauchtum, bei kirchlichen Bauvorhaben und vor allem bei Gottesdienstgestaltung, Gesang und Musik sind reichliche musische, schöpferische und sinnenfällig aesthetische Ausdrucksformen und eine reiche Symbolwelt gesucht und gegeben, die zwar nicht in einem bestimmten gesellschaftlichen Sinn hohe Kunst verkörpern müssen, trotzdem aber genuin künstlerisch sind.

Wenn die Menschen in solchen Zugängen und Frei-Räumen der unverzweckten Erfahrung sich selbst ent-decken und entwickeln dürfen, dann kommen sie sich selbst auf die Spur und werden dafür empfindsam und hellhörig, dass Kirche nicht nur Institution und rationale Organisation ist, sondern Leben, das vor Überraschungen nie sicher sein kann; denn es wird schockiert, aufgerissen und aufgestört, gefragt, entzündet, begeistert und mitgerissen. Es ginge weniger systematisch zu, aber schöpferischer, denn es stellte sich Wirklichkeit unmittelbar dar.

3.2.5 In der Öffentlichkeit durch die Medien präsent

Auch in diesem Bereich ist es leichter, die wuchtige Herausforderung zu spüren als Handlungskonzepte zu finden. Tatsache bleibt, dass in einer Zeit der sog. Singularisierung mit der zunehmenden Bedeutung des öffentlichen Meinungsmarktes die Sozialform kleiner überschaubarer Gruppen und kommunikativer Sozialmilieus nicht genügen kann. Kulturelle Oasen und einige Biotope kirchlichen Lebens können zwar für die einzelnen Menschen noch von Bedeutung sein. Aber eine kritisch-prophetische Präsenz der Kirche mit ihrer Botschaft und deren Impulsen für die Gestaltung des persönlichen und gesellschaftlichen Lebens bedeutet auch kompetente und wirksame Präsenz im Reich der Medien.

Was die Bilder und Druckmedien betrifft, so hat sich die Kirche ihrer umfassend bedient. Der im 19. Jahrhundert entstandene Katholizismus als Sozialform zwischen Kirche und Gesellschaft ist ohne »Meinungspresse« und entsprechende Verlagsgründungen gar nicht vorstellbar. Diese Art von Presse ist allerdings – wie die Katholizismusgeschichte generell – in Krise geraten. Darüber können auch der eindrucksvolle theologische bzw. spirituelle Buchmarkt und die Vielfalt an Bistumszeitungen in Deutschland und Österreich oder die Kirchenzeitung und die regionalen »Pfarrblätter« in der Schweiz nicht hinwegtäuschen. Das Verhältnis zur Öffentlichkeit in der Tagespresse muss wohl mancherorts erst noch entkrampft und gelernt werden. Instrumente dafür sind nicht nur die Medienstellen oder Stabsstellen von Informationsbeauftragten, Pressesprechern/innen oder Pressegespräche, sondern auch auf bestimmte Abnehmerschaft konzentrierte Nachrichtenagenturen oder Wochenzeitungen (in ökumenischer Partnerschaft). Natürlich untersteht die kirchlich offene oder ihr nahestehende Presse ökonomischen Gesetzen.

Grössere Mühe bekundete die katholische Kirche, als die Bilder zu laufen und zu sprechen lernten. Die Entwicklung der elektronischen Medien ist geradezu atemberaubend. Die Modelle der kirchlichen Kooperation oder Präsenz bei Radio und Fernsehen sind von Land zu Land recht unterschiedlich geregelt. Aber die elektronischen Medien selber machen mit ihren turbulenten Entwicklungen wie Deregulierung (vom Konzept zum Markt), Ausweitung des Programmarktes und der Bildung von Multimedia-Grossunternehmen etc. es äusserst schwer bei der Suche nach Modellen, auf die man sich einlassen kann. Ob die Kirchen eigene Sendungen bzw. Kanäle beanspruchen oder »nur« vertraglich ihre Mitwirkung sichern sollen, ist schon von den Voraussetzungen in den deutschsprachigen Ländern her höchst unterschiedlich anzugehen. Entscheidend ist, dass die religiösen und die von ihr mitverantworteten Sendungen nicht in Programmgettos abgedrängt werden. – Wenn der Markt zum primären Steuerungssystem wird, ist an die negativen Folgen einer durchschlagenden Kommerzialisierung zu erinnern. M. Loretan spricht von der »zerstreuenden« Auswirkung insbesondere des Fernsehens: »Im televisionären Schlaraffenland wird der Globus zum elektronischen Dorf, das Fernste intim, die Wirklichkeit als Widerstand für die Erfahrung abgeschafft. Wer ›im Bilde sein‹, wer wissen will, was es draussen gibt, der hat sich nach Hause zu begeben, wo die Ereignisse, zum Schauen bestellt, schon darauf warten, wie Leitungswasser aus den Röhren zu schiessen. Wer daheim über Weltbilder verfügt – was soll er draussen, im Chaos des Wirklichen, sich für ein Anliegen von nur lokaler Bedeutung engagieren? Der in seinem Privatreich verwöhnte königliche Zuschauer lässt Restbestände nicht-medienvermittelter Erfahrung und Kommunikation verkümmern.«[20]

Kulturelle Diakonie im Bereich der Medien, aber auch im Bezug zu den Menschen, die ja von der Öffentlichkeit gleichsam als normativem Grundprinzip unserer Gesellschaft geprägt und gelenkt sind, heisst somit ein Vielfaches: die Christen und Christinnen benennen über die Medien die Quellen ihrer Hoffnung und sind besorgt um die Transparenz über den eigenen Standort und die Standpunkte der Kirche. Es geht somit um Verkündigung und um eine offene, aber auch kultur- und medienkritische Begleitung der vielfältigen Medienarbeit.

Alle Initiativen in diese Richtung (von Internet bis hin zur Teilnahme an Filmfestivals, Preisverleihungen, Filmförderung usw.) haben ihre Bedeutung nicht nur darin, dass sie Kommunikationsmedien sind für eine freiheitliche und demokratisch-solidarische Gesellschaft. Vielmehr geht es auch darum, dass die Kirche sich selbst als Kommunikationsgemeinschaft versteht und sich damit in die kommunikativen Bedingungen unserer heutigen Zeit einzubringen versucht. Ohne Kommunikation wächst keine Gemeinschaft und gibt es keine Gesellschaft. Darin liegt – gerade in einer hochdifferenzierten Gesellschaft und angesichts einer Botschaft vom »Wort Gottes« als Kommunikation eines transzendenten Gottes mit den Menschen – die kirchenkritische Komponente. Denn ohne freie und wirklichkeitsbezogene Kommunikationskultur und -struktur kann Kirche nicht Gemeinschaft werden noch zur solidarischen Gemeinsamkeit finden. Der Ernstfall beim Brückenschlag zu den Menschen und ihrer Welt ist somit die Kirche selber mit ihrer gleichsam internen Kommunikation, Kultur und Struktur. Es zeigt sich auch, wie illusorisch und überholt eine Zweiteilung der Kirche in einen klerikalen Innenbezug und laikalen Aussenbezug wäre.

4 Welche Sozialform für das Verhältnis zwischen Gesellschaft und Kirche?

4.1 Notwendigkeit öffentlicher Präsenz

Will die Kirche Zukunftskraft entwickeln, muss sie die im säkularen Umfeld selbstverständlich gewordene Pluralität und Vielfältigkeit mit z.T. gegensätzlichen Positionen und polarisierenden Strömungen auch innerkirchlich zur Kenntnis nehmen. Dabei kann davon ausgegangen werden, dass das Problem der Vermittlung der christlichen Botschaft nicht primär die Inhaltlichkeit des Glaubens ist. Vielmehr liegt das Problem darin, ob die Kirche von den Menschen in deren Lebenswelt zur Kenntnis genommen werden kann und auf welche Art und Weise die Glaubensinhalte und ethischen Implikationen wahrgenommen werden. Als Wege dafür sind in unseren Überlegungen die sog. kommunikativen Sozialmilieus, überschaubare Gruppen bzw. Basis-Gemeinschaften und Einheiten, Bewegungen und Projekte usw. thematisiert worden. Zu nennen sind auch Klöster, Kongregationen und geistliche Gemeinschaften. Es geht um kirchliche »Herbergen« im Wandel der heutigen Zeit. Für manche werden sie vermutlich prägender werden als die herkömmlich eher territorialen und flächendeckenden Kirchenstrukturen.

Allerdings gilt es zu bedenken, dass es nicht zum Rückzug in viele kleine Gruppen, »Sekten« und kirchliche Nischen kommen darf, so wichtig die überschaubaren kommunikativen »Basiseinheiten« bleiben. In einer institutionell hoch differenzierten und zum grossen Teil medienbeherrschten Gesellschaft kann die Kirche nicht nur in kleinen Gruppen ihrer Aufgabe nachkommen. Vielmehr wird sie eine organisatorisch-öffentliche Form ihrer gesellschaftlichen Präsenz verantworten müssen. Die Frage stellt sich aber, in welcher Gestalt Kirche in der Öffentlichkeit sich kritisch-prophetisch einmischen kann oder soll.

4.2 Welche »Strategien« und Wege sind zu empfehlen?

Es ist waghalsig, Zukunftszenarien für die Kirche zu entwickeln. Als Hilfen für die Phantasie können trotzdem alternative Modelle auf der Basis von Analysen hilfreich sein.[21] Zwischen gesellschaftlicher Marktsituation und Ursprungstreue zum Evangelium wird die Kirche einen die beiden Pole verbindenden Weg suchen müssen.

4.2.1 Kirche als Organisation im Sinne einer bürokratischen Dienstleistung (kalte Organisationsform)

Ist nun der Kirche zu empfehlen, im Rahmen der gesellschaftlichen Differenzierung und der Subsysteme sich als klientenorientierte Grossorganisation zu gebärden, die den religiösen Markt kundengerecht und effektiv versorgt, rituelle Erlebnisnischen und zivilreligiöse Bedürfnisse professionell betreut und diakonische Dienste sichert? Dieses Modell käme der Verkirchlichung des Christentums bis zu einem gewissen Grad entgegen.[22] Ob die Laien damit schon ihrer Berufung nachkämen, bliebe offen.

Gerade eine solche kalte Organisationsform würde den Abstand der Menschen zum Institutionellen auch kirchlich provozieren und die kritische Distanz zu den Widersprüchen der modernen Welt verlieren zugunsten einer marktabhängigen Balance von Angebot und Nachfrage. Ob eine solche Strategie verlorenes Terrain wiedergewinnen könnte ist mehr als fraglich, zumal heute nicht nur Religion oft ein Stubstrat einer diffusen Mischung von religiösen und quasireligiösen Anleihen ist, sondern auch Kirche als religiöse Organisation für viele fraglich geworden ist.

4.2.2 Konfessorische Kirche (heisse Organisationsform)

Das Gegenmodell wäre eine bekenntnisbewusste Kirche, die überzeugte Gläubige an sich bindet und ihnen religiöse Heimat bietet und damit Schutz vor den Krisen der sog. modernen Gesellschaft. Dies wäre eher eine *heisse Organisationsform,* die Geschlossenheit in fundamentalistischen sowie evangelikalen Zirkeln und Veranstaltungen garantierte, aber mit der Tendenz, zur Moderne und ihren Herausforderungen in Distanz zu geraten, geradezu die Kommunikationsfähigkeit zu verlieren. Solch radikale Lösungsvorschläge dürften in einer Zeit diffuser Kirchlichkeit und Verunsicherung durchaus auf Echo stossen. Aber angesichts unserer Situationsbeschreibung und der Kirchen- bzw. Seelsorgetheorie kann darin kein pluralitätsförderlicher Weg erblickt werden. Ein solches Modell würde eine straffe klerikale Steuerung mit einer ausgeprägten Binnenoptik fördern.

4.2.3 Volkskirche (laue Organisationsform)

Volkskirche im herkömmlichen Sinn, dass Kirche und ihre Aufgaben vom Staat und von der Gesellschaft getragen werden und dass eine gewisse Deckungsgleichheit und gegenseitige Unterstützung von zivilem und kirchlichem Leben herrscht, kann ebenfalls keine zukunftsweisende Vision mehr sein. Trotzdem ist Volkskirche nicht samt und sonders abzulehnen, auch wenn sie als *laue Basis* empfunden werden mag. Ihr liegt eine Pluralitätsfähigkeit zugrunde, die alternative Kirchenmodelle zu integrieren vermag, also für Differenzierungen durchaus offen ist. Andererseits dürfen nicht aus volkskirchlichen Rücksichten heraus die pastoralen Absichten definiert werden, zumal es in den deutschsprachigen Ländern offen bleibt, wie sich das staatskirchenrechtliche Gewand in Zukunft gestalten wird.

4.2.4 »Volkskirche« als flexibel vernetzte Basis-Vielfalt

Nicht zuletzt durch die Impulse der Befreiungstheologie und der Basisgemeinden sind wir erneut darauf aufmerksam gemacht worden, dass Religiosität ebenfalls »von unten« her wachsen muss. Kirche muss, wenn sie Basisgewinn und -verankerung will, in einem gewissen Sinn religiös-volkskirchlich sein. Sonst ist sie nicht im Alltag der Menschen daheim und in der Lebenswelt inkulturiert.

Entscheidend ist eine öffentliche Kommunikationskultur. Sie lässt binnenkirchlich eine Vielfalt auf der Basis von Verständigung zu und bleibt für die Gesellschaft mit ihren kulturellen, politischen und sozialen Fragen und Herausforderungen kommunikationsfähig. Strukturell ist ein Netzwerk vielfältiger Kommunikationsformen und Orte zu organisieren mit einer angemessenen Ausstattung an pastoralen Instrumenten (Stabsstellen, Koordination ...). Eine solche flexibel vernetzte Basis- oder Volkskirche könnte Pluralität zulassen und wäre offen für »heisse« Organisationsformen und für Koalitionen mit zivilen Gruppierungen, für kommunikative Sozialmilieus und informellere Bewegungen usw. Vor allem aber ist eine flexible Vernetzung auch wichtig, um lokal und regional kritisch-prophetisch präsent zu sein und sich dafür Mittel und Wege zu besorgen.

Es ginge dabei weniger um zentralistische Behörden und Organe als vielmehr um teilkirchliche Formen einer offenen Kommunikation und der Wegsuche in die Zukunft in Synoden oder regelmässigen Kirchentagen. Entscheidend wären für solche Dialoginstrumente die Nähe zu gesellschaftlich relevanten Themen (Forum) und der Mut, auch innerkirchlich heisse Eisen anzugehen. Je mehr solche Kirchenversammlungen sich in den suchenden, ringenden und betenden Diskurs um die Fragen und Nöte stellten und für die Vielfalt des gelebten Christentum an der Basis zum inspirierenden

»Dach« würden, umso weniger hätte die Kirche sich künstlich um ihre Selbstdarstellung und ihr Image zu sorgen. Sie ist artifiziell ohnehin nicht zu retten. Kirche wird gefragt sein, wenn sie nicht sich selbst die erste Sorge ist, sondern wenn sie sich um eine glaubwürdige Kommunikation und Praxis kümmert im Vertrauen auf die in Jesus von Nazaret eröffnete Hoffnung.

4.3 Suche nach künftigen Sozialformen der gesellschaftlichen Präsenz der Laien

Um die Möglichkeiten des Handelns von engagierten Christen und Christinnen und die Wege und Formen der Kirche für ihre selbstbewusste Präsenz in der Gesellschaft zu erkunden, ist nochmals die Ausgangsposition knapp zu rekapitulieren.

4.3.1 Kommunikative Offenheit für Pluralismus

Durch den gesellschaftlichen Prozess der Differenzierung ergab sich eine Individualisierung der Biographien wie auch eine religiöse und weltanschauliche Pluralisierung. Religion ist zur »Wachstumsbranche«[23] geworden, während die Kirchen mit einer schrumpfenden Anhängerschaft konfrontiert sind, wobei allerdings präziser gesagt werden müsste, was denn bei einem solchen Bonmot mit Religion gemeint ist. Unbestritten ist die Tatsache, dass den Kirchen das Monopol auf Religion durch die gesellschaftlichen Prozesse entwunden worden ist (ähnlich wie innerkirchlich dem Lehramt praktisch die alleinige Definition des Glaubensgutes abhanden gekommen ist).

In solcher Situation nützt es nicht viel, sich in fundamentalistische Unterstände zurückzuziehen, sich sektenhaft einzuigeln, sich selbst zu genügen oder sich einfach an die Verhältnisse und an die sie steuernden Mächte und Attitüden anzupassen und durchzuwursteln. Anpassung oder Verlust der Identität, scheint die Frage zu sein. Eine verantwortliche Selbststeuerung, die sowohl die Wirklichkeit als auch den Auftrag zum Heilsdienst ernstnehmen will, muss bereit sein, sich zu verändern und sich auf eine pluralistische Situation einzulassen. Gerade die Realität hält vermutlich viel mehr an Aufwind oder Rückenwind[24] bereit, als in den bewahrenden und konservativen Burgen der Kirche wahrgenommen wird. Es sind somit an die Fähigkeit zum kommunikativen Brückenschlag der Kirche zu den gesellschaftlichen Entwicklungen sowie an die Offenheit für den politischen, kulturellen und religiösen Pluralismus hohe Anforderungen gestellt.[25] Dort sind aber nicht nur die Aufgaben, sondern auch die Wege zur Problemlösung zu suchen, auch wenn es sich z.T. um nüchterne und trockene Fragestellungen handelt.

4.3.2 Sind die Sozialformen des Katholizismus post-modern noch geeignet?

Die frühere Gesellschaft war milieubewusst und berufsständisch bzw. klassenbewusst strukturiert. Jeder und jede gehörten in einen ganz bestimmten Lebenszusammenhang. Man hatte im Dorf und z.T. in der Stadt, im Beruf, in der Familie und in der Kirche seinen festen Platz. Allgemein geltende Normen und Brauchtum regelten das alltägliche Leben. Was sich gehörte, war durch Traditionen, Konsens und Autoritäten gesichert und weitergegeben. In diesem Rahmen war auch klar, was typisch Mann und typisch Frau war; Abweichungen von den Normen und Leitbildern gab es natürlich, nur diese selber durfte man nicht in Frage stellen.

Vor diesem Hintergrund parierte man im letzten Jahrhundert die einsetzende erste Modernisierungswelle auf katholischer Seite mit der Bildung des Katholizismus. Mit Milieubildung, Vereinen und Verbänden und einem relativen Monopol der Kirche hinsichtlich Erziehung, Religiosität, Moral und Meinungspresse konnte man einen Teil der Kirchenmitglieder katholisch sozialisieren und auf Dauer an sich binden.

Die Erosion dieses Katholizismus und der mit ihm engstens verwobenen Kirchlichkeit haben nun mehr als genug gezeigt, dass lebenslange Zugehörigkeiten zu einem Verein, Traditionen und gemeinsame Werte sowie die ideell geschützte Beeinflussung der Kirchenangehörigen nicht mehr greifen und ihre Voraussetzungen dahingeschmolzen sind. Das konnte ich selbst im Rahmen des Trägervereins »Katholischer Mediendienst« (mit Sitz in Zürich) beispielhaft beobachten. Im Jahre 1987 löste der Schweizerische Kath. Medienverein als Trägerverein für alle kirchlichen Engagements im Bereich der elektronischen Medien (Fernsehen, Radio, Videoverleih, Film usw.) in der deutschsprachigen Schweiz und im Fürstentum Liechtenstein den Katholischen Volksverein ab. Angesichts der vermehrt übernommenen Verantwortung von Laien und der gewachsenen Bedeutung der Frauenverbände sowie neuer Organisationen und Räte war deutlich geworden, dass der früher so verdienstvolle Katholische Volksverein zu einer Dachorganisation von ca. 20 Verbänden geschrumpft war mit vor allem männlicher Mitgliedschaft. Nun sollte die Trägerschaft auf breiterer Basis abgestützt werden.

Inzwischen sind 13 Jahre ins Land gezogen. Von einer Aktivierung der Vereinsbasis im Sinne der Vereinsziele kann kaum die Rede sein. Es zeigte sich vielmehr, dass die Stabsstellen mit ihrem hohen Informationsstand und mit ihrer auch von den Medienleuten geschätzten Kompetenz immer wichtiger geworden sind. Die Entwicklung im Medienbereich ist ja so ungestüm verlaufen, dass ohne Experten nicht angemessen und verantwortlich analysiert, konzeptionell überlegt und nicht zuletzt im Rahmen beengter finanzieller Ressourcen entschieden werden kann; eine breite Basis-Absicherung und entsprechende komplizierte Rücksichten verlangsamen die Entscheidungsprozesse so sehr, dass eine offensive Marktposition im Sinne der Kirche auch im bescheidenen Umfang schwer zu halten ist. Die sachliche Differenzierung (Spezialisierung) und die fachliche Professionalisierung folgen ihren eigenen Gesetzen. So braucht es eine schlankere und agilere Form der Partizipation der Verbände. Dabei ist die Gefahr der Institutionalisierung nicht aus dem Auge zu verlieren, nämlich, dass die Stabsleute bzw. Fachleute und die Geldgeber am liebsten unter sich blieben, damit sie möglichst speditiv handeln und schnell rationell entscheiden können. Es entsteht die Tendenz, von den Pyramiden der grossen Organisationen zu den Obelisken kleinerer Stäbe und Beiräte zu kommen.

Auch die Ehrenamtlichkeit spürt diesen Qualitätsdruck. Wer sich im Bildungsbereich, in Beratungstätigkeiten, bei verschiedenen Dienstleistungen oder in Fachgremien und Räten nebenberuflich oder ehrenamtlich engagiert, bedarf heute im Vergleich zu früher einer viel ausgeprägteren Hinführung (Kompetenzerwerb), einer fachlichen Begleitung und Fortbildung sowie der Supervision. Dass die Komplexität der Probleme und ihre angemessene bzw. professionellere Lösung einen fachlichen Qualitätsschub bedingen, liegt auf der Hand. So braucht es etwa für die Sprecher und Sprecherinnen des »Wortes zum Sonntag« eine intensive Einführung und Begleitung, damit sie ihres Amtes walten können. Ähnliches ist von der Telefonseelsorge zu sagen. (Natürlich sind dies allgemeine gesellschaftliche Vorgänge. Auch eine Dorfmusik steht heute unter grossem Qualitätsdruck, weil durch CD, Fernsehen und Radio die Ohren qualitätsverwöhnt sind.)

Auch die Konfliktanfälligkeit ist – entgegen allen theoretischen Annahmen – eher gewachsen und verlangt ein hohes Mass an Konfliktfähigkeit bei den Leuten, die sich einsetzen und damit aussetzen, weil ehrenamtliches Engagement wie behördliche Amtswahrnehmung vermehrt dem gleissenden Licht einer kontrollierenden und kritischen Öffentlichkeit ausgeliefert sind.

Mit diesen Hinweisen sollen Gründe benannt werden, warum das bisherige System der grossen Massen-Organisationen und des relativ geschlossenen Milieus im Katholizismus sozusagen von der eigenen Zielsetzung und Mechanik her nicht mehr im herkömmlichen Sinn spielen können. Der Schwund an Mitgliedern bzw. an einer auf Dauer verbindlichen Mitgliedschaft ist indessen nicht nur das Problem der kirchlichen Organisationen, sondern auch der politischen Parteien und der Gewerkschaften, insgesamt des Vereinswesens, das ja der Form und dem Umfang nach ein typisches Produkt des letzten Jahrhunderts ist.

Der Katholizismus, der bis zu einem gewissen Grad einen Teil der damals modernen Gesellschaft wie Schule, Bildung, Freizeit, Normen, Wirtschaft und Kultur unter kirchlichen Einfluss »heimholte«, bildete für die einzelnen Katholikinnen und Katholiken gleichsam einen Kokon (Cocooning). Dieser schützte und vereinnahmte. Mit dem Zerbrechen dieses Kokons (oder Bollwerkes, wenn man will), sind auch namhafte Voraussetzungen für die Massenorganisationen und für das kirchliche Vereinswesen zerbrochen. Die alte Sondergesellschaft des Katholizismus ist nicht aufrechtzuerhalten. Die Frage nach neuen Wegen aufgrund neuer Herausforderungen und Ausgangspunkte erweist sich somit als unausweichlich.

4.3.3 Vom Bollwerk zum Brückenbau: Brückenschlag zu den gesellschaftlichen Aufgabenbereichen

Der Katholizismus entwickelte sich parallel zu ähnlichen Entwicklungen in der Gesellschaft (z.B. Arbeitermilieu), so dass es bis zu einem gewissen Grad zu einem kämpferischen und taktisch wachsamen Nebeneinander von gesellschaftlichen Kräften und kirchlichen Organisationen kam. In den Bedingungen und Methoden des Handelns war man sich gegenseitig viel näher und aufeinander angewiesener als bei den weltanschaulichen Inhalten und Interessen. Parallelisierung bedeutete somit durchaus sowohl Dublette als auch Differenz (z. B. katholische Schulen, Krankenhäuser, Turnvereine …). Das Gesetz des Handelns war aber letztlich von gesamtgesellschaftlichen und politischen Trends und Entscheidungen diktiert. Der

Katholizismus war in dem Sinn durchaus eine reagierend-aktive Sozialform.

Die damaligen Ziele sind nun weitgehend erreicht worden. Also soll man keiner Erfüllungsdepression verfallen. Heute haben sich die gesellschaftlichen Verhältnisse und Herausforderungen für unser momentanes Lebensgefühl jedoch radikal verändert. Das ist eine Binsenwahrheit. Aber warum träumen wir denn noch von den fast gleichen Zielen und z.T. von den früher bewährten, heute aber kaum mehr zweckmässigen Instrumenten der Aufgabenwahrnehmung?

Angesichts des früher schon skizzierten Zeithorizonts können die Laien nicht mehr in »Sonderbünden«, speziellen Milieus, in volkskirchlichen Stammlanden oder in kirchlichen »Landsmannschaften« mit klar vorgegebenen Identifikationsinhalten angemessen operieren und sich sinnvoll vermitteln.

Statt *Parallelisierung* und z.T. organisatorischer Verdoppelung ist sachkompetente Leistung in den verschiedene gesellschaftlichen Aufgabenfeldern und Kontexten verlangt. Statt *Rückzug* ins Sonder-Milieu ist solidarische Integration im kritisch-prophetischen Sinn gemeint. Statt Argwohn oder gar Distanz zur Welt sind Öffnung und soziales Gewissen verlangt. Das bedeutet Räumung von Bastionen und Freiwerden für Aktuelles auf neuen Wegen. Im Grunde genommen geht es um den Abschied vom Bollwerk hin zum Brückenbau, vom geschlossenen System zu den gesellschaftlichen Herausforderungen.

Wie das nun zu geschehen hat, dafür ist guter Rat teuer. Auch ich sehe kein Patentrezept. Vielleicht sind aber folgende Alternativen und Elemente zu bedenken.

4.3.4 Gemisch von alternativen Entwicklungs-Tendenzen

Ohne nun zu schnell auf den sog. innerkirchlichen Handlungsraum auszuweichen (auf den wir im nächsten Kapitel näher eingehen werden), ist von der gesellschaftlichen Ausgangssituation nach möglichen künftigen Wegen zu fragen, zumal keineswegs vom Zusammenbruch oder gar vom Verschwinden des Christentums die Rede ist, sondern von den Änderungen und Transformationen seiner Sozialgestalt.[26] Der Katholizismus als gesellschaftliche Minderheit, die nichtsdestoweniger ein Grossgruppenmilieu entfaltet, ist seiner Orientierungs- und Bindungskraft verlustig gegangen. Aber

Orientierungsbedürfnis und Gemeinschaftsuche sind nicht in Vergessenheit geraten, sondern suchen heute ihre Inhalte, ihre Artikulation, ihre Sprache und Vergemeinschaftung. Ob man nun von kultur-soziologischen Paradigmen wie Risiko- oder Erlebnisgesellschaft[27], von urbaner oder kirchlicher Szenenbildung[28] oder von Wahloptionen[29] oder Sektoren[30] ausgeht, im allgemeinen kommt man auf 3 Wahlmöglichkeiten oder Szenarien[31] zurück. Sie beziehen sich durchaus auf die oben erwähnten Strategien für die Kirche (kalte, heisse und laue Organisationsform).

4.3.4.1 Rückzug ins »Bollwerk »?

Angesichts der Bedrohung durch die sogenannte Postmoderne mit ihrer schon früher diagnostizierten Überforderung des Individuums können fundamentalistische Strömungen nicht überraschen. Die evangelikalen Proteste in Nordamerika können durchaus eine Ahnung von den Strategien und von der Wucht solcher Gruppierungen verleihen. R. Weibel spricht analog von katholikalen Erscheinungen in unseren Ländern.[32] Man sucht schützenden und bergenden Unterschlupf in der Gemeinschaft Gleichgesinnter, schottet sich von der übrigen Gesellschaft ab, betreibt die Bekehrung in ritualisierter Form, und das evangelikal orientierte theologische Deutungssystem mit fast dualistischen Zügen wertet die Welt ab. Ob diese Strömungen so stark sind, wie sie auftreten, ist schwer auszumachen. Ihr Einfluss scheint m. E. im Moment eher zu wachsen (auch unter Theologiestudierenden). Die Gefahr ist nicht von der Hand zu weisen, dass einige von ihnen zu Methoden einer militanten Minderheit greifen, zu einer Art internem Kulturkampf, um ihre »Orthodoxie« zu verteidigen und sich zu unterscheiden. Ihre Methoden zeigen allerdings, dass sie sich dabei nicht nur auf Gott verlassen. Aber die Voraussetzungen, die zum Bollwerk führten, sind nicht zu restaurieren. Daher ist eher anzunehmen, dass derartige Bewegungen zu »sektenhaften« Gruppierungen werden, die aus der gesellschaftlichen Entwicklung herausfallen. Als Form einer produktiven und kritischen Auseinandersetzung mit der sog. post-modernen Zeit ist dieser Rückzug schwerlich zu erkennen.

4.3.4.2 Basiskirchliches Christentum

Eine Alternative zum »katholikalen« Modell ist das basiskirchliche Christentum.[33] Von der volkskirchlichen Vorstellung einer flächendeckenden Betreuungspastoral wird hier Abschied genommen. Die persönliche Entscheidung und glaubwürdige Praxis im gesellschaftlichen Kontext führen zur Wahl alternativer Formen der Gruppenbildung mit ganzheitlichem und solidarischem Ethos. Häufig sind basiskirchliche Modelle von der christlichen Basisbewegung der Dritten Welt inspiriert, wobei oft zu wenig beachtet wird, dass eine basiskirchliche Lebensform aus dem agrargesellschaftlichen Umfeld nur schwerlich in den Kontext einer hochdifferenzierten und komplexen Gesellschaft übernommen werden kann.

Auch wenn basiskirchliche Modelle einen innovativen Weg in die Zukunft bedeuten können, so wird es sich hierbei doch um eine Minderheitenposition handeln, mag sie auch noch wachsen, wenn die Identifikation mit der Grosskirche schwer wird. Aber sie werden nicht als Repräsentanten des ganzen kirchlichen oder parakirchlichen Spektrums auftreten können. »Wo die basiskirchlichen Ansätze ihren eigenen Prinzipien treu bleiben, werden sie zudem einen Monopolanspruch erst gar nicht erheben, sondern genügend Reflexivität entwickeln, um sich als Teil im Gesamtgefüge eines um die Zukunft konflikthaft ringenden, dialogfähigen, vielgestaltigen und offenen Katholizismus zu verstehen.«[34] Damit ist zum nächsten Szenarium übergeleitet.

4.3.4.3 Pluralistische Vielfalt

Analog zur Strategie-Empfehlung für die Kirche in der Form einer Volkskirche als flexibel vernetzte Basis-Vielfalt (vgl. S. 211f.) bahnt sich eine pluriforme Vielfalt des Katholizismus schon an. Dabei geht es um Wege zwischen den beiden genannten Flügeln in sehr unterschiedlicher Dichte und in Mischformen. Die Unterschiede, die zur Toleranz wie zur Konfliktfähigkeit herausfordern, betreffen alle signifikanten Aspekte des Glaubens (Gottesvorstellungen, Sinnfragen wie Leben nach dem Tode), die Wege zum Heil (Sakramente, Bibel usw.), die Glaubenspraxis (Gebet, Meditation, Diakonie) und das Kirchenverständnis (Gemeindebezug, Nähe und Distanz zur Kirche usw.). In diesem polarisierenden Spannungsfeld ist auch die diffuse Katholizität[35] anzusiedeln, in der sich die verschiedenen fliessenden Grenzen und Strömungen zwischen Kirchen und christlichen Gruppierungen, zivilreligiösen Erscheinungsformen und Gesellschaft überlagern, vermischen und auch wieder trennen. Ob in diesem Zusammenhang die Vision der Kommission VIII des Zentralkomitees der Deutschen Katholiken nach einer »versöhnten Verschiedenheit«[36] ihrer Erfüllung entgegengeht, bleibt wohl offen. Bis zu einem gewissen Grad wird die Antwort davon abhängen, ob die fundamentalistischen und basiskirchlichen Formationen zusammen mit einem pluriformen Katholizismus zu einer sie miteinander verbindenden Sozialform finden können, gleichsam zu einem Haus, das vielen Wohnungen Raum bietet. Es geht um ein organisiertes Christentum der »Wahl-Verwandtschaften« – im Unterschied zum früheren Milieu-Katholizismus, in den man sozusagen hineingeboren wurde.

4.3.5 Vernetzung der kontextuell verankerten Sachverständigkeit

Angesichts dieses Gemischs von alternativen Szenarien ist nach den Organisationsformen und Erfordernissen einer Synergie-Rationalität zu fragen.

4.3.5.1 Segmente und Bereiche

– Verbands-Segment

Dabei ist zu denken an all die Verbände, Arbeitsgemeinschaften, Vereinigungen, Bünde und Assoziationen, die in irgend einer Form den Brückenschlag zu den Problemen und Fragen der Zeitgenossen und zur Gesellschaft bewahren. Diesen Bereich kann man das *Verbands-Segment* nennen.[37] Es ist interessant zu beobachten, dass gerade jene kirchlichen Verbände noch Zukunft zu haben scheinen, die ein gesellschaftlich relevantes Thema bearbeiten und die dies mit einer Kompetenz tun, die sie als Ansprechpartner im politischen und gesellschaftlichen Feld ernstnehmen lässt. Dies zeigen z.T. die Frauenverbände. Jene Vereine und Verbände, die sich eher parallel zur Gesellschaft und kirchen- oder gemeindeintern im guten Sinn des Wortes verausgabt haben, aber sich nicht darüber hinaus weiter entwickelten infolge Nachwuchsmangel oder weil andere Gruppierungen manches übernahmen, sind in ihrer Existenz bedroht. Man denke etwa an die Kirchenmusik und an den Kirchengesang. Deren Arbeitsgemeinschaften oder Verbände generieren sich nur dann, wenn sie die wachsenden Qualitätsansprüche und die gesellschaftlich vorgegebenen gesteigerten Erwartungen an sie meistern. Ohne »Modernisierung« ist auch dort Zukunft nicht zu sichern. Das bedeutet, sich auf die kulturelle Welt von Musik und Gesang professionell einzulassen. Bis auf die lokale Ebene der einzelnen Chöre und Programme schlägt die Gesamtsituation durch und bedingt einen Druck auf Pflege der Kunst.[38]

– Diakonisch-soziales Segment

Ein weiterer Bereich ist das formal organisierte *diakonische und soziale Segment.* Gerade in der Bundesrepublik, in Österreich und im Vergleich dazu in bescheidenerem Umfang in der Schweiz ist die Kirche in sozialen, therapeutischen und beraterischen Aufgabenfeldern mit einem Heer von Frauen und Männern engagiert. Auch hier schlägt sich der professionelle Qualitätsdruck auf allen Ebenen bis hin zur ehrenamtlichen Tätigkeit nieder. Ob es um die Telefonseelsorge (in der Schweiz: Dargebotene Hand), um Behinderte, um Pax Christi, um den Solidaritätsfonds für Mutter und Kind (des Schweiz. Kath. Frauenbunds), um Schwangerschaftskonfliktberatung, um die grossen Hilfswerke wie Misereor, Adveniat, Fastenopfer, Caritas-Organisationen, Caritsverbände, um Sozial- und Heilpädagogik geht oder Sozialdienst und Familien-Erholung ..., sie alle zeigen, wie andere Segmente auch, eine Tendenz zu einem verstärkten beruflich-funktionalen und organisatorischen Interaktionsgefüge. Überdies wird die Vermischung von höchst unterschiedlichen christlichen Praxisformen und Glaubenspositionen deutlich. Sowohl eher fundamentalistische als auch eher basiskirchliche, gemeindenahe oder verbands- oder gruppenorientierte Christinnen und Christen werden in diesem Bereich arbeitstechnisch sozialisiert. Primäre Voraussetzungen sind die erforderlichen professionellen Qualifikationen, also funktionale Qualifikationen. Jene, die aus dem pluriformen Katholizismus kommen oder eher am Rande des kirchlichen Lebens stehen, gehen eine formale Arbeits-Mitgliedschaft mit einer kirchlichen Stelle ein, ohne sich damit ausdrücklich vom Sinngehalt des Christentums interpretieren zu lassen. So erlebt die Kirche die pluralistischen gesellschaftlichen Verhältnisse am »eigenen Leibe«.

– Bildungs-Segment

Diesem Aspekt steht auch der *Segment der Bildung* formal sehr nahe. Damit verbindet sich das weite Feld der Schulen und der Aus- sowie Fortbildung, von den Internaten bis zu Akademien für Kirchenmusik und für Lehrerfortbildung, der Universitäten und Fach- sowie Fachhochschulen, Studienförderungen und Forschungsinstitute, Erwachsenenbildung, Akademien und Bildungshäuser. Auch dabei handelt es sich um ein weitgehend kirchliches und formal organisiertes Segment wie beim diakonisch sozialen Aufgabenfeld.

– Segment Kultur/Medien/Migration

Ähnliche Bewandtnis hat es mit den Segmenten *Kultur, Medien* und *Migration/Tourismus.* Auch in diesen Bereichen diktiert das gesellschaftliche Umfeld die Professionalität in den einzelnen Branchen sowie die inhaltlichen Herausforderungen und die praktische Bewährung. Die Kirche wird in der Regel Dienstleistungen parallel zum gesellschaftlichen Markt nur dann aufbauen können, wenn sie in die vorfindlichen Bedingungen qualifiziert einsteigt. So wird z. B. eine renommierte Filmzeitschrift wie »Zoom« in kirchlicher bzw. ökumenischer Trägerschaft nur zu halten sein, wenn sie sich den Marktbedingungen anpasst und sich eventuell mit anderen Trägerschaften zusammen durchtragen lässt, denen gegenüber ein christliches Medienethos immer wieder neu offensiv vertreten werden muss.

Auch im kulturellen, journalistischen und medialen Bereich gibt es die Tendenz zu Fusionen, zu Gefässen, die nicht mehr von einem geschlossenen Milieu oder von einer konfessionellen Massenbewegung garantiert werden, sondern von relevanten Anliegen und sog. aktuellen Formen der wirksamen und ertragreichen Vermittlung. Dabei wird oft mit zivilen Trägerschaften kooperiert werden müssen. Berührungsängste sind zu überwinden. Es ist nicht zu übersehen, dass z. B. freikirchliche Programmanteile im (Schweizerischen) Fernsehen von freikirchlichen Organisationen unentgeltlich angeboten werden, eine z. T. erstaunlich hohe Einschaltquote erreichen, sofern sie ihre Darbietungen zuschauergerecht und unterhaltsam gestalten.

Es gelten für alle, die kirchlicherseits in diesen Segmenten Brücken zu den heutigen Menschen und ihrer Welt zu schlagen wollen, die harten Fakten der funktionalen Qualifikation, also Professionalität und Mobilität auf den verschiedenen Parketts des Handelns. Technisches Management, Rationalisierung des Mitteleinsatzes, mittel- und langfristiges Planen im Sinne des Marketings und Werbeanstrengungen sind zunehmend mehr gefordert.

Angesichts der Pluralismus-Situation muss das Interesse der gewünschten Adressaten und Adressatinnen geweckt werden, die Nützlichkeit des Angebots betont und die Qualität angepriesen werden. Ästhetik ist das durchgehende Merkmal, das all diese Rücksichten und Absichten durchzieht. Es muss schön und anziehend gelockt werden. Nicht nur Akademien in kirchlicher Trägerschaft oder erwachsenenbildnerische Programme, sondern die Pfarreigruppen und die religionspädagogischen Arbeitsstellen müssen mit sinnenfälligen Medien werben, damit ihre Dienstleistungen in Anspruch genommen werden. Diese durchgehende Ästhetisierung (die wir wohl vor allem der Werbe-Industrie verdanken) und die ansteigende Qualifizierung definieren somit auch jene Wege und Instrumente, deren die Kirche bedarf, wenn sie die Menschen erreichen und im Leben »daheim« sein will.

– Pastorales Segment

In besonders dichter Weise zeigt sich die formal-organisatorische Dimension beim *pastoralen Segment,* das alle Dienstträger und -trägerinnen für kirchlich-seelsorgliche sowie katechetische und liturgisch-pastorale Aufgaben umfasst. Darauf werden wir im nächsten Kapitel eigens zurückkommen. Hier stellt sich u.a. das Problem, das auch die nachkonziliare Kirche noch nicht lösen konnte. Nach wie vor ist die Differenz zwischen Klerus und Laien in der gesamten Arbeitsorganisation Kirche strukturbestimmend. Damit ist das pastorale Segment der Ort, wo die formal-organisatorische Dimension am deutlichsten binnenkirchlich trennt oder differenziert.[39] Sie überschneidet sich auch mit den anderen Segmenten, die formal-organisatorisch kirchengebunden sind wie z.B. im Bereich der Caritas, des katholischen Schulsystems usw.

– Segment der Bewegungen

Die Übersicht über die Segmente – als Orte und Handlungsfelder von Laien für den Brückenbau zu gesellschaftlichen Lebensbedingungen – wäre unvollständig, wenn das eindrucksvolle und diffuse *Segment der »Bewegungen«* unterschlagen würde.[40] Die religiösen Bewegungen sind vermutlich Reaktion sowohl auf die schon zur Genüge wiederholten gesellschaftlichen Prozesse als auch auf die »laue« volkskirchliche Innovationsschwäche.

Die religiösen Bewegungen sind davon geprägt, dass sie die Glaubensgeschichte bewusst und reflexiv angehen, bei den eigenen Lebensgeschichten und beim Alltag ansetzen und in einer Gruppengemeinschaft darüber Austausch und Halt bieten. K. Gabriel unterscheidet mehr geistlich-religiöse und eher prophetisch-christliche Bewegungen.[41] Das Strukturbedürfnis der post-modernen Mentalität schlägt sich bei den Bewegungen in der Suche nach Gemeinschaftlichkeit nieder, in deren Zentrum die Bibellektüre, Gespräch, gemeinsamer Erfahrungsaustausch und Gebet liegen. Andererseits überwinden sie bisherige Strukturmodelle, denn sie binden sich nicht an die Grenzen von Klerus/Laien, Mann/Frau, aktive Hauptamtliche/passive Laien, auch nicht an bestimmte konfessionelle Mitgliedschaft, Einheimische/Ausländer; z. T. gibt es auch christlich/nichtchristliche Formen. Dadurch werden solche Blöcke entgrenzt und die Differenzierungen im Bereich der formal-organisatorischen Segmente relativiert.

Natürlich handelt es sich dabei wiederum um ein breites und in Teilen durchaus widersprüchlich erscheinendes Spektrum. Geht es den neuen geistlichen Bewegungen und Gemeinschaften (Charismatische Erneuerung, Action 365, Schönstatt, Fokolarbewegung, Cursillo, neokatechumenale Bewegung, Communione e Liberazione usw.) um Lebensbewältigung aus dem Glauben angesichts der Ausdunstung ehemaliger Sicherheiten, so leben die prophetisch-christlichen Bewegungen, ähnlich basiskirchliche Gruppierungen, von der Sensibilität für die lebensgefährdenden und ungerechten Lebensbedingungen in der heutigen Zeit. Ihr Stichwort dürfte die Einheit von Mystik und Politik sein. Im gesellschaftlichen Bereich sind sie Teil der neuen sozialen Bewegungen, wie dies an einer Vielzahl von christlichen Dritte-Welt-, Frauen-, Ökologie- oder Friedensgruppen festzumachen ist. Auch Hilfswerke, Orden und vor allem Gruppen in der Jugendarbeit tragen diese Bewegungen mit und reichen ihrerseits tief in die herkömmlichen Strukturen der Pastoral und der Kirche hinein. Sie überlagern sich mit vielen anderen oben schon genannten Segmenten, auch im formal-organisatorischen Katholizismus. Die einzelnen Segmente sind ohnehin keine exklusiven Grössen. Bewegungen brauchen auf Dauer auch Organisation. Umgekehrt verlieren sich Verbände und Arbeitsgemeinschaften schnell, wenn sie nicht auch Bewegungen bleiben.

4.3.5.2 Modelle der Vernetzung und kommunikative Foren

Ein Modell haben die eben genannten Bewegungen auf den Weg geschickt. Im Zusammenhang mit der Thematik des konziliaren Prozesses haben die sich dort engagierten Basisinitiativen und Gruppen festere Strukturen gegeben und sich in ökumenischer Vernetzung zusammengefunden. Ähnliche Kooperationswege gehen die Dritte-Welt-Gruppen. Diese verbinden sich mit regionalen oder kommunalen Partnerschaftsvereinen, in Gesellschaften mit dem Ziel der Förderung von Partnerschaft mit der Dritten Welt oder mit Hilfswerken. Damit sind gruppeninterne Spannungen nicht alleine auf sich selbst gestellt, sondern das Problembewusstsein, die Logistik für eventuelle Aktionen und nicht zuletzt die Weiterbildung haben bessere Chancen gewonnen, also das, was die Synergie der Kräfte genannt wird.

Viel lernen kann man von den geschichtlich bewährten Organisationen, Verbänden und Gemeinschaften. Gerade sie belegen mit ihren demokratischen Formen, dass sie auf dem Boden der gesellschaftlichen Rahmenbedingungen stehen, auch wenn sie organisatorisch mit den kirchlichen Strukturen im einzelnen mehr oder weniger verbunden sind und ihre Anliegen aus einer christlichen Perspektive angehen wollen. Aber ihre Legitimation gewinnen sie nicht aus der Geschichte, sondern von der Aktualität ihrer Fragestellungen und der Zeitgemässheit der Lösungsinstrumente.

Jüngeren Datums sind die Fach- oder Arbeitsstellen, mit denen Hilfswerke und soziale Einrichtungen zusammen mit bischöflichen bzw. kirchlichen Stabsstellen Sachkompetenz und formales Know-how sichern wollen. Dass deren fachliche Bedeutung zunimmt und sie damit gegenüber Trägervereinen zunehmend eine funktionale Mobilität und Kompetenz-Freiheit beanspruchen, ist in einem anderen Zusammenhang schon erwähnt worden.

In der Kirche bevorzugt man nach meinem Eindruck Stiftungen, weil sie mit klaren Rechten und Pflichten umschrieben und mit einem Vermögen zu deren Zweck ausgestattet sind. Insgesamt ist die Tendenz nicht zu übersehen, dass sich die Fach- und Entscheidungskompetenz gegenüber einer breiteren Mitsprache verselbständigt und damit einen Trend zur Expertokratie markiert. In der Schweiz sind vom staatskirchenrechtlichen Hintergrund (starke Verlagerung nach unten) her Stabs-Kommissionen der Bischofskonferenz oder Trägervereine (bzw. Fördervereine) mit meist gemischter Zusammensetzung (Delegierte der Verbände, Kooptierte der Bischofskonferenz oder der sprachregionalen Ordinarienkonferenzen) für die Wahrnehmung kirchlicher Interessen und Aufgaben in den verschiedenen Sparten verantwortlich (wie z.B. Ökumene-Kommission, Frauenkommission, Justitia et Pax, Katholische Arbeitsgemeinschaft für Ausländerfragen, Kirche im Tourismus, Medienkommission, Katholischer Mediendienst). Daneben gibt es dort natürlich Stiftungen, Arbeitsgemeinschaften, Vereine und Verbände. Im Vergleich dazu sind die analogen Stellen in der Bundesrepublik viel stärker ausgebaut (Referenten und Referentinnen) und insgesamt stärker in die kirchenrechtliche Struktur (formal-organisatorisch) integriert. Im Vergleich zu Österreich und zur Bundesrepublik, wo sich ein Trend in grossen Organisationen und Diözesen zum System der Fach-Referate anzeigt (»Referats-Katholizismus«), sind in der Schweiz die Instrumente auf sprachregionaler und gesamtschweizerischer Ebene schwach und geradezu fahrlässig ungenügend ausgebaut. So haben die Dachverbände in den ersten beiden genannten Ländern oft Mühe, auf ihrer Ebene ein Pendant in der Schweiz zu finden. Aus diesem Grunde reissen dort die Diskussionen um eine »Tagsatzung« (eine Art Synode) der Katholiken und Katholikinnen in der Schweiz nicht ab.[42]

Gegenüber den situationsbedingt verständlichen Tendenzen in Richtung »Expertokratie« ist m. E. alle Sorgfalt darauf zu verwenden, dass diese Stellen an der Basis verankert bleiben, nicht im Sinne einer früheren Massenorganisation, aber einer bewusst bestimmenden und sachverständigen Kooperation oder Trägerschaft, die sich zu sachverwandten Arbeitsgemeinschaften oder Beiräten zusammenfinden und die Vielfalt koordinieren und vernetzen. Ohne Arbeit mit der Basis verkommen die Verbände unter der Hand zu einem System der Delegation, wobei man die komplizierte Materie mehr und mehr Sachverständigen als Stellvertretern und Stellvertreterinnen überlässt. Aber dies bedeutete Wirklichkeitsverlust. Die Sonden verlören im gesellschaftlichen Kontext ihr magnetisches Feld.

Eine weitere vielleicht zeitgemässe Form für »Vergemeinschaftung« wäre nebst den Bewegungen, Verbänden, Organisationen und der Katholischen Aktion das, was wir Szene nennen.[43] Das Segment der Szene ist, wie früher schon einmal vermerkt, dadurch gekennzeichnet, dass sie Leute zusammenführt, ohne die einzelnen auf ein festes Programm zu verpflichten. Man gehört dazu, wobei Distanz und Nähe vom einzelnen Subjekt individuell festgelegt werden. Man kann sozusagen jederzeit hinzutreten oder sich verabschieden. Das Ganze ist zwar unverbindlich, aber doch eine Form der Zugehörigkeit oder mindestens dessen Gefühl.

Das Segment der Szene ist ein niederschwelliger Zugang. Man soll sie nicht zu schnell als typisches Kennzeichen für Konsum, Unverbindlichkeit und Erlebnishascherei abtun. Vielleicht sind es mögliche Formen, mit denen auf dem diffusen Feld eines pluralistischen Katholizismus und der religiösen Interessen Kommunikation und so etwas wie Gemeinschaftsbildung möglich werden. City-Kirche, Akademien oder ein Romerohaus mit ihren Foren, Jugendtreffs oder Gemeindefeste können durchaus an Szene erinnern. Und es ist die Frage zu stellen, ob die alle zwei Jahre stattfindenden Treffen der Jugend mit dem Papst, die zum Jahresende von Taizé durchgeführten ökumenischen Jugendtreffen auf europäischer Ebene oder die alljährlichen

Ranfttreffen der katholischen Jugendverbände der Schweiz vor Weihnachten nicht solche Szenen darstellen. Auch Kirchentage und Katholikentage sind strukturierte Gemeinschaftserlebnisse, die durchaus Elemente der Szene aufweisen. Vermutlich gibt es vor allem auf Gemeindeebene viel mehr Szenenbildung als man wahrnimmt. Häufig sind es Szenen gewesen und Initiativen vor Ort, die sich oft zu Bewegungen entfalteten und z.T. auf konkrete Ziele hin zu Organisationen gediehen. Szenen geben Raum und Klima, dass Neues wachsen und sich zeigen und eventuell seine Fruchtbarkeit in vernetzter Synergie einbringen kann.

Die Frage ist nun die, wie diese Instrumente, Arbeitsgemeinschaften, Bewegungen, Szenen, Organisationen, Stabsstellen und Verbände sich selber vernetzen und sich zu den binnenkirchlichen Strukturen, Gremien und Organisationsformen verhalten, vor allem zu den Räten, die doch seit dem Zweiten Vatikanischen Konzil zu einem Symbol des Aufbruchs der Laien geworden sind.

4.4 Die prophetische Wirksamkeit der kirchlichen Verbände und Werke

4.4.1 Beirats-System als Vernetzung kontextueller Sachverständigkeit (Von der Pyramide zum Obelisken?)

Aus dem bisher Gesagten ist eindeutig zu folgern, dass die bisherigen an der Basis breiten und flächendeckenden Grossorganisationen (Pyramiden) wohl kaum eine Sozialform der Präsenz der Laien bzw. der Kirche in der Gesellschaft sein werden. Wie könnte aber in schlankerer Form (Obelisk) diese Präsenz in den verschiedenen Herausforderungsfeldern konkret gestaltet werden? Ist es eventuell so etwas wie ein Beirats-System, bei dem sich verschiedene Beiräte von Organisationen, Werken, Stabsstellen und Arbeitsgemeinschaften in Koordinationsgruppen verbinden und kooperieren? Damit wäre eine gewisse Basis-Verankerung gesichert; und die Experten und Expertinnen sowie die Entscheidungsträger wären nicht alleine unter sich. Es käme auf die Vernetzung kontextueller Sachverständigkeit und Aufgabenstellungen an, wobei diese nicht primär durch Organisationen und Einrichtungen parallel zur Gesellschaft (wie im Katholizismus) bewerkstelligt würde, sondern dadurch, dass Christinnen und Christen sich durch ein qualifiziertes Engagement in den entsprechenden gesellschaftlichen Bereichen einbringen.

In Kurzform: Statt Parallelisierung bzw. funktionale und organisatorische Verdoppelung ist sachkompetente und aufgeschlossene Leistung in den verschiedenen Aufgabenfeldern und Kontexten verlangt.

Wie soll aber diese Vernetzung erfolgen, um Basiskontakt (»Markt«) und Kompetenz (»Management«) kirchlich zu verknoten? Guter Rat ist teuer, zumal alte Organisationen der Tendenz unterliegen, weiter zu existieren, auch wenn ihre früheren Aufgaben erfüllt sind. Anfragen bei Organisationsberatern und Wirtschaftsexperten für Management und für Non-Profit-Organisationen ergaben auch wenig Anhaltspunkte für unsere Frage nach künftigen Sozialformen der Präsenz von Christen und Christinnen in Bereichen der gesellschaftlichen Herausforderungen. Bestätigt wird lediglich, dass diese Probleme im wirtschaftlichen Feld z. T. ganz ähnlicher und somit nicht kirchenspezifischer Natur seien. Sie stellen die Tendenz zu einem künstlichen Bürokratismus fest und das Faktum, dass die »Profis« abheben. Eine überzeugende Theorie für künftige Modelle scheint es kaum zu geben.

Allerdings konnte ich drei Ratschläge erhalten, die auch für unsere Fragestellung hilfreich sind:

- Wichtig ist die Vernetzung, um Synergie zu erreichen und Ressourcen möglichst gut einzusetzen. Dies war oben mit dem Beirats-System angesprochen.
- Unverzichtbar ist, die Informations-Asymmetrie abzubauen. Die Experten/-innen und Entscheidungsträger müssten systematisch in Gremien eingebunden sein, in denen sie Auskunft erteilen und auf Fragen antworten können. Damit lernt auch die Basis, Einsichten zu gewinnen und eventuell sich ein Urteil zu bilden.
- »Frontkontakt«: auch die höheren Kader werden zum Kundenkontakt provoziert. Damit wären Wege zu einer grösseren Realitätsnähe eröffnet.

In diesem Zusammenhang lohnt ein Vergleich zwischen Verbänden auf der einen Seite und den kirchlichen Räten auf der anderen Seite. Das Anliegen lässt sich dadurch besser beleuchten.

4.4.2 »Alle Macht den Räten« – und die Verbände?

Nachdem der im letzten Jahrhundert in der Kleinwelt der lokalen Ebene entstandene Vereins- und Verbandskatholizismus in Krise geriet, manche Verbände wie z.B. der Jungmannschaftsverband oder der katholische Volksverein in der Schweiz z.T. fast lautlos verschwanden, scheinen die Bewegungen und Protestbewegungen, vor allem aber die Räte den Vereinskatholizismus und die Katholische Aktion beerben zu wollen.

Nach dem Konzil entfachte die damalige Kirchenbegeisterung geradezu eine Räte-Euphorie. Die Räte schossen in den 60er und 70er Jahren nur so aus dem kirchlichen Boden: Seelsorgeräte, Pastoralräte, Priesterräte, Pfarrgemeinderäte bzw. Pfarrei-Räte. Nach dem Verbandskatholizismus und nach dem Abbröckeln der Volkskirche glaubte man, die Räte würden nun deren Rolle übernehmen und das neue Salz der Kirche sein und die fällige Kirchenreform in die Tat umsetzen. Dadurch hoffte man, die Öffnung der Kirche zur Welt hin und dem erwachten Verständnis der Laien als mitverantwortlichen Gliedern der Kirche gerecht zu werden. Die Synoden der 70er Jahre, eindrückliche Ereignisse der jüngeren Kirchengeschichte, verstärkten diesen Bewusstseinsschub. Schon damals konnte man ahnen, dass wir keine Brücken und keine Instrumente feierlich verabschieden sollten, solange sie noch sinnvoll sind und zwar insofern, als ihre Ziele begründet und ihre Wege der Zielverwirklichung der aktuellen Stunde angemessen sind.

Die Bedeutung der Verbände und Vereine einerseits und die Funktion der Räte andererseits sind nicht gegeneinander aufzurechnen, sondern in ihrem gegenseitigen Bezug und in ihrer wechselseitigen Kompensation zu würdigen.[44] Vor diesem Hintergrund ist nun genauer zu fragen, worin denn nun die Prophetie der Vereine und der Verbände bestehe und zu finden sei. Mit Prophetie meine ich den unwahrscheinlichen Mut, auch gegen die »mainstreams« des Alltags das Sinnvolle und Notwendige verantwortlich zu tun und – gelegen oder ungelegen – zu vertreten.

4.4.3 Verbände und Hilfswerke: Sonden und Antennen für pünktliches Christsein

In der Spannung zwischen Gesellschaft und Kirche sowie zwischen den Berufungen der einzelnen Christen und Christinnen einerseits und den in der Welt zudiktierten »Dienstanweisungen Gottes« andererseits sind nicht zuerst die Räte, Kommissionen oder die Gesamtheit einer Pfarrei, eines Bistums oder einer Bischofskonferenz die primären Brücken und Handlungsorte, sondern Arbeitsgruppen, Vereine, Verbände, kirchliche Hilfswerke, Projektträger und deren Stabstellen, Einrichtungen und Arbeitsgemeinschaften mit ihren Stellen und Diensten. Von daher sind sie Sonden oder Sensorien mit gewisser organisatorischer Selbständigkeit neben den territorialen Strukturebenen Pfarrei, Dekanat oder Bistum und (vor allem in der Schweiz) neben den staatskirchlichen Einheiten – auch wenn sie im einzelnen durchaus kooperieren und miteinander vernetzt sind –, Sonden ins gesellschaftliche, kommunale, politische und individuelle Leben hinein. Sie sind Instrumente und Wege, mit Hilfe derer die Kirche ihrer politischen, sozialen, kulturellen, therapeutischen, ethischen und religiösen Diakonie heutzutage konkret nachzukommen bemüht ist. Sie arbeiten somit problem- und sachbezogen und im einzelnen auf bestimmte Aufgabenbereiche eingegrenzt bzw. konzentriert. Schon ein flüchtiger Blick in die Geschichte des sozial engagierten Verbandskatholizismus belegt auf eindrückliche Weise, dass es nebst Kongregationen und Orden vor allem Verbände, Vereine und Projekte von Hilfsorganisationen bis hin zum Vinzenzverein gewesen sind, die ein feines Gespür für gesellschaftliche Aufgabenstellungen und Nöte entwickelt und z.T. als kritisch-prophetische Sensorien in der Kirche gegenüber der Hierarchie und den staatskirchlichen Behörden und gegenüber den Pfarreien gewirkt haben. In diesem Sinn haben sie in zeitgemässer Form das fortgeführt, was früher vor allem von Orden, Bruderschaften oder Zünften geleistet worden ist.

Durch diese Sonden und Antennen kann die Kirche über ihren institutionellen Binnenraum hinauswachsen. Ohne diese Instrumente verlören die Pfarreien und die Diözesen ihr Leitsystem für das hier und jetzt Notwendige und damit wichtige Chancen und Garantien, die Nöte, Sorgen und Fragen auf Tod und Leben wahrzunehmen und Lösungen anzustreben. Sind die religiösen Bewegungen, die sozial engagierten Gruppen und Basis-Projekte, die Realität und Religiosität verbinden wollen, nicht so etwas wie ein prophetisches Frühwarnsystem für eine Kirche, die häufig mit ihren internen und z. T. künstlichen Problemen die Menschen zu verscheuchen droht? Sie kann gerade über und durch die genannten Antennen und Instrumente lernen, nicht dauernd zu spät zu kommen, sondern pünktliches Christsein zu wagen und zu leben.[45]

4.4.4 Räte und Konferenzen: territoriale Vernetzung der funktionalen Vielfalt der »Sonden« und »Antennen«

Im Unterschied zur funktionalen Bedeutung dieser Sensorien liegt die Funktion der Räte und Konferenzen eher darin, auf den verschiedenen territorialen Ebenen (Pfarrei, Diözese, sprachregional, national, europäisch) die Vielfalt und die unterschiedlichen Verbände, Projekte, Stabstellen, Arbeitsgemeinschaften und Kommissionen sowie das seelsorgliche Wirken zu vernetzen und zu einer fruchtbaren Synergie zu führen. Ihr Bezugsfeld ist in der Regel ein territoriales Gebiet. Im Vergleich zu ihnen sind die funktionalen Sonden und Antennen viel dynamischer und meist unmittelbar pragmatisch nahe an einer bestimmten Problemfront. Die Räte müssen die disparate Vielfalt und das Ganze im Auge behalten und sind von daher eher auf Ausgleich und Koordination bedacht. Sie können leicht sich selbst genügen und sich auf binnenkirchliche Sorgen zurückziehen und damit genau die öde Langeweile produzieren, die sie eigentlich verhindern sollten. Durch die Antennen und Sensorien erleben sie indessen Lebensnähe und Basisgewinn. Dadurch wird verhindert, dass die pastoralen Gremien ins gesellschaftliche Abseits geraten.

Die Gefahr der Sensorien kann darin liegen, dass sie sich verzweckt auf ein Managen von Aufgaben und Sachbereichen einlassen und dadurch die religiösen Motivressourcen und kirchlichen Solidaritätsquellen aufs Spiel setzen, die sie doch langfristig tragen und ermutigen sollen. Wenn für sie Kirche nur noch Aktionspodium wäre, verlören sie die kostbaren Ressourcen einer motivierenden wie kritischen Instanz.

So sind beide aufeinander angewiesen und gerade in diesem Zueinander sich gegenseitig verstärkend und dynamisierend.

Siebtes Kapitel

Kirche als Ort des Handelns der Laien

Die Frage nach den Laien ist in unseren Überlegungen stets als Frage nach dem Christsein verstanden worden (und meint unter diesem Aspekt natürlich auch die Kleriker). In der Spannung zwischen der Botschaft des Evangeliums und den Bedingungen des subjektiven und gesellschaftlichen Lebens entfaltet sich die Berufung und Sendung der Christinnen und Christen. Dabei ist das konkrete Leben in der Welt der Ernstfall und Testfall oder, um es theologisch auszudrücken, der Weinberg Gottes. Dort ist zu buchstabieren, was es mit dem Christsein praktisch auf sich hat. Deshalb kommt es darauf an, die Wirklichkeit mit ihren Details und mit ihren aufstellenden wie zerstörerischen Aspekten nicht zu fliehen, sondern als Ort der Herausforderung und als Weg für die christlichen Hoffnungsressourcen anzunehmen und nach Kräften zu gestalten. Die Laien, ist oben gesagt worden, haben die Aufgabe, diese Wirklichkeit in der Kirche zu repräsentieren und sie in ihrer Ambivalenz gleichsam zu »materialisieren«, wobei es nicht einfach um das Erfahrungsmaterial der Realitäten geht, sondern um bewusste Wahrnehmung und Verarbeitung der Wirklichkeit bzw. der Erfahrungen. Die Kirche verliert andernfalls, wie ihre eigene historische Erbschaft belegt, ihren Realitätsbezug und damit den Ort ihrer Sendung. Ohne die Laien bzw. die getauften und gefirmten Frauen und Männer kommt die Kirche weder zur Welt (Realitätsgewinn) noch zu sich selber im Sinne der ihr vorgegebenen Sendung.

Im folgenden soll die praktische Mitverantwortung der Laien für eine glaubwürdige Kirche thematisiert werden. Ebenso soll der vielleicht unwahrscheinlich anmutende Versuch unternommen werden, »synodale Strukturen« zu skizzieren. Vielleicht sind es über gewisse Strecken nüchterne und ermüdende Fragestellungen. Aber es geht letzlich um die Konkretisierung des Anliegens. Das Mitwirken und die helfende Mit-Verantwortung der Laien bzw. der vielen Frauen und Männer in allen Teilen der Kirche ist vielerorts sehr geschätzt. Das Zweite Vatikanische Konzil hat dies auch theologisch ermutigt. Natürlich verdankt sich dieser theologische Bewusstseinswandel keiner abstrakten Erkenntnis, sondern den schon öfters genannten vielfachen Prozessen, Kräften und Erneuerungen konkreter Art. Die theologischen Grundlagen bilden sozusagen die Beglaubigung und Legitimation dafür, dass das, was sich auf der praktischen Ebene schon tut, auch einen entsprechenden kirchenrechtlichen Ort findet. Die Theologie ist stets der zweite Schritt. Primär ist das Leben. Vieles tut sich und geschieht in allen Teilen der Kirche, was schon seinen *pastoralen Ort* gefunden hat. Nun käme es darauf an, dass dieser pastoralen Ortsfindung auch die strukturelle Ortsdefinition folgt. Losungswort dafür ist die Partizipation der Laien in einer, wie ich es nennen möchte, synodalen Kirche.

Die Fülle an praktischer Beteiligung von Frauen und Männern soll daher als Frage nach deren Mitverantwortung in synodalen Kirchenstrukturen dargestellt, die Elemente und Bedingungen einer synodal verfassten Kirche sollen fassbarer bestimmt werden. Dabei muss man sich allerdings bewusst bleiben, dass die Aussichten für eine schnelle Reform in Richtung der institutionellen Ausweitung der Freiräume in der Kirche im Moment keine grosse Chance haben. In diesem Sinn handelt es sich durchaus um Erinnerungen an die Zukunft, ohne sie damit nur als »Träume« charakterisieren zu wollen, denn die Zukunft ist schon unterwegs.

1 Mitverantwortung und Mitwirkung: von gesellschaftlicher Brisanz

Begriffe wie Mitbeteiligung, Mitbestimmung, Partizipation und Mitspracherecht sind seit der Zeit der Aufklärung und der Französischen Revolution entwickelt, vor allem aber im Verlaufe dieses Jahrhunderts geradezu »geläufig« geworden.

Immer mehr Völker haben ihre nationale Unabhängigkeit erhalten und wählen ihre Regierungen. Die Emanzipationsbewegungen haben in unseren Ländern praktisch allen Bürgern die demokratischen Rechte errungen. Die Frauen sind weitgehend berechtigt, am öffentlichen Leben teilzunehmen. Dank der UNO und der internationalen Institutionen sind die einzelnen Länder am Geschick der ganzen Welt beteiligt. Allenthalben beruft man sich auf die Menschenrechte, um möglichst für alle Menschen den Anspruch auf Freiheit, Selbstbestimmung, Ernährung, Arbeit und Bildung geltend zu machen. Auch im wirtschaftlichen Sektor ist Partizipation eine viel diskutierte Forderung. Die Gewerkschaften drängen darauf, dass die Arbeitnehmer und -nehmerinnen über die Organisation ihres Unternehmens und über die Bedingungen ihres Arbeitsplatzes mitbestimmen können. Im zwischenmenschlichen Bereich sind Begriffe wie Dialog, Partnerschaft, Beziehung und Selbstentfaltung im Gegensatz zu autoritären Verhaltensweisen und zur Fremdbestimmung von zentraler Bedeutung.

Viele überzeugte Christen und Christinnen erwarten gerade angesichts der Tatsache, dass die Menschheit nach einer freiheitlichen und partnerschaftlichen Form des gesellschaftlichen Lebens sucht, auch von der Kirche, dass sie ihre Strukturen nach eben diesen Prinzipien gestaltet. Für viele könnte sie durch eine solche Reform zum Symbol für Hoffnung werden. Manche erblicken in der Bereitschaft der Kirche zu aktiver Mitverantwortung der engagierten Frauen und Männer einen Test ihrer Glaubwürdigkeit.

Wie sehr auch Mitbestimmung, demokratische Entscheidungsfindung, Mündigkeit und Mitverantwortung, Selbstbestimmung und Freiheit usw. anerkannte Werte und Postulate sind, so schwierig sind diese berechtigten Prinzipien im gesellschaftlichen und kirchlichen, aber auch im persönlichen Alltag und Kontext in die Tat umzusetzen. Die Ideale sind oft kaum eingeübte Tugenden. Es kommt aber darauf an, Perspektiven und »fantaisie du coeur« für eigenes Handeln und eigene Verhaltensweisen als engagierte Glieder der Kirche zu gewinnen, auch wenn nüchtern zuzugeben ist, dass sich die Erwartungen und die Wirklichkeit nicht einmal annäherungsweise decken. Man spricht zwar von Mitverantwortung, Mitspracherecht und der Notwendigkeit von Beratung, man gründet Gremien und Institutionen und verficht Leitbilder, in denen Partnerschaft und Partizipation Leitlinien sind, aber insgesamt handeln wir in den alten Bahnen. Dies entbindet aber nicht, uns über die schon vorhandenen Erfahrungen, Ansätze und Rinnsale Rechenschaft zu geben, von denen man wünschen möchte, dass sie sich in die Zukunft hinein verstärken und ausweiten.

Um die Fülle all dessen, was schon gewachsen ist und sich im Alltag der Kirche tut, planvoller anzugehen, wird im folgenden von der Orientierung an den wesentlichen Grundvollzügen des Christseins und der Kirche ausgegangen. Dies fundiert die nachstehende Systematisierung des Handelns von Laien.

2 Orientierung an den Grundvollzügen der Kirche (Handlungskriterien)

Als Richtpunkte, die die Fülle der möglichen und geforderten Dienste und Tätigkeiten von Laien strukturieren und sinnvoll bündeln, empfehlen sich die Grundgesten oder die Grundfunktionen der Kirche und insofern auch der Seelsorge: Glauben – Beten – Teilen (Glaube – Hoffnung – Liebe). Sie konkretisieren auf der Handlungsebene die Einheit von Gottes- und Menschenliebe, die Herz und Seele der Kirche ausmachen.

2.1 Kennzeichen oder Grundvollzüge der Kirche als Volk Gottes

In einer gewissen Übereinstimmung zu den christlichen Grundakten »Glaube –Hoffnung – Liebe« sind seit dem Pfingstereignis (Apg 2,1–36) drei wesentliche Grundvollzüge sichtbar (vgl. Apg 2,42–47; 4,31f; Eph 3,12–231):

- das Hören und Bezeugen der frohen Botschaft: das prophetische Glaubenszeugnis (Apg 2,37–42)
- der gemeinsame Vollzug des Gottesdienstes und des Betens: Liturgie (Apg 2,46ff)
- das Schenken, Teilen und Empfangen von gemeinschaftlicher Solidarität: Liebe in Diakonie/Caritas (Apg 2,44–46).

Die inneren Qualitätsmerkmale der Kirche, die Treue zum auferstandenen Jesus Christus und die konkrete Weise seiner Nähe und Gegenwart im Heiligen Geist, verleiblichen und verwirklichen sich durch diese Grundvollzüge und werden dadurch anschaulich bzw. anschaubar. Diese drei Kennzeichen oder Grundvollzüge meint auch das Zweite Vatikanische Konzil, wenn es die Verkündigung des Wortes Gottes, die Feier der Eucharistie und die christliche Brüderlichkeit bzw. Solidarität als Grundvollzüge kirchlichen Lebens darstellt.[1]

Von diesen drei Grundgesten gehen auch einzelne Synoden der 70er Jahre aus, wenn sie von der Verkündigung (bzw. Martyria), von der Liturgie und von der Diakonia sprechen.[2] Zu beachten ist, weil das für das Verständnis des Dienstes und des kirchlichen Amtes Konsequenzen hat, dass alle drei Grunddimensionen einander wechselseitig bedingen, beleuchten und fordern. Sie stehen nicht wie selbständige Sektoren nebeneinander. Vielmehr transzendiert die je einzelne Dimension sich selbst auf die jeweils anderen hin. Und wenn eine dieser drei Grundgesten oder Grundvollzüge unterschlagen oder abhanden kommen würde, wäre eine christliche Gemeinde verstümmelt und in Gefahr, ihrer Berufung untreu zu werden. Mit dieser Trias ist somit der konkreten Gemeinde- und Kirchenwirklichkeit ein kritisch-prophetischer Spiegel vorgehalten.

Die drei Grundgesten: »Glauben – Beten – Teilen« oder theologisch ausgedrückt »Martyria – Leiturgia – Diakonia« gestalten die dynamische Lebensmitte dessen, was seit Jahren Koinonia (Gemeinschaft) genannt wird. Je tiefer sich Kirche in Verkündigung, Liturgie sowie in Diakonie und konkreten Hoffnungsschritten auf die Gottesfrage einlässt und sich von Jesus her versteht, umso erfahrbarer wird, dass das Evangelium auch im empirisch-soziologischen Sinn zur Gemeinschaft (Communio) führt und gemeindestiftend ist: »Wo zwei oder drei in meinem Namen versammelt sind, da bin ich mitten unter ihnen« (Mt 18,20). Und in all diesen Bereichen ist die Frage gestellt: Wie zeigt sich im Handeln der Laien lebendige Christlichkeit und welche Dienste braucht die Kirche, damit sie als brüderliche und schwesterliche Gemeinschaft ihre Grundgesten leben und vollziehen kann?

2.2 Martyria: Zeugnis gebende und prophetische Kirche

Die Grundlage des Christseins besteht darin, das Evangelium zu vernehmen, zu hören und zu empfangen. Die Kirche erschafft sich nicht selber. Sie kann ihren Glauben nicht eigenmächtig und sozusagen aus eigener Gnade hervorbringen; sie kann den Menschen das erlösende und befreiende Wort nicht im eigenen Namen zusprechen.

Ihre unübertragbare Aufgabe liegt darin, diese ihr in Jesus eröffnete Botschaft unverkürzt und unverfälscht zu bezeugen und in die unmittelbaren Verhältnisse des individuellen wie gesellschaftlichen Lebens auszurufen. Aus diesem Dienst kann sich die Kirche nicht entlassen, wenn sie Gemeinschaft der an Jesus Christus Glaubenden sein will. Sie ist nur insofern real gelebtes Christentum, als sie das Wort Gottes empfängt, sich ihm unterstellt (sich selbst auch evangelisiert) und daraus lebt und Umkehr im Geiste Jesu wagt.

Praktisch löst die Kirche diese wesentliche Aufgabe u.a. im breiten und hochdifferenzierten »Feld« des Religionsunterrichts ein, in der Gemeindekatechese, in der Hinführung zu den Sakramenten, in der Predigtverkündigung, in der Bibelarbeit, bei Glaubenskursen und in der Erwachsenenbildung, in

Elternkreisen, Meditationsgruppen, im Glaubensgespräch usw. Die unverzichtbaren Gesichtspunkte über Formen und Wege, wie die Kirche diese Grundgeste vollzieht, können hier nicht thematisiert werden. Aber diese Hinweise legen ganz klar auf den Tisch unserer Diskussion, wie vielfältig und unverzichtbar hier die ehren-, neben-, halb- und vollamtlichen Dienste von so vielen engagierten und dafür ausgebildeten Frauen und Männer sind, von Jugendlichen und Erwachsenen.

Im praktischen Bereich dieser Grundfunktion sind aber auch jene Dienste anzusiedeln, die Kirche in der Öffentlichkeit kritisch-prophetisch präsent sein lassen. Zu denken ist an die Öffentlichkeitsarbeit, vor allem über die Medien und durch begründete und helfende Stellungnahmen zu politischen, gesellschaftlichen und ethischen Problemen (es sei an die verschiedenen Aspekte der Diakonie in der heutigen Zeit erinnert). Aber der Blick ist auf allen kirchlichen Ebenen zu weiten, und zwar auf den Dialog mit dem kulturellen Leben und mit der Welt der Kunst und auf die kritische Auseinandersetzung mit dem, was wir Zeitgeist nennen. Mir scheint, dass in manchen Ortskirchen vor lauter Personalnot in der sog. unmittelbaren Seelsorge auf Gemeindeebene versäumt wird, für diese verschiedenen Bereiche entsprechend qualifizierte Leute zu suchen, zu unterstützen und sie strukturell zu verorten (vernetzen). Wir dürfen niemals nur die Pfarrei in Blick nehmen. Denn die Kirche als Volk Gottes lebt als Weltkirche und als Ortskirche (Bistum), als Kirche am Ort (Pfarrei), aber auch in Basisgemeinden und volkskirchlichen Formen, in Orden, Klöstern und Kongregationen, in Vereinigungen und Verbänden, in vielfältigen Projekten, Werken, Bewegungen usw. Und überall stellt sich die eigentliche Personalfrage als Frage nach den konkret Handelnden.

In diesem Zusammenhang ist auch auf den unverzichtbaren Dienst einer vom Evangelium motivierten und kritisch engagierten Theologie hinzuweisen. Auch dies wäre eine eigene Abhandlung wert, handelt es sich doch um eine der kritischen Instanzen im Selbstbewusstsein der Kirche bzw. in ihren Bewusstseinsprozessen als Glaubensgemeinschaft.[3] Ihren Weg kann die Kirche nur dann gehen, wenn sie sich am Evangelium als ihrem Ursprung orientiert und gleichzeitig Zeitgenossenschaft mit den Menschen heute wagt durch Dialog und Brückenschlag. Im Dienst für all die genannten Bereiche und Aufgabenfelder braucht die Kirche qualifizierte und selbtbewusste Theologen und Theologinnen.[4]

2.3 Leiturgia: Gottesdienstliche und sakramentale Praxis

Eine weitere unverzichtbare Geste der christlichen Gemeinde ist die Feier der Gabe, nämlich die erinnernde, zur Umkehr einladende, versöhnende und befreiende, mit Christus verbindende und danksagende Feier seiner Gegenwart. Im gottesdienstlichen Tun besinnt sich die Kirche darauf, dass Jesus Christus ihr einziger Herr ist, von dem her sie zu leben, zu glauben, zu hoffen, zu versöhnen und zu lieben versucht. Sie lebt und versteht sich von einer Nähe her, die sie auf keinem Weg selbst herstellen oder gar erzwingen könnte.

Liturgie ist das Ereignis, in dem und durch das die Kirche ihre pneumatische Ursprungsenergie gewinnt. Liturgie-Reform ist deshalb ein dauernder und nie abgeschlossener Prozess der Kirche-Werdung. Nur insofern ist Kirche real existierendes Christentum, als sie betet und in vielen Zeichen und Gestalten dem Gott Jesu ihren Dank entgegenbringt.

Träger der gottesdienstlichen Feiern und der sakramentalen Praxis ist das ganze Volk Gottes, auch wenn die konkreten Formen und die aktuellen Gestalter des Gottesdienstes durch die Kirchenordnung immer wieder eingeengt worden sind. Doch in den Jahrzehnten seit dem Zweiten Vatikanischen Konzil sind diesbezüglich grosse Schritte unternommen worden, Schritte, die mir noch zu meiner Gymnasialzeit in den 50er Jahren unvollziehbar erschienen, obwohl sie z.T. schon lange zuvor vorbereitet worden waren, etwa durch die Liturgische Bewegung. Im Blick auf die vielen Dienste, die sich seither entwickelt haben, sei an die Lektoren und Lektorinnen, an die Kommunionhelfer und -helferinnen, Ministranten und Ministrantinnen erinnert. Auch das Verständnis des Sakristanendienstes hat sich als aktive Teilnahme gewandelt. Da gerade die Liturgie ein vielseitiges und hochsensibles Geschehen, sozusagen ein ereignishaftes Kunstwerk ist und im Grunde genommen möglichst alle Register der kreativen Ausdrucksmöglichkeiten in Anspruch genommen werden möchten, sind auch die Kirchenmusik, die Bedeutung der Gesangs- und Musikchöre und der Organistendienste eigens hervorzuheben. Und haben wir nicht allzuoft jene vergessen, die unsere Kirchen sauberhalten, sie schmücken und im Kirchenjahr dekorieren? Sie verrichten unverzichtbare Dienste. Auch in der Kirche liegt nicht nur der Teufel, sondern auch der Charme im Detail. Selbstverständlich ist auch auf das Engagement vieler Frauen und Männer für die

Vorbereitung und Gestaltung von Gottesdiensten, von Erstkommunion und Firmung zu nennen. Sie verdienen in der Alltagsrealität unserer Gemeinde Anerkennung und motivierende Unterstützung.

2.4 Diakonia: Mit den Menschen solidarische Christen und Christinnen

Die Glaubwürdigkeit der Kirche steht und fällt mit ihrer Dienstbereitschaft und Offenheit für solidarisches Handeln. Die praktizierte Liebe, der Menschendienst, ist sozusagen Test für den Glauben, für den Gottesdienst. Es ist schon an anderer Stelle vermerkt worden, dass die Liebe ein »natürliches« Sakrament ist. Jesus verband mit dem Abendmahl die Geste der Fusswaschung; und in den urchristlichen Gemeinden gehörten Eucharistie und Mahlgemeinschaft zusammen. Die Grundgeste Diakonia ist nicht eine Art Anhang hinter Martyria und Leiturgia; Liebe ist nicht nur ethische Konsequenz aus dem Glauben, sondern ist an ihrer Wurzel Vollzug des Glaubens und definiert ihn damit. So sehr Martyria, Leiturgia und Diakonia einander beleuchten und durchdringen, so deutlich wird auch, welch kritische Instanz Diakonia an die Umkehr-Bereitschaft der Christen und Christinnen darstellt. Auch hier gilt: Kirche ist nur insofern real existierendes Christentum, als sie versucht, umkehrbereite, versöhnende und dienende Kirche zu sein.

Die Praxis ist auch hier unüberblickbar. Und ich denke, eine Geschichte der Diakonie durch Kirche könnte nebst dem selbstverständlich Kritischen erstaunlich viel grossartige Gestalten und Formen christlicher Solidarität an den Tag bringen. Diese Geschichte hätte es verdient, geschrieben zu werden. Es ist dabei nicht nur an die grossen Verbände und Hilfswerke der Neuzeit zu erinnern, an Aktionen in Zusammenarbeit mit zivilen Hilfsorganisationen, an Ordensgemeinschaften und Kongregationen. Träger christlicher Diakonie sind nicht nur der schon früher erwähnte Konziliare Prozess, sondern alle Solidaritätsprojekte und Bewegungen, die sich für die Behebung von Not und Leid einsetzen. Vergegenwärtigen wir uns, was allein in unseren Ländern an Kompetenz und professionellem Engagement zu finden ist in der sozialen und therapeutischen Diakonie (Vielfalt der Krankenpflege), im beraterischen Bereich, im Bildungssektor auf den verschiedenen Ebenen sowie im politisch-gesetzgeberischen Wirkungskreis, bei der Gestaltung des gesellschaftlichen Miteinanders (z. B. Hilfe für Kranke, Fremde, Gefangene, Asylsuchende, Mittellose ...) und des kulturellen Lebens – es wäre vermessen, wenn ich der unüberschaubaren Fülle gerecht zu werden versuchte. Und was geschieht nicht alles – oft unhonoriert und ohne laute Presse – an Gesprächen, individueller Unterstützung und Hilfsmassnahmen, an Besuchen und kleinen Diensten auf der Ebene unserer Pfarr-Gemeinden? Natürlich ist es nie genug. Und ohne Zweifel wird in manchen Gemeinden und kirchlichen Gruppen im Vergleich zu Martyria und Leiturgia der Diakonia offiziell oft keine gleichwertige offizielle Aufmerksamkeit entgegengebracht; zu oft wird gemeindliche Diakonie an die Sozialarbeit und an die Caritas delegiert. Aber ich denke, dass viele Gesten geschehen und viele Dienste gefragt sind besonders auf der unmittelbaren Ebene der gemeindlichen Nachbarschaft, im konkreten Kontakt und in der überschaubaren Lebenswelt. Wenn man in unseren Gemeinden wachsam darauf achtet, kann man beeindruckende Beobachtungen machen und Ehrfurcht empfinden vor dem, was so manche Männer und vor allem Frauen in selbstverständlicher Treue zum Anliegen tun.

2.5 Koinonia als Grundzug in allen Vollzügen: im Geiste Jesu geschwisterliche Gemeinschaft

Wenn auch Koinonia nicht zur Systematik der drei Grundgesten gezählt wird, so ist sie doch eine über diese hinausgehende und aus ihnen genährte Aufgabe. Koinonia ist somit ein wichtiger »Fundort« für gemeindliche Dienste und kirchliches Engagement von Laien. Mindestens das Anliegen soll im folgenden markiert werden.

In diesem Zusammenhang ist auf den unverzichtbaren Einheitsdienst zu verweisen, mit dem oft der Priestermangel in Zusammenhang gebracht wird. Einheit der Gemeinde kann aber nicht exklusiv als organisatorisches oder verwaltungstechnisches Ziel verstanden werden. Das wäre ein Kampf gegen Windmühlen. Vielmehr handelt es sich dabei um eine theologische Option, um eine Glaubensgrösse. Es ist heute nicht viel anders als in der Gemeinde von Korinth: »Es gibt verschiedene Gnadengaben, aber nur einen Geist. Es gibt verschiedene Dienste, aber nur einen Herrn. Es gibt verschiedene Kräfte, die wirken, aber nur einen Gott: er wirkt alles in allem« (1 Kor 12,4–6). Einheit darf nicht zu gewaltsamen Formen des Zentralismus, des Übergewichts der Rechts- und Amtsstrukturen und zu einer faden Gleichförmigkeit (Uniformität) in der Lehre, Theologie, Liturgie und in der Sprache führen. Die Kirche hat keine Macht über die Einheit im Glauben und Beten, sie muss sie ständig neu suchen und wagen, erhoffen und erbeten. Dass genau dies geschieht, ist Dienst und Aufgabe der »Einheitsämter« in der Kirche. In diesem Sinn braucht die Kirche Pfarrer bzw. Pfarrerinnen. Aber kein Amt ist selber die Einheit.

Zu bedenken ist ferner, dass Einheitsdienst nicht nur die »Sammlung« der Gemeinde zur Synergie der charismatischen Vielfalt meint, sondern auch eine Scharnierfunktion beinhaltet, und zwar jeweils zu anderen Gemeinden und kirchlichen Gruppierungen (auch zu Klöstern und Ordensgemeinschaften …), zum Dekanat, zum Bistum und zur Weltkirche; sie ist Ort des ökumenischen Brückenschlags. Auch hier gilt: Die Sorge des Einheitsdienstes darf nicht darin liegen, alles selber zu tun; sie besteht darin, dass es geschieht.

So ist in diesem Zusammenhang auf die Dienste, Aufgaben und Kompetenzen jener Christen und Christinnen hinzuweisen, die ihre Fähigkeiten und ihre Zeit für die Räte (Pfarrei-Rat, Seelsorgerat, Diözesan-Pastoralrat …) und für die kirchlichen Gremien und Ausschüsse zur Verfügung stellen. Aus eigener Beobachtung kann ich sagen, dass mich immer wieder beeindruckt, wie gerade ehrenamtlich engagierte Frauen und Männer ihre fachlichen und menschlichen Fähigkeiten einbringen und hinsichtlich Termintreue und Diskretion manchem »Kirchenprofi« einiges voraus haben.

Aber gerade diese für den kirchlichen Alltag so wichtigen Dienste markieren Mängel in der Kirchenordnung, und zwar insofern, als die Mitsprache der sog. »Laien« über eine Beratungsfunktion kaum hinaus gediehen ist. Diese im Verlauf der letzten Jahrzehnte gewachsene Vielfalt an ehrenamtlicher und amtlicher Mitarbeit forciert jedoch zunehmend die Frage nach einer synodalen Kirche, auf die wir noch zurückkommen werden.

In diesem Zusammenhang ist an all die ideell oder ideologisch leicht vergessenen aber nichtsdestotrotz unerlässlichen Dienste administrativer, juristischer, technischer und ökonomischer Art zu erinnern. Diese Dienste sind ebenfalls Charismen und bedürfen einer theologischen Gewichtung. So sind, um ein Beispiel zu nennen, die Dienste der Sekretärinnen und Sekretäre von atmosphärisch kaum zu überschätzender Bedeutung. Gerade in den Pfarreien sind sie oft für Menschen in sehr unterschiedlichen Lebenslagen erste Ansprechpartner. Solche Aufgaben sind von eminentem pastoralen Gewicht.

2.6 Sensus fidelium als Frucht der Charismen für Koinonia (Gemeinschaft)

Einen wichtigen Beitrag für das Verständnis der Rolle der Laien in der Kirche finden wir im Begriff »sensus fidelium«, der in jüngster Zeit wieder entdeckt worden ist und den Glaubenssinn der Gläubigen meint. Zwar wird die theologische Formel »sensus fidei« oft mit Glaubenssinn umschrieben. Aber dabei handelte es sich in der Theologiegeschichte doch eher um den Sinn für den Glaubensinhalt, der sich für die Gläubigen aus dem Hören auf die amtliche Verkündigung ergibt. Insofern handelt es sich hier um ein passives Entgegennehmen der hörenden Kirche »im Anschluss an das authentische Lehramt.«[5] In dieselbe Richtung tendiert die Aussage von M. Seckler, wonach der »sensus fidei« theologisch zu begründen sei, während der »consensus fidelium« eher eine statistisch feststellbare Grösse sei.[6] Der Konsens der Gläubigen ist somit das Ergebnis des sensus fidei, der sich letztlich am Lehramt orientiert und deshalb nicht irrt.[7] Dies entsprach dem Kirchenbild einer Pyramide, wonach die Kirchenleitung letztlich nicht auf die Bestätigung durch das »Volk Gottes« angewiesen ist.

Damit waren aber Einsichten der frühen Kirche in Vergessenheit geraten. Der Erneuerung der Theologie im 20. Jahrhundert ist es zu verdanken, dass das Zweite Vatikanische Konzil auf die altkirchliche Lehre vom Glaubensinn zurückgriff. Es erklärte in der Konzilskonstitution »Lumen gentium«: »Die Gesamtheit der Gläubigen, welche die Salbung von dem Heiligen haben (vgl. 1 Joh 2,20 u. 27), kann im Glauben nicht irren. Und diese ihre besondere Eigenschaft macht sie durch den übernatürlichen Glaubenssinn des ganzen Volkes dann kund, wenn sie ›von den Bischöfen bis zu den letzten gläubigen Laien‹ [das Konzil zitiert hier Augustinus] ihre allgemeine Übereinstimmung in Sachen des Glaubens und der Sitten äussert. Durch jenen Glaubenssinn nämlich, der vom Geist der Wahrheit geweckt und genährt wird, hält das Gottesvolk unter der Leitung des heiligen Lehramtes, in dessen treuer Gefolgschaft es nicht mehr das Wort von Menschen, sondern wirklich das Wort Gottes empfängt (vgl. 1 Thess 2,13), den einmal den Heiligen übergebenen Glauben (vgl. Jud 3) unverlierbar fest. Durch ihn dringt es mit rechtem Urteil immer tiefer in den Glauben ein und wendet ihn im Leben voller an« (Nr. 12). Wenn man einmal von der schwelgenden Sprache des Konzils absieht, ist doch deutlich spürbar, dass hier die Laien nicht einfach passiv

Hörende, sondern aktiv Hörende und in diesem Sinn ebenfalls Subjekte des kirchlichen Glaubenssinnes sind. Zudem wird deutlich, dass der Glaube keine einseitige theoretische Fixierung auf Glaubenswahrheiten bedeutet, sondern sich im Lebensvollzug der Gläubigen zeigt und äussert und letztlich erst dadurch authentisch wird. Das Sensorium für den Glauben quillt aus dem gemeinsamen Tun und aus dem gemeinsamen Vollzug, z.B. beim Gottesdienst, bei Glaubenskursen, bei christlichen Dritte-Welt-Gruppen usw.

Die Grundlage des Glaubenssinns der Gläubigen, und das zeigt der Konzilstext, ist nicht die Kirche oder ihr Lehramt, sondern das Wirken des Hl. Geistes. H. Küng betont deshalb mit Nachdruck: »Nie kann der Glaubenssinn der Kirche Quelle und Norm für die Offenbarung des Geistes werden. Vielmehr umgekehrt: Immer ist und bleibt die Offenbarung des Geistes Quelle und Norm für den Glaubenssinn der Kirche«.[8] Ist also das neue »Kirchengefühl«, von dem im Zusammenhang mit den Kirchenvolksbegehren die Rede war, schon Ausdruck des Glaubenssinnes? Es stellt sich die Frage nach den Kriterien. Einstweilen ist allerdings festzuhalten, dass die Entwicklung dahin geht, die normative Definitionsmacht in der Kirche nicht mehr nur einseitig auf die derzeitige Gestalt des Lehramtes beschränkt zu sehen. Der erwachende und erwachte Glaubenssinn der gläubigen Frauen und Männer bedarf in Zukunft kommunikativer Mitspracheformen, in denen deren Erfahrungen, Fragen und Probleme zur Sprache kommen und verhandelt werden und darin nicht von der Gnade der Kirchenleitung abhängen. In diesem Sinn ist das Delegationsprinzip »von oben nach unten« in einem sorgfältigen Prozess zu einem Kooperationsmodell umzuformen.

Ob der Begriff einer »aktiven Rezeption« günstig ist, steht offen. Letztlich geht es auch hier um das Zuwortekommen der Wirklichkeit mit ihren oft verlorenen und doch so entscheidenden Details im Lichte des Evangeliums. Die Kirche ist nur dann und insofern mit sich identisch, als sich das konkrete Leben zeigen und äussern sowie in seine Furchen die Frohe Botschaft gesät werden kann. Das setzt natürlich das Bewusstsein für die Sendung und die geistgewirkten Quellen des Christseins voraus. Der Glaubenssinn ist ein gemeinschaftlicher Konsens von vielen Christen und Christinnen, die sich gegenseitig die Charismen anerkennen, aber sie auch in Anspruch nehmen. Die Charismen erhalten sie aus dem Wirken des Hl. Geistes; konkret werden und wachsen die Charismen dann durch die Interaktion des Christen und der Christin mit sich selber, d.h. mit ihren angeborenen und erworbenen Fähigkeiten in einer gegebenen Lebenswelt, mit der Welt und mit der Kirche, in der sie leben. Die Charismen definieren sich dadurch, dass sie dem einzelnen Individuum nicht für sich allein gegeben sind, sondern zum Fruchtbarwerden für andere. Sie stiften Gemeinschaft und erzeugen Koinonia. In diesem Sinn ist der Glaubenssinn der Gläubigen eine unverzichtbare Dimension im Prozess kirchlicher Wahrheitsfindung, er beleuchtet und qualifiziert die Prozesse um Lehr- bzw. Dogmententwicklung, Unfehlbarkeit und Glaubensgewissheit in der Kirche. Dafür gibt es mehrere Gewissheits-Instanzen oder -Quellen: die Hl. Schrift, die kirchliche Überlieferung, das Lehramt, die wissenschaftliche Theologie und der Glaubenssinn der Gläubigen. Aber die Kirche insgesamt ist die »Säule und das Fundament der Wahrheit« (1 Tim 3,15).

In diesem Zusammenhang ist die Rezeption oder Nicht-Rezeption kirchenoffizieller Verlautbarungen oder Massnahmen durch die sogenannte kirchliche Basis von ausschlaggebender Bedeutung. Was umgangssprachlich »Abstimmung mit den Füssen« genannt wird, formulierte J. Ratzinger schon 1970 sehr deutlich: »Was nicht rezipiert wird, wird nicht wirksam«.[9] Die Protestaktionen gegen Bischof W. Haas als Bischof von Chur haben gezeigt, dass es nicht (mehr) genügt, wenn ein Bischof nur von »oben« eingesetzt ist, er muss auch gleichsam von unten eingesetzt und angenommen werden. Die leidige Handhabung der Geburtenregelung seitens der offiziellen Kirche insbesondere durch die Enzyklika »Humanae vitae« (1968) ist letztlich vom Kirchenvolk entschieden worden und hat erst recht diese Art der Ausübung des kirchlichen Lehramtes in Frage gestellt. Ist nicht auch die Befreiungstheologie ein Beispiel dafür, dass Theologie und Kirchenleitungen durch die Nähe zum Volk einem Perspektivenwechsel vornahmen und sich Bekehrungen (Umkehrungen) ereigneten (z. B. Erzbischof Romero)? Dies sind wenige Beispiele aus der jüngsten Kirchengeschichte. Sie demonstrieren, wie sich durch die Reaktion des Kirchenvolkes Realität gezeigt hat und Wirklichkeit bewusst gemacht worden ist, die in den Entscheidungsrängen der Kirche nicht wahrgenommen wurden. Gerade dieser Realitätsbezug und dieser Realitätserweis können zu Dissens, zu Konfusionen, zu Spannungen und Streit führen. Es zeigt sich durchaus auch der Glaubens-Unsinn der Gläubigen; auch dies gehört zur Kirchengeschichte. Aber gab es Unsinn nur bei Laien? Dies belegt, wie gerade die Vielfalt der kirchlichen »Instrumente« für die Rechenschaft über den Glauben sich gegenseitig bedingen. Und dass diese Vielfalt spielt und zum Segen für eine glaubwürdige Kirche werde, wäre Aufgabe des Lehramtes und aller Lehrämter in der Kirche. Lehramt, so kann man formulieren, ist den menschlichen Begabungen als Gaben des Geistes Gottes verpflichtet, wie diese ihrerseits des Dienstes des Lehramtes bedürfen, nicht um beherrscht zu werden, sondern um fruchtbar werden zu können. Das Volk Gottes hat dem Lehramt etwas zu sagen und soll als solches sich gehört wissen. Auch Dissens gehört zum Glaubenssinn, ja selbst zum Konsens, der nie fertig vor uns liegt, sondern stets im Werden begriffen ist, um den gerungen, gestritten und gebetet werden muss.

Der Glaubenssinn der Gläubigen ist sicher nicht zuerst in den Kategorien von Recht, objektivierbaren Erkenntniskriterien oder gar statistischen Umfragen festzumachen. Zuerst werden es die Ausdruckformen dieses »sensus fidelium« sein, die überzeugen, wie z.B. die gelebte und solidarische Glaubenspraxis, die dialogische Offenheit für andere bzw. das tolerante Miteinander im Glauben, welches sich mit dem »Sentire cum ecclesia« verbindet, das eine grundsätzlich Bereitschaft zum kommunikativen Handeln in der Kirche meint.[10] So gesehen ist der Glaubenssinn der Gläubigen Voraussetzung für das, was wir theologisch Communio bzw. »Gemeinschaft der Kirche« nennen. »Der Glaubenssinn ist ein allen Gliedern der Kirche zukommendes freies Charisma der inneren Übereinstimmung mit dem Gegenstand des Glaubens, kraft dessen die Kirche in ihrer Gesamtheit, die sich im Glaubenskonsens ausspricht, das Objekt des Glaubens erkennt und im Lebensvollzug in der Konsonanz mit dem kirchlichen Lehramt bekennt«.[11]

Wenn diese unbestreitbar hehren Grundsätze auch strukturell ihre Gefässe und ihre Praxisformen finden sollen, so müssen sie auf der unmittelbaren Ebene des pfarreilichen, basiskirchlichen, klösterlichen oder verbandlichen Lebens soweit wie möglich eingeübt und erprobt werden, damit die Institution Kirche daraus Lehren für weitere Schritte ziehen kann. Viel Neues ist ja diesbezüglich schon unterwegs, wie unsere bisherigen Ausführungen zur Genüge belegen.

3 Handlungsebenen kirchlicher Laienpraxis

Nach den grundsätzlichen Orientierungspunkten für das Handeln der Laien stellt sich zur praktischen Verortung auch die Frage nach den Handlungsebenen. Und hier ist zuerst die Ebene der Pfarreien und der Pfarrverbände, in denen mehrere Gemeinden das kirchliche Leben koordinieren, in den Blick zu nehmen. Die Pfarrei ist immer noch der Ort, wo sich der Kontakt der praktizierenden Mitglieder zur Kirche vorwiegend ereignet und vollzieht. Aber die Pfarrei ist auch der Ort, wo sich die Verabschiedung und Distanz vieler Kirchenmitglieder offenkundig beobachten lässt. Es wäre indessen nicht angemessen, Pfarreidistanz mit Kirchendistanz gleichzusetzen. Viele suchen in Nachbargemeinden oder an anderen kirchlichen Stellen und in geistlichen Gemeinschaften ihre Kirche oder ihre christlichen »Oasen«. Sie sind institutionell gleichsam in einem kirchlichen Zwischenraum oder in parapfarreilichen und freieren Plätzen zwischen Kirche und Gesellschaft angesiedelt, suchen dort nach geistesverwandten Gemeinschaften oder engagierten Gruppen. Man könnte auch hier von kirchlichen »Wahlverwandtschaften« sprechen.

3.1 Pfarrei (Gemeinde) als Kirche am Ort

Ausgehend von einem dynamischen Kirchenbild wie pilgerndes Gottesvolk, Kirche als Licht der Völker usw. hat das Zweite Vatikanische Konzil wieder ins Bewusstsein gerufen, dass überall dort, wo Menschen das Wort Gottes hören und verkünden, wo Mensch im liturgischen Handeln (Gottesdienst, Sakramente) die Gabe feiern und Solidarität unter und mit den Menschen wagen, Kirche erlebt und gelebt wird. Das bedeutet, Kirche wird nicht dadurch, dass man als territoriale Teilkirche (Diözese, Pfarrei) in die Weltkirche integriert ist, sondern indem dieses Leitbild von Kirche vollzogen wird.

Dieses Kirchenverständnis hat zur Konsequenz, dass seit dem Zweiten Vatikanischen Konzil (1962–1965) das Bistum (Ortskirche) wiederum als qualitativ ganze und eigenwertige Kirche entdeckt wurde. Auf den Synoden in den deutschsprachigen Ländern (1972–1975) konsolidierte sich diese Bewegung noch stärker auf der Ebene der unmittelbaren Basis christlicher Gemeinden, der Pfarreien. Die Pfarrei wurde nicht mehr nur als »unterste Agentur« der Grosskirche gesehen, sondern als »Kirche am Ort« entdeckt.

Dadurch wird auch das Verhältnis von Kirche am Ort (Pfarrei) und Bistumskirche wieder dynamischer verstanden: als Einheit im Glauben und Beten, die auf der Ebene des Handelns eine Fülle verschiedener Konkretisierungen ermöglicht und voraussetzt.

3.1.1 Gemeinde als dynamische Leitvorstellung für Pfarrei

3.1.1.1 Geschichtlicher Zugang

Es ist nicht zu vergessen, dass sich die Pfarrei aus der frühchristlichen Organisation der Stadtkirche entwickelte. Die »Leiter« der Stadtkirchen waren damals Bischöfe (»Stadtpfarrer«), die von einem Kollegium von Presbytern (»Ältesten«) bzw. Priestern und Diakonen unterstützt wurden. Je mehr es aber innerstädtisch zur Einteilung in Unterbezirke (Quartiere) kam und je mehr die Kirche von der Stadt den Weg aufs Land fand, um so stärker entwickelten sich »Pfarreien« in Abhängigkeit vom Stadtbischof. Das ist der Ursprung der Entwicklung zu Diözesen, die sich im Römischen Reich an die staatliche Verwaltungspraxis anlehnten.

Nach der Völkerwanderung entwickelte sich vor allem im germanischen Bereich das sogenannte »Eigenkirchenwesen«. Nach dieser Rechtsauffassung waren es die weltlichen und geistlichen Grundherren, die weitgehend die Herrschaft über die auf ihren Gebieten befindlichen Kirchen und zusehends auch über die an diesen Kirchen »angestellten« Geistlichen ausübten. Diese Entwicklung führte zu klar abgegrenzten Pfarr-Bezirken bzw. Sprengeln, innerhalb derer die Einwohner an ihre Kirche bzw. an deren Pfarrer gebunden waren (»Pfarrzwang«) und Abgaben (Zehnten, Stolgebühren) entrichteten. Auf dem Gebiet der deutschsprachigen Schweiz und im alemannischen Raum gehen die genossenschaftlichen »Kirchgemeinden« oder »Kirchspiele« z.T. auf diese Zeit zurück. Auf alle Fälle hat dieses Pfarrei-System das kirchliche Leben sehr eng mit dem wirtschaftlichen, kulturellen und zivilen Leben verbunden. Es entstand auf pfarreilicher Ebene das, was wir heute mit »Volkskirche« in Verbindung bringen.

Das Problem dieses Systems lag darin, dass materielle bzw. ökonomische Interessen immer wieder die religiösen Ziele zu kurz kommen liessen. Um die vielfachen pastoralen Missstände zu beseitigen, schrieb das Trienter Konzil eine lückenlose Aufgliederung der Diözesen in klar umschriebene Pfarreien vor. Jeder Pfarrei musste ein Pfarrer (mit Residenzpflicht) zugewiesen werden. Auf dieser Grundlage ist heute die katholische Kirche weltweit territorial durchstrukturiert: Die Pfarreien gehören zum Diözesanverband, und die Diözesen bzw. Erzdiözesen sind weltkirchlich vernetzt.

Natürlich wurden in neuerer Zeit Ausnahmeregelungen von diesen starren Territorialstruktur notwendig (ähnlich wie im Mittelalter die Klostergemeinschaft), z.B. Personalpfarreien für einen bestimmten Personenkreis (je nach Sprache, Nationalitäten, Riten ...). Prinzipiell jedoch ist jeder Katholik und jede Katholikin durch den Wohnsitz territorial einer Pfarrei zugeordnet. Das neue Kirchenrecht umschreibt die Pfarrei als »eine bestimmte Gemeinschaft von Gläubigen, die in einer Teilkirche auf die Dauer errichtet ist und deren Seelsorge unter der Autorität des Diözesanbischofs einem Pfarrer als ihrem eigenen Hirten anvertraut wird« (CIC, can. 515,1). Ist in der Formulierung des neuen Kirchenrechts die Betonung auf die Gemeinschaft der Gläubigen gelegt, so umschrieb das frühere Kirchenrecht aus dem Jahre 1917 die Pfarrei territorial klar als umschriebenen Teil der Diözese (can. 216,1). Daran zeigen sich der allgemeine Wandel von der juristisch-sachlichen zur personalen Betrachtungsweise und der Umbruch im Verständnis der Pfarrei als »Gemeinde«.

3.1.1.2 Gemeinde als Zielvorstellung oder Leitbild

Die Unterscheidung zwischen Pfarrei und Gemeinde begann auf katholischer Seite in einem breiteren Umfang in den 70er Jahren (Zeit der Synoden!). In der herkömmlich gebietsmässig klar umschriebenen und vom Pfarrer her definierten Pfarrei sah man eine rein kirchenrechtliche Grösse, sozusagen den untersten Verwaltungsbezirk der Kirche, für den das Engagement der zu ihm gehörenden Katholikinnen und Katholiken nicht erheblich war. Die Zugehörigkeit erfolgte durch die Taufe, es bedurfte keiner bewussten Entscheidung.

Andere Schwerpunkte verbinden sich mit der Pfarrei als Gemeinde: Sie wird definiert als Gruppe von Menschen, die an Jesus Christus glauben und ihr individuelles und gemeindliches Leben an der Botschaft des Neuen Testaments ausrichten. Die Gemeindemitglieder sind in ein Geflecht von sozialen Beziehungen hineingebunden und übernehmen z.T. bestimmte Funktionen in der Gemeinde. Den Mittelpunkt bildet die Gemeindeversammlung, besonders der eucharistische Gottesdienst. Die Gemeinde ist kein Getto, versteht sich vielmehr als integrierender Teil der Gesamtkirche und weiss sich zum Dienst an der Gesellschaft verpflichtet[12].

Diese Auffassung entspricht dem neutestamentlichen Selbstverständnis von Kirche, so dass Kirche mit Gemeinde theologisch gleichzusetzen ist. Von daher versteht man das seit den 70er Jahren vielfach geäusserte Programm: Unsere Pfarreien müssen zu Gemeinden werden! Aus dieser Diskussion heraus entsprang der wohl meistzitierte Satz der Würzburger Synode: »Aus einer Gemeinde, die sich nur versorgen lässt, muss eine Gemeinde werden, die ihr Leben verantwortlich selbst mitgestaltet« (Die pastoralen Dienste in der Gemeinde, 2.3). In den deutschsprachigen Ländern findet man die Begriffe »Pfarrgemeinde« oder »Kirchgemeinde«, die beide Aspekte zu vereinen suchen: die territorial bestimmte Pfarrei und die ziel- und prozessorientierte Gemeinde. Für das deutschschweizerische Sprachgefühl ergeben sich Barrieren gegenüber der Verwendung des Wortes »Gemeinde« für Pfarrei, weil in der Schweiz der Begriff »Gemeinde« aus dem demokratischen Alltag heraus emotional zu sehr besetzt ist für politische Gemeinden.

3.1.2 Wandel im Leitbild: von der versorgten Pfarrei zur sorgenden Gemeinde

Im folgenden werden drei Typen von Pfarrei bzw. Gemeinde aufgeführt werden. Sie veranschaulichen auf ihre Weise den Wandel der Rollen von Laien auf gemeindlicher Ebene. Gleichzeitig kann damit eine wünschenswerte Option für unsere Pfarreien in Blick genommen werden: In welche Richtung sollten sich die Gemeindeprozesse und das Handeln von Laien bewegen?

3.1.2.1 Pfarrei als Territorialpfarrei

Die herkömmliche (Territorial-)Pfarrei war das selbstverständliche Pfarrei-Modell bis etwa zum Zweiten Vatikanischen Konzil (1962–1965). Man geht wohl kaum fehl in der Annahme, dass die mittlere und ältere Generation noch selbstverständlich in diese kirchliche Welt auf Pfarreiebene hineingeboren worden ist; sie ist vermutlich z.T. bis tief ins Gefühlsleben hinein – positiv und negativ – davon geprägt.

Die Katholiken und Katholikinnen einer gebietskörperschaftlich klar umgrenzten Pfarrei werden vom Pfarrer und seinen Vikaren oder Kaplänen seelsorglich betreut. Im Zentrum des Handelns und der Verantwortung steht der Pfarrer als Hirte der Herde. Das pastorale (seelsorgliche) Konzept ist das der individuellen Erfassung jeder »Seele«, weniger ausgeprägt das der Gemeinschaftsbildung. Kirchenstrukturell ist die Pfarrei – wie schon oben erwähnt – sozusagen die unterste relativ selbständige Kircheneinheit, gleichsam eine Filiale der Grosskirche. Dieses Kirchenmodell ist streng hierarchisch von oben nach unten gegliedert. Die einzelne Pfarrei versteht sich als einem grossartigen Kirchengefüge zugehörig (dessen Stimmung sich ausdrückt im Kirchenlied »Ein Haus voll Glorie schauet …«), an dessen Spitze der Papst steht. Das Kirchengefühl ist viel stärker von der Zugehörigkeit zur weltweiten römisch-katholischen Kirche erfüllt als vom Bewusstsein der mitverantwortlichen Mitgliedschaft in einer ganz bestimmten Pfarrei (dies dürfte heute vielfach umgekehrt sein).

Das Kirchenbild ist pfarreilich und diözesan wie die Weltkirche dem der Pyramide ähnlich. Demzufolge liegt alles, was religiös-sittlich und kirchlich von Belang ist, in der Hand der Amtskirche bzw. des Klerus. Die »Geistlichen« sind für alles verantwortlich (»lehrende Kirche«). Die Laien bilden die gehorsamen Empfänger der von der Kirche vermittelten Gnaden (»hörende Kirche«). Das grundlegende Motto allen seelsorglichen Mühens und der Kirchendisziplin lässt sich zusammenfassen mit den Worten, die früher auf den Missionskreuzen auf Friedhöfen zu lesen waren: »Rette deine Seele!« Aus heutiger Sicht erscheint dies als ein sehr individualistisches Heilsverständnis. Die Aufgabe der Seelsorge erblickte man dementsprechend darin, für die unverfälschte Weitergabe der Lehre der Kirche und die Einhaltung ihrer Gebote Sorge zu tragen. Ein Grossteil der pfarreilichen Anlässe im Laufe des Kirchenjahres kreisten um die Gottesdienste, den Religionsunterricht und die Christenlehre am Sonntag sowie um das reiche sakramentale Leben und religiöse Brauchtum.

Dieses Modell, das hier natürlich nur skizziert worden ist, existierte auf der Grundlage einer langen geschichtlichen Entwicklung bis zu einem gewissen Grad selbstverständlich, ohne von den Menschen in Frage gestellt zu werden (denn lange Zeit erfüllte die Pfarrei auch wichtige gesellschaftliche Funktionen wie Schulerziehung, Fürsorge, Zivilstandsamt, Notariat usw., zudem war sie ähnlich wie die Gesellschaft behördlich strukturiert).

3.1.2.2 Pfarrei als konzentrisch geordnete, aktive Gemeinde

Nach dem Zweiten Vatikanischen Konzil ergossen sich gesellschaftliche Einflüsse und Strömungen in die ehemals so geschlossen wirkende Kirche. Es sei an die schon früher erörterten Umbrüche im Kirchenbild und im kirchlichen Leben erinnert. In den deutschsprachigen Ländern entstanden

– verstärkt durch das Synodengeschehen (1972–75) – neue Seelsorgeberufe für Laien: Katechetinnen und Katecheten Pastoralassistenten und Pastoralassistentinnen, Gemeindereferentinnen und –referenten. Zu ihnen gesellten sich die Sozialarbeiter und Sozialarbeiterinnen sowie Frauen und Männer in der Jugendseelsorge. Die Charismenlehre erlebte eine Bewusstseins-Konjunktur und pastoral einen praktisch-fruchtbaren Schub. Die vom Konzil empfohlenen Pfarreiräte wurden mancherorts eingeführt; gleichzeitig erlebten die ehemals so tragenden und aktiven Vereine und Verbände (vor allem Jugendverbände) eine äusserst harte Krise. Die Gemeinde wurde zum Organisationsmodell für eine Anzahl der von den Laien mitgetragenen Programme und Veranstaltungen. Dies beglaubigte auch die Synode 72 der Diözese Basel in ihrem Dokument: »Kirche heute«: »Kirche als lebendige Gemeinschaft wird vor allem getragen von Christen, welche mit persönlichem Einsatz treu in der Ortskirche mitarbeiten« (Diözese Basel, VI, 6.10). Hatte das Konzil die Bistümer und das Bischofsamt aufgewertet, so machten die Synoden die »Pfarrei als Gemeinde« zum zentralen Diskussionspunkt. Das seelsorgliche Ziel der Gemeindearbeit erblickte man darin, möglichst viele Pfarreimitglieder durch ein reichhaltiges Angebot zu aktivieren. Dabei versuchte man, möglichst viele Bedürfnisse und Interessen abzudecken. Im Bestreben, für die Welt und das gesellschaftliche Umfeld offen zu sein – getreu dem konziliaren Thema »Licht der Völker« (Lumen gentium) –, benannten sich Gemeinden oft nicht mehr nach dem Kirchenpatron, sondern nach dem Stadtteil oder Wohnquartier, wie z.B. Frankfurt-Eschborn, Dortmund-Scharnhorst oder Wien-Machstrasse. In der Schweiz wurde die Pfarrei St. Joseph in Luzern als »Maihof«-Pfarrei bekannt.

Der Pfarrer ist hier nicht der pastoral allein Aktive; er steht vielmehr an der Spitze eines von Laien getragenen weitverzweigten Aktionszentrums von erstaunlicher Vielseitigkeit, er bleibt indes zuständig für die letzte Verantwortung. Aber zu ihm gesellen sich das Seelsorger- bzw. Seelsorgerinnen-Team oder Pfarrei-Team sowie ein Pfarrgemeinderat bzw. Pfarreirat oder ein ähnliches Mitarbeiter-Gremium.

Das pfarreiliche Leben wird insgesamt vielschichtiger und feinmaschiger. Viele pastorale Aufgaben werden zunehmend neben- oder ehrenamtlich von Männern und vor allem von Frauen übernommen (Liturgiegestaltung, Erstkommunion-Vorbereitung, Dritt-Welt-Laden, Missionsgruppen, soziale Dienste usw.).

War das Strukturmuster der Territorialpfarrei die Pyramide, so denken wir bei der aktiven Gemeinde eher an das Schema eines konzentrischen Kreises. Strukturell gesehen stehen der Pfarrer und sein Team im Zentrum. Bedenkliche Tendenzen können sich in die Richtung entwickeln, dass sich immer der gleiche Kreis von »Eingeweihten« trifft oder dass man nun plötzlich vom organisatorischen Zentrum her glaubt, genau zu wissen, wer im Zentrum und wer am Rande steht. Doch der Kirchenaktivist ist nicht immer und in jedem Fall auch der gute Christ.

Andererseits ist nicht zu übersehen, dass dieser Gemeindetypus, der natürlich die Territorialität der Pfarrei nicht aufhebt, aber zum Mitmachen vieler anregt und einlädt, vieles am eher starren Pfarrei-Prinzip der früheren Jahre in Bewegung und sicher auch in Unruhe versetzt hat. Vermutlich pendeln in der Realität die einzelnen Pfarreien oft zwischen diesen beiden gerade skizzierten Typen.

3.1.2.3 Basiskirchliche Gemeinde

Unter dem Einfluss des Konzils und dank der Impulse der Basisgemeinden in Latein-Amerika sowie der Befreiungstheologie in den Ländern der Dritten Welt hat der Traum oder die (vielleicht etwas allzu ideal anmutende) Vision einer basiskirchlichen Gemeinde Gestalt angenommen und in die nüchternen und oft zähen Realitäten des Gemeindelebens bzw. Pfarreialltags inspirierende Impulse gebracht.

Der Grundgedanke dabei ist der, dass die Gemeinde durch Gruppen und Projekte noch beweglicher und offener wird, auf konkrete Lebensbereiche und gesellschaftliche Problemfelder einzugehen. Zu Beginn der 80-er Jahre prägte man daher den Ausdruck »Gemeinschaft der Gemeinschaften«.

Das entscheidende Anliegen der basiskirchlichen Gemeinde liegt darin, dass die ursprüngliche Berufung und Sendung eines jeden einzelnen getauften und gefirmten Christen auch im kirchlichen Leben ernstgenommen werden. Das Christentum will an die Basis des Lebens, will sich in die gesellschaftlichen und örtlichen Prozesse hineinbegeben. Man lässt sich auf eine vom Evangelium beeinflusste Reflexion gesellschaftlicher Prozesse ein und wirbt für alternatives Handeln. Teilen, Versöhnung, Parteinahme für die Schwachen, Feiern als Erinnerung und Ausdruck von Hoffnung sind Leitvorstellungen, die dieses »Ideal« einer christlichen Gemeinde bestimmen.

Die Basisinteressen werden hier durch Basisgruppen, Selbsthilfegruppen, Projektkreise usw. wahrgenommen, die ihrerseits Subjekte und Träger des gemeindlichen Lebens sind. Die Gemeinde soll ja nicht nur die einzelnen Mitglieder an sich binden, sondern auch Raum und offenes Klima schaffen, in denen eine Vielfalt von Gruppen, Arbeitskreisen und »Gemeinschaften« existieren, entstehen und auch wieder vergehen dürfen. Für die einzelnen Menschen bieten sich über konkrete Projekte und überschaubare Gruppen eher Anknüpfungspunkte, als wenn eine Gemeinde wie eine undurchdringliche anonyme Grossorganisation wirkt.

Das Bild einer basiskirchlichen Gemeinde, die sozusagen »von unten«, d.h. von den unmittelbaren Erfahrungen und Herausforderungen her lebt, ist nicht das des konzentrischen Kreises, sondern eher das eines Netzes. Der Sinn der Gruppierungen liegt darin, Beziehungen und Kommunikation zwischen den Mitgliedern herzustellen, eine Aufgabe gemeinsam wahrzunehmen und deren Lösung gemeinsam zu bewerkstelligen sowie die Gruppenprozesse im Lichte des Evangeliums zu verarbeiten und zu vertiefen. Ihre Existenzberechtigung liegt in der christlichen Berufung und in den besonderen Gaben bzw. Charismen der Christinnen und Christen, hängt also nicht zuerst und zuletzt davon ab, ob sie pfarramtlich beglaubigt sind. Sie konstituiert sich als ein Netz von Vereinen, Arbeitsgruppen, Projekten und Gruppierungen.

Eine solche Gemeinde spornt an, aus sich heraus schöpferisch zu sein, sich über ihre Grenzen hinweg ökumenisch und auf gesellschaftliche Gruppierungen (z.B. Bürgerrechtsgruppen usw.) oder kirchliche Bewegungen hin zu öffnen und Brücken zu bauen. Eine solche Gemeinde lebt von der Vernetzung und der Einbindung ihrer Vielfalt. Gefährdet ist sie, wenn sich Gruppen abkapseln und einem eigenbrötlerischen Nischendasein verfallen.

In diesem Gemeindeverständnis wären am ehesten Ansätze für eine Kirchenordnung im Geiste der Geschwisterlichkeit enthalten. Die Seelsorgerinnen und Seelsorger und die entsprechenden Gremien sehen sich im Dienste der Einheit und des Zusammenhalts der Vielfalt, als mutmachende Animatoren und inspirierende Mit-Arbeiter der engagierten Leute und tragenden Gruppen, ohne nun in diesen dauernd präsent und allein bestimmend sein zu wollen. Sie übernehmen nicht, was Aufgabe der Gemeindeglieder ist, sondern unterstützen und sammeln deren Aktivitäten.

Allerdings muss man nüchtern sehen, dass mit diesem etwas utopisch vorgetragenen Leitbild für die Gemeinde durchschnittliche Pfarreien und

Gemeinderealitäten überfordert wären. Trotzdem ist eine solche Vision hilfreich für eine Gemeinde, die nicht stehenbleiben, sondern aufbrechen und weitergehen will – im Spannungsfeld zwischen der Botschaft Jesu und der gesellschaftlichen und menschlichen Wirklichkeit.

3.2 Parapfarreiliche und basiskirchliche Zwischenräume und Zugänge

3.2.1 Zum Anliegen einer parapfarreilichen Komplementarität

Im Verlaufe unserer Überlegungen ist schon zur Genüge auf die Vielfalt kirchlichen Handelns und auf die unsystematisierbare Fülle des Laien-Engagements hingewiesen worden. Das allein schon belegt, dass die Pfarrei – so wichtig sie auch bleiben mag – alles andere als den alleinigen Ort darstellt, wo Menschen Kirche erleben oder ihr begegnen. Bei aller Sorge für lebendige Gemeinde ist darauf zu achten, dass wir in unserer (post-)modernen Zeit nicht auf die Pfarrei alleine fixiert bleiben noch die totale Pfarrei ausrufen. Die Sozialformen des pastoralen Handelns (Sonderseelsorge, Spezialseelsorge...) und der kirchlichen Vergemeinschaftung haben sich, wie schon angesprochen, erweitert und differenziert. Dem muss die Kirche somit über die Pfarrei-Optik hinaus Rechnung tragen. Natürlich stellt sich bei einer Vielgestaltigkeit und vieldimensionalen Pastoral die Frage nach dem Zusammenhalt und nach der Vernetzung. Denn die vielen Gruppierungen, Gemeinden, basiskirchlichen Gemeinschaften, Arbeitsgruppen, Projekte, Kreise und Bewegungen bedürfen der Eingebundenheit in ein grösseres Verbundsystem. Auch die Grosskirche würde sich von einer Pyramide mit breiter Basis zu einem insgesamt schmalen Obelisken ohne Basisverankerung formen, wenn sie nicht die vielen lebendigen Einheiten an der Basis miteinbezöge. Die Vernetzung ist nach wie vor eine Stärke gerade der katholischen Kirche; denn wo gibt es bis in die territoriale Gestaltung hinein ein solch weltweit vernetztes und straff organisiertes System wie das der katholischen Kirche? Es ist nicht auszudenken, zu welchem Segen ein solches Verbundnetz für die Menschen werden könnte, wenn sich die Kirche auch amtlich lohnenderer Themen und brennenderer Sorgen annehmen würde als der Neuauflage eines Handbuchs zur Teufelaustreibung, das der Vatikan erstmals seit 400 Jahren in diesen Tagen wieder veröffentlichte, oder der Wiederbelebung des Ablasswesens im Blick auf das Jubiläumsjahr 2000.

3.2.2 *Kommunikative Zugänge und Zwischenräume: »kirchliche Herbergen«*

Im Folgenden sollen verstärkt jene Orte erwähnt werden, die für Gemeindedistanzierte oder Kirchenfremde Ersatz für die sog. normale Seelsorge und für die durchschnittliche Pfarrei bilden, wenn sie religiöse Nahrung oder kirchlichen Bezug auf individuelle Weise suchen und nicht an den klassischen Orten »andocken« wollen noch können.[13]

In diesem Kontext ist darauf hinzuweisen, dass unsere Überlegungen natürlich nicht so brandneu sind. Aus der reichen Tradition der pastoralen Mittel und Wege kennen wir das, was Spezialseelsorge und heute eher Sonderseelsorge genannt wird oder wurde. Diese Begriffsbildung verrät die herrschende Denkweise, wonach die Pfarrei Normalseelsorge betreibt. Aus dem Blickwinkel des heute individualisierten Menschen ist jedoch vermutlich genau die Sonderseelsorge der Normalfall von Seelsorge. Kirche ereignet sich dort, wo sie auf die Menschen zugeht und ihnen in der jeweiligen Situation nachgeht. In diesem Sinn vollzieht sich pastorale Präsenz in Krankenhäusern, Pflegeheimen, Gefängnissen, in der Welt der Arbeit und Industrie, im Bildungs- und Wissenschaftsbetrieb, beim Militärdienst, im Sektor Reisen und Freizeit wie z.B. Camping-Seelsorge, bei der Beratung und Ermöglichung von Selbsthilfegruppen, bei sozialen Werken und Projekten, im Medienbereich und in der Publizistik, in der Welt von Kunst und kulturellem Schaffen, in der Kurseelsorge, um nur einige zu nennen.

Die schon vorfindliche Praxis ist üppiger, als die Phantasie sich ausdenken mag. Was in der Gassenarbeit, bei Aids-Pfarrämtern, in der Behinderten- (und deren Angehörigen-)Begleitung, in den Justizvollzugsanstalten, in Buchhandlungen mit bewusst christlicher Ausrichtung, bei kirchenmusikalischen Veranstaltungen[14], bei kirchlichen Beratungsstellen, bei Lesezirkeln usw. alles an Lebensfragen, Orientierungssuche und an religiösem Suchen aufbricht oder sich zeigt, wissen meist nur jene tapferen Frauen und Männer, die sich in diesen Bereichen engagieren und sich menschlich erreichen lassen. Hinzu kommen Klöster, Glaubenskurse, Bildungshäuser und Akademien, Wallfahrten und Wallfahrtsorte, Einrichtungen wie etwa das Romerohaus in Luzern oder die Autobahnkirche Baden-Baden, Orte, an denen Menschen religiöse Orientierung und ihren Kontakt zur »Kirche« suchen. Bei Flugzeugunglücken werden wir mit den so unverzichtbaren Diensten auch von Seelsorgern und Seelsorgerinnen medial konfrontiert.

Wer bedenkt, dass auf den Flughäfen von Wien, München, Zürich und anderswo die Kirche einfach da ist? Und wer ist an der Mustermesse in Basel oder bei anderen Ausstellungen und Messen nicht schon kirchlichen Ständen und Programmen begegnet? Diese vielleicht banal anmutende Auflistung soll das Augenmerk darauf lenken, wie vielfältig und verzweigt die Wege sind, auf denen Christinnen und Christen zusammen mit engagierten Geistlichen und oft in ökumenischer Zusammenarbeit miteinander unterwegs sind und Christsein auf praktische Weise definieren – gleichsam schwebend zwischen den festen kirchlichen Institutionen auf der einen Seite und den Milieus, Bewegungen und »Szenen« auf der anderen Seite.

Neue Aufgaben und andrängende Probleme können oft gar nicht von einer einzelnen Pfarrei gelöst werden wie z.B. Spitalseelsorge, Jugendarbeit, Gassenarbeit, Medien, Caritas, Erwachsenenbildung, Multiplikatorenschulung oder Ausbildung und Begleitung von neben- und ehrenamtlichen Katechetinnen und Katecheten, Fortbildung der Seelsorger und Seelsorgerinnen, Kurse für Pfarrgemeinderäte und Gremien, ökumenische Zusammenarbeit usw. Synergieverlust und unnötige Verdoppelungen können so vermieden werden. Pastoral noch bedeutsamer dürfte aber die Möglichkeit differenzierter Zugänge für jene sein, die mit ihrer Pfarrei (oft ist dann der Pfarrer bzw. die Gemeindeleiterin oder der -leiter gemeint) oder generell mit Kirche ihre Mühe bekunden.

3.3 Diözesane bzw. regionale Ebene

Wer nur einige Personalverzeichnisse der deutschsprachigen (Erz)-Bistümer mit denjenigen vor etwa 20 oder gar 30 Jahren vergleicht, kann es schwarz auf weiss sehen, dass sich nicht nur die Physiognomie der Verbände, Werke und Bewegungen geändert hat, sondern auch das Innenleben der Institution Kirche. Auf Dekanatsebene, auf regionaler und diözesaner Ebene haben in ehren-, neben-, halb- und vollamtlicher Form Frauen und Männer mit höchst unterschiedlicher Kompetenz die Kirche zu gestalten und mitzutragen begonnen. Dabei ist nicht nur an Kommissionen, Räte und Projektleitungen zu denken, sondern an Stabsaufgaben und steuernde Führungspositionen in Stellen, die früher nur von Geistlichen bzw. Prälaten besetzt waren. Eine kleine Reminiszenz aus der eigenen Biographie sei der Farbigkeit halber eingeflochten: Als ich vor wenigen Jahren an einer Tagung der Europäischen Bischofskonferenzen in Rom (als einer von 10 eingeladenen Laien) teilnehmen durfte, machte ich eine ergötzliche Erfahrung. Ich war durch das Namensschild als Professor der Theologie und als Dekan ausgewiesen. Für die meisten war dies verständlicherweise nur in der Position eines Klerikers denkbar. So wurde ich mehrmals als Prälat und als »Monsignore« angesprochen. Als ich dann auf meinen Ehering verwies, um mich als Laien zu erkennen zu geben, meinte einer: »Ah, vous êtes évêque.« – Diese köstliche Begebenheit, sie war nicht die einzige in Rom, wo für mich stets manches zum Symbol gerinnt, ist durchaus bezeichnend für den Wandel in den deutschsprachigen Ländern, der sich aber anderswo noch nicht durchgesetzt hat. Bis in die Verbandsspitzen, in die Stabsstellen kirchlicher Verbände, in die diözesanen Kurien hinein werden viele Aufgabenbereiche von Frauen und Männern abgedeckt. Das Bild des Verhältnisses von Klerikern und Laien ist hier inzwischen analog zu dem an Theologischen Fakultäten. Ob es um die Pastoralämter mancher Bistümer oder um die Personaldienste mit ihren differenzierten Referaten geht, um Ausbildung oder Fortbildung, um die Hauptabteilung Schule und Erziehung, um regionale oder diözesane Stabsstellen wie Katechetische Arbeitsstellen oder Medienstellen, Erwachsenenbildung, Seelsorgestellen für Ehe-, Familien- und Lebensberatung, Pfarrämter für Industrie und Wirtschaft, Akademiker-Seelsorge, Informationsdienste, Redaktionen, Pastoral an kirchlichen und gesellschaftlichen Randgruppen, Pastoralforen, Jugendreferat, Projekte in der Seniorenbegleitung, Bildungszentren etc., überall finden sich qualifizierte Laien in verantwortlichen Positionen. Dies zeigt auf eindringliche Weise nicht nur die verstreute und vielschichtige Kompetenz und die Unterschiedlichkeit von Qualifikationen, sondern auch, dass die Kirche selbst bis in ihre innere strukturelle Gestalt eine pluralistische Institution geworden ist, die sich funktional an die Erfordernisse und an das Niveau der Zeit anpasst. Es ist mit Händen zu greifen, dass die Kirche dadurch nicht weniger glaubwürdig geworden ist, noch dass ein Qualitätsverlust eingetreten wäre. Im Gegenteil, auch in dieser Hinsicht wird man die oben schon vertretene These wiederholen dürfen, dass die Kirche durch dieses Potential pluralitätstauglich wird und damit zukunftsfähig.

Die Situation zeigt freilich auch, wie obsolet der Begriff »Laie« geworden ist, denn die hier tätigen Laien sind nicht fachliche Laien, sondern nur Laien vor dem Hintergrund des binnenkirchlichen Strukturmodells »Klerus-Laien«. Umgekehrt liegt zuweilen der Eindruck nahe, dass jene Frauen und

Männer, die in kirchlichen Linienpositionen stehen, in einem weiteren Sinn zum »Klerus« zu zählen sind. Aber gerade diese schillernde Verschiebung in der Begrifflichkeit demonstriert klar, wie sehr wir uns insgesamt in einem Wandel und Umbruch befinden.

3.4 Nationale und weltkirchliche Ebene

Auf nationaler Ebene sprechen inzwischen die Fakten hinsichtlich der entscheidenden Mitwirkung von Laien eine andere Sprache als das Kirchenrecht aus dem Jahre 1983. Nicht nur administrative und technische Dienste sind hier gemeint, so wichtig und atmosphärisch gewichtig sie auch sind. Vielmehr ist an die Kommissionen der Bischofskonferenzen, an die Pastoralplanung, an Justitia et Pax, an nationale Arbeitsgemeinschaften, an ökumenische Gesprächskommissionen, an Hilfswerke und Hilfsdienste (wie Malteser u.a.), Presseagenturen, Zentralkomitees oder -Konferenzen, Presse- vereine und Journalistenverbände, Solidaritätsfonds, Institute für verschiedene Sachbereiche, Mediendienste, Missio zu erinnern, ebenso an Berufsgemeinschaften, Kolpingwerk, Frauenbund, Büchereiarbeit, Migration und viele andere.

Diese Tendenz lässt sich mühelos auf internationalem oder kontinentalem Niveau festmachen. Wenn sich die Bischofskonferenz Österreichs gegenüber den Institutionen der Europäischen Gemeinschaft in Brüssel durch einen kulturell, politisch und theologisch qualifizierten »Laien« vertreten lässt, dann ist das ein Einzelbeispiel für diese Entwicklung.[15]

Auch auf weltkirchlichem Niveau sind die Linien fortzuführen. Wer mit ein wenig Aufmerksamkeit das Annuario Pontificio, sozusagen das gesamtkirchliche Personalverzeichnis, zur Kenntnis nimmt, wird die erstaunliche Entdeckung machen, dass in vielen Institutionen des Vatikans und der Weltkirche Frauen und Männer vertreten sind, in den päpstlichen Räten und Dienststellen z.T. in leitenden Positionen.

3.5 Die konsequente Frage nach den Strukturen der Partizipation

Der Aufwand, die Handlungsbereiche und Handlungsebenen der Laien in der Kirche z. T. so akribisch zu beschreiben, hatte seinen Sinn darin, die Vielfalt zu benennen und zu dokumentieren. Überdies ist damit die Plattform für die folgenden Überlegungen zu einer synodalen Kirche gewonnen.

Denn die faktische Situation und die so reichlich belegte Mitarbeit von Laien in der Kirche ruft nach deren formalem Ort in einer noch klerikal strukturierten Kirche. Auf die Dauer wird es der Kirche insgesamt nicht gut bekommen, wenn die alleinige formale Entscheidungskompetenz nur einer kleinen »Elite« zukommt, die über bestimmte Voraussetzungen verfügt, welche die anderen davon ausschliessen. Dies nennt die Soziologie »soziale Schliessung«, womit Ursachen für Ungleichheiten in einem System analysiert und durchsichtig gemacht werden.[16] Aber solche Argumentationsweise mag noch abstrakt und formal wirken. Man kann die Frage auch anders stellen: Ist der Kirche mit all dem systematisch kaum mehr zu bändigenden Reichtum an menschlichen, spirituellen und fachlichen Begabungen (Charismen!) wie an biographischen Erfahrungen, den ungezählte engagierte Frauen und Männer wie auch Geistliche einbringen, nicht die Chance und die innere Begründung geschenkt und zugemutet, aus ihrem klerikalen Turm auszubrechen und die Mitverantwortung auf breiterer Basis abzusichern und in zu bewährenden Strukturen zu gestalten?

Die Frage nach breiter Mitverantwortung mag manchen als Utopie erscheinen. Trotzdem sind solche »Träume« entschiedener zu diskutieren und zu verfechten. Unsere bisherigen Ausführungen wollen Hinweise dafür sein, dass die »Träume« auch Wirklichkeit zu werden versprechen. Es lohnt sich, den Blick dafür zu schärfen, auch wenn zuzugeben ist, dass die vom Konzil eingeleiteten Reformen zum Teil zu ängstlich angegangen werden bzw. dass rückwärtsorientierte Tendenzen derzeit bei vielen eine grosse Kirchenverdrossenheit, ja sogar Kirchen-Eskapismus schüren.

4 Schon vorhandene Ansätze für die Mitverantwortung von Christen und Christinnen

4.1 Verbände und Vereine

Charakteristisch ist bis auf den heutigen Tag für das Kirchenrecht, dass die Kirche als ganze im Amt bzw. in den Trägern des Amtes verkörpert ist. Eine dem Amt gegenüber selbständige Repräsentation oder Partizipation gibt es nicht. »In einer etwas überspitzten Formulierung, etwa im Stil absolutistischer Fürsten, konnte die Rechtslage umschrieben werden mit dem Ausdruck: Alles für das Volk, aber nichts durch das Volk«.[17] Die Laien werden juristisch zwar nicht übersehen. Aber im Blick auf Mitbestimmung und Mitverantwortung auf der rechtlichen Ebene und bei Entscheidungsvorgängen besitzen sie keine »Organqualität«, d.h. sie sind nicht beteiligt.

Das frühere kirchliche Gesetzbuch aus dem Jahr 1917 kannte schon bescheidene Anklänge an korporativen Rechtsformen. Freie Vereinigungen von Laien waren als »fromme Bruderschaften« möglich (CIC, cc 684–725). Die kirchlichen Verbände, Vereine und Organisationen mit ihrem demokratischen Aufbau haben sich aber nur parallel bzw. ausserhalb des kanonischen Rechts auf zivilrechtlicher Grundlage entwickelt, wie schon die Ausführungen über den Katholizismus als gesellschaftliche Sonderwelt bzw. als Block-Katholizismus gezeigt haben. Das ist keineswegs einer allgemeinen und gleichsam »innerkirchlichen« Repräsentation oder rechtlichen Entscheidungskompetenz gleichzusetzen.[18] Zudem waren Verbände und Organisationen mit religiös-kirchlicher Zielsetzung partikularistisch ausgerichtet, z.B. auf Jugendliche, Stände und Berufsgruppen usw., hatten also nur eine Teilfunktion im Ganzen.

4.2 Synodale Vorgänge

Eine erweiterte Form der Mitwirkung und Beteiligung in der Kirche ist ohne Zweifel mit den schon erwähnten synodalen Vorgängen gegeben, bei denen gleicherweise Kleriker wie Laien vertreten sind mit einem zahlenmässig festgelegten gegenseitigen Verhältnis. Es sei in diesem Zusammenhang nochmals an die Partikularsynoden der 70er Jahre z.B. in Österreich, in Holland, in der Schweiz und in der Bundesrepublik Deutschland erinnert. Dabei handelt es sich um eine entsprechende Repräsentanz der Amtskirche und der Gläubigen, die nach einem ausgeklügelten System zusammengesetzt werden (nach Geschlecht, Alter, Nationalität, Berufsgruppen etc.). Ähnlich aufgeschlüsselt ist auch die Repräsentanz in den diözesanen Seelsorgeräten (mancherorts auch Katholikenräte genannt), in Stiftungsräten (z.B. beim Stiftungsrat für das Fastenopfer in der Schweiz) oder in den sog. Dachorganisationen der katholischen Verbände und Vereine wie z.B. im Zentralkomitee der deutschen Katholiken und Katholikinnen. Gleichwohl ist nur in einem sehr beschränkten Sinn von Mitsprache zu sprechen. Ähnlich wie dem Pfarreirat oder Pfarrgemeinderat kommt diesen Synoden kaum mehr als Beratungsfunktion in kirchlichen Angelegenheiten zu.

4.3 Räte

Verbindlich vorgeschrieben ist für die einzelne Diözese nur der Priesterrat. Auch dieses Gremium ist letztlich kaum mehr als ein Beratungsorgan für den Bischof. Wenngleich in der Praxis vielfach über die rechtlichen Vorschriften hinausgegangen wird,[19] wobei dies vom jeweiligen Bischof abhängt, so verfügt selbst der Priesterrat nicht über das Recht, die Verhandlungs- und Beratungsgegenstände selber zu benennen. Die verschiedenen Räte in der Kirche haben kaum aktive und verbriefte Rechte. Der Wert der Beratung hat noch keine rechtsverbindliche Bedeutung erhalten, was sich u.a. auch auf die Information der Basis und von der Basis her auswirkt. Ob nicht auch hier die Wurzeln mancher Kommunikationsprobleme in der Kirche liegen?

Zwar könnten manche Räte und Gremien wie z.B. die Synode, Priester- und Seelsorgeräte sowie die Pfarreiräte Beschlüsse fassen (z.B. in Hinblick auf seelsorgerliche Probleme wie Geschiedenen-Pastoral, Einsatz von Laienseelsorgern oder Gottesdienstzeiten etc.), aber sie bedürfen im einzelnen stets der Zustimmung des Trägers des kirchlichen Amtes (Bischof, Pfarrer), um Verbindlichkeit zu erlangen. Das Beratungsorgan ist formal nicht Teil des kirchlichen Amtes. Der amtliche Entscheidungsträger ist ein Gegenüber zum Beratungsgremium.

4.4 Beratung oder Entscheidung?

Vom neuen Kirchenrecht aus dem Jahre 1983 ist nur dem Priesterrat in einigen Punkten das Zustimmungsrecht eingeräumt (c. 500 § 2; z.B. c. 515 § 2). Was nun die Teilhabe der »Laien« an offiziellen Beratungen und Entscheidungen betrifft, so verzeichnet das neue Kirchenrecht (1983) im Vergleich zum vorausgehenden Kanonischen Recht (1917) einen gewissen Fortschritt insofern, als ausführlicher auf die Pflichten und Rechte der Laien (cc. 224-231) eingegangen wird. Was die Mitsprache betrifft, änderte sich jedoch auch im neuen Kirchenrecht nichts, vielmehr wird die traditionelle Zwei-Stände-Lehre zur klaren Grenzlinie zwischen Klerikern und Laien: Nach wie vor sind nur Geweihte zur Leitungsvollmacht und damit zur Entscheidungskompetenz befähigt (vgl. c. 129, c. 228).[20] Selbst in vermögensrechtlichen Belangen bleibt im Rahmen des Kirchenrechts den Laien nur eine unterstützende Hilfeleistung[21], während das Partikularrecht in den deutschsprachigen Ländern unter dem Einfluss der Zivilgesetzgebung den Laien diesbezüglich in eigenen Organen mehr Entscheidungs- und Vertretungsrecht einräumt. Mit andern Worten: Die juristische Gestalt der Mitwirkung von Laien ist von schwacher rechtlicher Qualität; sogar die Existenz eines Seelsorgerates hängt vom Ermessen des Bischofs bzw. jene des Pfarrgemeinderates vom Entscheid des Pfarrers ab.

4.5 Güteklassen der Beratung

Von den qualitativ drei Beratungsstufen[22] kommt den Laien nur die freiwillige Beratung zu, wobei der Bischof und der Pfarrer frei bleiben, ob sie Rat einholen und sich gegebenenfalls daran halten. Das Anhörungsrecht kommt laut Kirchenrecht nur dem Priesterrat und dem Consultoren-Kollegium (u.a. dem Domkapitel) zu, während das Zustimmungsrecht des Priesterrats ausdrücklich geregelt ist (c. 500 § 2).

In diesem Zusammenhang scheint der Hinweis ergiebig, dass es trotz der rechtlich »geköpften Mitverantwortung«[23] der Laien im Ordensrecht der katholischen Kirche Mitentscheidungs- und Wahlrechte gibt, die durchaus zur Schule für andere kirchliche Bereiche werden dürften.

Der Vollständigkeit halber muss nebst dem Ordensrecht auf demokratische Modelle im Raum der katholischen Kirche hingewiesen werden, wie wir sie ausgeprägt in der Teilkirche Schweiz vorfinden, wo das Kirchenrecht wohl seine eigenwilligsten partikularen Ausprägungen erhalten hat bzw. Kompromisse eingehen musste.[24] Auf dem Territorium der kleinen Schweiz gibt es – selbst für den Schweizer kaum überblickbar – eine unglaubliche Vielfalt der staatskirchenrechtlichen Verhältnisse. Die rechtlich anerkannten Konfessionen sind zu Körperschaften des öffentlichen Rechts zusammengefasst, wobei sich diese territorial in Kirchgemeinden, sodann in landeskirchlichen (kantonalen) und städtischen Kirchgemeinde-Verbänden gliedern. Die strukturelle Grundlage von Landeskirchen wie Kirchgemeinden ist staatlich, ihre Zwecksetzung jedoch kirchlich. In diesen »innerkirchlichen« Bereich mischt sich der Staat nicht ein (Fragen der Lehre, des Kultus, der Seelsorge und der Diakonie). In den »äusseren« Belangen wie z.B. Organisation (Verwaltung, Finanzen und teils Ordnung des Ämterwesens) ist eine staatliche bzw. staatskirchenrechtliche Kompetenz gegeben, die in ihrer Intensität sich von Kanton zu Kanton zum Teil massiv unterscheidet. Auf dieser Basis finden sich die Voraussetzungen für die freiesten Bischofswahlen der katholischen Kirche (in den Diözesen Basel und St. Gallen durch Konkordate geregelt) sowie für die weitverbreiteten Rechte der Kirchgemeinden, vor allem die Wahl und (nach bestimmten Fristen) Wiederwahl der Pfarrer.

Als Anknüpfungspunkte für dieses demokratische Modell werden die Einzelpersönlichkeit und theologisch das allgemeine Priestertum aller Gläubigen bzw. die charismatische Dimension der Kirche genannt. Auf den besonderen Dienst der kanonischen Kirche nimmt es grundsätzlich keine Rücksicht und ebnet damit die Bedeutung des Amtes gewissermassen ein. Es ist von daher verständlich, dass die Verhältnisbestimmung zwischen den staatskirchenrechtlich geregelten äusseren Belangen der Kirche und dem inneren Bezirk der Kirche gerade in den schweizerischen Verhältnissen einen geschichtlich stetig gewachsenen Formenreichtum und ein ausgeklügeltes System gegenseitiger Interessenwahrung hervorgebracht hat. Man wird aber im Blick auf diese Praxis nicht mehr grundsätzlich gegen die Mitbestimmung von Frauen und Männern votieren können, will man nicht das kirchlich akzeptierte System in der Kirche Schweiz als »häretisch« abqualifizieren.

5 Sperren und Einwände gegen die Mitverantwortung der Laien

An dieser Stelle kann es lohnend sein, sich darüber Rechenschaft zu geben, worin denn nun die Sperren, die gefühlsmässigen Vorbehalte und grundsätzlichen Bedenken liegen, allen interessierten Gliedern der Kirche eine stärkere Entscheidungs-Beteiligung zu gewähren und die Mitverantwortung auf eine breitere Basis zu stellen. Die Fragen rühren immer noch an Ängste, Tabus, an Verlustsorgen und natürlich auch an Machtinteressen.

Etwas vereinfacht skizziert liegt der scheinbar (rechtlich und strukturell) unversöhnliche Gegensatz auf der Unterscheidung der Theologen zwischen dem allgemeinen Priestertum und dem besonderen Amtspriestertum der Kirche. Unumstritten war und ist in der katholischen Theologie, dass jede kirchliche Vollmacht und jeder Dienst der Kirche letztlich auf Jesus Christus zurückgehen. Der Kirche ist die Sendung aufgetragen, in der Treue zu der ihr vorgegebenen Botschaft Jesu ihren Verkündigungs-Dienst an den Menschen und in der Welt zu vollziehen. Die Vollmacht im Namen Jesu zu verkündigen, wurde durch die Ordination und Bevollmächtigung seitens der Kirche übertragen, wobei eine Ermächtigung und Beglaubigung durch die Gläubigen als unzulässig galt. Doch diese Betrachtungsweise würdigt zu wenig, dass »gemäss den Aussagen der Heiligen Schrift und einer alten theologischen Tradition Christus seine Vollmacht nicht in erster Linie einzelnen kirchlichen Amtsträgern, sondern der Gemeinschaft aller Gläubigen übergeben hat. Deshalb war in der Kirche auch lange Zeit die Überzeugung lebendig, wichtige Entscheidungen müssten vom sensus fidelium, vom Glaubenssinn der Christen, getragen werden, und man sprach von einer Rezeption der Konzilien durch die Gesamtheit der kirchlichen Gemeinschaft«.[25]

Wenn allerdings geschichtlich zunehmend mehr die Weisen und Wege der Vermittlung des Heils »einlinig« hierarchisch strukturiert wurden, so ist daran doch der theologische Aspekt wichtig und richtig, dass nicht die Kirche selber es ist, die ihren von ihr beauftragten bzw. gewählten Amtsträgern die Vollmacht oder gar Macht über die ihr vorgegebene und geschenkte Sendung gibt. Das ist m.E. der symbolisch tiefe Sinn der Handauflegung bzw. des Weihesakramentes: Es stellt sinnenfällig und zeichenhaft heraus, dass die Gabe selbst Geschenk ist und dass die Vollmacht und Sendung in der Kirche von Jesus Christus stammen und nicht sozusagen von der Gnade und Macht der Kirche abhängen. Weder die Kirche in ihrer Gesamtheit noch in ihren kompetenten Amtsträgern besitzt Verfügungsrechte über die Botschaft Jesu Christi.

Wohl kommt es zum Ausdruck, dass jene Gläubigen, die im Auftrag der Kirche diese Botschaft verkünden, insofern zum »Gegenüber« für die Gläubigen werden, als die vorgegebene Gabe (Heilsbotschaft) allein im Namen Jesu Christi und nicht in eigenem Namen Geheimnis ihres »amtlichen« Dienstes ist.

Ein allzuleicht unterschlagener Gesichtspunkt soll noch gewichtet werden. Wenn die Sendung der Kirche dieser als ganzer aufgetragen ist, dann müssen die in der herkömmlichen Kirchenordnung amtlich dazu Beauftragten auch Repräsentanten dieser ganzen Kirche und all ihrer Glieder sein, sosehr sie – was den Inhalt des Evangeliums anbetrifft – auch »Gegenüber« der Gläubigen bzw. der kirchlichen Gemeinschaft sind. In dem Sinn hätten sie auch für die volle praktische und institutionelle Mitgliedschaft aller Getauften und Gefirmten einzutreten und deren Nöte und Fragen auf weltkirchlicher Ebene offensiver und mutiger zu vertreten.

In gängiger theologischer Terminologie ausgedrückt: Gemeinsames Priestertum und besonderes Priestertum sind unlösbar aufeinander verwiesen und angewiesen, und diese gegenseitige Gemeinsamkeit und Verbindung können konkret auf verschiedene Weise und in verschiedenen Formen spielen und glücken. Damit ist grundsätzlich dafür plädiert und wird die These vertreten, dass die Strukturen der Mitverantwortung und des Mitwirkens in der Kirche bis hin zur Ordnung der Dienstämter einen nicht unerheblichen Formenreichtum als denkbar und wünschbar erscheinen lassen.

Aufgrund der bisherigen Ausführungen und der Alltagspraxis in unsern Pfarrgemeinden wissen wir freilich, dass wir gegenwärtig einer diffusen und zum Teil widersprüchlichen Vielfalt und Spannung bezüglich dieser Frage ausgesetzt sind. Sicher ist, dass die derzeitige kirchliche Ordnung für die inzwischen gewachsene Vielfalt zu eng ist. In den Teilkirchen, in den verschiedenen kirchlichen Gruppierungen bis hin zu den ökumenischen Kontakten entlädt sich eine üppige Prosperität, für die der zu enge kirchenrechtliche Rahmen bedrohlich ist, zu Wachstumsstörungen und zu Abspaltungen führen kann. Unsere theologische Rechenschaft über die Laien als Christinnen und Christen hat aber deutlich gemacht, dass mit dem Evangelium nicht zu begründen ist, was zur Abgrenzung der Laien und zur Trennung von Klerus und Laien oder zur Zweitrangigkeit der überwältigenden Mehrheit des Volkes Gottes in offiziellen Belangen der Kirche oder zur Degradierung der Frauen geführt hat.

Die noch verbleibende Frage dieses Kapitels ist jene nach dem konkreten Praxismodell von Kirche als Gemeinschaft aller Glaubenden. Letztlich geht es darum, wie sich gemeinsames Priestertum aller Glieder der Kirche und Weihepriestertum zueinanderhin verhalten. Es geht um nichts Geringeres als um die Frage, wie die Katholizität in ihrer Fülle und Disparatheit strukturell zu gestalten ist.

Diesem Anliegen scheint im Vergleich zu einer monarchisch strukturierten Kirche (von oben nach unten) oder zu einer demokratisch aufgebauten Glaubensgemeinschaft (von unten nach oben) eine synodal verfasste Kirche am ehesten zu entsprechen.

6 Konturen der Utopie einer synodal verfassten Kirche

6.1 Äussere und innere Sperren

Die folgenden Ausführungen skizzieren Elemente, die das Anliegen einer auch praktischen Mitverantwortung von Frauen und Männern verdeutlichen helfen sollen. Es geht nicht um die Vorstellung eines perfekten Modells, das ohnehin nur in der Retorte der reinen Spekulation Chance hätte. Wohl geht es um Anstösse zu einem Lernprozess von aktiver Mitverantwortung, in dessen Verlauf sich Strukturen echter Partizipation bewähren und herausschälen können.

Wenn, wie gesagt, weder für ein monarchisches noch für ein demokratisches Modell eingetreten wird, sondern für eine synodale Kirchenordnung, dann wird man daran gut tun, sich nicht nur der praktischen Grenzen einer jeden Sozialform bewusst zu bleiben, sondern auch der inneren theologischen Grenzen, die sich für jedes System ergeben. Kein System kann seine »Theologie« gänzlich und perfekt einholen. Zudem wird man sich die grundsätzliche Problematik von Recht und Glaube vor Augen halten müssen. Eine Kirchenordnung wäre überschätzt und überfordert, wenn sie die Kirche als Glaubensgemeinschaft rechtlich voll erfassen sollte. Es gibt diesbezüglich nur ein Annäherungsverhältnis. So ist z. B. kirchenrechtlich nie absolut zu beantworten, wer im Sinne des Glaubens noch Mitglied der Kirche Jesu Christi ist und wer nicht. Eine absolute Übereinstimmung zwischen der pneumatisch-charismatischen Ebene der Kirche und ihrer rechtlichen Verfassung wird nie vollends herzustellen sein; im Gegenteil, jede derartige Annahme wäre theologisch verdächtig. Wir wissen aus der Kirchengeschichte zur Genüge, zu welch schrecklichen Szenen und zu welcher Selbstverwundung der Kirche es geführt hat, wenn man die vermeintlich theologische saubere Lehre im Verhältnis 1:1 in fundamentalistischer Manier in die Praxis umzusetzen suchte.

Unzweifelhaft erwächst der Kirche in ihren aktuellen Entscheidungsträgern (die Bischöfe in Einheit mit dem Papst) die Freiheit und die Pflicht, die kirchlichen Dienste und Strukturen zu gestalten und dafür alle Möglichkeiten zeit- und situationsgemäss in Anspruch zu nehmen und verantwortungsbewusst einzusetzen. Auch wenn noch lange nicht alle theologischen Fragen bis ins Detail geklärt erscheinen, so ist doch theologisch mehr als genug deutlich belegt worden, dass insgesamt keine plausiblen Gründe vorgebracht werden können gegen eine echte Partizipation der Frauen und Männer in der Kirche und gegen eine konkrete rechtliche Verankerung ihrer Mit-Verantwortung.

6.2 Option einer synodalen Kirche: »Wir sind das Volk Gottes«

Bei den Überlegungen zur synodalen Kirche geht es nicht nur um den theologischen und pastoralen Ort, sondern auch um den institutionellen Ort der getauften und gefirmten Frauen und Männer, nicht nur der geweihten Männer. Es geht nicht nur um die Frage, was die sog. Laien *tun* dürfen, sondern wer sie in der institutionellen bzw. empirischen Kirche *sind*. Die Vision einer synodalen Kirche handelt davon, dass die Laien mit den Seelsorgern und -sorgerinnen sowie mit den kirchlichen Amtsträgern (-innen) zusammen die vielfältigen Aufgaben der Kirche (Missio) und die Verantwortung für die Kirche als Glaubensgemeinschaft (Communio) gemeinsam wahrnehmen.

Die schon mehrfach erwähnten *Synoden* in den verschiedenen Ländern (wie z.B. die Würzburger Synode in der BRD, die Synode 72 in der Schweiz oder die *Diözesansynoden* in Rottenburg-Stuttgart, Hildesheim, Augsburg u. a.) beinhalten – wie schon oben vermerkt – keine Partizipation, die diesen Namen verdient. Sie zeugen auch nicht vom Subsidiaritätsprinzip, dem in der katholischen Soziallehre vehement verfochtenen Grundsatz, wonach die Initiative und Eigenkräfte des einzelnen Menschen zu fördern sind und wonach die kleineren »Lebenseinheiten« nicht zugunsten der grösseren aufgelöst werden dürfen. Strukturtheoretisch heisst dies, dass »oben« nicht gelöst werden *muss*, was »unten« besser gelöst werden *kann*. Überdies wird eine zentralistisch übersteuerte Kirche dem Gedanken der Kirche als Leib Christi und als Volk Gottes und der kirchlichen Gemeinschaftsform, wie sie in den ersten christlichen Jahrhunderten selbstverständlich war, nicht gerecht. Dem könnte eine synodal strukturierte Kirche eher entsprechen.

Beim *synodalen* Kirchen-Modell handelt es sich um eine gegenseitige Verschränkung und Bindung der charismatischen und lebendigen Vielfalt (Basis!) mit den unverzichtbaren Diensten der Einheit auf allen kirchlichen Ebenen, also mit den Diensten von Pfarrer, Bischof und Papst. Synodale Formen einer künftigen Kirchenordnung hätten demnach zwei unverzichtbaren Kriterien zu entsprechen: der Einheit im Glauben an Jesus Christus und in den sakramentalen Ausdrucksformen einerseits und der konkreten Einbindung dieser wesentlichen Einheit in die Organisationsformen echter und repräsentativer Mitverantwortung der getauften und gefirmten Kirchenmitglieder auf lokaler, regionaler und gesamtkirchlicher Ebene andererseits. Praktisch würde das heissen, die Kirche als gegliederte Gemeinschaft oder Organisation so zu gestalten, dass die Verantwortung der »Basis« und die Verpflichtung der Dienstträger-/innen in der Kirche gegenseitig aufeinander bezogen und bei Entscheidungen aneinander gebunden wären. Es sind somit polare Gemeindemodelle, diözesane und weltkirchliche Strukturen gemeint, in denen z.B. der Pfarrer bzw. der Bischof und die Pfarrei bzw. die Diözese in ihrer jeweiligen unübertragbaren Eigenständigkeit aufeinander verwiesen sind und miteinander verknüpft.

In der Kirche sollten tendenziell keine Entscheidungsvorgänge bevorzugt werden, die gleichsam Sieger und Besiegte, Täter und Opfer schaffen. Im Gegenteil, die Institutionalisierung von Dialog und Gesprächsinstrumenten (im Sinne konziliarer bzw. synodaler Strukturen) schaffte Raum dafür, dass Erfahrungen, Fragen und Kritik gegenseitig zum Schlüssel würden. Warum, ist zu fragen, sollen nicht kirchliche Organisationsformen in Erfahrung gebracht und – regional unterschiedlich – sozusagen experimentiert werden dürfen, in denen weder gegen den Willen einer Gemeinde noch gegen den Willen und die Verantwortung des Pfarrers bzw. des Bischofs Sach- und Personalentscheidungen getroffen werden, die also eine möglichst einvernehmliche, wenn auch nicht konfliktfreie Lösung nahelegen? Warum soll es rechtens sein, dass vom Vatikan gegen den Willen der Mehrheit eines Bistums ein Bischof aufgezwungen wird? – Ist das übrigens nicht auch ein Verstoss gegen die kirchliche Tradition? Mitsprache von Klerus und Volk bei Bischofswahlen waren in den ersten christlichen Jahrhunderten noch selbstverständlich.[26] In diesem Sinn dürften wir heute ohne Hemmung Traditionalisten sein. Um es auch hier zu betonen: Die »guten« Traditionalisten sind nicht jene, die mutwillig den Stand zu einem bestimmten Zeitraum, etwa im letzten Jahrhundert oder im 16. Jahrhundert, fixieren und von nun an für alle Zeiten als verbindlich erklären, sondern jene, die den ganzen Schatz der kirchlichen Tradition bis zu ihren Ursprüngen und biblischen Quellen zurückverfolgen und ernstzunehmen gewillt sind.

Im Alltag des kirchlichen Lebens stehen zumeist viele Sachfragen, Personalprobleme, pastorale Prioritäten, situationsbezogene Entscheidungen, gesellschaftspolitische und soziale Beschlüsse sowie administrative und verwaltungstechnische Fragen an, die vom Sachverstand abhängig sind. Dafür braucht es entsprechende Kommunikations- und Informationsstrukturen, die von einer entfernten Zentrale gar nicht sinnvoll zu steuern sind und ohne die es zu katastrophalen Ergebnissen kommt, wie die derzeitige Praxis der Bischofsernennungen vielfach demonstriert.

6.3 Synodal oder demokratisch?

Die Frage, die in unserem Zusammenhang viel differenzierter bedacht werden müsste, geht dahin, ob mit synodaler Kirchenordnung nicht doch eine demokratische Kirchenverfassung gemeint sei.[27] Wie eben angesprochen, geht es im kirchlichen Alltag in der Regel um meist recht praktische Abstimmungen und um Wahlen, also Personalentscheidungen. In diesem Sinn gibt es kein Argument gegen eine durchgehende Demokratisierung der Kirche. Man kann auch gar nicht grundsätzlich dagegen sein, weil ja sonst die Papstwahl als eine Mehrheitsabstimmung auch nicht legitim und rechtens wäre. Zudem hat schon Papst Cölestin I. (422–432) den bedeutungsvollen Grundsatz vertreten: »Man soll keinen Bischof gegen den Willen des Volkes einsetzen.« Bekannt ist auch das Wort Leos d. Gr. (440–461): »Der allen vorstehen wird, soll von allen gewählt werden.« Monoton wird zwar immer wieder das Argument vorgebracht, dass die *Wahrheit* nicht durch Mehrheits-Abstimmungen zu definieren sei. Eine solch hohe Erwartung an demokratische Vorgehensweisen könnte in der Tat sträflich sein. Aber wenn man so argumentieren will, ist noch viel mehr die Frage zu stellen, warum eine Monarchie geeigneter sein soll. Die Frage nach der Wahrheitssuche ist generell nicht auf der Ebene von Herrschaftsstrukturen zu beantworten; sie gehorcht anderen Gesetzen; und diesen Gesetzen hätte das Lehramt autoritativ zu dienen.

Natürlich wird das Modell der Demokratie mit der absoluten Volkssouveränität (Alle Macht stammt aus dem Volk) dem Verständnis von Kirche nicht gerecht, denn die Kirche ist Volk des Gottes Jesu und als solches Gemeinschaft, die von einer Wahrheit lebt, um die sie sich stets neu bemüht und in die sie sich vertieft, aber die sie nicht endgültig besitzt. Sie lebt letztlich von einer geschenkten Hoffnung, die sie nicht selber machen und aus eigener Gnade herbeiprozessieren kann. Damit ist die Grundlage aller Communio von Christen und Christinnen das Evangelium vom Heil in und durch

Jesus Christus und das Vertrauen in seine konkrete Gegenwart im Geiste. Kirche verdankt sich somit nicht nur menschlicher Initiative, sondern einer Hoffnung, die sich auf Jesus Christus beruft. Diese »Doppeldimension«, wenn man so sagen will, wird übrigens auch im Schreiben des Apostelkonzils an die Gemeinde von Antiochia deutlich: »Denn der heilige Geist und wir haben beschlossen ...« (Apg 15,28); und ihr werden der Begriff und das Anliegen einer synodalen Kirche am ehesten gerecht. Zudem entspricht eine synodal differenzierte Kirche theologisch dem trinitarischen (dialogischen) Gottesbild, dem Bild von Kirche als einer geschwisterlichen Gemeinschaft, die sich auf Jesus Christus beruft und in seinem Geiste zu leben versucht.

Damit keine Missverständnisse unnötige Polemik auslösen: Mit synodaler Kirchenordnung ist weiss Gott keine Kirche ohne Papst, ohne Bischöfe und ohne Pfarrer gemeint. Wohl aber ist die Überwindung einer institutionell-empirischen Kirche angestrebt, in der die Wahrheitssuche und die kirchlichen Entscheidungen ohne Volk Gottes (Sensus fidelium) bzw. ohne die sog. Laien erfolgen. Das Problem stellen nicht die hierarchischen Dienste dar, die m. E. sogar ein starkes Profil haben müssen, sondern das hierarchische System als geschichtlich gewordene Sozialform der Kirche. Es geht um echte Mitverantwortung, die über die ersten Ansätze »kompetenzloser« Räte hinausgeht. Das ist Ziel einer synodalen Kirchenordnung.

Natürlich werden damit »heisse Eisen« berührt wie z.B. Gleichberechtigung, Mitentscheidung und Lehramt, Ausschluss verheirateter Männer (ausser Diakonat) und der Frauen vom kirchlichen Amt, Zölibat, Gemeindemodelle ... Heiss werden aber diese Eisen, weil sie in der Kirche nicht im offenen Gespräch und im fairen Streit gekühlt werden. Innerkirchliche Schrebergärten oder gönnerhaft zugewiesene Reservate für Laien sind bei den kirchlich engagierten Frauen und Männern bewusstseinsmässig überholt und nicht gefragt.

6.4 Konkretisierung des synodalen Anliegens

Auch wenn jeder Bischof einen Priesterrat berufen muss und einen Diözesanseelsorgerat einsetzen kann, so aktualisiert sich das »synodale« Leben wohl am ehesten auf lokaler Ebene, in den Pfarreien. Dort befindet sich der operative Ernstfall des kirchlichen Alltags.

6.4.1 Synodale Gemeinde?

6.4.1.1 Der Pfarrgemeinderat

Im Anschluss an das Zweite Vatikanische Konzil sind seit Beginn der 70er Jahre in vielen Pfarreien pfarreiliche Pastoralräte konstituiert worden. In deutschen und österreichischen Diözesen nennt man sie »Pfarrgemeinderäte«, in der deutschsprachigen Schweiz »Pfarreiräte« (mit Kirchgemeinderat ist in der Schweiz die staatskirchenrechtliche Behörde der Kirchgemeinde gemeint, die für die Finanzierung der Seelsorge und die Vermögensverwaltung zuständig ist, aber nicht primär für pastorale Fragen, analog zum pfarrlichen Wirtschaftsverwaltungsrat in Österreich und zum Kirchenvorstand bzw. Pfarrkirchenrat in der Bundesrepublik Deutschland).

Das Kirchenrecht bestimmt: »Wenn es dem Diözesanbischof nach Anhörung des Priesterrates zweckmässig erscheint, ist in jeder Pfarrei ein Pastoralrat zu bilden, dem der Pfarrer vorsteht; in ihm sollen Gläubige zusammen mit denen, die Kraft ihres Amtes an der pfarrlichen Seelsorge Anteil haben, zur Förderung der Seelsorgetätigkeit mithelfen. – Der Pastoralrat hat nur beratendes Stimmrecht und wird durch die vom Diözesanbischof festgesetzten Normen geregelt« (C. 536).

Die Einrichtung der Pfarrgemeinderäte hat sich natürlich recht unterschiedlich entwickelt, was die Wahl der Mitglieder oder deren Kooptierung, die Repräsentanz der verschiedenen Pfarreigruppen, was die Leitung und Kompetenz, Vetorecht und Konfliktbereinigung, Arbeitsweise und Schwerpunkte etc. betrifft. Die diözesanen Satzungen in den deutschsprachigen Ländern sehen meistens ein Mitglied des Pfarrgemeinderates für den Vorsitz vor (nicht den Pfarrer); und die Amtsperiode dauert in der Regel fünf Jahre.

6.4.1.2 Mitarbeiterkreis

In manchen Pfarreien ist (vom Pfarrer) formal kein Pfarrgemeinderat eingerichtet worden, aber analog dazu die Konzentration auf einen Mitarbeiterkreis oder eine Kerngruppe erfolgt. Die Idee war, von den reellen Kräfteverhältnissen und von jenen Leuten auszugehen, die auch in der Tat das gemeindliche Leben mittragen. Dahinter steckte im einzelnen auch die gelegentliche Mühe mancher Pfarrer mit demokratisierenden Tendenzen in der Kirche, die alles komplizieren würden, aber nicht Gemeinschaft vertieften und im konkreten Miteinander Herz der Gemeinde seien. Der diözesane Seelsorgerat des Bistums St. Gallen empfahl: »Der Pfarreirat sollte zu einer

Gruppe zusammenwachsen, in der auch zwischenmenschlich etwas geschieht. Nicht nur gemeinsam arbeiten, sondern auch füreinander Zeit haben, in einem Gespräch, bei einem kleinen Festchen, einer gemeinsamen Wochenend-Tagung, vielleicht zu Beginn der Amtsperiode.«[28] Man wird hier an basiskirchliche Visionen erinnert. Die Formen sind auch beim sog. Modell des Mitarbeiterkreises sehr unterschiedlich. Einmal ist es der Kreis, der aus den verschiedenen Vorsitzenden der einzelnen Vereine, Gruppen, Arbeitskreise oder Projekte besteht, oder ein lockeres Gremium, in das Interessierte oft recht zufällig oder gezielt angesprochen nachrücken. Manchmal gibt es zu einem Mitarbeiterkreis, in dem möglichst alle pfarreilichen Gruppierungen vertreten sind, ein kleineres Gremium, in dem die einzelnen Mitglieder zusammen mit dem Seelsorgeteam für bestimmte Ressorts zuständig zeichnen: Administration und Finanzen, Diakonie bzw. soziale Aufgaben, Liturgie, Katechese, Oekumene, Jugendarbeit etc.

Beide Ansätze, der mehr juridisch-strukturelle Pfarrgemeinderat wie auch der mehr dynamisch-spirituelle Mitarbeiterkreis nehmen sich aus wie zwei Pole, die genau die Problematik des Pfarrgemeinderates als einem partizipatorischen Gremium signalisieren.

6.4.1.3 Mit-Verantwortung auf Gemeinde-Ebene?

Wenn auch die synodalen Vorgänge in der ersten Hälfte der 70er Jahre bewusstseinsmässig die Mitverantwortung aller Pfarrei- bzw. Gemeindemitglieder signalisierten und die Funktionsweisen der Pfarrgemeinderäte von den Bischofskonferenzen geregelt worden sind, so leiden sie doch an einer grundlegenden Schwäche: Sie sind strukturell gesehen nur beratender Natur und hängen sogar in ihrer Existenz von dem ab, den sie seelsorglich begleiten und beraten sollen, vom Pfarrer oder vom Gemeindeleiter bzw. der -leiterin. Asymmetrie ist bei allen kirchlichen Räten gegeben, in denen diese kein eigenes Entscheidungsrecht in der Sache haben, sondern – auch in der Form eines Beschlusses – einer übergeordneten Entscheidungsinstanz Rat zu erteilen haben.[29] Insofern ist zu sagen, dass der Pfarrgemeinderat nur einen ersten Schritt auf dem Weg zu synodalen Strukturen darstellt.

Als relativ neue Institution sucht der Pfarrgemeinderat erst noch sein Verhältnis zum Pfarrer, zum Seelsorgeteam, zur Gemeindebasis sowie zu seinen Kompetenzen und Methoden. Als formal recht labiles Instrument für Partizipation bleibt er oft – selbst für die eigenen Mitglieder – ein recht verschwommen wirkendes Sandkastenspiel, werden doch zuweilen gerade jene initiativen, phantasiebegabten und engagierten Leute vor den Kopf gestossen und z.T. hinauskomplimentiert, deren eine lebendige und offene Gemeinde bedarf. Verständlich ist, dass grössere Pfarrgemeinderäte eine stärkere Wahrnehmungsfähigkeit und eine vielseitigere Ausdifferenzierung in Ausschüssen für gezielte Projekte oder in Arbeitsgruppen für bestimmte Aufgaben mit sich bringen, was in Städten eine vermehrte Aktivität oder Präsenz auslöst. Nicht unterschlagen werden darf, dass Pfarrgemeinderäte um ihrer eigenen Beweglichkeit und Unabhängigkeit willen über einen Etat verfügen sollten. Sowohl in ländlichen wie städtischen Gebieten haben sie vor allem in den 70er Jahren viele Probleme und Anliegen aufgegriffen, die durchaus innovatorische Impulse auslösten und neue Bereiche eröffneten: Schaffung sozialer Einrichtungen, Stellungnahmen zu aktuellen gesellschaftlichen und kirchlichen Themen, Erwachsenenbildung und theologische Fortbildung, Oekumene, Frauengruppen, Freizeitgestaltung, Quartierinitiativen, Dritte-Welt-Projekte usw. Sie haben dadurch mancherorts zur Aufgabenwahrnehmung und -ausweitung der Kirche am Ort beigetragen.

Allerdings stelle ich in allen deutschsprachigen Ländern gerade bei vielen der in dieser Phase aktiv gewordenen Leute so etwas wie eine Erschöpfung bzw. einen kirchlichen Burnout fest, eine Art resignative Stimmung in einer müde wirkenden Kirche, die allzusehr in sich selbst versponnen erscheint und mit ihren Skandalen und ihren Verhärtungen viele wohlwollende Menschen verletzt und brüskiert. Hinzu kommt, dass schon seit Jahren von der Krise des Pfarrgemeinderates und überhaupt des Rätewesens in der Kirche geredet wird. Vielleicht waren zu Beginn auch die Erwartungen zu hoch, als man z.T. glaubte, die Vereine und Verbände feierlich verabschieden zu dürfen, weil man im neuen »Rätekatholizismus« das Patentrezept für die wachsenden Probleme der Kirche erblickte.

Es ist jedenfalls nicht zu übersehen, dass der Wirkradius dieses Gremiums im pfarreilichen Alltag von der Fähigkeit und Bereitschaft des Pfarrers abhängt, in welchem Umfang er Aufgaben und Entscheidungen zulässt. Auch wenn das Problem der »ehrenamtlichen« Arbeit vermutlich noch drängender werden wird, so wären qualifizierte Frauen und Männer zur Mitarbeit bereit, wenn sie auch kirchlich als Erwachsene und als in ihrem Beruf kompetente Leute (in Finanzfragen, Administration, Baufragen, Beratung ...) ernstgenommen würden. Manche beruflich und durch Lebenserfahrung erworbene Sachkompetenz der Frauen und Männer scheitert an der amtlich zugesprochenen bzw. formalen Kompetenz des Pfarrers. Zu einem echten Instrument der Mitsprache wird der Pfarrgemeinderat nur dann, wenn er im Sinne der synodalen Optionen aufgewertet würde. Das bedeutet, in diözesanen Satzungen müssen Richtlinienkompetenzen des Pfarrers (im Sinn der Einheit im Glauben und Beten) und die Zustimmungs- und Beratungskompetenzen dieses Rates klar geregelt und Konfliktregelungen (Schiedsgerichtsbarkeit) vorgesehen werden.

Gemeindeleitung würde dann nicht Alleinzuständigkeit des Pfarrers bedeuten, sondern ein Teilen der Macht zu entscheiden, und zwar im Sinne von »management by participation«.[30] Es geht ja nicht nur um die Koordination der vielen Dienste und wahrgenommenen Aufgaben, sondern um Kooperation. Dies beinhaltet den Willen zum partizipativen Miteinander in Gesprächen, im Ringen um gemeinsame Ziele (Seelsorgekonzept) und Zielverwirklichung (Strategien), was auch Konflikt und Klärung von Störungen heissen kann.

6.4.2 Synodales Bistum?

Der Priesterrat und der diözesane Seelsorgerat sind schon mehrfach erwähnt worden.[31] Im Unterschied zum Diözesanseelsorgerat (der nach den Worten des Zweiten Vatikanischen Konzils wünschenswert ist, vgl. Dekret über die Hirtenaufgabe der Bischöfe: »Christus Dominus«, Art. 27), ist der Bischof verpflichtet, einen Priesterrat zu errichten: Es »soll in einer den heutigen Verhältnissen und Erfordernissen angepassten Form ein Kreis oder Rat von Priestern geschaffen werden, die das Presbyterium repräsentieren … Dieser Rat kann den Bischof bei der Leitung der Diözese mit seinen Vorschlägen wirksam unterstützen« (Dekret über Dienst und Leben der Priester: »Presbyterorum ordinis«, Art. 7). Ausser in den vom Kirchenrecht vorgesehenen Fällen[32] besitzt dieser »Senat des Bischofs« nur ein Anhörungs- bzw. Beratungsrecht.

Auch hier stellt sich im Grunde genommen die gleiche Frage wie auf Pfarrei-Ebene. Abgesehen davon, ob Priesterrat und Diözesanseelsorgerat (wo es ihn gibt) bzgl. der Aufgabenstellung wirklich klar voneinander zu trennen sind, haben sich die Verhältnisse doch grundlegend geändert. So gibt es, wie oben deutlich genug betont worden ist, nicht mehr nur die Priester als Seelsorger. Weltweit sind Frauen und Männer inzwischen in pastorale Aufgabenfelder aufgerückt, die bis vor wenigen Jahrzehnten allein den

Priestern vorbehalten gewesen waren. Insofern stellt sich die Frage, ob der sog. Priesterrat nicht sinnvollerweise zum »Rat der Seelsorger und Seelsorgerinnen« des Bischofs werden sollte.

Ohne ein Patent-Modell zur Verfügung zu haben und wohl wissend, dass sehr viele regionale und rechtliche Aspekte sowie von Bistum zu Bistum unterschiedliche Situationen eine Rolle spielen, ist doch die Frage zu stellen, ob diözesan nicht ein einziger synodaler Rat gebildet werden könnte, in dem sich der Dienst des Bischofs für die Einheit mit der Vertretung der konkreten Vielfalt verbindet. Dem Bischof käme in Fragen des Glaubens und wesentlicher Aspekte der Einheit ein Vetorecht zu.

In wichtigen die gesamte Diözese betreffenden Angelegenheiten dürften weder die Vertretung von unten noch der Bischof je im Alleingang Entschlüsse fassen, sondern es müsste im Konfliktfall um eine einvernehmliche Lösung gerungen werden. Auch hier wäre eventuell mit einer überdiözesanen Schiedsstelle eine vorsorgliche Regelung für aussichtslose Konfliktlagen zu treffen.

6.4.3 Auf regionaler und nationaler Ebene

Was für die Pfarrei der Pfarreirat bzw. der Pfarrgemeinderat bedeuten könnte, ist auf allen »Etagen« des kirchlichen Lebens, also auf Dekanats- und Bistumsebene, aber auch auf der Ebene von Sprachregionen und der nationalen Bischofskonferenzen fortzuführen. Ob die Gremien der unteren Ebenen ihre Delegierten und Vertreter/innen in das je nächst höhere Gremium entsenden, ist eine praktische Frage. An dieser Stelle kann weder ein detailliertes juristisch überzeugendes Modell für diese Anliegen noch ein praktisch eingeübtes Konzept vorgelegt werden. Trotz gewisser Ansätze zu solchen Überlegungen in den Synoden in der Bundesrepublik Deutschland, in Österreich und in der Schweiz besitzen wir wenige Erfahrungswerte, die für eine kühne Phantasie zur Verfügung ständen.

Denkbar wäre ja eine synodale Struktur dergestalt, dass sich die Beratungs- und Entscheidungsgremien auf allen Ebenen aus Amtsträger(-inne)n und Vertretern sowie Vertreterinnen der jeweiligen »Basis« paritätisch bilden. Durch klare Statuten und Satzungen müssen die Kompetenzen und die Verantwortung der Amtsträger/innen und die Interessenwahrung und Verantwortung der Basis (z.B. der Pfarrgemeinde oder der Diözese etc.) in ein Verhältnis des Miteinanders aufgrund der gemeinsamen Verantwortung für das jeweils Ganze gebracht werden. Praktische Ansätze dazu sind m.E. in der katholischen Kirche kaum vorhanden, es sei denn, man erwähnt manche Kantonalsynoden in der Schweiz, in denen Geistliche und Laien paritätisch vertreten sind und demokratische Strukturen herrschen. Aber dabei handelt es sich um staatskirchenrechtliche (nicht staatskirchliche) Organe.

Überdies ist daran zu erinnern, dass gewisse Ansätze in dieser Hinsicht bei den einstmals geplanten und gewünschten Nachfolgegremien für die Synoden in Holland, in der Bundesrepublik Deutschland und in der Schweiz bestanden, als es darum ging, einen nationale Pastoralrat zu gründen, dessen rechtliche Stellung zur jeweiligen nationalen Bischofskonferenz in etwa jener der diözesanen Seelsorgeräte zum Diözesanbischof entsprechen sollte. Diese Bestrebungen wurden abgeblockt. In der Schweiz wurde aus dem geplanten Pastoralrat ein interdiözesanes Pastoralforum, das ursprünglich alle zwei Jahre hätte zusammentreten sollen, um zum Erfahrungsaustausch zu führen, aber seiner Struktur nach nur ein Begegnungs- und Gesprächsforum zur Formulierung von Leitplanken für die weitere pastorale Praxis gewesen ist. Es ist nach 1981 nicht mehr einberufen worden[33]. Mehr Aussichten haben zur Zeit wohl jene Tendenzen, die auf allen kirchlichen Ebenen (Seelsorgeteams, Bischofskonferenz etc.) beratende oder die »Laienaktivitäten« koordinierende Funktionen haben wie z. B. diözesane Pastoralräte, Diözesankomitees oder Katholikenräte. Dabei wird man an das Zentralkomitee der deutschen Katholiken erinnert, das nach B. Hanssler »der vom Willen der Bischöfe getragene Zusammenschluss der Laienkräfte des deutschen Katholizismus ist, als eine Spitze, in der die verschiedenartigsten Formen kirchlicher Laienarbeit zusammenlaufen, ohne ihre Selbständigkeit zu verlieren«.[34] Aber auch in diesem System stellen sich die Probleme der Auswahl und der Repräsentanz des Volkes Gottes und die Frage nach dem Grad der mitbeschliessenden Beteiligung.

6.4.4 Auf weltkirchlicher Ebene

Selbstverständlich gelten die Anliegen einer synodalen Kirchenstruktur auch im gesamtkirchlichen Massstab. Entwicklungsmässig werden sich natürlich die praktischen Formen zuerst in den Teilkirchen bewähren müssen. Vor rund 20 Jahren sind die Fragen um Mitverantwortung von Laien auch auf der Ebene der Weltkirche stärker diskutiert worden.[35] Man dachte dabei an die römischen Kongregationen (Ministerien des Papstes) und an die verschiedenen päpstlichen Räte. Dabei ist allerdings nicht nur an fachkundige Laien für Finanzen oder Statistik u.ä. zu denken, sondern in einem viel stärkeren Mass als bisher an die Mitbeteiligung von erfahrenen Fachleuten aus aller Welt, von Frauen und Männern, die bis zu einem gewissen Grad das breite Spektrum auch innerhalb der Kirche repräsentieren können. In diesem Zusammenhang sei an die päpstlichen Sekretariate für die Einheit der Christen, an das Sekretariat für die nichtchristlichen Religionen oder auch an die päpstliche Kommission »Justitia et Pax«, an den päpstlichen Laienrat oder an den päpstlichen Rat für die Familie erinnert, um nur einige Beispiele für das Ganze zu nennen.

Auch bezüglich der Konzilien, die immerhin beschliessende Kompetenz haben, ist daran zu erinnern, dass sie ursprünglich (die ersten acht Konzilien vor allem) durch die Kaiser einberufen und massgeblich beeinflusst waren. Warum sollen nicht in Einheit mit den Bischöfen und dem Papst Frauen und Männer mitberatende, mitsuchende, mitbetende und mitentscheidende Konzilsteilnehmer und -teilnehmerinnen sein? Analog wären dann auch die Bischofssynoden zu gestalten und in ihrer bisherigen Zusammenstellung auf eine angemessene Repräsentanz auszuweiten.

6.4.5 Auswirkungen, die zu bedenken geben

Bezüglich der Konkretisierung synodaler Mitverantwortung wird es auch in der Kirche den »langen Marsch durch die Institutionen« brauchen. Das ganze nimmt sich aus wie eine Baustelle, wo – um im Bild zu bleiben – die »Bauherren« und »Bauarbeiter« über den Bauplan recht unterschiedliche Vorstellungen entwickeln. Dabei kann man verstehen, dass angesichts der Erbschaft der kirchlichen Tradition viele mit der Vision einer synodalen Kirche Mühe haben. Mitsprache und Mitverantwortung sind der Kirche gleichsam von aussen aufgedrängt; in unserer Gesellschaft hat sich ein so hoch kompliziertes »demokratisches« System der Information, Sachkompetenzen und Entscheidungsprozesse entwickelt, dass eine einlinige autoritäre Kirchenstruktur immer fremder und kurioser wirkt.

Der steigende gesellschaftliche Informationsfluss und die Kompliziertheit des Alltags machen die Kirchenmitglieder nicht geneigter, in überkommenen Formen angesprochen und geleitet zu werden. Sie distanzieren sich ohne Gewissensbisse. Der Kirche erwüchse mit den synodalen Mitteln eine Chance, dem heutigen Menschen differenzierter zu begegnen. Auch die Kirche mit ihren Organisationsformen steht nicht über der Zeit. Dass damit kein leichterer Weg als der frühere gewählt werden muss, liegt auf der Hand. Auch eine synodale Kirchenordnung wird ihre Fruchtbarkeit erst über einen langen Prozess des Suchens, Erprobens, Experimentierens und der Korrektur von Fehlern an den Tag legen müssen. Dabei darf man auch lernen, wie man es besser oder anders macht, vielleicht auch anders als andere Kirchen. Auch eine synodale Kirchenordnung ist nur zeitbedingter Rahmen für die entscheidendere Bewegung, die von Jesus ausgegangen ist und die die Menschen bis an das Ende der Zeit erreichen will. Insofern sind synodale Reformschritte der Kirche nicht mit falschen Hoffnungen zu überfrachten. Vermutlich liegen die Erwartungen vieler, die sich kirchlich nicht aktiv beteiligen, auf einer ganz anderen Ebene als in der Frage, ob sich die Kirche eher demokratisch, monarchisch oder synodal strukturiert.

Die Option für eine synodale Kirche, in der nicht ohne Pfarrer, Bischöfe und Papst, aber auch nicht ohne das Volk Gottes entschieden werden soll, entpuppt sich beim genaueren Hinsehen als Forderung nach einer dezentralisierten Kirche, nach einer klaren Regelung von Mitsprache in der Form eines kirchlichen Grundgesetzes und seiner Anwendung in Kirchenordnungen der Teilkirchen, nach einer aktiven und nicht nur rezeptiven Kollegialität, nach einer kirchlichen Schiedsgerichtsbarkeit, nach überschaubaren und nach allen Seiten fliessenden Informationskanälen, nach Kommunikationsstrukturen mit den Kirchen der Reformation und nach synodaler Einbindung der kirchlichen Kontakte auf den verschiedenen Ebenen hin zu gesellschaftlichen Organisationen und zu den »Menschen guten Willens«, um an diesen Ausdruck aus den Enzykliken Johannes' XXIII. zu erinnern.

Es handelt sich hier um Impulse zu einer Kirchenreform, deren Ausbleiben als schwere Konfliktursache und Störung des innerkirchlichen Friedens namhaft gemacht worden ist.[36] Die katholische Kirche erweckt seit mehr als 20 Jahren nicht den geringsten Eindruck, als Institution Lernschritte nach vorn getan zu haben.

6.5 Ein geschwisterlicher Geist in synodalen Strukturen

Aus all dem Gesagten wird unübersehbar, dass das, was in kleinen Rinnsalen an Mitarbeit und Mitsprache in der Kirche begonnen hat oder sich erst zaghaft einen Weg in die Zukunft bahnt, ohne Strukturänderungen zum

Scheitern verurteilt ist. Der strukturelle Rahmen soll die Vielfalt der Mitarbeit und Mitverantwortung in ein Verhältnis zueinander bringen, aber auch weit sein, damit die Üppigkeit und Vielfalt des Lebens gleichsam atmen und sich weiterentwickeln können.

6.5.1 Gefährdungen und Tücken

Unvereinbar mit einem solchen Rahmen ist das Entscheiden über die Köpfe der anderen hinweg (Entmündigung des Denkens); »Friedensschlüsse« ohne echtes Austragen von Konflikten mit dem Ziel der Einheit(lichkeit) um jeden Preis; unverbindliches Äussern von Meinungen und Stimmungen ohne klare Reflexion und Austausch von Argumenten; nur Beraten ohne die Möglichkeit, durch Mitbeschliessen auch echt mitverantwortlich und haftbar zu werden. »Nur-Nett-zueinander-sein« ohne klare Richtlinien; Zuständigkeit eines jeden für jedes ohne Sachverstand und Sachkompetenz.

6.5.2 Chancen aus dem Wagnis

Demgegenüber schaffen Mitbeteiligung und schöpferische Partizipation eher Raum dafür, dass den Gegebenheiten in Kirche und Gesellschaft nüchtern Rechnung getragen wird und der Sinn dafür wächst, was zu ändern und was nicht zu verändern ist. Überdies werden die Alltagserfahrungen, die konkreten Fragen und die bemühenden Nöte der Menschen leichter zum Thema und zur praktizierten Sorge der in der Kirche Engagierten. Auch wird dann ein ausgeprägter Pluralismus das Bild von der Kirche und den kirchlichen Gruppierungen sowie Pfarrgemeinden prägen, womit Redewendungen wie »*die* Kirche tut«, »*die* Kirche sagt«, »*die* Kirche ist schuld« von der Wirklichkeit selber unterlaufen werden. Vielleicht wächst dann auch im Verhältnis zu anderen Kirchen (Oekumene), zu anderen gesellschaftlichen Gruppierungen und Interessenträgern usw. ein partnerschaftlicher Stil, der zu befreienderen Formen solidarischen Handelns führen kann. Es ist zu wünschen, dass durch solche Verhaltensweisen und durch solche erhofften Auswirkungen der Mitverantwortung die Polarisierungen in der Kirche, die Offenheit ungeklärter Fragen und Probleme, das Risiko der Freiheit und Verantwortung, der Mut zum Experiment und zum wagenden Versuch wie auch ein Verhältnis zu Misserfolgen und lähmenden Enttäuschungen eher und besser ausgehalten und verdaut, ertragen oder auch überdauert werden können.

Allerdings dürfen wir uns um des Anliegens willen nicht darüber täuschen, dass schöpferische Beteiligung alles andere als der bequemere Weg ist. Kirchlicher Alltag ist durch kein künstliches »Styling« zu entschärfen. Vielmehr können die Schwierigkeiten der Partizipation zuweilen so stark sein, dass sie leicht von deren Notwendigkeit ablenken. Es ist nötig, auf die Mühe und Belastung aktiver und schöpferischer Mitverantwortung hinzuweisen. Ansonsten lauert die Gefahr, allzu kurzsichtig und naiv zu glauben, es genügte, zu »demokratisieren« und strukturell zu reformieren, als ob damit das tiefste Anliegen schöpferischer Partizipation schon eingelöst wäre. In allen Lebensprozessen, wo Menschen sich dreingeben und aufs Spiel setzen, sei es im persönlichen Leben, sei es in der Kirche und in der Gesellschaft, ist das Vertrauen in jegliche Form von Automatik trügerisch.

Trotz dieses unumgänglichen Realismus ist aber allen Ernstes und mit Nachdruck auf die strukturellen *Rahmen*-Bedingungen der Institution Kirche zu verweisen und darauf zu drängen, dass sie einen erweiterten Lebensraum bieten für die vielfältigen Wege der Mitverantwortung und Mit-Arbeit in der Kirche. In diesem Sinn ist die Kirche durchaus dafür verantwortlich, ob sie Zukunftskraft gewinnt.

6.5.3 Kollegiale Kooperation und Informationsfluss

Eine Voraussetzung ist sicher eine kooperative und kollegiale Beziehung zwischen kirchlichen Dienstträgern untereinander und zu den aktiven und mitverantwortlichen Christen (wobei »kollegial« ein strukturiertes und kein konfus wirkendes Kollegium meint) in der Pfarrgemeinde, Basisgemeinde, Personalgemeinde usw. sowie auf den anderen Ebenen der Kirche. – Wenn ein Pfarrer allein für alles fachkundig zu sein hat oder wie ein Generalstabschef bis ins Detail hinein dauernd generalmobil macht, reibt er sich am selbstverordneten Stress völlig auf oder verliert sich dabei leicht im Detail oder in Lieblingsbeschäftigungen.

Damit Partizipation zu einem echten Lebenszeichen und zu einem Lebensprozess der Kirche und in der Kirche wird, sind nicht nur die Institutionen der Meinungsäusserung, der Entscheidungsfindung und Beratung sowie der Mitentscheidung (Räte, Gemeindeversammlungen, Ausschüsse etc.) nötig, sondern auch der Kreislauf der Informationen und zwar in alle Richtungen der kirchlichen Ebenen und des Meinungsspektrums. Hier geht es um das Postulat einer auch institutionell abgesicherten Herstellung von

Öffentlichkeit. Gemeint sind Informationen zu den verschiedenen Gruppen, Arbeitskreisen, Gremien und Organisationen (Verbände) auf allen Ebenen der Kirche, die eigentlich nicht einlinig (nur von oben nach unten) oder dosiert je nach Interessenlage erfolgen dürfen. Ist der Informations-Kreislauf unterbrochen, führt dies zu Bewusstseinstrübungen unter den willigen Christen und Christinnen, zur Verunmöglichung wacher und interessierter Mitarbeit sowie zu passiven und abhängigen Haltungen. Das schürt Misstrauen und verdirbt die Motivation. Aus diesem Grunde bedürfen wir auch in der Kirche der Vielfalt der Meinungsäusserung und Meinungsbildung sowie eines breitgefächerten Informationsnetzes, von regelmässigen Informationen der Pfarreiangehörigen und Gremien bis hin zu den öffentlichen Medien etc.

6.5.4 Eingebundene Mit-Verantwortung

Es versteht sich von selbst, dass das gewandelte Bild von Kirche und damit vom »Laien« sowie die schöpferische Mitverantwortung aller, die Kirche sein wollen, die Fragen um das Amt in der Kirche massgeblich beeinflussen. Zwar sind gerade die Kirchenordnung und die herkömmlichen Dienstämter kanonisch gesichert und institutionell scheinbar unverrückbar. Aber auch sie sind in ihrer differenzierten Vielfalt in den Sog der Auseinandersetzungen und des Wandels in Kirche und Gesellschaft geraten, vor allem was das theologische Selbstverständnis und das praktische Profil der verschiedenen Dienstämter in der Kirche betrifft.

Da aber die Kirche nicht einfach ein unübersehbarer Markt ist, wo jeder nach Belieben Interessen und Meinungen einkaufen oder abstossen gehen kann, sondern eine weltumspannende Gemeinschaft von vielen Gemeinschaften vor Ort, braucht sie kompetente Verantwortliche, die auf jeder Ebene das Ganze im Auge behalten und dafür Sorge tragen, *dass* Kirche und Gemeinde als Gemeinschaft vieler Personen und Gruppen leben kann, dass sie zum Ort wird, an dem einzelne oder verschiedene Gruppierungen sich aufeinander einlassen und gemeinsam den Weg in der Hoffnung und im Vertrauen auf das Wort und den Weg Jesu gehen können. Somit können wir der Frage nach dem Verständnis und der Rolle des kirchlichen Amtes nicht aus dem Wege gehen. Es ist integrierender und integrierter Bestandteil einer synodalen Kirche. Dies ist aber im nächsten Gedankengang noch zu vertiefen und nicht einfach hier zu behaupten. Denn gerade mit Berufung auf das

Weihepriestertum bzw. auf ein bestimmtes Amtsverständnis wird den Laien offiziell eine synodal verstandene Partizipation vorenthalten.

Man muss sich ferner bewusst sein, dass »Basis« – und dies gilt es auch nüchtern festzustellen trotz des fast mythologischen Ansehens des Begriffs – an sich keine strukturierte Gemeinschaft ist. Sie wird aus sich heraus kaum in einer einheitlichen oder klaren Tendenz aktiv und schöpferisch. Es muss und kann auch gar nicht von allen Gläubigen erwartet werden, dass sie sich ausdrücklich kirchlich engagieren. Der Mensch der heutigen Zeit ist in Politik, Wirtschaft, Bildung und Kultur, in kommunalen und gesellschaftlichen sowie in beruflichen und familiären Aufgaben usw. so gefordert, dass die meisten einfachhin überfordert wären, auch noch kirchlich besonders aktiv zu sein. Diese »Basis« und die Amtsträger in der Kirche sind jedoch wie zwei Brennpunkte einer Ellipse, die sich gegenseitig fordern und fördern, die sich gegenseitig kommen lassen. Dazwischen darf und soll es eine systematisch nicht mehr zu bändigende Fülle an unterschiedlicher Intensität und Vielfalt der Formen hinsichtlich der Mitverantwortung, Mitbeteiligung und Partizipation geben.

7 Stehen kirchliches Amt und synodale Kirche in einem Entweder-oder-Verhältnis?

Der Redlichkeit halber ist auch eine Vergewisserung nötig, ob vom theologischen Amtsverständnis her ein Zugang zu einer synodalen Kirche möglich oder gar geboten ist.

7.1 Problemstellung und Grundthese

Wenn heute die Frage nach dem kirchlichen Amt, vor allem nach dem Amt des Pfarrers bzw. des Priesters aus katholischer Sicht gestellt ist, dann haben wir es ohne Zweifel in vielfacher Hinsicht mit einem »heissen Eisen« zu tun – obwohl es sich letztlich nur um eine »Instrumentenfrage« der Kirche handelt. Offenkundig besitzt dieses Thema auch ökumenische Brisanz – ungeachtet der weitgehenden Übereinkunft in den Limatexten von 1982.

Das Thema kennt viele Fazetten und Aspekte, viele Problemkreise, die von ihm berührt werden: Wie sind Laien und Priester im Volk Gottes aufeinander bezogen? Ist Priestermangel nur Pfarrermangel? Welches Seelsorgeverständnis verbirgt sich hinter den verschiedenen Bildern vom Priester bzw. kirchlichen Amtsträger? In welchem Verhältnis steht das Pfarramt zu den neuen Seelsorgekategorien der Katecheten und Katechetinnen, der Pastoralreferenten und –referentinnen usw.? Wollte Jesus überhaupt Priester? Wer kann zum Priestertum zugelassen werden – Männer und Frauen? Auch die Frage nach dem verheirateten Priester meldet sich immer lauter zu Wort – und zwar nicht nur wegen des bedrückenden Priestermangels. Worin besteht die Identität des kirchlichen Amtes bzw. des Pfarramtes und der anderen kirchlichen Dienste? Was heisst Lehramt? Kann von Unfehlbarkeit noch sinnvoll gesprochen werden? Das Ziel der folgenden Überlegungen ist eine theologische Deutung auf der Basis des geschichtlichen Werdegangs, um daraus weiterführende Thesen zu gewinnen im Blick auf die Freiheit der Kirche, ihre Dienste und Kirchenordnungen zu gestalten und damit eine synodale Kirchenordnung wachsen zu lassen.

Die Grundthese lautet: die Amtsfrage ist eine praktische Frage, ihre Theologie ist an ihrer Wurzel Ekklesiologie.

7.2 Historische Wurzeln des kirchlichen Amtsverständnisses

Die Kirche findet keinen Zugang zu ihrer Gegenwart und gewinnt keine Voraussetzungen, um Zukunft produktiv zu gestalten, wenn sie nicht mit der Erbschaft ihrer Tradition in kritischen Dialog tritt. Das gilt auch für die Amtsfrage.

Mit Tradition ist der ganze Reichtum der kirchlichen Entwicklung gemeint bis zurück zu den Urquellen. Dort befinden wir uns aber hinsichtlich vieler moderner Fragestellungen und offener Lösungen sozusagen in bester Gesellschaft.

7.2.1 Geschichtliche Entwicklung bzw. Konstituierung des kirchlichen Amtes

7.2.1.1 Jesus – Jüngerschaft (Nachfolge) – Kirche

Jesus hat nicht unmittelbar selber die Kirche gestiftet. Unbestritten ist, dass Jesus Gesamt-Israel sammeln und zu einem neuen Volk Gottes einen wollte. Seine Reich-Gottes Predigt wendet sich nicht ausschliesslich an einzelne, sondern letztlich an das Volk. »Die Herrschaft Gottes ist das Endgültige, das Heil, das das Glück des Menschen ausmacht«.[37]

In diesem Zusammenhang rief Jesus Menschen in seine Nachfolge, versammelte er einen Kreis von Jüngern und Jüngerinnen. Dies bedeutete nicht, wie damals üblich, Aufnahme in eine pharisäische Schule, sondern Annahme der durch Jesus erfolgten Einladung zu einer Schicksalsgemeinschaft mit ihm; und letztlich, weil er nach Jerusalem hinauf geht, zur Kreuzesgemeinschaft. Diese von Jesus ausgelöste Jüngerschaft galt als galiläische Bewegung (Mt 26,69). Innerhalb dieser Bewegung konstituierte Jesus die Zwölf – gleichsam ein symbolischer Hinweis auf die zu sammelnden 12 Stämme Israels.[38]

Erst nach Ostern werden sie zu Aposteln, zu einer Zeugengemeinschaft, deren Zeugnis sich nicht nur auf die Auferweckung Jesu beschränkt, sondern das Leben und Wirken des irdischen Jesus miteinschliesst (vgl. die Nachwahl des Matthias in Apg 1,21f). Dabei ist zu beachten, dass die Ersatzwahl für Judas nicht zufällig vor dem Pfingstereignis erfolgt, »weil die zwölf Apostel der Kern der neu entstehenden Gemeinschaft der Kirche sein sollen, die durch den Heiligen Geist ins Leben gerufen wird.«[39] Der Apostelkreis wird somit zur Brücke vom verkündigenden Jesus zum verkündigten Christus; er sichert gleichsam die Kontinuität von der vorösterlichen Jesus-Zeit zur nachösterlich beginnenden Zeit der Kirche. Die Lehre der Apostel, die die Jesustradition verbürgt, hat zusammen mit der Gemeinschaft, dem Brotbrechen und dem Gebet für die Kirche einheitsstiftende Wirkung (vgl. Apg 2,42); und sie führt – mit Zentrum in Jerusalem – zu verschiedenen Traditionen in der Verkündigung. Paulus nun trägt das Zeugnis bis an das Ende der Erde.

Beim Übergang vom jüdischen zum nichtjüdischen Lebensraum und beim Übergang von der Zeit der Apostel zur nachapostolischen Zeit musste die »Kirche im Werden« (J. Hainz) auch verkraften, dass sich ihre erhoffte baldige Wiederkunft des Herrn verzögerte. Je mehr sich die Zeit hinzog und die ursprüngliche Naherwartung »verflachte«, um so stärker mussten neue Ordnungsstrukturen gefunden werden, um das Evangelium vom Handeln Gottes in Jesus und in den Glaubenden in der je neuen Umgebung verkünden und leben zu können. Ständig wurden aufgrund sprachlicher, politischer, sozialer und ökonomischer u.a. Faktoren Kirchenordnungen und theologische Vorstellungen geschaffen, die das Evangelium bzw. die Lehre der Apostel angemessen umsetzten und übersetzten (Briefe, Predigten, Evangelien, Offenbarung u.a.). Mit gläubigem Sinn wusste man sich dabei geleitet von der Botschaft Jesu bzw. vom Geist Gottes. So entwickelte sich aus der

Bewegung der an Jesus Christus Glaubenden die Kirche, die sich um so mehr festigte, je mehr sich in ihren Reihen Richtungskämpfe und verschiedene Lehrmeinungen zeigten und je mehr das Christentum sich durch polytheistische Religionen, Mysterienkulte, Gnosis und Herrscherkult herausgefordert sah und sich von der Religion der jüdischen Muttergemeinde trennte.

Halten wir fest: Jesus hat nicht – gleichsam in einem Rechtsakt der Legitimation – Kirche gegründet oder deren Strukturen bis ins Detail unverrückbar festgelegt. Er hat eine Nachfolge-Bewegung ausgelöst, die sich – je mehr sich die Zeit hinzog – auch gesellschaftlich konsolidieren musste.

7.2.1.2 Spuren aus der apostolischen Zeit (biblisch)

In der katholischen Tradition wird selbstverständlich von den Bischöfen als Nachfolgern der Apostel gesprochen. Diese Redeweise ist nicht unproblematisch, denn »in ihrer Eigenschaft als heilsgeschichtlich einmalige Offenbarungsempfänger, als die sie eine normative Tradition konstituieren konnten, konnten die Apostel von ihnen intendierte oder direkt bestellte ›Nachfolger‹ nicht haben; nur hinsichtlich ihrer Verantwortung für die Verkündigung und Wahrung des Evangeliums wie für den diesem entsprechenden Lebensvollzug der Gemeinden können ›Nachfolger‹ in Betracht kommen.«[40]

Vor allem bei Paulus ist die ganze (örtliche), unmittelbar Jesus Christus unterstellte Gemeinde verantwortlich und kontrollierende Instanz (Kor), auch wenn er Funktionsträger akzeptiert, ohne sie gegeneinander im institutionellen Sinn zu gewichten (Phil 1,1). Das Amt ist eher Folge des Dienstes der Verkündigung bzw. des zu tradierenden Evangeliums; insofern sind Lehre und Gemeindeleitung eng miteinander verbunden. Und wer dazu begabt und darin bewährt ist, wird von der Gemeinde faktisch anerkannt. Das umfassende bleibt die Charis (Liebe). Lehrer und Propheten gelten als charismatisch begründete Dienste.[41] Aber schon der 1. Petrusbrief zeigt die Tendenz auf, wie sich dieses charismatische Gemeindeverständnis – aus den genannten Gründen – mit dem Bedürfnis nach einer eindeutigen und stabilen Leitungsinstanz verbindet. Auf jeden Fall erfüllt sich der Sinn des Amtes in der Zeugenschaft, d.h. im Zeugnis für die Botschaft Jesu vom Reiche Gottes.

In der Apostelgeschichte taucht das Presbyterinstitut unvermittelt auf (Apg 11,30) und wird mit dem Episkopenkollegium verbunden (20,28).

Es zeigt sich ein Interesse an Kontinuität. Aber der Hl. Geist bestellt zu Presbytern (14,18; vgl. 20,17–34); er gibt die Gnadengaben. Vor allem nach Apg 20 wird ersichtlich, wie die Obhut für Glaubenstradition und Lehre mit Amt und Leitung verbunden sind.

Je mehr nämlich die apostolische Zeit historisch verblasste, um so stärker wuchs der Legitimationsdruck; die apostolische Überlieferung wurde normativ (Ursprungstreue). Und je mehr sich die Zeit der werdenden Kirche hinzog, um so deutlicher schälten sich die Bestrebungen heraus, sich auch institutionell durch Handauflegung und apostolische Amtsnachfolge zu legitimieren, obwohl in der 2. oder 3. christlichen Generation Amtseinsetzung noch unmittelbar pneumatisch möglich war.[42]

»So bietet das NT bis zum Ende des 1. Jahrhunderts, möglicherweise bis in die 1. Hälfte des 2. Jahrhunderts hinein, eine Menge formalen ›Materials‹, auch erste Institutionalisierungen, aus denen später deutlichere Ämter, Weihen und die dazugehörigen Theologien entstehen konnten«.[43]

7.2.1.3 Frühchristliche Zeugnisse: Ausformung

Im 1. und 2. Jahrhundert entstanden weitere Ausformungen und Festigungen der kirchlichen Ämter, aber noch keine nachprüfbare Reflexion auf Weihegeschehen bzw. Ordination (obwohl Apg 6,6 Gebet und Handauflegung als Modell der Bestallung erwähnt). Die Sorge der theologischen Überlegungen konzentriert sich auf die Zugehörigkeit zur apostolischen Tradition – im Hinblick sowohl auf Glauben und Lehre als auch auf die Institution. Der Clemensbrief lässt erkennen, dass Liturgie und Leitung Sache des Amtes sind; und bei Ignatius von Antiochien (Pseudo-Ignatianen?) finden wir schon presbyteral und episkopal strukturierte Ämter und Diakone bzw. eine klare hierarchische Ordnung.

Als sektenhafte Abspaltungen, Mysterienkulte und Gnosis Turbulenzen herbeiführten, stellte sich die Wahrheitsfrage nach dem entscheidend Christlichen. Irenäus von Lyon (†202) vertiefte den Gedanken des Apostolischen als normative Bedeutung für die Kirche, für das Bleiben in der Wahrheit, garantiert durch lückenlose Amtsnachfolge von den Aposteln bis in die damalige Gegenwart.

7.2.1.4 Hierarchisierung (und »Sacerdotalisierung«)

Tertullian († 220) war ein origineller und sprachschöpferischer, wenn auch äusserst streitbarer Theologe. Er fasst die kirchlichen Amtsträger im Sinne des römischen Rechts zu einer Körperschaft zusammen: Der Klerus entstand als leitender Stand.

Cyprian von Karthago († 258) bezieht das Priestertum (Sacerdotium) auf den Kult bzw. auf den Altar, der Priester wiederholte das Opfer Christi. Als Schüler des Tertullian nannte er die verschiedenen Dienste innerhalb des Ordo »gradus«: Stufen. Damit führte er die institutionelle Hierarchisierung weiter (obwohl theologisch erst später durch Pseudoareopagita begründet) und die Unterscheidung von den Laien. Sowohl Tertullian und Cyprian erwähnen niedere Ordines, darunter auch weibliche wie z.B. Prophetinnen oder »Witwen«. Charismatische Gemeindefunktionen ausserhalb des Ordo werden zusehends weniger genannt.

7.2.1.5 Amt und Weihe (Ordination)

Die Handauflegung erwies sich immer ausdrücklicher als Form der Amts-Bestellung (nach der Wahl!). Sakramentenspendung und Gottesdienst lagen immer mehr in den Händen des durch Weihe beauftragten »sacerdos« (Priester). In der »Apostolischen Überlieferung« (215) des Hippolyt († 235) sind Elemente der Liturgie und der Theologie der Weihe vor allem in der römischen Kirche gesammelt. Das Bischofsamt umfasst die Vollgestalt des kirchlichen Amtes mit Aufgaben der Verkündigung sowie der Hirten- und Priesterdienste. Es wird durch Gebet und Handauflegung übertragen, die sakramental verstanden werden. Die Presbyter bleiben im Schatten des Bischofs. Die Diakone sind dem Bischof, nicht dem Presbyter zugeordnet.

7.2.2 Geschichtliche Konsolidierung

7.2.2.1 Bistum und Pfarrei treten auseinander (Stadtbischof = »Stadtpfarrer«)

Der Stadtbischof wird – vor allem als das Christentum Staats- bzw. Reichsreligion wurde und sich langsam die Kindertaufe durchsetzte – zum territorialen Episcopus. Das ursprünglich um den Stadtbischof versammelte Presbyterium entwickelte sich zum lockeren Netz der auf dem Land zerstreuten und vereinzelten Priester (Pfarrer). Allerdings wurden sie nur für konkrete pastorale Funktionen und Aufgabenfelder (Tituli) gesandt bzw. in den Dienst genommen und geweiht. Diese »relative Weihe« wurde als Prinzip erst später aufgegeben (als sich das Priestertum zum festen Stand ausbildete).

Bistum und Pfarrei treten zunehmend auseinander. Das hatte eine Verlagerung der ursprünglich nur auf die Stadt konzentrierten Kompetenzen auf die Landpfarreien und -dekanate zur Folge. Der Bischof wurde vom Seelsorger zum »Verwalter« (Oberaufsicht!).

7.2.2.2 Sakralisierung des Amtes (Opfer-Priestertum, Zölibat als Lebensform)

Nach den Erschütterungen der Völkerwanderung hatten in unseren Regionen vor allem die iroschottischen Mönche entscheidenden Einfluss auf die weitere Entwicklung ausgeübt. Im Mittelpunkt stand die Gnade, weniger die geschenkten Heilsgeheimnisse. Die Presbyter wurden immer mehr jene Opferpriester, denen durch die sakramentale Weihe unverlierbar die Konsekrationsvollmacht übertragen wurde.

Die Theologie des Bischofsamtes trat demgegenüber zurück; der Bischof hatte ohnehin eine – oft auch weltlich – dominierende Stellung. Sein Amt wurde als Fülle des Priesteramtes verstanden, weniger als Hirtenamt interpretiert.[44] Zur Bischofsweihe gehörten die Attribute Chrisam-Salbung, Stab und Ring sowie Inthronisation, denn die Vollmacht des Bischofs war eine »herrscherliche«; er war sozusagen – neben dem Imperium – Vertreter der himmlischen Macht und trat als Princeps ecclesiasticus in die Feudalhierarchie ein (potestas in corpus mysticum).

Der Dienst des Presbyters (Priesters) wurde liturgisch gedeutet und nicht primär von Gemeinde-Leitung her. Dadurch aber ist die »relative Ordination« in ihrer ursprünglichen Bedeutung entkräftet worden; man konnte nun pfarrei-unabhängig ebenso gut Priester sein (z.B. im Kloster). Es entwickelte sich der durch Privilegien geschützte Priesterstand (»absolute Ordination«).

Der Zölibat, der zweifellos ursprünglich durch manichäische und analoge Strömungen beeinflusst wurde, setzte sich erst zu Beginn des zweiten Jahrtausends als geistliche Standespflicht durch; vorher war er eher ein regional sehr unterschiedlich gehandhabtes Enthaltsamkeits-Gebot. Unter dem Einfluss der Mönchs-Spiritualität wurde er zur Ganzhingabe spiritualisiert (»Jungfräulichkeitsideal«). Erst Gregor VII. († 1085) machte den Zölibat verbindlich; infolge entgegengesetzter Praxis musste diese Verbindlichkeit dann vom Tridentinum neu eingeschärft werden.

7.2.2.3 Auseinanderfallen von Ordination (Weihe) und Jurisdiktion (Potestas)

Es versteht sich von selbst, dass die Funktionen und Kompetenzen um so weniger von der unmittelbaren Seelsorge oder von der Weihe her definiert wurden, je mehr die juristische Struktur des Bischofsamtes und auf Pfarreiebene das Profil des Pfarrers auch territorial an Gewicht gewannen (z.B. Zehnten, Gerichtsfunktionen).

Aber es gab noch weitere historische Faktoren: Als unwürdige oder häretische Amtsträger abgesetzt wurden, stellte sich die Frage, ob die Weihe noch gültig sei oder nach einer eventuellen Bekehrung wiederholt werden müsste. Es stellte sich ferner die Frage, ob mit der Weihe nur die Weihe oder auch ein Amt gegeben sei. Damit war die Unterscheidung von Weihe- und Jurisdiktionsgewalt (Gesetzgebung, Rechtsprechung, Verwaltung) angebahnt, ebenso die spätere Lehre vom character indelebilis, also die Unwiederholbarkeit der Ordination (analog wie Taufe und Firmung).

7.2.3 Reformation und Konzil von Trient

Die Reformation hat den Gedanken des gemeinsamen bzw. allgemeinen Priestertums wiederbelebt und den Unterschied von Klerus und Laien bekämpft sowie die biblische Begründung eines Weihesakramentes und der Weihegewalt bestritten.

Das Konzil von Trient (1545–63) verteidigte demgegenüber die Existenz eines sichtbaren, äusseren Priestertums, also das besondere Amtspriestertum »kraft göttlicher Anordnung«, das in verschiedenen Stufen geordnet und schon auf dem Konzil von Lyon 1274 als Weihesakrament unter die sieben Sakramente gezählt worden sei.

Das Priestertum wird in Trient von der Liturgie, und zwar von den dem Priester vorbehaltenen »Vollmachten« her verstanden. – Der Klerus wurde in der Folge mit Kirche identifiziert und erscheint später fast wie die Wirkursache der Gemeinde bzw. der Kirche auf. Es ist zu bedenken, dass wir bis zum II. Vatikanischen Konzil von solchen Lehren und erhabenen Vorstellungen geprägt waren.

7.2.4 Vatikanum II (1962–1965): Nova et vetera

Die Erneuerungsbewegungen in diesem Jahrhundert sowie biblische, patristische und liturgiegeschichtliche Studien haben eine Differenzierung des Amtsverständnisses erbracht. Parallel zu den Tendenzen von der Klerus-Kirche hin zur Gemeinschaft der Kirche als Volk Gottes gingen die Aenderungen vom statisch-juristischen Amtsverständnis zum Verständnis des gemeinsam-dynamischen Heilsdienstes.

Hinzu kommen die Einflüsse des ökumenischen Frühlings, auch wenn in den Konzilstexten selbst erst wenig Spuren davon zu finden sind.

Entscheidende Ergebnisse des Konzilsgeschehens im Blick auf unsere Fragestellung sind:

- Die Unterscheidung von Klerus und Laien wird selbstverständlich beibehalten, aber gewissermassen relativiert.
- Alle getauften und gefirmten Christen und Christinnen bilden Kirche d.h. das Volk Gottes.
- Das gemeinsame Priestertum aller Gläubigen wird betont.
- Das hierarchische Priestertum und das gemeinsame Priestertum werden einander zugeordnet (obwohl an den wesentlichen Unterschieden festgehalten wird).
- Die Kollegialität der Bischöfe wird betont. Der Bischof von Rom (Papst) ist bleibendes sichtbares Prinzip der Einheit.

7.3 Aktuelle theologische Deutungen

Auf der Basis des Konzils und der ökumenischen Gespräche sowie der inzwischen erfolgten Differenzierung der pastoralen Dienste und Berufe hat sich das Verständnis des kirchlichen Amtes, besonders des Priestertums, pluralisiert.

7.3.1 Kurzformeln als Beispiele

Die folgenden formelhaften Definitionen des priesterlichen Amtes zeigen, wie vielfältig die Ansätze selbst unter namhaften Theologen geworden sind.

Heinrich Schlier spricht von der Gegenwärtigsetzung des Opfers Christi bzw. vom Opfercharakter der Messe[45], während Joseph Ratzinger das Spezifikum des Priesters in der Fortsetzung der Sendung Christi auf die Menschen hin erblickt. Der Amtsträger ist nach ihm Mitgesandter, nicht Kultdiener[46]. Walter Kasper betont demgegenüber den Leitungs- und Einheitsdienst[47]. Karl Rahner sieht in der Verkündigung des Wortes Gottes – bis zu den sakramental höchsten Intensitätsgraden – den entscheidenden Ansatzpunkt[48], und weist in den späteren Publikationen darauf hin, dass das Spezifikum des Amtspriestertums an dem ablesbar ist, was der Pfarrer tut[49]. Gisbert Greshake akzentuiert »In persona Christi agere« als das Spezifikum der Ordinierten[50]. Im Vergleich dazu betont das Zweite Vatikanische Konzil den Heilsdienst (in Unterscheidung zum Weltdienst der Laien), und das nachsynodale Schreiben »Pastores da vobis« geht von einem christologischen Priesterbild aus: »alter Christus« (Nr. 15).

7.3.2 Ergebnisse dieses Rückblicks für die weitere Spurensuche

Was hat sich aus dem geschichtlichen Werdegang und aus der aktuellen Diskussion für das Verständnis des kirchlichen Amtes gezeigt? Kurz gefasst lässt sich sagen:

– Die theologische Reflexion des kirchlichen Amtes bzw. der kirchlichen Dienste folgte stets der faktischen, d.h. der pastoralen und strukturellen Entwicklung, nicht umgekehrt. Dabei war für die theologische Reflexion stets die Treue zum Auftrag Jesu bzw. die Ursprungstreue zur Botschaft, zum Leben und Weg Jesu entscheidend.

– Die Kirche hat ihre Aemter, Dienste und institutionellen Strukturen ungehemmt nach praktischen Gesichtspunkten entwickelt, angepasst, abgeändert, differenziert und »durchgestritten« – vor allem in den ersten christlichen Jahrhunderten. Die Entwicklung verlief von sich her viel offener auf alternative Möglichkeiten hin, als es die gewachsenen Formen und historischen Konstrukte wahrhaben wollen.

– Es gab eine Vielfalt legaler Strukturmodelle, die nicht zu jeder Zeit und an jedem Ort gleichsinnig und gleichförmig waren.

– Die historisch abgerundete und später siegreiche Theorie (Thomas von Aquin, Neuscholastik) hat nicht das Ganze der Tradition und ihrer Ansätze aufgenommen, sondern einige inzwischen wiederentdeckte wichtige Aspekte beinahe in Vergessenheit geraten lassen (z.B. gemeinsames Priestertum aller Gläubigen). Es muss somit generell nicht alles bleiben, wie es geworden ist, sondern kann evolutiv weiterentwickelt und -gedacht werden.

– Die theologische Legitimation und Selbstdeutung des Amtes wurde forciert, kontrolliert und definiert durch die Amtsträger selber, also durch Rollenträger mit ihrem spezifischen Erfahrungshintergrund und ihren persönlichen Interessen und Ängsten, somit durch jene, die die Definitionsgewalt auf sich vereinigt haben (höherer Klerus). Die dadurch entstandene Abwertung der Laien ist keine tragfähige Basis mehr für eine Kirche, die nicht zuletzt von der Kompetenz und dem Erfahrungshorizont der Laien lebt.

7.4 Zugänge zum Amtsverständnis

Auf der Basis der neuen exegetischen, dogmengeschichtlichen und dogmatischen Forschung kann als Grundhypothese formuliert werden:

Die Frage nach dem kirchlichen Amt ist eine praktische Frage und die Theologie bzw. der Sinn des kirchlichen Amtes ergibt sich aus der Ekklesiologie.

7.4.1 Die ekklesiologische Grundlage des kirchlichen Amtes

Wenn im Rahmen der Rechenschaft über den theologischen Ort der Laien die Rede davon war, dass die Frage nach dem Laien letztlich eine Frage nach der Kirche und nach dem Christsein ist, so gilt der gleiche Grundsatz auch für das geistliche Amt. Die kirchlichen Ämter und die durch Weihe erfolgten Indienstnahmen sind von ihrer Sinnspitze her »Instrumente«, Zeugnisträger mit Vollmacht, und zwar zur Konkretisierung und zur Vermittlung dessen, was allen gemeinsam geschenkt ist und die theologische Dimension von Kirche ausmacht: Eine auf Jesus vertrauende und in seinem Geiste ausharrende Gemeinschaft, die in der konkreten Wirklichkeit zum Zeichen dafür werden will, dass Gott und Mensch zusammengehören, und die aus diesem Glauben Hoffnung für alle Menschen schöpft. Sie sind somit dienstlich auf die Qualitätsmerkmale der Kirche verpflichtet, auf die Treue zu Jesus und die konkrete Weise seiner Nähe und Gegenwart im Hl. Geist, die sich in den Grundvollzügen (Martyria-Diakonia-Leiturgia) verleiblichen und Gemeinschaft (Koinonia) bilden.

7.4.2 Wie ist kirchliches Amt zu verstehen?

Ohne Ordnung und Struktur sowie ohne qualifizierte Dienste geht es auch in der Kirche nicht. Das Ergebnis einer reinen Gesinnungskirche oder einer nur aus der Unmittelbarkeit der Charismen lebenden Gemeinde wären wohl bald Chaos und Überforderung.

Angesichts der nicht dienlichen Übersteuerung der Kirche durch eine zentralistische und pyramidenartig strukturierte Amtshierarchie, die Mühe mit synodalen Prozessen zeigt, ist der Sinn des kirchlichen Dienstes oder Amtes erst recht zu benennen und zu vertiefen. Alle pastoralen Instrumente der Kirche dienen dem Ziel, *dass* der Glaube an Jesus Christus als das Wort Gottes an die Menschen geweckt und vertieft wird und *dass* charismatischer Christenmut erwachen und sich praktisch auswirken kann. In diesem Sinn bauen alle Dienste Kirche als empirische Glaubensgemeinschaft auf. Die Berufung und Sendung der Kirche deuten theologisch das, was ihre Ämter und ihre Ordnung sowie deren praktische Bedeutung ausmacht. Es ist also keineswegs so, dass das Amt Kirche definiert. Vielmehr liegt das theologische und seelsorgliche Wesen des kirchlichen Amtes darin, dass Kirche sich vollzieht in Verkündigung, Liturgie und in Diakonie und dass sich darin und dadurch Kirche als Gemeinschaft sucht, findet und sammelt (Koinonia). Insofern haben Amtsträger und Amtsträgerinnen eine konkret umschriebene Aufgabe und Entscheidungskompetenz, womit sie durch die Beauftragung der Kirche betraut sind. In diesem Sinn unterscheiden sie sich von den anderen Glaubenden.

Die Konsequenzen daraus sind von ungemein praktischer Relevanz. Denn die kirchlichen Amts- bzw. Dienstträgerinnen und Dienstträger sollen und können im einzelnen nicht alles selber tun, was der Kirche aufgetragen und in ihr von Belang ist. Ihre institutionelle Kompetenz erfüllt sich darin, Sorge und *autoritative* Verantwortung dafür zu tragen, *dass* die Kirche als Volk Gottes ihrer Berufung und Sendung konkret nachzukommen versucht, dass sie gegenüber dem Wort Gottes treu bleibt oder zur Ursprungstreue zurückfindet und dass die Kommunikation in guten und in bösen Zeiten in Gang kommt. Kirchliches Amt ist letztlich dafür da, um zu dienen. So z.B. obliegt es dem kirchlichen Lehramt, die Einheit im Glauben und Beten dadurch zu wahren, dass es sich in den Dienst stellt für die Kommunikation über Identität und Kontinuität des Glaubens und dafür Verbindlichkeit einfordert. Die Grundausrichtung des kirchlichen Lehramtes liegt nicht in einem theologischen Mehrwert, sondern in seiner Indienstnahme für die christologische Urspungstreue, für die pneumatischen Lebensgesetze der Kirche und deren charismatische Fruchtbarkeit, in seiner praktischen Kompetenz gleichsam als Mittel und Instrument, um Kirche zu gestalten, aufzuerbauen und praktischen Christenmut zu stärken, d.h. die Kirche an den ihr vorgegebenen und nicht selbst gemachten »Sinn« zu erinnern bzw. daran zu orientieren.

So verstanden ist das kirchliche Amt im guten Sinn des Wortes funktional zu verstehen. Und die Entscheidungsträger in der Kirche haben eine grosse theologisch kaum begrenzte Freiheit, die Dienste und Kirchenordnung dem Auftrag und der Situation entsprechend zu gestalten und zu reformieren, also theologisch mögliche und pastoral notwendige Entscheidungen zu fällen. In diesem Sinn darf und soll die Kirche heute in ihren Entscheidungsträgern mit Mut und Phantasie jene Kompetenz in Anspruch nehmen, die sie viele Jahrhunderte hindurch selbstverständlich praktiziert hat. Es spricht somit auch alles dafür, dass die Dienstträger(-innen) bei dieser bereichernden und erfüllenden »Last« ihres Dienstes sich in synodalen Strukturen vom Volk Gottes begleiten lassen.

7.4.3 Zur Sakramentalität des amtlichen Dienstes

Es versteht sich von selbst, dass vieles von dem, was hier als Spurensuche zu einem offeneren Amtsverständis verstanden sein möchte, sich mit einigen Aspekten des sazerdotalen bzw. herkömmlichen Priesterbildes reiben muss. – So beinhaltet die Priesterweihe nach L. Scheffczyk »ein spezifisch Gnadenhaftes«[51]. Der Diakon hat nach ihm »einen spezifischen Anteil am Priestertum Jesu Christi empfangen« (506); und Scheffczyk führt weiter aus, »dass in der ›Niedrigkeit‹ gerade das Spezifische, das der Art nach Andere und im geistlichen Sinne sogar Höhere angelegt ist, das im Hinblick auf die Gesamtökonomie der kirchlichen Gemeinschaft unersetzlich ist« (507). Des weiteren bietet die Weihe »in ihrer mystischen Tiefe als besondere Christusgleichgestaltung auch den Grund, warum die scheinbar material gleichen Akte des Laien und des Diakons der Art nach unterschieden sind« (508). Wer bisher folgen konnte, mag wohl verstehen, wenn bzgl. der Unterschiede zwischen den Segnungen des Bischofs, Priesters und Diakons und der Laien zu lesen steht: »Sie bestimmen sich zuletzt nach dem personal-ontologischen Verhältnis zu der von Christus herkommenden differenzierten Vollmacht. Diese personal-ontologische Grundlage wirkt sich auch in bezug auf das Heilspotential und die Heilskraft der betreffenden Sakramentalien aus, ohne dass man hier nähere quantitative Fixierungen treffen müsste« (508).

Woher weiss L. Scheffczyk dies alles so genau? Und was will er letztlich sagen und in der heutigen Situation der Kirche klären? Es kann doch nicht genügen, wenn er schreibt: »Ein Erweis der geistlichen Vitalität der Laien läge heute vor allem in der Bereitstellung von zölibatären Priestern aus ihren

Reihen« (512). Hat Scheffczyk damit die Kirche wirklich überzeugend gut beraten? Ohne nun auf die Art und Weise eingehen zu wollen, wie er mit exegetischen und dogmengeschichtlichen Ergebnissen hermeneutisch umgeht und wie er z. T. zitiert, ist seinem Grundanliegen im Wesentlichen beizupflichten, wenn er am Schluss seiner Ausführungen vermerkt: »Deshalb ist die verstärkte Mitwirkung der Laien im Dienst der Kirche nicht zu beargwöhnen, sondern zu fördern, aber dies nur nach Massgabe der sakramentalen Struktur der Kirche, zu der unabdingbar auch das besondere Weiheamt gehört« (511). Doch wenn man mit diesem Anliegen einig geht, fangen die Fragen erst an, und es müssen im fairen Ringen die für das Anliegen besten Wege ausgekundschaftet werden.

Es gibt in der Tat schmerzliche Tendenzen, die die sakramentale Dimension der Kirche auszudünnen scheinen. So ist nicht zu übersehen, dass die Eucharistie vermehrt das Dasein eines elitären Kults fristet und dass zuweilen auch unter den »Laien« im pastoralen Dienst die Weihe abgewertet wird, weil sie »unerreichbar« erscheint. Ferner gibt es Bestrebungen, die Sakramente auch ohne ausdrückliche Beauftragung bzw. Weihe durch die Kirche zu feiern. Der sakramentale Reichtum der Kirche könnte durchaus verschwinden und Schaden leiden; Sakramente können auch daran sterben, dass sie für emanzipatorische Prozesse instrumentalisiert werden.

Allerdings muss man sagen, dass für diese Situation die Entscheidungsträger der Kirche die primäre Verantwortung tragen, denn sie öffnen sich keiner ernsthaften Diskussion um die Erweiterung der institutionellen Rahmenbedingungen. Wenn die Laien in den unmittelbaren pastoralen Situationen alleingelassen bleiben, dann liegt es nahe, dass sie zur Selbsthilfe greifen, gerade weil ihnen Kirche nicht egal ist.

Die sakramentale Dimension der Kirche will die konkrete Kirche und das Volk Gottes zum Ort werden lassen, wo Gott den Menschen in Liebe nahe ist. Die Kirche wird damit zum Zeichen für eine Liebe, die sie sich nicht selbst geben oder aus eigener Gnade und Kraft erschaffen könnte. Die Grundkoordinaten für alles, was Kirche ausmacht, ist die in Jesus eröffnete und zugelebte Hoffnung, die sich in der Einheit von Gottes- und Menschenliebe auswirken will. Die sakramentale Würde der von der Kirche berufenen Dienstträger und Dienstträgerinnen liegt gerade darin, dass sie sich in Dienst nehmen lassen für diese sakramentale Tiefe und Lebendigkeit der Kirche. Und das Symbol der Handauflegung bezeichnet m.E. in eindrücklicher Weise, dass die Indienstnahme für die Berufung und Sendung des Volkes Gottes sich dem Gott Jesu verdankt – trotz all der Grenzen, die sich im praktischen kirchlichen Alltag subjektiv, situativ und institutionell ergeben mögen.

7.5 Thesen zur Amtstheologie im Blick auf heutige Herausforderungen

– Die Kirche hat einen viel grösseren Spielraum und Freiheitsradius, ihre Dienstämter zu gestalten und zu strukturieren, als die augenblickliche dreigliedrige Ordo-Struktur (Episkopat – Presbyterat – Diakonat) erkennen lässt und als die Kirche sich selbst offiziell zugesteht[52].

– Wir können nicht in naiver oder nostalgischer Weise die neutestamentliche Situation kopieren. Aber die Kompetenz, die die Kirche damals in selbstverständlicher Treue zum fundamentalen Auftrag und der ihr vorgegebenen Sendung wahrgenommen und praktiziert hat, ist eine Kompetenz, deren sich die Kirche auch heute bedienen darf. Wenn gegen diese These eingewendet wird, dass die konstituierende Zeit der Kirche vorbei und dadurch die Amtsstruktur für immer normiert sei, dann ist dagegenzuhalten, dass die Kirche als Gemeinschaft im Glauben immer im geschichtlichen Prozess des Werdens begriffen ist.

– Die Gestaltung und Differenzierung der Dienststruktur und der Kirchenordnung ist in einem fundamentalen Sinn eine pastoral-praktische Frage. Von daher ist die Amtsfrage nicht in sich selbst isoliert theologisch zu deuten und zu ergründen. Vielmehr ist die Frage des kirchlichen Amtes auf die Berufung und Sendung der Kirche zu beziehen und ekklesiologisch zu verankern. In diesem Sinn gibt es eine Theologie des Amtes nur insofern, als sie eine Theologie von der Berufung und Sendung der Kirche ist. So sind theologische Deutungen des Ordo als »Repraesentatio Christi« oder »In Persona Christi agere« in ihrer Tiefe ekklesiologische Aussagen und nicht exklusiv auf die Amtsträger einzuengen. Sie gelten für das gemeinsame Priestertum des ganzen Volkes Gottes. Kein Geringerer als Karl Rahner hat gegen Ende seines Lebens die Amtsfrage eher praktisch-funktional gedeutet; so hält er fest, wie schon angedeutet, dass das Wesen des kirchlichen Amtes an der Funktion des Pfarrers ablesbar sei.

– Die derzeitigen Entscheidungsträger der Kirche (Bischofskollegium in Einheit mit dem Papst) können daher die Entwicklung ihrer Dienste und

Ordnungen eigenverantwortlich gestalten, und zwar je nach Notwendigkeit der geschichtlichen und örtlichen Situationen und in der Treue zu ihrem fundamentalen und sie einenden Auftrag.

– Die kirchliche Tradition des Amtsverständnisses ist verdichtet und geprägt von der Einheit der Gemeindeleitung (Einheitsdienst), dem Vorsitz bei der Eucharistiefeier und der Handauflegung durch den Bischof. – In diesem Sinn ist der genuine Priestermangel letztlich nur durch Priester zu beheben. Ohne eine ausreichende Zahl von Ordinierten ist auf Dauer eine gesunde Entwicklung der Vielfalt neuer pastoraler Dienste durch Frauen und Männer schwer denkbar.

– Für die Vielfalt neuer pastoraler Dienste gilt: Wer im Auftrag der Kirche einen qualifizierten und pastoralen Dienst in den Gemeinden oder auf Pfarrverbandsebene ausübt, nimmt einen Dienst bzw. ein kirchliches Amt wahr und ist somit von dem her, was er oder sie *tut*, theologisch als »Amtsträger« oder als »Amtsträgerin« zu verstehen. Männer und Frauen, die in diesem Sinn einen konkreten Auftrag erhalten, übernehmen einen Dienst als ein »Amt in der Kirche« (in einer Teilkirche), auch wenn er noch nicht zum »Amt der Kirche« (Weltkirche) geworden ist.

– Die spezifischen kirchlichen Ämter sperren sich somit nicht grundsätzlich gegen eine synodale Kirchenordnung. Vielmehr bedürften sie ihrerseits der Einbettung in eine synodal verfasste Kirche. Es wäre institutionalisierter Basis-Gewinn.

Achtes Kapitel

Spirituelle Perspektiven: Christsein bedarf der Pflege

Unsere Bemühungen um das Verständnis des Laientums in der Kirche als radikale Frage nach dem Christsein dürfen nicht abgeschlossen werden, ohne sich zu vergewissern, worauf in der Praxis des Alltags zu achten ist. Wie ist Christsein im Auf und Ab des nüchternen alltäglichen Lebens zu gestalten und welche Grundhaltungen bedürfen der inneren Achtsamkeit und der bewussten Pflege.

1 Zwischen Idealität und Realität

Im Folgenden soll vom polaren Spannungsverhältnis zwischen Realität und der aus dem Glauben geschenkten Hoffnung ausgegangen werden. Die Laien sind es, die die Abgründigkeiten und Chancen der Wirklichkeit als Christen gleichsam in der Kirche verkörpern und »materialisieren«, d.h. die Realität der Welt im Lichte des Glaubens anzunehmen, zu interpretieren und zu gestalten gerufen sind. Sie sind dafür verantwortlich, dass die Wirklichkeit in ihrer unmittelbaren Welthaftigkeit zu Gott finden und in der Kirche ankommen kann. Wenn man die theologische Sicht des Christseins aus inkarnatorischer und pneumatischer sowie sakramentaler Perspektive vor Augen hat und von der Einheit von Gottesliebe und Menschenliebe ausgeht, dann kann es keine grundsätzliche Gegnerschaft zwischen »geistlich« und »profan« geben. Das alltäglich normale Leben bis in seine Banalität und in seine Höhepunkte hinein wird sozusagen in einem neuen Licht tiefer erfasst und gegenüber seinem äusseren ersten Augenschein aufgewertet. Es gibt daher letztlich keinen »geist-freien« Raum mehr. Auch hinter vielem, was kirchlich und pastoral fremd und abseitig erscheinen mag, verstecken sich Aufgaben und Begabungen, die im Lichte des Glaubens zu sich selber kommen möchten.

Christliche Spiritualität ist somit schon vom theologischen Ansatz her geradezu realitätssüchtig, ist auf das Menschsein verwiesen mit all seinen geschichtlichen sowie gesellschaftlichen Lebensbedingungen. Insofern entwirft sich christliche Spiritualität in der Konkretheit mit aller Ambivalenz und Vieldeutigkeit. Sie verfehlt sich, wenn sie nicht leidenschaftlich um Menschlichkeit und Mensch-Werdung kreist. Daher sind jene Formen des Christseins und kirchlicher Praktiken zu hinterfragen, die sich wie Rückzüge vom Leben und als Flucht vor der Wirklichkeit ausnehmen.

Entscheidend ist, mitten im Leben daheim zu sein und dort aus der Mitte des christlichen Glaubens heraus das alltägliche und gesellschaftliche Leben wahrzunehmen, zu gestalten und gegebenenfalls auszuhalten.

2 Grunddimensionen von Spiritualität: Wovon die Seele lebt

2.1 Frage nach der Spiritualität

Von unserer Tochter muss ich schon seit Jahren die Mahnung einstecken, dass das Fach der Praktischen Theologie sich viel zu sehr mit Kirche beschäftige. Nötig wäre doch vielmehr die Frage nach Gott und nach der Spiritualität …, die Frage nach dem, »wovon die Seele lebt«. Auf solche Fragen ist nicht mit einem Satz zu antworten, aber sie machen sich letztlich am Tatbeweis fest: »Wo zeigt es sich? Wo hat es sich bewährt? Wo geschieht das, wovon so viel geschrieben und geredet wird?« Vielleicht ist Spiritualität tatsächlich am besten umschrieben mit dem, »wovon die Seele lebt« oder »wovon sich die eigene Seele nährt«.

Wer im alten »Lexikon für Theologie und Kirche« das Stichwort »Spiritualität« sucht, wird auf Frömmigkeit verwiesen. In der Tat ist »Spiritualität« ein Begriff, der innerhalb weniger Jahre den der Frömmigkeit ersetzt hat und im deutschen Wortschatz geradezu einen Boom ausgelöst hat. In unserer Situationsbeschreibung ist von der Spiritualität als Megatrend die Rede gewesen. Es zeigt sich, dass Spiritualität ein höchst aktueller, aber auch ein höchst schillernder Begriff ist. Um so mehr drängt sich Rechenschaft darauf auf, wovon die eigene Seele leben kann, wie Spiritualität zu verstehen und zu leben ist.

2.2 Spiritualität als Prozess der Mensch-Werdung im Fragment

Im Unterschied zum Wort Frömmigkeit, das eher die subjektive Religiosität und eine spirituelle Innerlichkeit betont, bringt der Begriff »Spiritualität« in dem Sinne eine Gewichtsverlagerung, als es hier um ein »Leben im Geiste« (wovon die Seele lebt) im Spannungsfeld vieler Pole geht. In der Integration dieser unterschiedlichen Pole oder Lebensadern von der eigenen Mitte her liegt die Utopie gelingenden menschlichen Daseins oder die Sehnsucht nach personaler »ganzheitlicher« Entfaltung. Der Mensch erlebt sich als Fragment, d.h. nicht im vollen Besitz seiner Existenz, sondern im Prozess oder – bildlich ausgesprochen – auf dem Weg zu sich selber. Das Geistige, das ja im Wort Spiritualität enthalten ist, ruht nicht statisch in sich selber (in der Weise des Habens), sondern – und das ist sein Wesen – es verhält und bezieht sich zu sich selber und auf die Subjekte und Objekte seiner selbst. Menschwerden ist somit an der Wurzel Beziehungsverhalten. Dabei kann der Mensch denkerisch in Distanz zu sich treten, sich in diesem Sinn zum bedachten »Gegenstand« machen, wobei aber dieser »Gegenstand« stets zu Hause bleibt, bei sich selber im denkenden Subjekt. Mit andern Worten, der Mensch bleibt sich auch Geheimnis, das subjektiv wie auch räumlich und zeitlich über sich selbst hinausgelangen, sich transzendieren kann. Er ist somit nicht nur Reizzentrum, das von Humanwissenschaften auf den psycho-physischen Bereich reduziert werden dürfte (V. Frankl nennt dies die psychologistischen oder soziologistischen Versuchungen), sondern Subjekt, das sich bewusst und gestaltend verhält und sich über den Sinn seines Verhaltens und seines Daseins Gedanken macht; in diesem Sinn wird es verantwortlich und ist aus dieser Verantwortung auch dann nicht entlassen, wenn es sich ganz oder teilweise verweigert.

Spiritualität ist somit die Seele oder die Grundorientierung für die Prozesse der lebenslangen Menschwerdung, in der das Subjekt eine Beziehung zu sich selber, zur Mitwelt (Mit-Menschen) und zur Umwelt (konkreter Weltbezug) sucht und von daher sein Verhalten gestaltet. Die Bedingungen der Freiheit konditionieren dabei die Identität, aber sie konstituieren sie nicht. Identität ist von konkreten Menschen in konkreten Situationen zu suchen, ahnend zu ertasten, über Umwege und Irrwege zu erkunden, zu wagen und zu finden. Dabei kann der Mensch auch nein sagen, der eigenen Menschwerdung im Wege stehen oder in den Weg treten. Aber er kann auch gegen entfremdende Mächte und gegen erpresserische Bedingungen innerhalb und ausserhalb von sich auftreten, sogar Pro-Test einlegen, wobei man sich gegen etwas wehrt, weil man letztlich für etwas ist bzw. für einen tieferen Sinn oder Wert eintritt. Darin wird der Mensch – grundsätzlich gesehen – unübertragbar verantwortlich und »Hausherr« seiner Würde. Man kann Spiritualität auch definieren als Beziehungsverhalten von seiner inneren geistigen Mitte her.

Erfahrungen, die vielleicht am schärfsten die Frage nach dieser Spiritualität als Beziehungsverhalten vom geistigen Zentrum, von der Seele her aufwerfen, sind Leiderfahrungen und Zusammenbrüche, das Zerbrechen von Hoffnungen, das Umhergeworfensein durch Zweifel und Angst. Aber auch die Erfahrungen tiefer Begegnungen, befreiender Durchbrüche, bedingungsloser und absichtsloser Solidarität oder aufbrechender und reifender Liebe können eine Ahnung davon erwachen lassen oder vermitteln, was es mit Spiritualität auf sich hat. Letztlich kann man über das Machen, Schaffen und Gestalten hinaus Spiritualität – und letztlich Lebenssinn – nur leben und erleben, indem man sich hingibt, sich einlässt und das wachsen lässt, was nicht zu zwingen ist. In diesem Sinn ist der Mensch zu definieren als das zur eigenen Hingabe bzw. zur Liebe fähige Wesen. Indem der Mensch ein Verhältnis zu sich, zur Mitwelt und zur Umwelt sucht und verantwortet, kommt er sich selber auf die Spur und wird er der anderen inne. In demselben Masse kommt an den Tag, wovon seine Seele lebt.

2.3 Christliche Spiritualität: Einheit von Gottes- und Menschenliebe

Christliche Spiritualität fügt zum bisher Gesagten den Bezug auf Gott hinzu, der sich aus dem Glauben an Jesus Christus nährt bzw. von der Hoffnung aus dem Vertrauen auf den Gott Jesu, der jedem Menschen in Liebe nahe ist. Somit kann christliche Spiritualität gesehen werden als die Weise, wie Menschen ein Verhältnis zu sich selber, zur Mitwelt und Umwelt und darin und dadurch ein Verhältnis zu Gott suchen und leben. Das Spezifische ist dabei das Aushalten und Gestalten des persönlichen und gesellschaftlichen Lebens aus dem Geiste Jesu, gewissermassen das bewusste, im Geiste Jesu getragene Wagnis von Glaube, Hoffnung und Liebe im persönlichen und konkreten Leben.

Spiritualität wächst nicht nur von innen nach aussen, sondern auch von aussen nach innen. Die sozialen, politischen und kulturellen Lebensbedingungen, schicksalshafte Erlebnisse, Begabungen, Charaktere und gesellschaftliche Herausforderungen prägen ebenso Spiritualität. Die Gabe des Geistes (Röm 5,5) führt zu Begabungen (Früchte des Geistes), die sich in konkreten Aufgaben bewähren sollen. Das »Leben aus dem Geiste« durchzieht die ganze urchristliche Grundhaltung (Röm 12,11), prägt die beiden Grundachsen christlicher Spiritualität, die Gottes- und die Menschenliebe als die beiden wesentlichen Pole christlicher Existenzweise. Auf dieser Basis darf zusammengefasst werden, dass christliche Spiritualität sich entscheidend am Leben und Weg Jesu von Nazaret orientiert, dass sie offen ist für die Wege und Irrwege des konkreten individuellen und gesellschaftlichen Lebens und damit für alle Zugänge und Deutungsversuche menschlichen Daseins und dass sie sich als Lebensgewinn erweist für die Menschen. Denn grundsätzlich bewährt sich Spiritualität auf der Bühne des alltäglichen und widersprüchlichen Lebens.

In diesem Sinn ist Spiritualität ein pluralistischer Begriff, denn er konkretisiert sich in der Vielfalt vieler Leben, vieler »Schulen« und Weisen der Lebensgestaltung. Insofern ignoriert er die Unterscheidung von Laien und Geistlichen. Erst kürzlich erzählte mir eine Laientheologin, die als Gemeindeleiterin anerkannt ist, dass ein Geistlicher ihr gegenüber äusserte, für Fragen über Berufung bzw. Spiritualität sei sie nicht zuständig, da sie ja eine Frau (bzw. kein Geistlicher) sei. Demgegenüber ist auf der Basis einer Vielfalt von Spiritualitäten ein viel grösserer Lebensimpuls für die Kirche zu erwarten. Denn Spiritualität orientiert sich zwar an der frohmachenden und freisetzenden Botschaft Jesu von Nazaret, aber sie sprudelt von »unten«, vom Leben her. Von daher gibt es eine üppige Fülle von Spiritualitäten.

Jede Spiritualität aber bedarf der Pflege und der bedachten Sorge, eines Rhythmus, der gleichsam ihre Architektur im Ablauf des Alltags und des Lebens gestaltet, und ebenso der Rücksicht auf ihre innere Dynamik, die ihr als Ausdruck von Lebenskraft Form verleiht. Dem wollen die folgenden Gedanken ihre Aufmerksamkeit leihen.

3 In der Spannung zwischen Aktion und Kontemplation bzw. Gebet

Die ganze Frömmigkeitsgeschichte der Kirche ist von der Dramatik des Christseins zwischen spiritualistischer Weltflucht und geistvergessener Weltverfallenheit geprägt. Das rechte Verhältnis von Aktion und Kontemplation ist aber ein Gütezeichen oder Prüfstein für christliche Spiritualität.

Die heutige Zeit setzt allerdings extreme Zeichen in Richtung von Kontemplation und von Aktion. In einem Alltag, der von Stress und Gehetztheit geplagt wird, müsste demnach ein Loblied auf den Müssiggang gesungen werden. In einer Atmosphäre des gedankenlosen und verdummenden Konsums hingegen müsste prophetische Rede zu solidarischem Handeln aufwecken. Beide Schwerpunkte dürfen einander nicht aus dem Felde räumen; sie bedingen sich gegenseitig. Christliche Spiritualität vollzieht sich stets in der Spannung zwischen der Verankerung in der Hoffnungsbotschaft Jesu und den konkreten Hoffnungsschritten im persönlichen und gesellschaftlichen Leben, also in der Spannung zwischen »Mystik und Politik« (J.B. Metz).

3.1 Actio und Contemplatio in geschichtlichem Wandel

»Es gibt kaum einen roten Faden, um sich in der Geschichte der christlichen Spiritualität zurechtzufinden, als die Frage nach Actio und Contemplatio, nach christlichem Tun und christlichem Gebet.«[1]

Diese Frage ist geschichtlich gesehen nicht unbelastet. Denn wir wissen, dass in der Geschichte der Theologie und der Frömmigkeit ein Dualismus herrschte, der die geistige Welt der Wahrheit gegenüber dem Weltlichen und die Theorie gegenüber der Praxis höher einstufte.

Dahinter stand immer wieder die Frage, was letztlich Ziel und Richtschnur für das menschliche Verhalten sein soll: Ruhe und Stille oder Handeln und Tätigkeit, Verweilen oder Sich-Bemühen, Schau oder Wissen, Gebet oder Arbeit, Rückzug oder Kampf, Passivität oder Aktivität.

Es ist daran zu erinnern, dass das abendländische Denken von Platon her dem kontemplativen Leben einen Vorrang gab. Das beschauliche Leben bzw. die »vita contemplativa« ist für das platonische Denken der Gipfel des menschlichen Lebens. Alles ethische, handwerkliche oder gar künstlerische Handeln bildet dazu nur eine Vorstufe, das animalische Leben mit seinen niederen Begierden fällt der Verachtung anheim. Diese Zwei-Teilung

(Dichotomie) hat Christentumsgeschichte gemacht, die hier im einzelnen nicht dargestellt werden kann. Sie hat auch die Einstellung zum Laien und seine »geistliche« Zweitrangigkeit im Sinne eines ideologischen Hormonhaushaltes gesteuert.

Die Geringerschätzung des aktiven Lebens zeigt sich sublim schon bei Augustinus (†430) und Gregor dem Grossen (†604). Für sie geschehen die Beschäftigung mit Menschen und die apostolische Arbeit aus Notwendigkeit, sozusagen aus dem Zwang der Verhältnisse; die Beschäftigung mit Gott und das Beten hingegen vollziehen sich aus der Liebe heraus.[2] Zwar gab es immer wieder Korrekturen an der Abwertung der Aktion gegenüber der Kontemplation, indem man auf den Herrn verwies, der Tun und Beten in sich vereinte, oder auf Maria, die Mutter Jesu, die beides war: Maria und Martha.[3] Aber das ändert nichts an der Tatsache, dass sich in der christlichen Frömmigkeitsgeschichte die Waage oft sehr massiv zur Vorzugsrolle des kontemplativen Lebens (»Stand der Vollkommenheit«) und zur Abwertung oder Minderbewertung des tätigen Lebens führte. Dies hat sich kirchenstrukturell in der innerkirchlichen Trennung von Klerus und Laien, Geistlichen und Weltlichen augenscheinlich ausgewirkt. Tätigkeit selbst ist eher Vorbereitungsstufe, Busse oder Askese zur eigentlichen Wesenserfüllung, zur Schau Gottes und zur Kontemplation hin. Das Leibliche und Irdische ist unterschwellig Hindernis für diese Gottesschau. Dieser Vorrang des kontemplativen Lebens und der Beschaulichkeit gegenüber dem aktiven Handeln blieb bis zum II. Vatikanischen Konzil prägend.

3.2 Aktion und Kontemplation: sich gegenseitig bedingende Pole

Aktion und Kontemplation sprechen eine Doppel- oder Grundstruktur des Menschen in ganzheitlicher Sicht an. Der Mensch ist einerseits »homo faber«, Gestalter und Handelnder, aber auch »homo ludens«, der offen ist für das Zweckfreie und für das Spiel der Phantasie und seiner Visionen. Die beiden Pole sind nicht gegeneinander auszuspielen, sondern haben vom individuellen Menschen her eine einende Mitte. Der Mensch lebt von der Besinnung auf diese Mitte hin wie auch vom Handeln und Verhalten aus dieser Mitte heraus. Diese Mitte als Ort oder Instanz der Identitätsbildung lebt davon, dass das Ich prozesshaft ein Verhältnis zu sich selber und zu seiner Umwelt und Mitwelt wagt. In diesem Sinn ist Meditation oder Verinnerlichung nicht Flucht aus der Welt des verantwortlichen Handelns, sondern Suche und Finden seiner selbst, das Zu-sich-selber-Kommen. Sonst kann auch das subjektive Tun nicht eigentlich selbstverantwortetes Handeln und Leben werden, weil es ja dann nicht bei sich selbst zu Hause wäre. Zudem ist die eigene Mitte auch der innerste Ort für Gottesbegegnung. Aktion und Kontemplation sind gleichsam zwei Seiten der einen Medaille.

In einem gewissen Sinn gilt das eben Gesagte auch für die Gemeinschaft von Menschen. Bestünde eine Gemeinschaft oder eine Gruppe nur aus einzeln handelnden Individuen, verlöre sie ihre Strukturform und innere Kohäsion. Eine Gruppe oder eine Gemeinschaft finden ihre Identität nicht ohne Konsens als Bewusstsein, an dem alle Mitglieder teilnehmen. Von diesem Bewusstsein hängt der innere Zusammenhalt, die Balance zwischen Zielsetzung und Mittel zur Zielverwirklichung und entsprechende Anpassungen an die Umwelt ab. Dieser Bewusstseinsprozess thematisiert Erfahrungen, die weitergegeben und vermittelt (tradiert) werden. Eine Gruppe, eine Gemeinschaft oder gar Organisation werden ihren Zusammenhalt verlieren, wenn sich ihre »Philosophie« bzw. das Gruppenbewusstsein oder Ziele verflüchtigen. Das heisst wohl nichts anderes, als dass formelle und informelle Gruppen bzw. Gemeinschaften auch der Bewusstseinsbildung, der Reflexion und im übertragenen Sinn der kontemplativen Pflege ihrer Gemeinschaft bedürfen. Daran zeigt sich, dass individuelles wie gemeinschaftliches Handeln nicht in seinen Aktivitäten und Funktionen aufgehen kann.[4]

Eine Gemeinschaft, die ihre Mitte in einem transzendenten Bezugspunkt ausserhalb ihrer Tätigkeiten und ihrer Funktionen findet (religiöse Motive, Weltanschauung...), wird für unterschiedliche Handlungsspielräume und für Meinungspluralismus einen grösseren Toleranzrahmen bieten als ein auf bestimmte Zwecke, Leistungen und Funktionen hin organisiertes System. Für eine solche religiöse Gemeinschaft werden die Besinnung auf ihre sie einende Mitte bis hin zur Feier, zum Gebet und zu symbolischen Ausdrucksmitteln Voraussetzung dafür, dass das Handeln verbindlich bleibt, aber auch verbindet und nicht zerstreut.

Auch theologisch ergeben sich Hinweise auf die gegenseitige Entsprechung von Aktion und Kontemplation bzw. eine Kritik an der jahrhundertealten Überordnung der Kontemplation über die Aktion in der Frömmigkeitsgeschichte. Dabei kann man sich auf das Doppelgebot Jesu der Gottes- *und* der Menschenliebe (wobei zu beachten ist: »wie dich selbst«: Lk 10,27) beziehen. Im Laufe der Geschichte ist zugunsten der Contemplatio auf die Perikope von Martha und Maria verwiesen worden (Lk 10,38–42), über deren genauen Stellenwert sehr unterschiedliche Meinungen zu finden sind. Exegetisch dürfte aber erwiesen sein, dass diese Perikope im Zusammenhang mit der unmittelbar vorausgehenden Perikope vom barmherzigen Samariter (Lk 10,29–37) zu sehen und zu verstehen ist. Während diese die Nächstenliebe zum Thema hat, bringt die Martha-Maria-Perikope die andere Seite des Doppelgebotes, die Gottesliebe, zum Ausdruck.[5]

Letztlich ist wiederum das Verhältnis von Glaube und Liebe, von Orthodoxie und Orthopraxie angesprochen. Dafür finden wir im 1. Johannesbrief kritische Hinweise, wenn es etwa heisst: »... wenn Gott uns so geliebt hat, müssen auch wir einander lieben. Niemand hat Gott je geschaut; wenn wir einander lieben, bleibt Gott in uns, und seine Liebe ist in uns vollendet« (1 Joh 4,11f). Von daher führt jede Hermeneutik christlicher Spiritualität nur über den Weg konkreter Erfahrungen und der widersprüchlichen Wirklichkeit, über den Weg an die Ränder des Lebens und Leidens.

Aktion und Kontemplation widersprechen sich nicht, sondern sind beim christlichen Existenzvollzug zugleich und gegenseitig sich konstituierende Dimensionen. Dem haben eine Gebetstheologie und eine Gebetspraxis Rechnung zu tragen.

3.3 Der Glaube atmet im Beten

Mit Meditation ist nicht schon Beten selber definiert.[6] Während Meditation eher Betrachtung, verweilendes Nachdenken und Vertiefung in religiöse Wahrheiten und Geheimnisse ist, verstehen wir Beten als bewusste, sich der Anrede bedienende Beziehung zu Gott. Beten ist von responsorischer, d.h. antwortender Art und insofern ein Grundakt des Christseins und religösen Lebens.

Existentiell und theologisch ist das christliche Beten an die in und von Jesus eröffnete Hoffnung auf »Leben in Fülle« (Jo 10,10) gebunden. »Im Namen Jesu beten« (Jo 16,23f; 14,13f) heisst nicht nur, sich für sein je eigenes Beten auf das Beten Jesu zu berufen, sondern bedeutet, dass darüber hinaus die personale Dimension in der Bejahung des »göttlichen Gegenübers« unaufgebbar ist. Beten ist kein fiktiver Dialog, sondern von der geschichtlichen Person des Jesus von Nazaret her beglaubigt.[7] Beten ist gewissermassen Ernstfall des Glaubens: »Christlicher Glaube ist ohne Gebet nicht denkbar. Das Gebet hilft entscheidend dazu, ›geistesgegenwärtig‹ zu leben und auf solche Weise den Glauben an die wirksame Gegenwart Gottes ernstzunehmen … Es geht… nicht um eine Formalität, sondern … Beten steht in engem Zusammenhang mit dem christlichen Existenzbewusstsein überhaupt«.[8] Beten ist in diesem Sinn keine Flucht vor dem Leben, sondern Rückkehr zu Quellen, die für den weiteren Weg Stärkung schenken.

Beten ist kein isolierter Kraftakt. Vielmehr ist es im Zusammenhang mit dem Lebensstrom der Christinnen und Christen und der Kirche zu sehen, also verankert in gläubig gestalteter Lebenspraxis. Ansonsten würden die Gebetsformen und Gebetsformeln leicht zu einem veräusserlichenden Ritus. In diesem Sinn sagt auch die Synode 72 des Bistums Sitten: »Das rechte Beten hängt nicht nur vom Bedürfnis des Menschen … oder von äusseren Formen ab, sondern zutiefst von seinem Glauben …« (II, 12.4).

Wenn Beten als Atmen des Glaubens verstanden wird und wenn ich mich im Beten immer wieder als glaubender Mensch bestimme, darin mich ausrichte und dadurch aufgerichtet werde, dann ist es im Rahmen einer Rechenschaft über die Laien als Christinnen und Christen heute unverzichtbar, auf diese Dimension des Christseins mindestens hinzuweisen.

4 Statt Aszese der Abtötung eine Aszese der Entfaltung

Wir sind z. T. immer noch von einer Erbschaft befangen, die den christlichen Existenzvollzug und die Nachfolge Jesu mit einer Aszese in Verbindung brachte, die von der Verneinung mancher Realitäten des Lebens, der Abtötung von Lust und Begierde und letztlich vom Rückzug von der »verführerischen« Welt ausging. Es ist unbestritten, dass diese Art von Aszese als Abtötung zu Verzerrungen, zu Perversionen und zu krankhaft scheinenden Fehlhaltungen gegenüber dem Körper, der Geschlechtlichkeit, dem Besitz und letztlich auch der Freiheit (des Denkens) und der Lust geführt hat.[9]

4.1 Zur Aszese der Abtötung

Wie das meiste im Leben, so ist auch der in der Geschichte prominent gewesene Begriff der Aszese zweischneidig und ambivalent.

Die Botschaft Jesu mit der Verkündigung des Reiches Gottes, auf das in der Nachfolge Jesu alles hinzuordnen ist, hat die irdischen Realitäten und die Ordnungen, in denen sich Menschen immer wieder einrichten, relativiert.[10] Der Christ steht in Distanz zur Welt und »gebraucht sie, als gebrauche er sie nicht« (1 Kor 7,31). Damit ist an sich noch nicht zur Aszese aufgerufen. Aber die Nachfolge Jesu kann durchaus in aszetischer Haltung beantwortet werden. Formen der Distanz zur Welt wie Wachen, Fasten, Bedürfnis- und Anspruchslosigkeit, geschlechtliche Enthaltsamkeit finden sich als entsprechende Grundformen, die übrigens allgemeine religionsgeschichtliche Phänomene sind. Wie im geschichtlichen Überblick schon aufgezeigt worden ist, ist diese Entwicklung aber insofern vereinseitigt worden, als zwischen Geist und Materie und zwischen der guten Seele und dem Leib als ihrem Gefängnis immer stärker unterschieden wurde. Dahinter standen platonisches Gedankengut und dualistische Weltbilder. Die monastischen Strömungen verhalfen der weltverachtenden Aszese der Abtötung zur herausragenden Stellung, wodurch die Interpretation des reinen und vollkommenen Christentums auf diese Lebensform eingeengt wurde. Die Normalform des weltlichen Christen wurden zu solcher zweiten Grades. Mit dem Konzil von Trient (1545–1563) vertiefte sich die Abgrenzung zwischen Klerus und Laien mit einem Erfolg wie wohl nie zuvor; der Stand der Vollkommenheit in Orden und Klöstern und der Zölibat als bessere und höhere Lebensformen im Vergleich zur Ehe wurden gewissermassen per Dekret festgeschrieben.[11]

Vor solchem Hintergrund wurde die moralische Leistung gewichtet. »Da solches Bemühen in der konkreten Heilssituation des Menschen auf viele Hindernisse stösst …, besagt es notwendig ein mühevolles Ringen, erfordert es Selbstverleugnung und anstrengende Verzichte. Von daher hat das Wort Aszese, das eigentlich Übung heisst …, im besonderen die Bedeutung von Anstrengung, Kampf und Entsagung.«[12] »Kreuztragen«, »Opfer bringen«, »Entsagungen üben« und Leiden als Prüfung und Läuterung oder als Züchtigung Gottes anzunehmen wurde gar leicht zum Inbegriff der Religiosität und als Wesentliches des Glaubens empfunden.

Welches Bild von Gott verbirgt sich aber hinter dem Verständnis von Aszese als Abtötung, wenn der Mensch sich kasteien und sich dem Leben möglichst verweigern muss? Wenn Gottes Liebe und Wohlwollen durch Unterordnung und Selbstverleugnung und letztlich mit religiöser Angst gleichsam erkauft werden muss? Welch ein erbärmlich schindender Gott muss das sein, wenn wir seine Zuneigung durch möglichst viel Abtötung, d.h. Leid und Schmerz erschleichen müssen? Ist das Christentum nicht allzusehr als triste Furchtreligion, als Moralinstrument weltlicher und geistlicher Herrscher verraten worden? Und wie viele Lasten sind Menschen aufgrund der Vorstellung eines strafenden Gottes zugemutet worden.

Aszese als Abtötung sieht zwar zu Recht die Sündhaftigkeit und damit die zerstörerischen Aspekte im Alltag und in der Welt. Aber unter der Hand werden der Wahrheitskern des Glaubens und die menschliche Existenz zu einer angstmachenden Moral verengt. Grundlegender ist der Widerspruch der theologischen Bejahung der menschlichen Realität und der Wirklichkeit, die ja gerade durch die Laien verkörpert wird, und deren Abwertung durch diese Art von Abtötungsaszese. Wie sollen Laien mit und aus ihrem Glauben sich der Wirklichkeit zuwenden und diese als Weinberg Gottes ernstnehmen, wenn sie gleichzeitig sich selbst bis in die vitalsten Anteile ihrer Existenz zurücknehmen sollen? Ist eine Aszese der Entfaltung nicht die angemessenere Verhaltensweise und die dem Evangelium entsprechendere?

4.2 Aszese der Entfaltung

Wenn nicht weltverachtende Übungen und eigene Selbstverleugnung im Zentrum des christlichen Glaubens stehen, sondern das Vertrauen auf den mit seiner Liebe zuvorkommenden Gott Jesu, dann ist christliche Aszese zuerst und vor allem ein Ja, kein Nein, auch wenn sich das Nein aus einem grundsätzlichen Ja ergeben kann. Sie ist zuallererst ein Einverständnis aus dem Glauben heraus. Aszese ist dann kein ermüdender Kampf *gegen* etwas, sondern ein Einsatz und ein Verhalten *für* etwas, nämlich für die Freiheit, im Glauben sich und andere anzunehmen und Gott die Ehre zu geben. Natürlich können sich dann Verweigerungen und Verzicht ergeben, aber nicht weil man etwas grundsätzlich zurückweist und nicht wahrhaben will, sondern weil eine Option für ein Anliegen vorliegt und eine existentielle Entscheidung für einen Wert, für ein Gutes, für Solidarität und für die Liebe verwirklicht werden soll.

Auch theologisch haben wir uns zu vergewissern, dass im Mittelpunkt der Botschaft Jesu nicht die Askese steht, sondern das Reich Gottes als Einbruch des göttlichen Heilswillens und zwar für alle, für Sünder und Gerechte, Arme und Reiche, Leidende und Gesunde. Es geht somit nicht um die pure Abwertung des Diesseits, sondern um dessen Umgestaltung und Ausrichtung aus dem Geiste des Evangeliums. Den glaubenden Menschen zeichnet die Annahme und das Ja zur Botschaft Jesu aus – und damit auch das Handeln und Verhalten aus der Mitte dieser Botschaft heraus. Und genau dabei fangen Umkehr an und Aszese, allerdings mit anderen Vorzeichen als die Aszese der Abtötung.

Es geht darum, das Licht des Glaubens und seine Kraft entfalten zu lassen, sich selbst dafür aufzuschliessen und ein Verhältnis zu sich selber, zur Mitwelt und Umwelt und in alledem zum Gott Jesu zu suchen, zu wagen und zu gestalten. Das Leben als Prozess beinhaltet glückende, aber auch missglückende Erlebnisse, gelingende und leidvolle Erfahrungen. Das Leben in seiner konkreten Realität anzunehmen, zu erdulden und zu erleiden, daran zu reifen, ist in sich Aszese. Aszese findet ihren Sinn gerade darin, sich der Wirklichkeit zu stellen, statt sie wegzuschieben, aus einer Hoffnung heraus, die am Widerstand der Realitäten nicht aufgibt noch in ihnen aufgeht und sich verliert.

Ohne Verzichtleistungen, ohne Verständigung mit sich und der Mitwelt, ohne geistige Auseinandersetzung ist Mensch-Werdung nicht möglich. Identitätsbildung ist ein Balanceakt zwischen vielen bestimmenden Faktoren und Abhängigkeiten. Kein Mensch erfährt sich in der Lage, alle Veranlagungen, Fähigkeiten und Lustgefühle vollends auszuleben. Ob der Mensch sich entscheiden mag oder nicht (im Alltag, in der Ausbildung, bei der Berufsentscheidung, bei der Partnerwahl), immer muss er sich vereinseitigen, Prioritäten setzen und auswählen – oft unter schmerzlichem Verzicht. Selbst praktische Ziele, die sich Sportler, Geschäftsleute, Kulturschaffende usw. setzen, sind ohne Entsagung, ohne Einschränkung, ohne Verzicht und »Opfer« gar nicht zu erreichen.

Das Kriterium rechter Aszese ist, ob sie zu einer Bewältigung der Wirklichkeit führt und zu einem befreienden Prozess der Selbstfindung und der Entfaltung zur Freiheit für andere und für Aufgaben und Anliegen, ob der Mensch fähig wird, Unsinn vom Sinn zu unterscheiden oder ob er sich vom Habenwollen und von der Gier des Besitzens bzw. von der Steigerung von noch mehr Geld, noch mehr Genuss, noch mehr Macht, noch mehr Rendite und Informationen, von noch mehr Verplanung und Wissen steuern und bestimmen lässt. Ein Empfinden zu entwickeln, was stimmig und nicht nur brauchbar und nützlich ist, gehört ebenfalls zur aszetischen Dimension der

Mensch-Werdung. Es kann ein lebenslanges Ringen bedeuten, selber verantwortlich und für sein Handeln vor sich und anderen haftbar zu werden und sich einzuüben, immer weniger von aussen bestimmt, bewertet und beherrscht zu werden. Es bedarf aszetischer Anstrengungen (!), um von sich immer weniger erpressbar zu sein und damit gegenüber der Mitwelt ehrlicher und selbständiger aufzutreten. Nicht durch Lehrbücher, sondern nur in der so verstandenen Aszese des Lebens eröffnet sich, was befreit und was entfremdet, was sinnvoll oder nur berechnet ist, was sich als Charakter oder nur als Temperament erweist, was Beziehung oder nur Kontakt ist, ob man frei oder nur genötigt zusagt, ob man weise oder nur gescheit ist, ob man gütig ist oder nur widerstandsschwach ... Im lebenslangen Prozess der Persönlichkeitsentwicklung bzw. Identitätsfindung mit all den Wagnissen und Aufbrüchen, aber auch mit den Abbrüchen und dem Leiden an dem Unabgegoltenen geht es ohne Verzichtlernen, ohne Üben und Bemühen nicht. Aszese ist somit eine Kultur der Lebensbewältigung bis hin zum Sich-Lassen, wenn nichts mehr zu erzwingen und mit Gewalt zu finden oder zu heilen ist. Dem Sinn des Lebens kann man sich in letzter Konsequenz nur hingeben; er schenkt sich nur, wenn wir uns ihm öffnen und mit der ganzen Person empfangen und umfangen wollen. Um dem Leben gestaltend und sich lassend zu begegnen, braucht es Hoffnung und Kraft. Die Christinnen und Christen gewinnen sie letztlich aus ihrem Glauben, dass Gott ihnen im Leben nahe ist und »Leben in Fülle« (1 Joh 10,10) verheissen hat.

Aszese meint also gerade nicht Weltflucht, sondern vielmehr Verantwortung für sich, die Menschen und ihre Welt. Angesichts dessen, was oben im Zusammenhang mit den Diakonie-Herausforderungen an Christinnen und Christen aufgeführt worden ist, angesichts der Menschheitsprobleme wie z.B. Hunger, Not, Krankheiten und Ungerechtigkeiten sind persönlicher Einsatz und Solidarität gefragt. Und solches Engagement ist ohne Aszese und Selbstbescheidung nicht möglich. In einer Zivilisation, die das Spass-Haben und den Konsum vergöttert, werden eine Aszese der bewussten Lebensgestaltung, eine Kultur der Beziehungspflege und die verantwortliche Verweigerung als Protest zu Formen der Entfaltung des Lebens.

Es stellt sich durchaus die Frage, ob angesichts der weltzerstörerischen Gefahren, der weltweiten Armut und des Verbrauchs an Umweltressourcen nicht die Christinnen und Christen an der Spitze jener Bewegungen stehen könnten, die sich für eine asketische Weltkultur einsetzen. Auch hierbei geht es nicht gegen die Entfaltung der Menschen, sondern um die Bedingungen, sich weiterhin entfalten zu können. Man sieht, wie aktuell etwa eine Bussfeier sein kann, die die Sensibilität für eine persönliche und gesellschaftliche Aszese weckt und vertieft, die letztlich aus einer Option für das Leben und Lebendigsein hervorwächst.

4.3 Aszese angesichts von Sterben und Tod

Bei Aszese geht es also nicht einfachhin um Training und Übung, vielmehr um eine Lebenseinstellung und deren Motivationskraft. Aber die Wirklichkeit ist alles andere als heil. So könnte auch uns die Gefahr unterlaufen, dass wir von zu idealen Bildern der Realitäten ausgehen und das Schreiben zu »leichtfüssig« gelingt. Doch die Tatsachen sind nicht so. Wir Menschen müssen mit dem Unversöhnten und mit unausgelebten Sehnsüchten in uns selber, mit Schuld, mit den Brüchigkeiten unserer Biographie sowie mit Trieben und Abhängigkeiten fertig zu werden versuchen und das in einer Weltordnung, die vielen Menschen vieles schuldig bleibt. Dazu kommen die Ängste infolge Krankheit, Unglück und Sterbenmüssen. Es gäbe viele Gründe und Entschuldigungen, sich zurückzuziehen oder sich in Konsum und Sucht zu verausgaben und zu betäuben. Aszese bedeutet auch, vor diesen Seiten der Realität die Augen nicht zu verschliessen bzw. sie sich nicht verbinden zu lassen. Das Leben ist letztlich ohne das Bewusstsein des Sterbenmüssens nicht abzusitzen. Die Todessituation ihrerseits gibt in allem Auf und Ab des Geschehens dem Leben seinen letzten Ernst und die Offenheit über das Todesschicksal hinaus. Aszese bedeutet lernen und einüben, sich loszulassen und sich ins Unvermeidliche freizugeben.In dieser Richtung beinhaltet Lebensgestaltung auch, vom Stress zur Ruhe, von getaner Arbeit zur Erholung, von der Anspannung zur Entspannung und von der Konzentration zur Musse kommen zu dürfen. In letzter Konsequenz mündet dies in das Freiwerden für das Unausweichliche, in die Bereitschaft, sich hinzugeben. »Im Tod wird der Mensch in radikalster Weise real gefragt, ob er über sich ins verhüllt Unübersehbare hinein verfügen lasse und sich lassend entsage. Die christliche Entsagung ist darum die Einübung des Sterbens in Christo als der höchsten Tat des radikalen Über-sich-Verfügenlassens«.[13]

Im christlichen Glauben ist mit dem Karfreitagsgeschehen und dem Osterglauben eine Hoffnung verbunden, die nochmals theologisch darauf verweist, dass christliche Aszese nicht als reine Übung verstanden werden kann, auch nicht als nützliches Mittel zum Zweck, es sei denn das Ziel der Aszese ist die Liebe. Unter diesem Vorbehalt kann es dann so viele Formen der Aszese zwischen Distanz (Orden, Klöster) und Nähe zum Leben (Seelsorger/-innen, Laien) geben, wie es mag. Sie alle können sich gegenseitig bereichern und zum je eigenen Weg ermutigen, sofern sie nicht religiöse Leistungen und Berechnungen sind, sondern Ausdrucksformen und Wege der Liebe, der Versöhnung und der Heilung und nicht zuletzt der Freude.

4.4 Aszese zwischen Hoffnung und Scheitern

Die bisherigen Ausführungen zeigen, wie schwierig es ist, Spiritualität glasklar zu definieren. Bedenklich ist es, wenn der Spiritualitätsbegriff spiritualistisch verengt wird und seine Idealität geradezu selbstverständlich klingt. An unserer Realität, am individuellen Alltag und an der Geschichte der Menschheit zerbrechen viele Idealvorstellungen von Hoffnung, von Humanität, Menschwerdung und Spiritualität. So muss die kaum zu »balancierende« Spannung zwischen Hoffnung und Scheitern hier mindestens erwähnt werden, auch wenn in dieser knappen Form dem Anliegen kaum gerecht zu werden ist. Ist es nicht so, dass das Leben von Zerbrechen, Scheitern, Bosheit, Misserfolg und Enttäuschung geprägt ist? So könnte es scheinen. Doch die Erfahrung von stiller Treue im Alltag, von tragender Solidarität, von Wachsen und Reifen, von Dankbarwerden und Glück gehören ebenso zum Leben. Das zu betonen ist auch Realitätsbezug.

Doch Jesus ist widerfahren, was Menschen vielfach erleiden. Der Platz, den Menschen einander oft zuweisen, erinnert an den letzten Platz, den die Menschen Jesus vergeben haben: das Kreuz. Er durchlebte diese tödliche Spannung zwischen Scheitern und Hoffen, durchlitt das Sterben und Scheitern am Kreuz und ging diesen Menschen-Weg durch das Kreuz hindurch – ohne dass Gott sich dort gemeldet und damit seine Botschaft bestätigt und bezeugt hätte. Aber Jesus lieferte sich aus und überliess sich trotz Kreuz und Scheitern dem, auf den hin er gelebt, den er geliebt, auf den er gesetzt und zu dem er in dunklen Nächten gebetet hat. In diesem Sinn ist sein Sterben ein Sich-Lassen als Sich-Verlassen auf Ihn und Hingabe. Ostern bedeutet, dass die Kreuzeserfahrung nicht das allerletzte Wort ist, denn die Ostererfahrung der Jüngerinnen und Jünger war denn auch: Er lebt. Die Botschaft von Jesus Christus bedeutet somit, dass die Vorzeichen, die wir Menschen für das Leben setzen, wohl das letzte Wort unsererseits sind, aber dass das allerletzte Wort der Gott und Vater Jesu spricht und damit die Vorzeichen für das individuelle und gesellschaftliche Leben neu setzt, für die die Worte »Reich Gottes«, »Gerechtigkeit«, »Liebe«, »Friede« und »Versöhnung«, »Leben in Fülle« massgebliche Hinweise und Zeichen der Verheissung sind. – So lebt auch christliche Spiritualität insofern, als sie realitätsmutig ist, sich ins Leben hinauswagt, sich zu den Menschen und ins eigene Menschsein begibt und trotz allem Widerstand der Wirklichkeit aus der geschenkten Hoffnung heraus im Alltag und im gesellschaftlichen Leben »kleine Auferstehungsschritte« wagt.

5 Zwischen Erfolg und Misserfolg

Wer in theologischen Handbüchern und in Katechismen nach den Stichworten Erfolg, Misserfolg und Leistung sucht, wird oft vergebens suchen. Ganz anders nimmt es sich indessen im Leben der christlichen Gemeinden und Gruppierungen und im Alltag der Christinnen und Christen aus. Offen oder verschlüsselt kreisen viele Gefühle im kirchlichen Raum um Erfolglosigkeit kirchlicher Bemühungen und pastoraler Wege, aber auch um die Mühe, die durchaus die Menschen innerhalb der Kirche miteinander haben.

Darf man im religiösen Leben und in Bezug auf die gläubige Ausrichtung und Gestaltung des Lebens einfach in Kategorien von Erfolg und Misserfolg, von Gelingen und Misslingen, von Bilanz und Verlust denken? Ist diese kaufmännische, ökonomische Denkweise kompatibel mit der Reich-Gottes-Botschaft? Werden dabei nicht transzendente qualitative Aspekte des Christseins mit diesseitigen quantitativen Massstäben verrechnet?

Auch die Arbeiterinnen und Arbeiter im Weinberg des Herrn, der alle Menschen meint, bedürfen des Erfolgs. Das muss nicht im vorhinein als weltliche Regung eines Karrierebesessenen oder als typisches Merkmal einer unbarmherzig kapitalistischen Leistungsgesellschaft diffamiert werden. Aber damit fangen das Problem und die Nachdenklichkeit erst an. Denn das Spannungsfeld zwischen Erfolg und Misserfolg kann die Sicht auf grundlegendere menschliche bzw. christliche Dimensionen des Lebens öffnen und weiten.

5.1 Ist der Mensch nur seine Leistung?

Unsere Zeit kennt spezifische Vorstellungen von Erfolg und einen vielfach überfordernden Zwang zur Leistung. Man verbindet damit Leistungsergebnisse, Resultate, Rendite, Bilanzen, Vorwärtskommen und Aufstieg. Doch darf der Begriff nicht allzu eilig negativ besetzt werden. Leisten ist ein eminent schöpferisches Geschehen. Wo immer Menschen im persönlichen und gesellschaftlichen Leben etwas gestalten, hand-werken, arbeiten und etwas erbringen, leisten sie etwas. Und was ist diesem Leisten nicht alles zu verdanken an Fortschritten im geistigen, naturwissenschaftlichen, technischen und politischen Bereich. Die ganze Kultur und Menschheitsgeschichte ist ohne Leistungswillen nicht denkbar.

Die Kehrseite dieses grossartigen Leistungsausweises ist indessen auch kritisch ins Auge zu fassen. Es gibt Leistungen, die hohe seelische und körperliche Kosten für die Menschen verursachen. Es sei nur an die sozialen und ökologischen Probleme erinnert. In der Regel ist der Verdienst an Leistung gebunden, und der Preis definiert den Wert der Leistung nach dem Bonmot: »Was nichts kostet, taugt nichts«. Höchst bedenklich wird es, wenn der Wert der »Leistenden« an ihrer Leistung gemessen wird. Erweist sich ein Mann oder eine Frau aus irgendwelchen Gründen nicht mehr als leistungsfähig, dann sinkt sein oder ihr Lebenswert, wenn dieser am Marktwert gemessen wird. Es ist leicht auszudenken, wie solche Denkart auf Arbeitslose, Alte, Behinderte und Kranke wirken muss. Wenn die Leistung nur unter ökonomischen Gesichtspunkten taxiert wird, führt das zu der paradoxen Entwicklung, dass unbezahlte Arbeit nicht als gleichwertige Leistung anerkannt und Sozialzeit, die für politische, betreuerische, kulturelle und soziale Aufgaben aufgewendet wird, minderbewertet wird.

Für unser Thema »Erfolg und Misserfolg« heisst dies, dass die Spannung zwischen Erfolg und Misserfolg durch ökonomische Gesetzmässigkeiten schon vorgegeben ist, da Erfolg gesellschaftlich gesehen weitgehend Leistung bedeutet, die irgendeinen Gewinn erwirtschaftet.

5.2 Leistungs-Kirche (Leistungs-Pastoral)

Da die Kirche Teil dieser Gesellschaft ist, stellt sich die Frage, ob Erfolg nicht auch im weiten Feld der kirchlichen Arbeit und des Engagements von

Laien leistungsorientiert ist. Bestimmen nicht auch messbare Erfolgskategorien diesen Alltag? Ist überhaupt Identifikation mit der Kirche ohne die Leistungen, die sie erbringt, und ohne Leistungserwartungen an sie möglich? Über »Leistungen« laufen doch weitgehend die Wege zur Kirche bzw. weg von der Kirche. Das Gelingen der kirchlichen Aufgaben und des seelsorglichen Handelns ist an ein feines Netz von Leistungen bzw. »guten Werken« gebunden, die erfolgreich sein können oder als Misserfolg verbucht werden. Die Situation der Kirche unter den gegenwärtigen gesellschaftlichen Bedingungen verursacht einen Leistungsdruck, der allzusehr vom Erfolg oder Misserfolg abhängig macht. Es gibt eine zunehmende Distanz des sog. modernen Menschen zur Institution Kirche und zu ihren Glaubensvorgaben. Offenkundig haben viele Menschen Mühe mit der Kirche; und die Medien leben zu ihrem Teil davon. Das setzt gerade jene, denen Kirche bzw. ihre Sendung am Herzen liegt, unter Druck, »werbewirksamer« um Erfolg zu kämpfen. Leicht misst sich der Erfolg an äusseren Symbolen und an der Magie der Statistik. Wer erreicht mehr Leute? Wer bringt die Jugendlichen noch in den Gottesdienst? Das heiligste Buch wird der Terminkalender. Eine möglichst volle Agenda verrät, dass man sich über zu erbringende Leistungen definiert.

Man muss auch die Frage stellen, ob der ganze kirchliche Betrieb – trotz Priester- bzw. Seelsorger/innen-Mangels – etwa deshalb noch gut funktioniert, weil ein hoher Prozentsatz gerade auch des pastoralen Personals »Arbeitstiere« sind. Das trifft auch viele ehren- und nebenamtlich engagierte Frauen und Männer. Auf Seiten der »passiven« Kirchenmitglieder gibt es ebenfalls ein leistungsorientiertes Kirchenverhältnis. Wenn schon Kirchensteuern bezahlt werden, erwirkt man gleichsam als Gegen-Leistung das Recht auf kirchliche Service-Leistungen. So nistet sich in verschiedenen Variationen die Leistungsgesellschaft auch in der Kirche ein; und im alltäglichen Arbeitssog übersieht man leicht deren Suggestion und heimliche Kraft.

Anderseits ist zu wiederholen, dass Leistung sowie Erfolgsorientierung nicht grundsätzlich verteufelt werden dürfen. Kirchliches Leben und die Frage nach dem Christsein hängen durchaus mit so etwas wie Erfolg zusammen. Kirche und Christsein sind um ihrer Sendung und Hoffnungsperspektive willen ihrem »Erfolg« verpflichtet. Christsein und die Reich-Gottes-Botschaft Jesu sind keine Vertröstung auf das »Noch-nicht« eines ausstehenden Jenseits, sondern Ernstfall im »Schon-Jetzt« des Diesseits. Alle Überlegungen über die Dienstanweisungen Gottes an die Christen und Christinnen in der heutigen Welt sowie über eine gedeihliche Kirchenkritik und über eine schwesterliche und brüderliche Kirche, die Postulate bezüglich der kirchlichen Dienste und der Gemeinde-Modelle usw. machen auf den ersten Blick keinen Sinn, wenn sie nicht als Ziele, Optionen und klar benennbare Absichten einklagbar wären, wenn man also nicht deren Erfolg wünschte.

5.3 Leistungs-Religion

Die Frage nach Erfolgskategorien und Leistungsnachweis gehen aber noch tiefer bis hinein in das Innere dessen, was wir Religiosität nennen mögen oder unsere subjektive Beziehung zu Gott oder zum Göttlichen. Auch dieser Aspekt kann nur skizziert werden, wenngleich es sich um einen höchst sensiblen Aspekt handelt, der der Diskretion und der Ehrfurcht bedarf.

Es ist zu fragen, ob nicht auch der eigene Wert an religiösen Leistungen gemessen wird, die man Gott gegenüber erbringen zu müssen glaubt. Die Frohbotschaft von einem befreienden und barmherzigen Gott verkam, wie schon früher erwähnt, allzuoft zu einer angstmachenden Frömmigkeit. Der Mensch sah sich Gott gegenüber nur noch als sündigen Schuldner, der den Herr-Gott durch religiöses Ritual (Opfer) und durch moralisches Wohlverhalten gnädig zu stimmen suchte. Eigene Leistung wurde so zum Kern von Religiosität. Die Kirche wandelte sich unbemerkt zur Buchhalterin eines strengen und strafenden Gottes. Solche Religiosität konnte von den Menschen nicht als befreiend empfunden werden, sondern als Joch: Durch Opfer, Busse und gute Werke war die verloren geglaubte Liebe Gottes zurückzugewinnen, Gott sich gegenüber gleichsam gnädig abzurichten. Aber weder angestrengte religiöse Riten noch ausgeklügelte Gesetzesfrömmigkeit, Ethik und Gebetsleistungen können die Beziehung zu Gott erschleichen.. Solche krampfhaften Versuche verdichten sich zum »Gotteskomplex« mit all den Allmachtsgelüsten und dem Wahn, selber gross und unantastbar (»heilig«) zu werden. Letztlich verbirgt sich dahinter aber eine moralisierende Leistungsreligiosität, die durch ein quantitatives Höchstmass an religiösen Leistungen die eigene Idealität sichern will, jedoch an diesem aussichtslosen prometheischen Zwang verzweifeln muss. Der Mensch bleibt auf diese Weise Gott gegenüber ein hoffnungslos zahlungsunfähiger Schuldner, der die eigene Realität nicht mehr zuzulassen vermag und sich in konservativen oder progressiven Formen verbissen verteidigt.

5.4 Glaube an Gott oder an die Leistungen?

Ist davon nicht auch das Verhalten von Mitgliedern der Kirche geprägt? Liegt nicht häufig eine solche Konzentration auf die Kirche selbst vor, als käme es gar nicht mehr auf Gott an und als hätten die Offenheit und Dankbarkeit für die uns allen zuvorkommende Liebe Gottes (Gnade) nur wenig Raum bei unseren Kirchen-Sorgen? Wir starren auf die pastoralen Instrumente, dass darob leicht aus dem Auge verloren wird, in wessen Dienst sie stehen. Das ist m.E. für unsere aktuelle Kirchensituation geradezu eine Tragik.

So können Gemeinden in ihren Gremien und christliche Gruppierungen und Arbeitskreise mit ihren Projekten bei einem hohen organisatorischen Aufwand und unter Einsatz von fachlicher Kompetenz derartig in sich selbst aufgehen, »etsi Deus non daretur« (»als wenn es Gott nicht gäbe«). Es stellt sich zuweilen die Frage, ob bei all den Pastoralplänen, Sitzungen, Aktivitäten, Problemen und persönlichem Engagement vieler Gott ankommen und vorkommen darf, ob die Gottesfrage gewagt wird und den Horizont des kirchlichen und christlichen Handelns bildet.[14] Man ist dann versucht zu fragen, ob die Gemeinde auf Jesus Christus als ihren einzigen Herrn vertraut oder auf das, was sie selber will und »machen« kann, auf Methoden, Apparat und Management. Wenn der ganze Aufwand von Kirche, Seelsorge, Verkündigung, Gottesdienst und Lehre nicht zur Einladung und zum Weg für Menschen wird, ihre ganze Lebens-Hoffnung auf den Gott Jesu zu setzen, dann ist Pastoral kein Gottesdienst, sondern Gottesverhinderung.

Die Gefahren im Alltag von Christinnen und Christen sind die Trends der Zeit, nämlich Betriebsamkeit und damit Stress und der Druck, auch nach aussen erfolgreich sein zu müssen. Man wird betriebsamer »Funktionär«, der leistungsorientiert handelt und einem Perfektionismus unterliegt. Leicht kann Gott auch den Kirchenaktiven abhanden kommen, zumal auch in der unmittelbaren seelsorglichen Praxis Gott oft nur mittelbar »vorkommt«. Sein Abhandenkommen tut in der Hitze des Alltags oft gar nicht so weh – wie lebensbedrohende Krankheiten, die oft viel weniger schmerzen als kleine Schnittwunden. Beten und persönliche Bibel-Meditation sind in diesem Sinn un-umgänglich. Sie sind Versuch und Weg, dieser Anästhesie des Bewusstseins und der Unachtsamkeit des Herzens zuvor zu kommen und sich auf den Gott Jesu einzulassen.

5.5 Welchen Erfolg darf man wollen?

Wir haben gesagt, dass das Christsein durchaus auf »Erfolg« aus ist. Stellt aber nicht das Wort Martin Bubers, dass Erfolg keiner der Namen Gottes sei, solche Behauptung radikal in Frage? Welche Vorstellung haben wir denn von Wirkung, Gelingen und Erfolg? Und warum leiden wir so unsäglich unter der Erfolglosigkeit heutigen kirchlichen Tuns und unserer Kirchenträume? Unser Leiden verrät hintergründig unsere enttäuschten Erfolgs-Kriterien. In einer Zeit der rationalen Machbarkeit wird man allein deswegen schon für Misserfolg haftbar, weil alles »machbar« erscheint und man bei Misserfolg demzufolge etwas Machbares nicht erbracht hat.

Was kann man dazu verantwortlich sagen? Dass wir von Hoffnung inspiriert, an Perspektiven und Optionen orientiert bzw. von Zielvorstellungen her handeln und uns ins Spiel bringen, ist – wie schon mehrfach betont – unerlässlich. Wir müssen uns immer wieder kritisch fragen, ob unser Handeln auch zielführend ist oder nicht. Die entscheidende Frage ist nicht, ob wir Erfolg und Wirkung erzielen dürfen oder nicht, sondern welche Erfolgsvorstellungen uns steuern und wie wir uns verhalten, wenn sich die Wirkung und die Ergebnisse unseres Bemühens und Handelns nicht im Sinne unserer Erfolgsvorstellungen einstellen und erfüllen.

5.5.1 Erfolg ist eine schillernde Figur

Ob nicht bei einer solchen Fragestellung wiederum die Spannung zwischen Idealität und Realität eine Rolle spielt? Vielleicht sind unsere Interessen und Maximen auf eine solche idealistische Zielsetzung hin fixiert, dass wir nur von der perfekten Zielverwirklichung her denken und nicht auch den Weg (der Realitäten) dahin bedenken. Agieren wir in unserem Handeln nicht so lösungsversessen auf perfekte Modelle hin, weil wir den Widerstand der Realitäten und die Fragen kaum auszuhalten gelernt haben und deshalb zu wenig problembewusst vorgehen? Entweder zieht man sich wehleidig vor der kalten Luft der Wirklichkeit in »Kuschelgruppen« zurück (z.T. in der Jugendarbeit und bei Basisgruppen beobachtbar) oder man verschreibt sich idealistischen Kirchenbildern und vergisst dabei, dass eine ideale Kirche nur auf totalitärem Wege zu bauen wäre (z. T. bei Bewegungen fundamentalistischer Art beobachtbar). Beide Reaktionen verpassen die Wirklichkeit und bauen unüberwindliche Mauern.

Natürlich muss man sich in diesem Zusammenhang bewusst bleiben, dass Idealisierungen bei sich und (in) der Kirche mit der je eigenen Biographie und psychischen Struktur zu tun haben. Wer in den Amtsträgern den idealen Vater oder in der Kirche die bergende und absolut schützende Mutter sucht, kann solchermassen beeinflusste Erwartungshaltungen und derart verursachte Täuschungen nur dadurch ansatzweise heilen, dass ein Verhältnis zur eigenen Wirklichkeit bzw. zu den Ursachen der Selbst-Täuschung gesucht wird. Nicht das Faktum solcher Verhaltensweisen ist das primäre Problem, sondern dessen Blindheit und Sprachlosigkeit, wodurch wir selber getäuscht werden und andere über die »wahren« Verhältnisse täuschen. Denn dann sind sie kaum zu benennen und zu heilen. So ist nicht zu übersehen, wie Erfolgs-Kriterien – auch im kirchlichen Bereich – mit einem ganzen Spektrum von persönlichen Motivlagen, Interessen, Abhängigkeiten und Kompensationen und mit beflissener Gefügigkeit bis hin zu seelischen Verwahrlosungen zu tun haben können. Mancher Miss-Erfolg liegt somit nicht allein in der Situation oder an der Institution, sondern auch in dem begründet, was in uns und aus uns selbst zum Stress, Aktivismus und erpresserisch zur Angst (ver-)führt. (Ein Beweis dafür ist sehr oft der Terminkalender, an dem offenkundig wird, wie sehr wir Täter und Opfer in einem sind.) Hier liegen denn auch die Ursachen für verabsolutierte Kirchenbilder, ob sie nun »traditionalistisch« oder »progressistisch« begründet werden. Manche Probleme entpuppen sich an der Wurzel als Autoritäts-Probleme (z.B. als infantile Gegenabhängigkeit von Autoritäten), die dauernd abreagiert werden müssen. Davon sind auch die Seelsorger und Seelsorgerinnen nicht ausgenommen.

Von daher sind auch die idealen Leitbilder vom »vollkommenen Christsein« äusserst kritisch zu hinterfragen. Ist der kirchliche Aktivist schon ein guter Christ? Ist nicht die Frage nach Volkskirche und Entscheidungs-Kirche an Erfolgsrezepten orientiert? Ist jemand schon dadurch erfolgreicher Christ oder erfolgreiche Christin, weil er/sie alles befolgt und glaubt, was die Kirche lehrt und fordert? Sind etwa geschiedene Wiederverheiratete oder dispensierte oder dispenswillige Priester weniger gute Christen? Sind kontemplative Christen etwa automatisch besser als die politisch engagierten und umgekehrt? Sind Homosexuelle im Zugzwang, ihre Christlichkeit mit doppelter Leistung unter Beweis zu stellen? Ist ein Jugendseelsorger deshalb ein besserer Mensch, weil er will, dass »alle Jugendlichen glücklich« sind, oder der Pfarrer, der möchte, dass die Jugendlichen auch den Gottesdienst besuchen? Wer sagt entscheidend, wer als Christ gut und erfolgreich ist und wer nicht? Die Frageliste wäre unendlich weiterzuführen.

5.5.2 Vergewisserung: Der Realitätsmut christlicher Hoffnung

In dieser Situation ist von Jesus zu lernen, der – soweit aus den Begegnungen ersichtlich – den Menschen nicht ihre menschliche Situation oder Schuld vorwarf oder sich von ihnen deshalb distanzierte, weil sie nicht »Idealforderungen« entsprochen haben. Bei Jesus wird jede menschlich noch so aussichtslose und verlorene Situation zu einer Heils-Situation, selbst bei jenen, die sich gegen ihn stellten und seine Botschaft ablehnten. Wenn Jesus auf Perfektionismus und auf Idealität, auf Leistung oder gar Erfolg gesetzt hätte, dann hätte er wohl nie kommen dürfen. Statt dessen ist er auf die Realität der Welt und der Menschen unmittelbar eingegangen und hat in den Humus des begrenzten, sündhaften, suchenden, kranken und ehrlosen Lebens die Saat seiner Hoffnungs-Botschaft gesät und Heil hineingesenkt. Ohne die Erfahrungen des konkreten Lebens können auch keine religiösen Erfahrungen keimen und wachsen.

In diesem Zusammenhang darf sicher an die bekannte Tatsache erinnert werden, dass wir Menschen mit all dem Glück und Unglück, mit Gelingen und Misslingen, mit unseren Begabungen und Schwächen, mit bewussten und unbewussten Anteilen, mit Schulderfahrungen und Neurosen, mit unserer Sehnsucht und Liebesfähigkeit, auch mit unseren Abgründigkeiten und tiefen Ängsten, mit unserem Humor und mit unserer Lebenslust, auch mit »unglücklichen« Veranlagungen – wie wir eben sind und uns erleben – vom Gott Jesu erwartet und geliebt sind. Das ist die konkrete vordergründige und hintergründige Wirklichkeit, mit der Gott rechnet, von der Gott mit seinen Berufungen ausgeht. Das ist das konkrete Leben, in dessen Furchen die Frohbotschaft zu säen ist, nicht in eine unwirkliche und lebensfremde Idealität oder fremdgesteuerte und entfremdende Leistungsfrömmigkeit. Es ist auch nicht zu vergessen, dass nicht nur die geistgewirkten Charismen, sondern auch die menschlichen Ängste, Neurosen und Verärgerungen »kirchenproduktiv« sind und viel Theologie und Frömmigkeit erzeugen. Vom Gott Jesu her sind gerade unsere begrenzten Möglichkeiten, Schwächen und Störungen Einfallstore für sein Wirken und sein Ankommen; unter dem Einfluss seines Geistes wandeln auch sie sich zu Charismen. Auch Jesus selbst ist die

Härte der Realitäten nicht geschenkt worden; er hat aber seine Wirklichkeitserfahrungen nicht am Erfolg oder Misserfolg in der Welt der Realitäten gemessen, sondern auf Gott hin geöffnet.

Für das Verhalten als Christen und das Handeln der Christen und Christinnen als Kirche könnte dies bedeuten, zwar durchaus Erfolg und Wirkung des Handelns anzustreben und zu erzielen, aber nicht vom erwarteten Erfolg die Treue zum Auftrag abhängig zu machen. Wie im persönlichen und zwischenmenschlichen Bereich, so ist es auch in der Kirche bzw. für das christliche Handeln: nicht die Hoch-Zeiten der Auf- und Durchbrüche sind Zeiten der Treue, sondern gerade die Tief-Zeiten der Zusammenbrüche und Krisen.

5.6 Bei Miss-Erfolg – Treue dem Anliegen

Wer erlebt nicht, dass seine kirchlichen Träume nicht in Erfüllung gehen, dass seinem Engagement für lohnende Ziele und wichtige Projekte kein oder höchstens ein bescheidener Erfolg beschieden ist? Wieviele werden von ihren Zeitgenossen und Zeitgenossinnen müde belächelt, wenn sie sich in einem so »aussichtslosen Laden« wie dem der Kirche engagieren? Auch innerkirchlich gibt es viele Stimmen, die fragen, »was es eigentlich noch bringt?« Die kirchliche Schmerzgrenze ist für viele erreicht: Was sollen Erklärungen und Proteste? Wo sieht man Erfolg? Es ist doch aussichtslos ... Wer würde solche bekümmerten Einwände nicht kennen, wer wäre davon nicht auch persönlich betroffen?

In solchen verständlichen Fragehaltungen und Auseinandersetzungen ist einander deutlicher zu vermitteln, dass wir als Christen und Christinnen und im kirchlichen Handeln letztlich dem Wünschbaren und nicht trotzig oder verkrampft dem Machbaren verpflichtet sind. Dies vor allem deshalb, weil Christsein mit Menschen, Lebensprozessen und mit der personalen Ebene zu tun hat. Da gelten nicht Erfolgskategorien, sondern die Gesetze des Reifens und des Werdens, der Freiheitsgeschichte, der Persönlichkeitsentwicklung, des Fortschreitens und des Rückschrittes, der Zweifel und Ängste, des Suchens und Wartens, des Gelingens und Scheiterns, der seligen Freude am geschenkten Glauben und dem nagenden Zweifel und der abgrundtiefen Gottesferne bis hin zum depressiven Abgrund. Da ist es für pastorale Profis, Kirchenleute, Theologen und Theologinnen nicht angebracht, zur religiösen oder kirchlichen Reife zu drängen und die Entwicklung zu forcieren. Die Gefahr ist stets, dass wir uns für so verantwortlich halten, wie es letztlich nur der Gott Jesu selber sein kann. Vielleicht schieben wir uns zuweilen deshalb so macherisch und kontrollierbar (»Erfolg«) zwischen Gott und die Menschen, weil wir selbst gegenüber Gott und seinem (nicht messbaren) Wirken argwöhnisch und letztlich ungläubig sind.

Christen und Christinnen müssen vom *Anliegen* her ihr Handeln definieren, nicht zuerst vom (kaum messbaren) *Erfolg*. Wenn wir lernen, dass der eigentlich Handelnde mit den Menschen der Gott Jesu ist, dann sollen und dürfen wir wohl »Erfolge« wollen, aber uns nicht über sie absolut (totalitär) definieren und davon abhängig machen. Selbst in Zeiten des Misserfolgs, der vor Gott wahrlich nicht Misserfolg sein muss, gilt die Treue zum Auftrag, gilt die sicher oft mühsame Treue zum grundlegenden Anliegen. Nicht dem unberechenbaren Erfolg, sondern dem Anliegen gegenüber kann man untreu bzw. treu-los werden. Priorität hat nicht der Erfolg, sondern die Treue zur Aufgabe. Und wer weiss, ob nicht ein verstehendes und Weg-weisendes Wort im rechten Moment diskret und oft spät Früchte trägt. Viele können reichlich von solchen Erfahrungen berichten. Und manche säen, und die Frucht gedeiht, ohne dass sie es kontrollieren oder messen können. Aber nur denen, die säen, kann es blühen, dass die Kornfelder wachsen.

Das Gleichnis vom Unkraut und dem Weizen (Mt 13,24–30) gibt für unsere Frage einen feinen Hinweis. Aufgetragen ist zu säen, nicht die wachsende Saat krampfhaft nach Unkraut abzusuchen und dieses auszutilgen. Auch im kirchlichen Alltag ist den Wachstumsgesetzen ruhig mehr zu vertrauen und zuzutrauen, als wir »machen« können, ohne voreilig in gute oder schlechte Ernte einzuteilen. »Wachsen-lassen« ist ein pastorales und zutiefst christliches bzw. menschliches Grundmotiv. Dabei »tröstet« das Bild von der Ähre: Wenn das Korn im dunklen Erdreich liegt und sich selber sterben muss, dann weiss es nicht um die fruchtbare Fülle der Ähre, aber es hat die Kraft dazu, dass die Ähre voll erblüht und reift.

Praktischer Christen-Mut lebt zutiefst aus einer Hoffnung, die sich angesichts der Botschaft Jesu als nicht selbstgemachte, sondern als verdankte verstehen darf. Dieser lebendigen Hoffnung allein dient Kirche.

6 Wenn sich die Zeit hinzieht ...

6.1 Wenn sich die konziliaren Naherwartungen verzögern ...

Wenn man mit Frauen und Männern zusammenkommt, die sich seit dem Konzil in der Kirche engagiert haben, dann ist bei dieser Generation z. T. eine grosse Enttäuschung festzustellen. Sie haben zwar die Alternative zur gegenwärtigen Stimmungslage erlebt, sind aber auch enttäuscht darüber, dass die Erwartungen und Hoffnungen des Konzils sich wieder zu verflüchtigen scheinen. Auf alle Fälle wird die Gegenwart als Rückschritt empfunden. Auch wenn offiziell von Fortschritt die Rede ist, so beurteilen dies viele an der Basis doch als Stillstand, wenn nicht gar als Niedergang.

In den 60er und frühen 70er Jahren (es war in den deutschsprachigen Ländern die Zeit der Synoden) hielten wir uns sozusagen in erregter Vorfreude im Vorraum der erhofften Kirchenreform. Aber die Türen begannen sich wieder zu schliessen. Der »Vorraum« entpuppte sich nicht als Weg in eine bessere und geläuterte Kirchenzukunft. Wenn sich solche innerkirchlichen Naherwartungen verzögern, dann werden die eigenen Hoffnungen und die Bilder von Kirchenreform, die auf Nahziele hin orientiert sind, einer argen Geduldsprobe ausgesetzt, dann genügen die Techniken von Kurzstreckenläufern nicht mehr, die man zwingt, sich auf einen Langstreckenlauf einzurichten. Es ist offensichtlich ein langer Weg vonnöten, bei dem wir zwar um seine Optionen und um die Notwendigkeit von Visionen wissen, aber uns auf die mühsamen kleineren und grösseren Schritte in Richtung der Optionen einlassen müssen.

6.2 Konflikte und Spannungen sind nicht zu vermeiden

Zeiten des Umbruchs, der Neuorientierung und der Wegsuche in die Zukunft bedeuten auch vielfach Streit und Konflikt. Die Wirklichkeit in der Kirche ist weiss Gott auch davon geprägt. Streit, Hader, Vorurteile, Intoleranz und Eifersucht gehören dazu. Die Realität ist nicht wirklichkeitsscheu zu beschönigen. Aber wir wissen, dass dieser Zustand gar nicht so neu ist in der Kirchengeschichte. Schon die ersten Christengemeinden waren nicht so »brüderlich« und ideal, wie Lukas in der Apostelgeschichte berichtet (Apg 2,44–47; 32–35). Schon damals gab es Krisen und Auseinandersetzungen auf Tod und Leben. Paulus kennt keine Idealzustände, sondern Konflikte und Streit auch in wichtigen Fragen. Der Widerspruch zwischen dem hohen Anspruch und seiner kümmerlichen Verwirklichung scheint somit von Anfang an die kirchliche und christliche Praxis zu prägen.

Auch die Einstellung zum Konflikt hängt bis zu einem gewissen Grad mit dem Gottesbild und mit dem Kirchenbild zusammen. Kirche (und damit christliche Gemeinde) ist keine feste Burg und keine zu verteidigende Festung, sondern Weg und Einladung, die den Dienst an der Welt und unter den Menschen in Offenheit und Verletzbarkeit wagt, wohl wissend, dass sie stets unterwegs ist und nicht das Ziel selbst. Weil die Kirche unterwegs konkret eine Kirche aus Menschen ist, kann sie sich das Menschliche nicht grundsätzlich verübeln, sondern muss Konflikte einkalkulieren, ja als Formen des Wandels und der Wegsuche anzunehmen versuchen. Eine Kirche, die sich in solcher Offenheit wagt, darf auch darum wissen, dass sie um Instrumente der Konfliktannahme, ihrer Bewältigung und der Konfliktlösung gar nicht so verlegen ist. Welche Chancen sind für Versöhnungspraxis gegeben im Religionsunterricht, in Sakramentenkatechese, Verkündigung, Gottesdienst und Sakramentenpastoral, beim Beichtgespräch und bei Bussfeiern, in seelsorglichen Begegnungen, in der praktischen Diakonie, aber auch bei Friedensgottesdiensten, Fastenaktionen, Festen und Feiern, Glaubenskursen und durch die Gremien, Vereine und Gruppierungen?

Aber oft leiden die Mitglieder der Kirche an unmittelbaren und zuweilen kaum heilbaren zwischenmenschlichen Zerwürfnissen, die ungemein viel Kraft und schlaflose Nächte kosten und manchmal nur durch eine Trennung »lösbar« scheinen, indem man einander mit Anstand aus dem Wege geht. Wer mit Pathos gegen Ungerechtigkeit und Not eintritt, spürt oft, wie wir selbst dauernd intolerant aufrüsten können. Progressive und traditionalistische Positionen können leicht zu »Waffen« der Selbstverteidigung werden, weil man sich nicht auf die realen Verhältnisse einzulassen wagt; die bestehen oft aus einem Gemisch aus Verärgerungen, Beziehungsinteressen, Enttäuschungen, Depressionen und Gefügigkeiten.

So ist zu fragen, ob die z.T. elende Art und Weise des Umgangs oder die zuweilen trockene und funktionärshafte Attitüde und eine die Orthodoxie fundamentalistisch oder doktrinär rücksichtslos und »lächelnd« verteidigende Art unter Kirchenleuten bzw. Christen und Christinnen nicht damit zusammenhängen mag, dass in der eigenen Biographie Gefühle nicht gestattet und verarbeitet, die Gefühls-Differenzierung und damit Bereiche der

Wirklichkeit zu wenig oder gar nicht zugelassen werden? Auch bei Mitgliedern der Kirche geht zuweilen eine intellektuelle Differenzierungsfähigkeit mit emotionalem Analphabetismus einher. Die Art und Weise, ob und wie ein Verhältnis zu sich und zur eigenen Lebenswirklichkeit gefunden wird, sind mitausschlaggebend, wie sich das Verhältnis zur Umwelt und ihrer Wirklichkeit mit den Konflikten und Spannungen gestalten lässt. Erst auf dieser Basis kann erfolgreich von Kooperation und Kollegialität, von Teamarbeit und Koordination gesprochen werden. Dies ist eine grundlegende Bedingungen dafür, dass Kommunikationsbereitschaft und Konfliktfähigkeit wachsen können und damit die persönliche Freiheit, sich für Gerechtigkeit, Frieden und Überwindung von Entfremdung und Angst einzusetzen.

6.3 Mündig werden muss man selber

6.3.1 Mündige Christinnen und Christen

Der Begriff »Mündigkeit« wird in den Texten des Zweiten Vatikanischen Konzils oder der Synoden in den deutschsprachigen Ländern fast gemieden, wenngleich das Anliegen (z.B. entschiedenes Christsein, Charisma, Weltdienst ...) immer wieder aufscheint. Dieses Anliegen ist so alt wie das Christentum selbst, schon Paulus hat es thematisiert, z.B. im Hohenlied der Liebe (1 Kor 13). Im Epheserbrief wird darum gebetet, dass der Vater Jesu Christi »euch nach dem Reichtum seiner Herrlichkeit gebe, in eurem Inneren durch seine Geist an Kraft und Stärke zuzunehmen ... ihr sollt zusammen mit allen Heiligen dazu fähig sein, die Länge und Breite, die Höhe und Tiefe zu ermessen und die Liebe Christi zu verstehen, die alles Erkennen übersteigt ...« (Eph 3,16ff). Und im Galaterbrief ist zu lesen: »So waren auch wir, solange wir unmündig waren, Sklaven der Elementarmächte dieser Welt ... Gott sandte den Geist seines Sohnes in unsere Herzen, den Geist, der ruft: Abba, Vater. Daher bist du nicht mehr Sklave, sondern Sohn; bist du aber Sohn, dann auch Erbe, Erbe durch Gott« (Gal 4,3.6f).

Von Mündigkeit kann wohl dann gesprochen werden, wenn der Mensch versucht, ein Verhältnis zu sich und zur Mit- und Umwelt zu finden und zu gestalten. Es geht um eine Verhältnisbestimmung, die prozesshaft in der Vielschichtigkeit des privaten und gesellschaftlichen Lebens die persönlichen Fähigkeiten zur Entfaltung und zum menschen- und sachgemässen Einsatz zu bringen wagt. In diesem Sinn kann durchaus von Identitätsfindung als einem stets neuen Werdeprozess gesprochen werden, bei dem der einzelne Mensch aus einer persönlichen Mitte (Gewissen) heraus bewusst immer mehr für sich und sein Handeln verantwortlich zu werden versucht.

Mit Mündigkeit ist eine gewisse geistig verarbeitende Theoriefähigkeit der eigenen Lebenspraxis gefragt und gemeint, aber auch das Einüben in die subjektive Freiheit als Kraft (Selbst-Vertrauen), seinem Wissen und Gewissen in der Tat zu folgen.

6.3.2 Selber gehen …

Christsein bedarf der Pflege, der Sorge und der Treue gegenüber dem, was theologisch Berufung genannt wird. Dies kann uns niemand abnehmen. Der Ernstfall des Christseins ist nicht an Stellvertreter abzugeben. Auch als Christ, als Christin muss man selber gehen. Der Preis des Zieles ist der Weg. Aber der Preis des Weges sind wir selber. Einen anderen Weg als durch uns selber gibt es nicht. Wir werden dafür verantwortlich, was wir gewagt oder verweigert haben, ob wir uns geschützt oder ausgesetzt, ob wir uns den Gaben und Aufgaben gestellt oder uns davongeschlichen haben. Mündig werden kann man nur selber.

Spiritualität als Prozess der Mensch-Werdung bzw. der Identitätsfindung unter dem Auge Gottes meint zutiefst unverwechselbar den je einzelnen Menschen. Jeder Mensch ist vom Gott Jesu bei seinem eigenen und unaustauschbaren Namen gerufen. Das bedeutet existentiell auch eine letzte Einsamkeit, das Bei-sich-Sein und eine Distanz zu entfremdenden und erpresserischen Einflüssen von aussen wie von innen. Damit ist keine abschirmende Isolation gemeint oder genüssliche Idylle, in der es »für mich stimmt«, sondern eine von einzelnen Menschen ganz persönlich gedeckte Wahrhaftigkeit, aus der das Leben authentisch und möglichst echt (integer) zu gestalten versucht wird.

6.3.3 … aber nicht alleine gehen

Anderseits lebt gerade eine so verstandene Spiritualität vom anderen, von der Gemeinschaft. Nur in der Kommunikation mit anderen, gelingt das Erwachen zu sich selber, schenkt sich meiner Hoffnung die Sprache und die Wortwerdung. Auch im Glauben erfährt man sich als das Wesen, das anderer entscheidend bedarf, und dies auf Tod und Leben. Wir leben auch im Glauben aus und von der Solidarität der Mitglaubenden. Auch die persönliche Spiritualität lebt vom Austausch mit anderen, von Weggenossenschaft und von der Ermutigung und prophetischen Kritik anderer, von der Verankerung in einer konkreten Gemeinde bzw. Pfarrei. Religiös kann man nicht wie Robinson Crusoe existieren. Und darin läge gerade der Charme von Kirche, Ordinariaten, Bewegungen, Projekten, Klöstern, Pfarreien und Basisgruppen, nämlich Räume und Klima zu schaffen, damit im Rahmen der Erfahrungen der Menschen die Fragen nach Gott, das Leiden an der Gottesfrage, die Not mit Gott, aber auch das Suchen nach ihm bis hin zur seligen Freude an ihm zur Sprache kommen und im Beten und gemeinsamen Schweigen Ausdruck finden können. In der aktuellen Kirchenstunde gilt das wohl in besonderem Mass: selber gehen ... aber nicht alleine gehen. Es warten viele darauf, dass man auf sie zugeht, sie auf dem gemeinsamen Weg mitnimmt, dass man mit ihnen geht.

7 Laien: in der Welt und in der Kirche zu Hause

7.1 Im Spannungsfeld zwischen Anspruch und Wirklichkeit

Wir erleben heute meist nur einen Ausschnitt dessen, was Kirche ausmacht, einen Ausschnitt, der zuweilen arg verdunkelt ist. Wenn Frauen und Männer sich aber Rechenschaft über ihre Berufung als Christen und Christinnen und über ihre Rolle in der Kirche geben, dann ist es unerlässlich, auf die ganze Spannweite der Realität Kirche aufmerksam zu werden, wuchs Kirche doch heraus aus der grossen geschichtlichen Reaktion der Menschen auf die Person und den Weg Jesu von Nazaret. Sie ist das Provisorium Gottes – nur Provisorium, mit all den geschichtlichen Veruntreuungen und enttäuschenden Anfälligkeiten –, aber sie beinhaltet auch die grosse Anwartschaft, sich trotz ihrer Knechtsgestalt als geschichtlicher Lebenszusammenhang zu verwirklichen, in dessen Strom wir Zugang finden zum Glauben an die von Jesus eröffnete, geschenkte und zugelebte Freundschaft Gottes und zu der daraus entspringenden Hoffnung.

Trotz dieses Blickes mit den Augen des Glaubens können wir nicht über die gegenwärtige Situation hinwegsehen, in der wir allenthalben das Gefühl empfinden, dass die Fortschrittshoffnungen und Erwartungen sowohl in der Gesellschaft als auch in der Kirche einer eher restaurativen Phase Platz gemacht haben. System-Maschinisten mit Gebrauchsanweisungen von vorgestern sind wieder stärker am Werk. Man will es – etwas pauschal ausgedrückt – scheinbar wieder wie ehedem haben und sucht Sicherheit in geschützten kirchlichen Unterständen. Man fürchtet sich vor dem Werden in eine noch offene Zukunft; man wagt kaum den Exodus aus ehemals gangbaren Strukturen. Es ist ja auch wirklich mühsam, die kirchliche Zukunft, auch wenn sie sich schon ansagt, über einen langen Weg zu erdauern und eventuell auch im einzelnen zu erleiden.

Im geistlichen Vermächtnis der Synode in der Bundesrepublik Deutschland »Unsere Hoffnung« (1975) wird die Kirche »Hoffnungsgemeinschaft« genannt (I,8), und es wird die Frage gestellt: »Ist unser kirchliches Leben geprägt vom Geist und der Kraft dieser Hoffnung? ... Die Welt braucht keine Verdoppelung ihrer Hoffnungslosigkeit durch Religion; sie braucht und sucht (wenn überhaupt) das Gegengewicht, die Sprengkraft gelebter Hoffnung. Was wir ihr schulden ist dies: das Defizit an anschaulich gelebter Hoffnung auszugleichen ...« (II,2).

7.2 Als Menschen der Kirche im Herzen der Welt und als Menschen der Welt im Herzen der Kirche (Puebla)

Das Leitbild für Kirche, für eine Pfarrgemeinde oder für jede christliche Gruppe ist nicht die Geschlossenheit eines integralistischen Systems, Blockdenken oder elitäre Absonderung in irgend ein Getto, sondern Nähe zu den Menschen und zur Welt aus einer kritisch-prophetischen Offenheit heraus. Das bedeutet, dass die Kirche in all ihren Aktivitäten und Lebensfomen niemals Ziel ihrer selbst ist, sondern vielmehr dafür da ist, um in Wort und Tat sowohl in offener Parteiergreifung für die Menschen als auch in stillen unhonorierten Schritten Zeichen der Hoffnung unter den Menschen und in deren Herzen aufzurichten.

Diese Sendung führt die Christinnen und Christen in die Spannung und oft sicher auch in die Zerreissprobe im magnetischen Feld zwischen konkreter Gesellschaft und Anspruch des Evangeliums. Dieser Grundkonflikt zwischen der theologischen Sendung von Kirche einerseits und den Erwartungen und Bedürfnissen der Gesellschaft und der Menschen anderseits lässt sich nie ganz aufheben oder befrieden. In Anlehnung an ein tief beeindruckendes Wort aus der Konferenz von Puebla ist zusagen: Jedem von uns ist es als Christen nach Massgabe des je persönlichen Vermögens aufgetragen als »Menschen der Kirche im Herzen der Welt und als Menschen der Welt im Herzen der Kirche« (Nr. 786) unsere Identität als Christinnen und Christen zu wagen und uns im guten Sinn des Wortes für die Menschen zu verbrauchen und die Realität als genau den Ort wahrzunehmen, wo Gott ankommen will, auch wenn noch so viele Erfahrungen dagegen zu sprechen scheinen.

Die Worte des Puebla-Dokumentes vom Menschen der Welt im Herzen der Kirche und vom Menschen der Kirche im Herzen der Welt, geradezu eine Kurzformel christlicher Spiritualität, bezeichnet treffend die fruchtbare Spannung zwischen beiden Polen. Allerdings dürfen wir die Gefahr nicht ausser Acht lassen, dass von beiden Spannungspolen her christliche Existenz entschärft oder zu reduzierten Preisen feilgeboten werden kann.

Eine Gefahr kann darin liegen, dass wir uns in der Kirche, wie schon angesprochen, auf uns selbst zurückziehen, dass wir uns dadurch Burgen und Festungen bauen, hinter deren Mauern sich eine verängstigte Besatzung verschanzt oder kleinliche Palastrevolutionen übt. Die fundamentale missionarische Zielsetzung der Kirche als Provisorium des Gottes Jesu erfüllt sich nicht in einem kirchlichen bzw. konfessionellen Integralismus, in dem sie alle gesellschaftlichen und menschlichen Bereiche als Ganzes einzufügen und die organisatorischen Instrumente der kirchlichen Einflussnahme zu schaffen sucht: z. B. katholische Schule, katholisches Fernsehen, katholische Kulturpolitik, katholische Parteien oder Gewerkschaften usw. Diese Form kann in besonderen geschichtlichen Situationen taktisch geboten sein, ist aber keine wesentliche Dimension des Christseins bzw. der Kirche, sondern eine Frage der praktischen Vernunft. Entscheidend bleibt der Brückenbau zu den Menschen und ihrer Welt.

Die Hauptspannung müsste doch liegen zwischen der christlichen Sendung und der Welt mit ihren Fragen, nicht so sehr zwischen Traditionalisten und Progressisten, nicht zwischen den Vertretern einer auch behördlich zentralistisch organisierten Kirche und den sog. Laien, nicht zwischen den Klerikern oder Ordensleuten auf der einen und den Laien auf der andern Seite; nicht zwischen hierarchischen Amtsträgern und den Theologen/innen, nicht zwischen amtlichem Anti-Laikalismus und laikalem Anti-Klerikalismus; nicht zwischen Rom und den Teilkirchen; nicht zwischen den durch Ordination zum »Heilsdienst« gesalbten Priestern und den zum »Weltdienst« beauftragten Pastoralassistenten und –assistentinnen usw. Es ist zu befürchten, dass wir in der gegenwärtigen Stunde derartig mit all den ohne

Zweifel vorhandenen internen Problemen und mit so vielen z.T. künstlichen Problemen befasst sind, uns diesbezüglich streiten und auseinandersetzen, in vielen Entscheidungsprozessen und Analysen aufreiben und uns in zahlreichen Gremien in Sitzungskatholizismus ergehen, dass dadurch viel Kraft, viel zu viel guter Wille und viel zu viel psychische Reserven und seelische Ressourcen vergeudet werden, die doch geschenkt sind, damit sie im Dienst an der Welt und an den vielen Menschen eingesetzt werden.

Je intensiver der Mensch der Kirche sein Leben als christliche Glaubenspraxis (die nicht schon mit äusserer Kirchlichkeit gleichzusetzen ist) zu gestalten bemüht ist, um so tiefer realisiert er auch oft schmerzlich die Diskrepanz zu den Normen und Erwartungen einer durchrationalisierten Industrie- und Wirtschaftsordnung, deren Credo die Stichworte Rationalität, Leistungsdruck, Konkurrenz und ökonomische Rendite umfasst. Auch im Bereich der Verwaltung und des Handelns bis hin zum Bildungssektor und zur medizinischen Versorgung werden Verhaltensweisen erzwungen, die zu den christlichen Grundsätzen von der Würde des Menschen und seiner Autonomie und Freiheit, von Solidarität und Gerechtigkeit oft in einem unversöhnlichen Gegensatz stehen.

In diesem Horizont muss auch auf die Diskrepanz zwischen den in der Gesellschaft gültigen Haltungen und den von der Kirche offiziell vertretenen Normen und Werten hingewiesen werden, die z.T. sehr massiv in den Lebensbereich aller engagierten Christen und der Seelsorger/innen greifen. Nach der grossen Synodenumfrage unter den bundesdeutschen Katholiken, die zur Vorbereitung der Synode diente, sind es vor allem vier Bereiche, in denen sich die Menschen der Kirche als Menschen der Gesellschaft verstehen und von daher die Diskrepanz zur Kirche massiv erleben. Diese vier Bereiche sind: Auffassung von Freiheit, Stellenwert und Begründung von Autorität in der Kirche, allgemeine »Lebenszuwendung« (bis hin zur Sinnfrage des modernen Menschen) und Sexualität im weitesten Sinn des Wortes.

In diesem Spannungsfeld erweisen die Christinnen und Christen ihre charismatische Kraft, wenn sie mit einem mutigen und nüchternen Sinn für die Wirklichkeit des Lebens aus der christlichen Hoffnung heraus das Leben pflegen, gestalten, mittragen, ermöglichen, zum Leben ermutigen, es erleiden und sich auch daran erfreuen.

7.3 Plädoyer für eine Spiritualität einer gedeihlichen Kirchenkritik

Christsein geht nicht ohne Risiko. Eines dieser Risiken kann sicher darin bestehen, dass man, bei aller kritischen Sichtung der Probleme um Identifikation mit der Kirche und mit den gesellschaftlichen Institutionen, eine fast unkritische Identifikation mit modischen Trends und ideologischen Entwicklungen in der Gesellschaft lebt, dass man im Hinblick auf die unleugbare und auch nicht aufhebbare Spannung zwischen christlichem Glauben und Welt sich in den sogenanntenSelbstverständlichkeiten dieser Welt und unserer Gesellschaft beheimatet und sich deren Mentalität zu eigen macht.

Kann nicht auch eine bestimmte Form der Kritik ein Rückzug sein von einem alternativen Engagement? Verschreiben wir nicht leicht theoretisch oder in allgemeinen kritischen Formeln schlüssige Lösungsangebote, ohne in den Schuhen derjenigen gelaufen zu sein, die dann die Theorien und verschriebenen Patentrezepte verwirklichen sollen bzw. sich daran wundreiben? Auch den Laien kann es passieren, dass sie bis zur Unerträglichkeit innerkirchliche Probleme wälzen, ohne dafür empfindsam zu werden, dass sie Steine verabreichen statt nährendes und stärkendes Brot, und sich dann wundern, dass diese verabreichten Steinbrocken zurückgewiesen oder gar zurückgeworfen werden.

Selbstverständlich ist mit Kirchlichkeit im Sinne einer engagierten Liebe für die christliche Dimension von Kirche und im Sinne einer daraus entspringenden Solidarität keiner unkritischen Haltung das Wort gesprochen, sondern einer immer wieder neu zu erwerbenden Offenheit, die wohl um die Unzulänglichkeiten und um die Gefahren von doktrinären und institutionellen Verhärtungen auch der Administration Kirche weiss, die die Kirche aber am Anspruch des Evangeliums misst und sich trotz der Wunden der Kirche von dieser nicht distanziert oder sich mit Berufung auf Missstände vom eigenen Handeln davonstiehlt.

Dazu gehört durchaus eine Art Widerstandsrecht in der Kirche. Wenn Realität nicht mehr zugelassen erscheint und die Amtsträger sich eher taktisch statt pastoral verhalten, dann sind auch die Laien – um der Sendung der Kirche willen – zum Widerstand verpflichtet. Wenn z. B. die Deutsche Bischofskonferenz sich hinsichtlich der Schwangerschaftskonflikberatung zurückzieht, dann kann es Pflicht der Laien-Verbände sein, nicht nur klar Protest einzulegen, sondern alternativ zu handeln.

Soll Kritik wirklich das Niveau einer kritischen Attitüde überwinden, dann wird kritisch-prophetische Kritik sich aus seiner grundsätzlichen und positiven Option heraus wagen. Sie wird Zustände und Verhaltensweisen gelegen oder ungelegen in Frage stellen, aber nicht Menschen intolerant ins Abseits stellen bzw. »exkommunizieren« und sie verfemen. Prophetische Kritikfähigkeit ist eine wichtige Gabe (Charisma). Sie ist zu unterscheiden von unkritischer Kritik. Denn Kritik ist eine hohe Kunst, deren Pech es oft ist, dass sich ihrer zu wenig Künstler, sondern zuviel Techniker annehmen. Darunter muss schon Paulus gelitten haben, wenn er mit den zerstrittenen Korinthern ringt: »Gebt uns doch Raum in euren Herzen« (2 Kor 7,2a).

7.4 Kirche als Weg und Einladung

Man kann es nicht genug betonen: Kirche ist nicht zuerst Institution, so sehr sie es auch bis in ihre feinmaschigen Formen hinein ist. Kirche ist von ihrer Zielsetzung her eine Bewegung von Menschen, die in der Nachfolge Jesu zusammen unterwegs sind. Mit Weg verbinden sich Bilder wie Begleitung, Weggenossenschaft und Miteinandergehen.

Kirche als Weg bedeutet somit Einladung, das persönliche und gesellschaftliche Leben aus Hoffnung heraus zu gestalten, die Kräfte des Lebens und der Phantasie, des Geistes, des Herzens und der Hände und Füsse zur Gestaltung des persönlichen Lebens und des gesellschaftlichen Miteinanders zu fördern und kommen zu lassen. Das Bild will auch sagen, dass die institutionelle Dimension der Kirche dem Gericht und der Verantwortung dafür unterliegt, inwieweit sie der christlichen Dimension von Kirche Wege eröffnet und für diesen Weg in Wort und Tat wirbt.

Weggenossenschaft heisst auch trösten, schützen und bergen; heisst aber auch, einander kein falsches Pardon zu gewähren, wenn es um das entscheidend Menschliche geht oder wenn man auf billigen Umwegen durchkommen will, die jedoch menschlich nicht weiterführen. Zeichen einer Kirche im Sinn von Weg und Einladung gibt es – zwar lautlos zuweilen, aber auch wieder reich und üppig. Wir müssen unsere Augen auch für die positiven Zeichen der Zeit und in der Kirche schärfen und unseren Blick üben, diese Zeichen zu sehen. Gemeint sind – wie schon z.T. angesprochen – kleine Gruppierungen, Basisgruppen, lebendige Gemeinden, Solidaritätsgruppen, engagierte Kreise z.B. in der Jugendarbeit, Elternkreise, die stille und selbstlose Mitarbeit so vieler Frauen und Männer in den verschiedenen Bereichen der Gesellschaft und der kirchlichen Gemeinden, in den Verbänden und in spontanen Gruppen, aber auch viele Kontakte und menschlich bereichernde Begegnungen mit Menschen, die sich redlich und offen über ihre Motive und ihr Handeln Gedanken machen, die andere auf ihrem Weg mitnehmen und so zu Weggefährten werden; Menschen, die Horizonte und Perspektiven vermitteln, aus der eigenen Enge befreien, Solidarität spüren lassen und im letzten bei allem Ernst in der Sache und in der Fragestellung auch Humor behalten. Darüber hinaus sei erinnert an Menschen, die ebenfalls an der Kirche leiden, sich aber von der unerfreulichen Seite dieser Wirklichkeit nicht dazu verführen lassen, der christlichen Dimension von Kirche untreu zu werden; Menschen, die nicht resigniert haben und die auch unseren eigenen Grenzen und unserem eigenen Schimpfen und Resignieren nicht auf den Leim gegangen sind. Können nicht auch manche Christinnen und Christen für sich persönlich von »Liebe zur Kirche« sprechen? Und dies nicht nur, weil sie mit dem gläubigen Auge die Kirche als Provisorium Gottes betrachten, sondern weil sich ihnen auch in der Kirche bereichernde Begegnungen mit anderen geschenkt haben? Natürlich ist eine solche Liebe aufgrund der realistischen Erfahrungen eine »verwegene Liebe« zu nennen. Aber welche Liebe wäre das nicht?

Nur wenn *wir* (wer denn sonst?) im Rahmen der Kirche auch Raum schaffen für solche Erfahrungen, wird es möglich sein, innerhalb der Kirche die Kräfte der menschlichen Selbstentfaltung und Identitätsfindung zu stärken. Persönlichkeitsentfaltung meint dann aber nicht die sog. »emanzipatorische Selbstverwirklichung« im Sinne einer gleichsam autistischen Selbstgenügsamkeit, sondern schliesst unabdingbar das Du mit ein: die Übernahme von Bindungen und Verpflichtungen; die Bereitschaft, von versklavenden Fixierungen frei zu werden und den anderen Menschen gelten zu lassen sowie sich für Aufgaben einzusetzen und zu verbrauchen, für die es sich lohnt.

Nur dann wird es möglich sein, dass wir Menschen der Kirche auch Menschen mit Gemüt sind. Eine rationalisierende Diffamierung des Gefühls und eine verhinderte Differenzierung des Gemüts sind ein Nährboden für die Entstehung von Angst. Und Angst verunsichert. Angst, so sehr sie auch zu einer heilsamen Erfahrung führen kann, wir dann zum Feind für den Menschen, auch in den Kirchen, wenn sie sich unerkannt auswirken kann. Angst,

Argwohn und Befürchtungen in allen Bereichen des kirchlichen und gesellschaftlichen Lebens verursachen gerne Festungsatmosphäre und defensives Verhalten, und sind schlechte Ratgeber, um die Zukunft zu bewältigen.

Mit all dem Gesagten soll ein Plädoyer für eine Kirche als »Sakrament« für die Welt abgelegt werden, die sich als Weggenossenschaft und als offene Gemeinschaft im Glauben versteht.

7.5 Weg und Einladung ... durch uns selber

Wenn Laien schöpferische Mitverantwortung in der Kirche nach dem eben beschriebenen Leitbild »Kirche als Weg und Einladung« verwirklichen wollen, dann werden wir auf eine Art Doppelstrategie verwiesen: wir müssen zum einen in unserem eigenen Verantwortungsbereich und nach Massgabe unserer Kräfte das tun, was an Aufgaben vorgegeben ist; und wir müssen zum anderen in solidarischen Formen gegenüber den Entscheidungsebenen der Kirche unsere Anliegen »politisch« vertreten, wenn es um strukturelle Änderungen der Rahmenbedingungen und Voraussetzungen für die schöpferische Mitverantwortung geht. Doppelstrategie meint nicht, auf doppelten Machtkanälen agieren, sondern in eigener alternativer Praxis die Zukunft der Kirche und lebendiger Gemeinde mit zu verwirklichen und gleichzeitig dafür einzutreten, dass der institutionelle Rahmen für diese lebendigen Prozesse geöffnet wird, dass es auch zu einem Ausbau der Wege dort kommt, wo zu enge Wegmarkierungen die Bereitwilligen leicht abdrängen können.

Denn was bringt es letztlich, wenn wir nur an die Adresse anderer oder gar von Amtsträgern Änderungsvorschläge richten und uns in Resolutionen ergehen, wenn wir nicht selber die zu Recht vorgebrachten Reformwünsche und kritischen Anfragen in die eigene Tat umsetzen? Was nützt es, wenn wir die anderen oder gar die Amtsträger sich selbst überlassen, wenn wir nicht selber zu ihnen oder zueinander aufbrechen? Was hilft und heilt es, wenn wir den anderen oder die andere als menschlich ausgehungerte oder spirituell ausgetrocknete Funktionäre oder kirchliche Aktivisten beklagen, wenn wir nicht selber uns auf den Weg zu ihnen machen? Man ändert letztlich keine Situation, vor allem keine Menschen, wenn man nur Forderungen an sie erhebt, aber nicht sich selber ändert und zu ihnen selber aufbricht.

Es bleibt uns nichts anderes übrig, als aus unseren laikalen und klerikalen Minderwertigkeitsgefühlen auszubrechen und mit charismatischem Selbstbewusstsein uns selber zu wagen, uns selber ins Spiel zu bringen und uns damit aufs Spiel zu setzen. In solchen Formen der Kirchenerfahrung, die die Christinnen und Christen selber mitzutragen bereit sind, wird auch konkret sichtbar, ob die kirchlichen Strukturen, die eigene Stärke oder eigene Schwäche sowie die Anliegen für das Handeln unter- oder überschätzt werden. Es wird sich ebenfalls erweisen, ob wir die Chancen der solidarischen kleinen Schritte unterschätzen. Vielleicht wird dann auch ans Licht kommen, ob die Wege Gottes manchmal ganz anders verlaufen als all unser Bemühen und unser noch so gut gemeintes Schreiben und auch notwendiges Planen, Überlegen und Suchen. Ohne solch praktischen Mut für notwendige Schritte und ohne Offenheit gegenüber dem auch unser Sorgen und Wollen einem letzten Vorbehalt ausliefernden Geist Gottes schenkt sich wohl kaum jene Zukunft, die wir alle erhoffen und die verdient, dass wir uns überzeugt, aber auch leidenschaftlich und warum nicht auch mit religiöser Glut ins Spiel bringen. Das Subversivste für die empirische Kirche ist, dass wir sie in ihrer christlichen Dimension lieben.

8 »Brich auf ... und sei ein Segen«

Wenn immer es sich um wesentliche Prozesse und Entscheidungen im Leben handelt, bezahlt man mit sich selber. Auch mit dem Glauben ist es so. Der Glaube an den Gott des Lebens kann in der Betriebsamkeit des Alltags stimmschwach werden und verstummen. In der Geschäftigkeit der Tagesordnung unserer Welt kann Gott abhanden kommen; und sein »Verschwinden« tut vorerst nicht einmal weh. Vielleicht sind es Erschütterungen, Langeweile, Lebenskrisen oder der Zusammenbruch von Lebenslügen, die davon zeugen, dass jemand Hoffnung und Lebensvertrauen, d.h. Lebenssinn verloren hat. Ein solch schmerzlicher Zusammenbruch kann zu einem befreienden Durchbruch führen, ja vielleicht zu einem menschlich bereichernden Aufbruch. So ist zu verstehen, dass viele Menschen auf Hoffnungsimpulse warten und Nahrung für ihren religiösen Hunger suchen.

Der Sinn des Christseins und von Kirche mit all ihren menschlichen Wunden und Wundern liegt darin, im Vertrauen auf die Botschaft Jesu eine Ahnung davon zu vermitteln, dass wir Menschen in einen rettenden Lebenszusammenhang gestellt sind. Dies scheint heute erst recht unverzichtbar zu sein, weil wir Menschen unsere eigenen Lebenswurzeln verlieren und in Angst geraten, wenn die Kriterien des Menschseins nur Leistung, Nutzen, Vorteile, Rendite, Erfolg, Konsum und vor allem Geld sind. Viele Menschen sind Opfer ihrer eigenen Lebensgeschichte, aber auch von gesellschaftlich zugemuteten Lebensbedingungen. An die Wurzeln des Menschseins zu erinnern und für den Kampf um eine menschenwürdigere Zukunft religiöse Orientierung zu geben, ist der Reichtum einer Kirche, die zu den Menschen will. Dort ist der Ort der Laien, der Ort, wohin Christinnen und Christen gerufen sind. Ohne die Laien kommt die Kirche nicht zur Welt. Und ohne Kirche kommt das Christsein nicht zur Welt. Dass Kirche dazu dient, ist Chance und Last aller ihrer Mitglieder. Die Laien können diese Berufung nicht an andere delegieren. Wir selber sind die Brücken in die erhoffte Zukunft und zu einem glaubwürdigeren Zeugnis der Kirche. Nur über diesen Weg kann werden und reifen, wofür letztlich alle eintreten: nämlich eine durch uns und mit uns, aber auch für uns und trotz uns lebendige und menschenfreundliche Kirche. Man kann es nicht genug wiederholen: Allen gilt das Wort, das Gott zu Abraham sprach »Brich auf … und sei ein Segen« (Gen 12,1). – In diesem Sinn ist zu wünschen, dass sich die Stunde der Laien als geerdetes Christsein und als Chance einer auf Gott und auf die Menschen hin offenen Kirche erweist.

Kirche als Gemeinschaft der Glaubenden wächst letztlich weder von oben noch von unten, weder von rechts noch von links, sondern von innen her. Denn die Stunde der Kirche erfüllt sich insofern, als sie die Zeit Gottes in der Zeit der Menschen ist.

Anmerkungen

Erstes Kapitel

1 A. Charron, Dépasser les catégories de »clerc« et de »laïc«..., in: J.C. Petit/J.C. Breton, Ed., Le Laïcat: les limites d'un système (Montréal 1987), 194; A. Faivre, Les laïcs aux origines de l'Eglise (Paris 1984) 28f; P. Neuner, Der Laie und das Gottesvolk (Frankfurt 1988) 26-34.

2 H. Döring, Grundriss der Ekklesiologie (Darmstadt 1986) 245.

3 J. Martin, Der priesterliche Dienst III. Genese des Amtspriestertums in der frühen Kirche, QD 48 (Freiburg 1972) 19.

4 Vgl. A. Charron, a.a.O., 192f.

5 P. Neuner, a.a.O., 33.

6 Y. Congar, Der Laie, Stuttgart 1957, 22f.

7 A.a.O., 23f; vgl. P. Neuner, a.a.O., 43f.

8 Ebd., 35.

9 Siehe A. Faivre, a.a.O.

10 P. Neuner, a.a.O., 40.

11 Didascalia, 9 (s. Y. Congar, a.a.O., 437).

12 Apostolische Tradition des Hippolytus 2.

13 Ep. X,4 (PL 54,628)

14 G. Köhl, Der Beruf des Pastoralreferenten. Praktische Theologie im Dialog 1 (Fribourg 1987) 154.

15 Vgl. Y. Congar, a.a.O., 24f; A. Charron, a.a.O., 204-208.

16 G. Köhl, a.a.O., 154ff.

17 A. Faivre, a.a.O., 70f.; vgl. auch F. Heiler, Die Frau in den Religionen der Menschheit (Berlin 1977) 103-115.

18 J. Raming, Der Ausschluss der Frau vom priesterlichen Amt (Köln 1973). Siehe auch: Projekttag Frauenordination, hrsg. v. d. Kath.-Theol. Fakultät (Bonn 1997).

19 Der Pädagoge II, 33,2; vgl. A. Faivre, a.a.O., 252f.

20 K. S. Frank, Grundzüge der Geschichte des christlichen Mönchtums (Darmstadt 1975) 16.

21 P. Neuner, a.a.O., 44f.

22 Y. Congar, Laie, in: H. Fries, Hrsg., Handbuch theologischer Grundbegriffe III (München 1962) 9f; A. Faivre, a.a.O., 192-195.

23 Der Status des Laien war scheinbar schon zur Zeit des Kaisers Valentinian I (364-375) so selbstverständlich, dass er sich mit Berufung auf das Laiesein vor bischöflichen Zumutungen aus der Affaire ziehen konnte. Als er in einem zermürbenden innerkirchlichen Streit vermitteln und eine Synode einberufen sollte, gab er den Bischöfen trocken zu verstehen: »Ich bin ja nur ein Laie und habe somit kein Recht, mich mit solchen Dingen zu befassen.« (A. Faivre, a.a.O., 171).

24 Bihlmeier-Tüchle, Kirchengeschichte II (Paderborn ^{17}1962) 63-74, 149-168.

25 Vgl. P. Neuner, a.a.O., 66.

26 Ebd., 67.

27 Decr. Mag. Gratiani III, c. XII, ql. ct, in: Corpus juris canonici, hrsg. v. A. Friedberg, Bd I (Leipzig 1879 = Graz 1959) 678.

28 P. Neuner, a.a.O., 70.

29 Einteilung der Welt in gegensätzliche Prinzipien: in einen guten Bereich (Geist, Himmlische ...) und in einen bösen Bereich (Leib, Irdische ...).

30 Abkehr von der diesseitigen Welt, die von den Mächten der Finsternis und nicht

von Gott erschaffen sei, auch wenn das gute Prinzip letztlich siegen wird.

31 Die Welt und alle ihre Teile sind göttlich und Gott von ihr nicht unterschieden.

32 Vgl. H. Grundmann, Religiöse Bewegungen im Mittelalter (Darmstadt [3]1961) 157-169. – Zu den Laienbewegungen im Mittelalter s. A. Vauchez, Gottes vergessenes Volk (Freiburg 1993), zur Armutsfrage 24.

33 Vgl. A. Vauchez, a.a.O., 20-23.

34 Ökumenische Kirchengeschichte II, hrsg. v. Kottje/Moeller (Mainz 1978) 137.

35 P. Neuner, a.a.O., 80.

36 A. Holl. Der letzte Christ (Stuttgart 1979) 50.

37 Vgl. dazu: M. Lohrum, Zur dominikanischen Spiritualität; in: A. Rotzetter, Hrsg., Geist und Geistesgaben. Seminar Spiritualität 2 (Einsiedeln 1980) 145-160.

38 Vgl. H. Grundmann, a.a.O., 170-198; A. Vaucher, a.a.O., 69ff, 125ff.

39 Vgl. A. Vauchez, 195-230.

40 Ebd., 214.

41 Ebd., 247.

42 Vgl. A. Auer, Christsein im Beruf (Düsseldorf 1966) 63f.

43 A.a.O., 59.

44 G. Gonnet, Enchiridion Fontium Valdensium I (1179-1218) (Torre Pellice 1958) 122.

45 H. Grundmann, Religiöse Bewegungen (Darmstadt 1977) 62.

46 P. Neuner, a.a.O., 78.

47 S. Stonner, Bibellesung, in: LThK II (Freiburg [2]1958) 366.

48 Ökumenische Kirchengeschichte, a.a.O., 257.

49 A. Vauchez, a.a.O., 248. Es ist nicht aus dem Auge zu verlieren, dass wir es mit der Zeit des Exils des Papsttums in Avignon, des grossen Schismas mit zum Teil drei Päpsten, des Schwindens der Achtung vor der Geistlichkeit und der Verwilderung der Sitten, der Pestepidemien, der abergläubischen Sekten und der Geisslerzüge mit Busspredigten zu tun haben.

50 Ebd. 250.

51 P. Neuner, a.a.O., 89; s. insgesamt 88-92.

52 Zit. bei P. Neuner, a.a.O., 91.

53 H. Fries, Gibt es ein Lehramt der Gläubigen?, in: Concilium 21 (1985) 291.

54 G. Köhl, a.a.O., 158.

55 K. Mörsdorf, Kirchenrecht I (München [11]1964) 559

56 Ebd., 562.

57 Ebd. 562f.

58 A. Rajçp, »Priester« und »Laien« (Düsseldorf 1982) 9.

59 R. Guardini, in: Hochland 19 (1922) Bd 2, 257-267.

Zweites Kapitel

1 Ökumenische Kirchengeschichte der Schweiz, hrsg. v. L. Vischer, L. Schenker u. R. Dellsperger (Freiburg-Basel 1994) 182ff, 194fff; C. Pfaff, Pfarrei und Pfarreileben, in: Innerschweiz und Eidgenossenschaft I, hrsg. v. Histor. Verein der fünf Orte (Olten 1990) 205-220,228ff;

2 Zu diesem ganzen Komplex: K. Gabriel/F.X. Kaufmann (Hrsg.), Zur Soziologie des Katholizismus (Mainz 1980); H. Hürten, Geschichte des Deutschen Katholizismus 1800-1960 (Mainz 1986); ders., Deutsche Katholiken 1918-1945 (Paderborn 1992); für Österreich: H. Schneider, Kirche und Politik heute – dargestellt am Beispiel Österreichs, in: F. Eichinger (Hrsg.), Konkreter Glauben (Wien 1980) 85-98; M. Lehner, Vom Bollwerk zur Brücke (Thaur 1992); für die Schweiz: U. Altermatt, Der Weg der Schweizer Katholiken ins Ghetto (Zürich [2]1991); ders. Katholizismus und Moderne (Zürich 1989); L. Karrer, Katho-

lische Kirche Schweiz. Der schwierige Weg in die Zukunft (Fribourg 1991), 21-77.

3 Vgl. hierzu H. Katz, Katholizismus zwischen Kirchenstruktur und gesellschaftlichem Wandel, in: K. Gabriel/F.X. Kaufmann (Hrsg.), a.a.O., 116ff.

4 Vgl. H. Hürten, a.a.O., 46ff; F. Loidl, Geschichte des Erzbistums Wien (Wien 1983) 228ff.

5 Vgl. U. Altermatt, a.a.O.; H. Meier, Zum Standort des deutschen Katholizismus in Gesellschaft, Staat und Kultur, in: K. Gabriel/F.X. Kaufmann (Hrsg.), a.a.O., 57-65.

6 S. H. Schneider, a.a.O., 88f.

7 U. Altermatt, Abschied vom katholischen Block-Denken, in: Civitas, hrsg. v. Schweiz. Studentenverein, 30 (1975) 564f.

8 Es ist gerade das Verdienst der neueren historischen und soziologischen Untersuchungen, die Unterscheidung von Kirche und Katholizismus genauer herausgearbeitet zu haben.

9 Vgl. H. Katz, a.a.O., 122ff.

10 P. Neuner, Der Laie und das Gottesvolk (Frankfurt 1988) 100f.

11 Vgl. O. Schroeder, Aufbruch und Missverständnis. Zur Geschichte der reformkatholischen Bewegung (Graz 1969) 320f.

12 Ebd., 335.

13 Ebd., 349.

14 Vgl. Neuner, a.a.O., 104ff.

15 Pascendi dominici gregis« v. 8. September 1907; vgl. zu diesem traurigen Kirchen-Kapitel R. Ardelt, Anmerkungen zur antimodernistischen Ekklesiologie, in E. Weinzierl (Hrsg.), Der Modernismus (Graz 1974) 257–282; s. auch den Beitrag von E. Weinzierl, ebd.; O. Köhler, Bewusstseinsstörungen im Katholizismus (Frankfurt 1972).

16 H. Hürten, a.a.O., 160-182.

17 O. Schroeder, a.a.O., 360.

18 S. bei P. Neuner, a.a.O., 108f.

19 F. Klostermann, Das christliche Apostolat (Insbruck 1962) 601.

20 Zit. bei O. Schroeder, a.a.O., 141.

21 Vinzenz Pallotti. Ausgewählte Schriften, hrsg. v. B. Bayer/J. Zweifel (Friedberg 1985) 23ff.

22 Nach M. Keller, Katholische Aktion (Osnabrück 1935) 28.

23 F. Klostermann, a.a.O., 733f.

24 Vgl. dazu: G. Philips, Der Laie in der Kirche (Salzburg 1955), 199; siehe auch 199-209.

25 Zit. nach F. Klostermann, a.a.O., 612.

26 Vgl. dazu: P. Neuner, a.a.O., 93-100; K. Wittstadt, Perspektiven zum »Laien-Bild« im 19. Jahrhundert, in: E. Klinger/R. Zerfass (Hrsg.), Die Kirche der Laien (Würzburg 1987) 54-65.

27 J.R. Geiselmann, Die katholische Tübinger Schule. Ihre theologische Eigenart (Freiburg 1964) 511.

28 J.A. Möhler, Die Einheit der Kirche oder Das Prinzip des Katholizismus, hrsg. v. J.R. Geiselmann (Darmstadt 1957) 237.

29 J.R. Geiselmann, Die katholische Tübinger Schule, 572.

30 J. Speigl, Laie und Amt, in: E. Klinger/R. Zerfass (Hrsg.), Die Kirche der Laien (Würzburg 1987) 47; vgl. auch P. Eicher, Priester und Laien – im Wesen verschieden?, in: G. Denzler (Hrsg.), Priester für heute (München 1980) 45f.

31 Nach P. Eicher, a.a.O., 45f.

32 W. Klausnitzer, Päpstliche Unfehlbarkeit bei Newman und Döllinger (Innsbruck 1980) 118; vgl. auch W. Renz, Newmans Idee einer Universität (Fribourg 1958) 186.

33 W. Klausnitzer, a.a.O., 118.

34 W. Renz, a.a.O., 86.

35 Nach H. Fries, Wegbereiter und Wege (Olten 1968) 22.

36 Vgl. O. Schroeder, a.a.O., 179.

37 S. P. Neuner, a.a.O., 98f.

38 A. B. Hasler, Wie der Papst unfehlbar wurde. Macht und Ohnmacht eines Dogmas (München 1979).

39 J. Wittig, Roman mit Gott (Moers 1990) 50; A. Wittig, Nach schweren Zeiten wieder Freude und Geborgenheit in der Kirche, in: Diakonia 18 (1987) 37-40.

40 L. Höfer/V. Conzemius, Otto Karrer. Kämpfen und Leiden für eine weltoffene Kirche (Freiburg 1986); vgl. auch O. Schroeder, a.a.O., 453-494.

41 Y. Congar, Jalons pour une théologie du Laicat (Paris 1952), in Deutsch: Der Laie. Entwurf einer Theologie des Laientums (Stuttgart 1956).

Drittes Kapitel

1 Vgl. O. Schroeder, Aufbruch und Missverständnis (Graz 1969) 460f.

2 Vgl. hierzu: K. Gabriel, Christentum zwischen Tradition und Postmoderne. QD 141 (Freiburg 1992).

3 V. Conzemius, Geistliche in der Schweiz, Bürger zweiter Klasse, in: Vaterland (Nr. 219) v. 21.9.1975.

4 Vgl. als Beispiel hierzu: Zoe M. Isenring, Die Frau in den apostolisch-tätigen Ordensgemeinschaften: Praktische Theologie im Dialog 8 (Fribourg [3]1996).

5 Vgl. dazu: N. Mette, Kirchlich distanzierte Christlichkeit (München 1982); A. Dubach/R.J. Campiche, Hrsg., Jede(r) ein Sonderfall? Religion in der Schweiz (Zürich 1992)

6 Vgl. K. Gabriel, a.a.O.,

7 Vgl. A. Dubach/R. Campiche (Hrsg.), a.a.O.

8 L. Karrer, Katholische Kirche Schweiz, Fribourg 1991, 50-77.

9 A. Dubach/R.J. Campiche (Hrsg.), a.a.O., 313.

10 M. Lehner, Vom Bollwerk zur Brücke. Katholische Aktion in Österreich (Thaur/Tirol 1992) 213.

Viertes Kapitel

1 Vgl. G. Philips, Einleitung zur Kirchenkonstitution, in: Lexikon für Theologie und Kirche, Erg. Bd. I (Freiburg 1966) 139.

2 P. Neuner, Der Laie und das Gottesvolk (Frankfurt 1988) 116f.

3 Vgl. J. Hoffmann, Kirche – Ereignis Jesu Christi, in: P. Eicher (Hrsg.) Neue Summe Theologie 3: Der Dienst der Gemeinde (Freiburg 1989) 30.

4 K. Rahner-H. Vorgrimler, Kleines Konzilskompendium (Freiburg 1966) 106. Vgl. auch P.M. Zulehner, Pastoraltheologie; 1: Fundamentalpastoral (Düsseldorf 1989) 96; M. Kehl, Die Kirche (Würzburg [2]1992) 279 ff; J. Werbick, Kirche (Freiburg 1994) 45–94, 135–181.

5 Vgl. J. Ratzinger, Zur Lage des Glaubens (München 1985).

6 Vgl. dazu: L. Karrer, Klerikalisierung der Laien und Laisierung des Klerus, in: Ch. Bender/M. Thull (Hrsg.), Berufung und Sendung der Laien in Kirche und Welt (Hildesheim 1987) 33.

7 Vgl. hierzu: A. Ganoczy, Der Apostolat der Laien nach dem II. Vatikanum, in: E. Klinger/R. Zerfass, (Hrsg.) Die Kirche der Laien (Würzburg 1987) 88f.

8 A. Ganoczy, a.a.O., 90.

9 A. Canoczy, a.a.O., 98.

10 L. Karrer, Der Laie: das geteilte Subjekt, in: Schweizerische Kirchenzeitung 155 (1987) 613-615.

11 Zit. bei F. Klostermann, Zur neuen »Ordnung der pastoralen Dienste« in der BRD, in: Diakonia 9 (1978) 17.

12 Vgl. P. Neuner, a.a.O., 129-132.

13 Vgl. dazu: L. Karrer, Schubkraft für die Kirche. Der Langstreckenlauf der Laien, in: O. Fuchs u.a., Das Neue wächst (München 1996) 115-162, 179f; differenzierter: ders., Katholische Kirche Schweiz (Fribourg 1991) 378-451.

14 Vgl. A.B. Hasler, Wie der Papst unfehlbar wurde (München 1979) 230.

15 Vgl. L. Kaufmann, Zehn Jahre Enzyklika »Humanae vitae«, in: Orientierung 42 (1978) 151-156.

16 Siehe in: Herder Korrespondenz 21 (1967) 436.

17 Offizielle Gesamtausgabe I (Freiburg 1976) 169-178; vgl. Einleitung dazu von K. Lehmann, 153-169.

18 Vgl. hierzu detailliert K. Lehmann, a.a.O., 164ff.

19 So W. Pötter in seiner Einleitung, in: Offizielle Gesamtausgabe..., 639.

20 K. Lehmann, Allgemeine Einleitung, in: Gemeinsame Synode der Bistümer in der Bundesrepublik Deutschland. Offizielle Gesamtausgabe (Freiburg 1976) 28.

21 Konzil und Diaspora. Die Beschlüsse der Pastoralsynode der katholischen Kirche in der DDR (Berlin 1977); hrsg. im Auftrag der Berliner Bischofskonferenz.

22 U. Stutz, Der Geist des Codex Juris Canonici (Stuttgart 1918) 83f.

23 Vgl. P. Boekholt, Der Laie in der Kirche. Seine Rechte und Pflichten im neuen Kirchenrecht (Kevelaer 1984); R. Weigand, Zur Stellung des Laien im neuen Kirchenrecht, in: E. Klinger/R. Zerfass (Hrsg.) Die Kirche der Laien (Würzburg 1987) 145-155; K. Walf, Kirchenrecht (Düsseldorf 1984) 33, 56ff, 84ff, 102f.

24 E. Corecco, Der Katalog der Pflichten und Rechte des Gläubigen im CIC, in: Ministerium Justitiae (Essen 1985) 199f.

25 K. Walf, a.a.O., 60.

26 Ebd., 66.

27 Ebd., 68.

28 Vgl. dazu meine aus subjektiver Sicht formulierten Überlegungen zu einer schwesterlichen und brüderlichen Kirche, in: Katholische Kirche Schweiz. Der schwierige Weg in die Zukunft (Fribourg 1991) 474-484.
Siehe die Beiträge von J. Gomez-Acebo, G. Baum, H. Meyer-Wilmes, M. May und M. Hunt in: Concilium 35 (1999) zum Thema »Die Weigerung, Frauen zu ordinieren«.

29 W. Kasper, Zukunft aus der Kraft des Konzils (Freiburg 1986). Diese Publikation bildet einen Kontrast zu den z.T. würdelosen Ausfällen von N. Lobkowicz, Was brachte uns das Konzil? (Würzburg-München 1986).

30 Vgl. P. Neuner, a.a.O., 137-140; L. Karrer, Aufbruch der Christen (München 1989) 15-25.

31 Vgl. P. Neuner, a.a.O., 139.

32 Diese Bischofssynode habe ich als einer der Berater von Weihbischof G. Bullet, dem Delegierten der Schweiz. Bischofskonferenz, miterlebt.

33 Vgl. L. Karrer, Es ist die Stunde der Bischöfe. Nach dem Kirchenvolksbegehren ein Bischofsbegehren nach Rom, in: Schweizerische Kirchenzeitung 164 (1996) 142-149.

34 D. Deflorin, Erfahrungen in Österreich, in: »Wir sind Kirche«. Das Kirchenvolksbegehren in der Diskussion (Freiburg 1995) 32.

35 Text siehe in: »Wir sind Kirche«, a.a.O., 12-14.

36 H. Denz, Das Kirchenvolksbegehren in Österreich. Empirische Ergebnisse einer Begleitstudie, in: »Wir sind Kirche«, a.a.O., 53.

37 »Wir sind Kirche«, a.a.O., 12-14.

38 Vgl. hierzu genauer die Ausführungen des Schreibenden: »Prophetischer Protest. Erklärungen und Petitionen als Instrumente der Meinungsäusserung in der Kirche«, in: Diakonia 23 (1992) 97-99, und: Was ist los mit der Kirche? Das Kirchenvolksbegehren im Horizont unterschiedlicher Kirchen-Erfahrungen, in: »Wir sind Kirche«, a.a.O., 17-30.

39 Herder Korrespondenz 51 (1997) 444.

40 L. Karrer, Aufbruch der Christen, 92ff; H. Krätzl, Im Sprung gehemmt. Was mir nach dem Konzil noch alles fehlt (Mödling 1998).

Fünftes Kapitel

1 Acta Apostolicae Sedis 38 (1946) 143f. u. 149; zit. bei E. Klinger, Das Amt des Laien in der Kirche, in: ders./ R. Zerfass (Hrsg.), Die Kirche der Laien (Würzburg 1987) 73.

2 Y. Congar, Jalons pour une théologie du laicat (Paris ^{2}1954); in Deutsch: Der Laie. Entwurf einer Theologie des Laientums (Stuttgart ^{3}1964). Vgl. hierzu: P. Neuner, Der Laie und das Gottesvolk (Frankfurt 1988) 162-170.

3 Y. Congar, Der Laie, a.a.O., 48. Übrigens hat schon Pius XII. mit genau dieser Argumentation in seiner Ansprache »De quelle consolation« am 14. Oktober 1951 beim Weltkongress des katholischen Laienapostolats in Rom die Rolle der Laien beschrieben. Siehe A. Rohrbasser (Hrsg.), Heilslehre der Kirche (Fribourg 1953) Nr. 1597, S. 1024.

4 Ebd., 51.

5 Ebd., 170-280.

6 Y. Congar, Elemente einer »Spiritualität« des Laien, in: A. Zottl (Hrsg.), Weltfrömmigkeit (Eichstätt/Wien 1985) 83.

7 Vgl. J. Cardijn, Laien im Apostolat (Kevelaer 1964): Laics en premières lignes, übersetzt von K.H. Bergner.

8 J. Cardijn, a.a.O., 146; vgl. auch 104.

9 Ebd. 129f.; vgl. 104 und 79f.

10 Ebd. 94.

11 Ebd. 35f.

12 G. Philips, Le rôle du laicat dans l'église (Tournai/Paris 1954); Deutsch: Der Laie in der Kirche (Salzburg 1955); vgl. dazu P. Neuner, a.a.O., 170-173.

13 Zit. bei Neuner, a.a.O., 172.

14 Frankfurt 1949; vgl. P. Neuner, a.a.O., 233f.

15 Vgl. P. Neuner, a.a.O., 174.

16 J.B. Metz, Zur Theologie der Welt (Mainz-München 1968); ders., Glaube in Geschichte und Gegenwart (Mainz 1977); s. auch P. Neuenzeit u.a. (Hrsg.), Die Funktion der Theologie in Kirche und Gesellschaft (München 1969).

17 F.X. Arnold, Kirche und Laientum, in: ders., Glaubensverkündigung und Glaubensgemeinschaft (Düsseldorf 1955) 126 (Zit. bei P. Neuner, a.a.O., 174).

18 A. Auer, Weltoffener Christ. Grundsätzliches und Geschichtliches zur Laienfrömmigkeit (Düsseldorf 1960).

19 Ebd., 99.

20 Düsseldorf 1966; s. auch A. Auer, Die Laien, in: W. Sandfuchs (Hrsg.) Das neue Volk Gottes. Arena-Taschenbuch 114 (Würzburg 1966) 55-71.

21 Hierzu K. Rahner, Über das Laienapostolat, in: ders., Schriften zur Theologie II (Einsiedeln 1955, ^{8}1968) 339-375.

22 Ebd. 342.

23 Ebd. 343.

24 Ebd.

25 Ebd., 344f.
26 Ebd. 340; vgl. K. Rahner, Schriften zur Theologie VII (Einsiedeln [2]1971) 355ff.
27 L. Karrer, Ist der Priestermangel durch die Auffächerung der kirchlichen Dienste zu beheben?, in: F. Klostermann (Hrsg.), Der Priestermangel und seine Konsequenzen (Düsseldorf 1977) 52f; vgl. ders., Laientheologen in pastoralen Berufen (Mainz 1974) 62-69; vgl. K. Koch, Kirche der Laien? (Fribourg 1991).
28 K. Rahner, a.a.O., 350.
29 Vgl. E. Klinger, Das Amt des Laien in der Kirche, in: ders./R. Zerfass, Die Kirche der Laien (Würzburg 1987) 67-85.
30 E. Schillebeeckx, Die typologische Definition des christlichen Laien nach dem Zweiten Vatikanischen Konzil, in: ders., Gott, Kirche, Welt. Gesammelte Schriften II (Mainz 1970) 140-161, und ebd., Die neue Ortsbestimmung des Laien, 162-172. Vgl. auch P. Neuner, a.a.O., 186-190.
31 K. Rahner, Gott ist Mensch geworden (Freiburg 1977) 67.
32 Vgl. dazu K. Rahner, Inkarnation, in: Herders Theologisches Taschenlexikon 3· (Freiburg 1972) 346-359; ders., Grundkurs des Glaubens (Freiburg 1976) 194-202.
33 K.Rahner, a.a.O., 197.
34 J.A. Fitzmeier, ›Abba and Jesus‹ Relation to God, Paris (1985) 15-38.
35 F. Hahn, Christologische Hoheitstitel (Göttingen [3]1966) 329.
36 J. Gnilka, Jesus von Nazaret (Freiburg [4]1995), 258, vgl. 99, 136, 326. Siehe auch R. Schnackenburg, Jesus Christus – im Spiegel der vier Evangelien (Freiburg 1998); M. Kehl, Die Kirche (Würzburg [2]1992) 79–89
37 E. Schillebeeckx, Menschen. Die Geschichte von Gott (Freiburg 1990) 204.
38 Vgl. Y. Congar, Der Heilige Geist (Freiburg 1982); Ch. Schütz, Heiliger Geist / Geisterfahrung, in: ders. (Hrsg.) Praktisches Lexikon der Spiritualität (Freiburg 1988) 597-608.
39 Ebd., 601
40 H.J. Venetz, So fing es mit der Kirche an (Zürich [4]1990) 141f.
41 Ch. Schütz, a.a.O., 607.
42 Vgl. die Themenhefte »Löscht den Geist nicht aus« von Diakonia 21 (1990) und »Ich glaube an den Heiligen Geist«: Diakonia 26 (1995); siehe auch: H. Küng, Die Kirche (München 1977) 452-457, 508.
43 Kirche und Sakramente, Quaestiones Disputatae 10 (Freiburg 1960) 17. Zur Sakramentalität der Kirche vgl. M. Kehl, a.a.O., 82–88, 93 ff., 417–422; J. Werbick, Kirche (Freiburg 1994) 163–170, 302–315, 369 ff, 407–431.
44 Vgl. K. Rahner, Schriften zur Theologie VI (Einsiedeln [2]1968) 277-298. Dieser Aufsatz von Rahner schafft m.E. einen der tiefsten Zugänge zum Denken des wohl grössten Theologen auf katholischer Seite im 20. Jahrhundert.
45 Vgl. J. Gnilka, Jesus von Nazaret (Freiburg [4]1995) 212.
46 Vgl. hierzu: L. Karrer, Gottes fremde Sprache. Das Kreuz mit dem Leid (Freiburg 1990); ders.; Der grosse Atem des Lebens. Wie wir heute beten können (Freiburg 1996).
47 W. Kasper, Zukunft aus der Kraft des Konzils (Freiburg 1986) 90.
48 D. Wiederkehr, Grundvollzüge christlicher Gemeinde, in: L. Karrer (Hrsg.), Handbuch der praktischen Gemeindearbeit (Freiburg i.Br. 1990) 34f.
49 Vgl. K.H. Kleber, Hören, in: Ch. Schütz, Praktisches Lexikon der Spiritualität (Freiburg 1988) 635ff.

Sechstes Kapitel

1 Vgl. H.J. Venetz, So fing es mit der Kirche an (Zürich [4]1990) ders., Die vielgestaltige Kirche und der eine Christus, in: Diakonia 16 (1985) 41-52.

2 K. Rahner in: F.X. Arnold u.a. (Hrsg.) Handbuch der Pastoraltheologie II/1 (Freiburg i.Br. [2]1971), 269f. Vgl. S. Knobloch/H. Haslinger (Hrsg.), Mystagogische Seelsorge. Eine lebensgeschichtlich orientierte Pastoral (Mainz 1991).

3 W. Kasper, Was heisst eigentlich christlich? – Studientagung des Freckenhorster Kreises am 20.-22.8.1969, MS 4. Vgl. auch L. Karrer, Der grosse Atem des Lebens (Freiburg 1996) 39f.

4 Es geht hier mehr um die Benennung der Wirklichkeit, für die die Laien Bürgen in der Kirche sind. Die spirituelle Dimension des Handelns wird im letzten Kapitel aufgenommen. Sehr zu empfehlen: M. Kehl, Die Kirche (Würzburg [2]1992) 199–210. Zum Umgang mit Geld und Eigentum siehe G. Fuchs, Geldanschauung, in: Diakonia 19 (1988) 251–257.

5 J. Duss von Werth, Ehe, in: F. Klostermann u.a. (Hrsg.), Handbuch der Pastoraltheologie V. Lexikon (Freiburg 1972) 99.

6 Leitbilder der Partnerschaft sind heute Ebenbürtigkeit, Gleichberechtigng, Gegenseitigkeit, Achtung vor der Individualität der Partner. Dabei ist aber für die Binnenstruktur der Ehe als Partnerschaft eine doppelte, sich gegenseitig fordernde Bewegung zu beachten: einerseits die Verwirklichung personaler Eigenständigkeit und der schöpferischen Persönlichkeitsentfaltung (der Partner und der Kinder), aber andererseits auch die Mitverantwortung aller für die konkrete Gestaltung des gemeinsamen Lebens.

7 L. Wachinger, Ehe. Einander lieben - einander lassen (München 1986).

8 Vgl. U. Baumann, Die Ehe – ein Sakrament? (Zürich 1988).

9 Wie U. Baumann in seinem hervorragenden Werk mir sanft unterstellt (a.a.O., 309).

10 D. Reeves, Kirchlicher Dienst in der Innenstadt – eine Chance für die Kirche, in: H.W. Dannowski u.a. (Hrsg.) Kirche in der Stadt II (Hamburg 1991) 37ff.

11 Ebd., 44.

12 Ebd., 44f.

13 Vgl. für die katholische Kirche Schweiz: L. Karrer, Katholische Kirche Schweiz. Der schwierige Weg in die Zukunft (Fribourg 1991) 104-152, 239-273, 299-341.

14 C. Bovay, Religion und Gesellschaft in der Schweiz, in: F. Dubach/R. Campiche, Hrsg., Jede(r) ein Sonderfall? (Zürich-Basel 1993) 197-211.

15 D. Bonhoeffer, Widerstand und Ergebung (München [3]1985) 415.

16 A. Delp, Gesammelte Schriften IV, hrsg. v. R. Bleistein (Frankfurt 1984) 318f.

17 F. Kamphaus, Der Preis der Freiheit (Mainz 1987) 166.

18 Vgl. O. Fuchs, »Umstürzlerische« Bemerkungen zur Option der Diakonie hierzulande, in: Caritas 85 (Freiburg 1985) 28.

19 Auführlicher dazu: L. Karrer, a.a.O., 193-199.

20 Zit. bei: L. Karrer, a.a.O., 183.

21 Für die eigenwillige Situation in der Schweiz vgl. die Ausführungen des Autors a.a.O., 156-161.

22 Vgl. hierzu: F. X. Kaufmann, Kirche begreifen (Freiburg 1979) 100ff.

23 M. Ebertz, Kirche im Gegenwind (Freiburg 1998) 147.

24 Ebd., 141.

25 K. Gabriel, Christentum zwischen Tradition und Postmoderne. QD 141 (Freiburg 1992).

26 Ebd., 193-202.
27 U. Beck, Risikogesellschaft. Auf dem Weg in eine andere Moderne (Frankfurt 1986); G. Schulze, Die Erlebnisgesellschaft. Kultursoziologie der Gegenwart (Frankfurt [4]1993).
28 Interessante Ausführungen s. M. Blasberg-Kuhnke, Szene oder Netzwerk?, in: A. Schifferle, Pfarrei in der Postmoderne? (Freiburg 1997) 83-92.
29 Vgl. M. Ebertz, a.a.O., 140ff.
30 Vgl. K. Gabriel, a.a.O., 179-192.
31 Ebd., 196ff. Vgl. L. Karrer, Denkbare Szenarios für die Religion in der künftigen Gesellschaft, in: ders., Katholische Kirche Schweiz (Fribourg 1991) 156-161.
32 R. Weibel, Stabilität und Stagnation. Die Schweiz im Jubiläumsjahr 1991, in: Herder Korrespondenz 45 (1991) 364.
33 K. Gabriel, a.a.O., 198.
34 Ebd., 200.
35 Ebd., 201.
36 Ebd., 202.
37 K. Gabriel (a.a.O., 177-192) spricht in Anlehnung an U. Altermatt von Sektor. Sektor meint einen klar begrenzten Ausschnitt. In der Westschweiz sind in Anlehnung an Frankreich (z. B. Erzbistum Bordeaux) damit territorial klar umschriebene Seelsorgeeinheiten wie in der Bundesrepublik Deutschland z.B. der Pfarrverband gemeint. Deshalb verwende ich den Begriff »Segment«, der dynamischer zu verstehen ist und die Zuordnung oder auch gemeinsame Schnittmengen mit anderen Segmenten einschliesst.
38 Vgl. L. Karrer, Prophetie der kirchlichen Verbände in der Schweiz, in: Singen und Musizieren 123 (1998) 52-54, 114-119.
39 Vgl. K. Gabriel, a.a.O., 186.
40 Ebd., 188-192.
41 Ebd., 188f; vgl. K. Gabriel/M. Treber (Hrsg.), Christliche Dritte-Welt-Gruppen: Herausforderung für die kirchliche Pastoral und Sozialethik (Zentralstelle der Deutschen Bischofskonferenz, Bonn 1998).
42 Vgl. L. Karrer, Katholische Kirche Schweiz, 456-473.
43 Vgl. vor allem bezüglich der Stadtebene die inspirierenden Ausführungen von M. Blasberg-Kuhnke, a.a.O., 86-92.
44 Zu historischen Spannungen zwischen dem weit aufgefächerten Verbandswesen im Katholizismus zur Hierarchie s. H. Hürten, Deutsche Katholiken 1918-1945 (Paderborn 1992) 119-137.
45 Inspirierend zu pünktlichem Christsein siehe K. Koch, Zwischenrufe. Plädoyer für ein unzeitgemässes Christentum (Fribourg 1987); ders., Schweigeverbot. Christliche Befreiungspraxis an Brennpunkten unseres Lebens (Fribourg 1988); ders., Aufbruch statt Resignation (Zürich 1990).

Siebtes Kapitel

1 Vgl. Hermann Wieh, Das Gemeindeverständnis des Konzils und der Synode, in: H. Frankemölle (Hrsg.), Kirche von unten (München 1981) 62-77.
2 Vgl. L. Karrer, Wir sind wirklich das Volk Gottes (Fribourg, 1994) 44-45.
3 Vgl. dazu A. Franz, Bindung an die Kirche oder Autonomie? Theologie im gesellschaftlichen Diskurs (Freiburg 1999).
4 Es zeigt sich gerade hier, wie verlegen der Begriff »Laie« macht, wenn er im kirchenrechtlichen Sinn den Nicht-Kleriker meint. Danach sind z.B. »Laientheologen« und »-theologinnen« nach kanonischem Recht zwar Laien, aber in ihrem Beruf Fach-Leute.

5 H. Bacht, Consensus, in: Lexikon für Theologie und Kirche III (Freiburg ^{2}1959) 44. Erst seit der Barockscholastik teilt man die Glaubensgemeinschaft in einen *lehrenden* Teil und in einen *hörenden* Teil. Vgl. W. Beinert, Der Glaubenssinn der Gläubigen in der systematischen Theologie, in: G. Koch (Hrsg.), Mitsprache im Glauben? (Würzburg 1993) 51-78, hier: 62.

6 M. Seckler, Glaubenssinn, in: Lexikon für Theologie und Kirche IV (Freiburg ^{2}1960) 946.

7 Vgl. dazu: H. Vorgrimler, Vom »sensus fidei« zum »consensus fidelium«, in: Concilium 21 (1985) 238.

8 H. Küng, Die Kirche (München 1977) 210, vgl. 287,s. M. Kehl, Die Kirche (Würzburg ^{2}1992) 147–151.

9 J. Ratzinger, Das Neue Volk Gottes (Düsseldorf ^{3}1970) 150. Zur Rezeptionsproblematik s. W. Beinert (Hrsg.), Glaube als Zustimmung. QD 131 (Freiburg 1991).

10 Vgl. dazu die hilfreichen Ausführungen von P. Wehrle, Pastoral im Hören auf das Volk Gottes. »Der Glaubenssinn der Gläubigen«, in: Freiburger Texte 27, hrsg. v. Erzb. Ordinariat (Freiburg 1997) 37-57, hier: 55; P. Schmid, Im Anfang ist Gemeinschaft (Stuttgart 1998).

11 W. Beinert, Der Glaubenssinn der Gläubigen in der systematischen Theologie, in: G. Koch (Hrsg.), a.a.O., 59.

12 Die Gemeinde, hrsg. im Auftrag der Konferenz der deutschsprachigen Pastoraltheologen von H. Fischer, N. Greinacher, F. Klostermann (Mainz 1970) 14; vgl. P. M. Zulehner, Pastoraltheologie 2: Gemeindepastoral. Orte christlicher Praxis (Düsseldorf 1989); zum Folgenden: H. Steinkamp, Gemeindestruktur und Gemeindeprozess, in: N. Greinacher u.a. (Hrsg.), Gemeindepraxis (München 1979) 77–89.

13 Vgl. L. Karrer, Gemeinde – wohin? Trägt das Prinzip »Gemeinde« noch?, in: G. Koch/J. Pretscher (Hrsg.), Der Weg der Kirche ins dritte Jahrtausend (Würzburg 1996) 22-43; M. Ebertz, Kirche im Gegenwind (Freiburg 1998) 142f.

14 Vgl. dazu L. Karrer, Prophetie der kirchlichen Verbände in der Schweiz, in: Singen und Musizieren im Gottesdienst. Zeitschrift für die Musik in der Liturgie des SKMV 123 (1998) 52-54, 114-119.

15 Vgl. M. Kuhn, Das Kontaktbüro Brüssel der Österreichischen Bischofskonferenz, in: Jahrbuch der Katholischen Kirche in Österreich 1998, hrsg. v. Sekretariat der Österreichischen Bischofskonferenz (Wien 1998) 174-178.
Ein weiteres Beispiel dieser Tage ist H. P. Röttlin, seit 1991 Vizesekretär des Päpstlichen Medienrates im Vatikan, ab Oktober 1999 Präsident des Internat. kath. Hilfswerkes Kirche in Not / Ostpriesterhilfe.

16 Vgl. J. Gerber, Ungleichheiten im Volk Gottes: Praktische Theologie im Dialog 16 (Freiburg 1998) 66-112.

17 U.J. Cavelti, Rechtliche Aspekte der Repräsentation und Legitimität, in: Civitas 30 (1975), hrsg. v. Schweiz. Studentenverein, 544; vgl. auch J.-C. Petit/J.-C. Breton (Ed.), Le laïcat: les limites d'un système (Quebec 1987).

18 Die Konsequenzen zeigten sich z. T. für die Kirche unter dem Nationalsozialismus. Vgl. H. Hürten, Deutsche Katholiken 1918-1945 (Paderborn 1992) 258f.

19 Vgl. P. Hinder, Die theologische Grundlegung der nachkonziliären Räte, in: L. Carlen (Hrsg.), Räte in der Kirche zwischen Recht und Alltag (Fribourg 1987) 17f.

20 Vgl. N. Ruf, Das Recht der Katholischen Kirche (Freiburg 1983) 54f, 75-77.

21 Ebd. 147.

22 Vgl. P. Hinder, a.a.O., 17.

23 Ebd.

24 Vgl. J. Bruhin, Die beiden Vatikanischen Konzile und das Staatskirchenrecht der Schweizerischen Bundesverfassung. Freiburger Veröffentlichungen auf dem Gebiete von Kirche und Staat, Bd 17 (Fribourg 1975); L. Karrer, Katholische Kirche Schweiz (Fribourg 1991) 349-377.

25 R. Schwager, Legitimität und Repräsentation in der Kirche, in: Civitas 30 (1975) hrsg. v. Schweiz. Studentenverein, 538; vgl. B. Forte, Laie sein (München 1987).

26 Vgl. H. Küng, a.a.O., 518f.

27 Vgl. E. Leuninger, Wir sind das Volk Gottes (Frankfurt 1992); L. Karrer, Wir sind wirklich das Volk Gottes. Auf dem Weg zu einer geschwisterlichen Kirche (Fribourg 1994); ders., Aufbruch der Christen. Das Ende der klerikalen Kirche (München 1989); siehe auch: Lehrautorität der Gläubigen: Concilium 21 (1985) Heft 4; L. Swidler/P. Connor (Hrsg.), »Alle Katholiken haben das Recht...« Freiheitsrechte in der Kirche (München 1990); Ch. Friesl, Schlägt die Stunde der Laien?, in J. Röser (Hrsg.), Christsein 2001 (Freiburg 1998) 298–302; M. Kehl, a.a.O., 103–125.

28 I. Fürer, Erfahrungen mit Räten in der deutschsprachigen Schweiz, in: Theologisch-praktische Quartalschrift 129 (1981) 256.

29 Vgl. G. Leder, »Rat-Geben« und »Rat-Nehmen«, in: Lebendige Seelsorge 45 (1994) 103.

30 K. Deinzer, Ohne Ziel ist jeder Weg der »richtige«, in: Lebendiges Zeugnis 45 (1994) 108.

31 Vgl. A. Hopp, Alltagswirklichkeit und Selbstverständnis der kirchlichen Räte, in: L. Carlen (Hrsg.), a.a.O., 21-27.

32 N. Ruf, a.a.O., 136.

33 Seit über 10 Jahren ist die Frage einer »Tagsatzung der Katholiken und Katholikinnen in der Schweiz« im Gange, die zu einer gewissen regelmässigen Synode führen sollte. Vgl. dazu L. Karrer, Katholische Kirche Schweiz, 456-473.

34 In: Lexikon für Theologie und Kirche X (Freiburg ^{2}1965) 1349.

35 O. ter Reegen, Die Rechte der Laien, in: Concilium 2 (1968) 572f; vgl. auch P. Delooz, Die Mitsprache in der katholischen Kirche, hrsg. v. Pro Mundi Vita, 84 (Brüssel 1981) 22-38.

36 Vgl. hierzu die Beiträge von Jan Kerkhofs, Gérard Defois, Hervé M. Legrand, Antonio Acerbi und John Meyendorff in: G. Alberigo u.a. (Hrsg.), Kirche im Wandel. Eine kritische Zwischenbilanz nach dem Zweiten Vatikanum (Düsseldorf 1982); s. auch H. J. Pottmeyer u.a. (Hrsg.), Die Rezeption des Zweiten Vatikanischen Konzils (Düsseldorf 1986); Demokratisierung der Kirche – ein Tabu? Concilium 28 (1992) Heft 5.

37 J. Gnilka, Neutestamentliche Theologie. Die neue Echter Bibel (Würzburg 1989) 11.

38 Ebd., 19.

39 Ebd., 60. Vgl. auch J. Blank, Priester / Bischof, in P. Eicher (Hrsg.), Neues Handbuch theologischer Grundbegriffe 4 (München 1991) 275ff.

40 A. Vögtle, Exegetische Reflexionen zur Apostolizität des Amtes und zur Amtssukzession, in: R. Schnackenburg u.a., (Hrsg.) Die Kirche des Anfangs (Leipzig 1977) 529f.

41 Vgl. H. Vorgrimler, Sakramententheologie (Düsseldorf 1987) 268ff.

42 Ebd., 271.

43 Ebd. 273.

44 Ebd. 277.

45 Die neutestamentliche Grundlage des Priesteramtes, in: Der priesterliche Dienst I, Ursprung und Frühgeschichte. Quaestiones disputatae 46 (Freiburg 1970) 81-114.
46 Zur Frage nach dem Sinn des priesterlichen Dienstes, in: Geist und Leben 41 (1968) 347-376.
47 Die Funktion des Priesters in der Kirche; in: Geist und Leben 42 (1969) 102-116.
48 Der theologische Ansatzpunkt für die Bestimmung des Wesens des Amtspriestertums, in: Schriften zur Theologie IX (Einsiedeln 1970) 366-372; vgl. ebd. 373-394.
49 Schriften zur Theologie XIV (Einsiedeln 1980) 134.
50 Priestersein (Freiburg ^{5}1991).
51 Die Verschiedenheit der Dienste: Laien – Diakone – Priester, in: Internationale Katholische Zeitschrift Communio 25 (1996) 501.
52 L. Karrer, Katholische Kirche Schweiz. Der schwierige Weg in die Zukunft (Fribourg 1991) 423f, dort Literaturbelege. Vertiefend zur Gesamtproblematik s. M. Kehl., a.a.O., 111–117, 430–459; J. Werbick, Kirche (Freiburg 1994) 358–364, 371–376; G. Baum, Theologische Reflexion über die Macht in der Kirche, in: Concilium 35 (1999) 311– 318; H. Häring, Vollmacht der Frauen – Zukunft der Kirche, in: ebd., 379–385.

Achtes Kapitel

1 J. Sudbrack, Beten ist menschlich (Freiburg 1981) 186.
2 Ebd. 188.
3 Ebd. 189.
4 H. Schalück, Aktion/Kontemplation, in: Ch. Schütz (Hrsg.), Praktisches Lexikon der Spiritualität (Freiburg 1988) 18.
5 R. Schnackenburg, Jesus Christus im Spiegel der vier Evangelien (Freiburg 1998) 230f.
6 Ausführlich dazu: L. Karrer, Der grosse Atem des Lebens. Wie wir heute beten können (Freiburg 1996).
7 Ebd., 62-65.
8 A. Exeler, Beten: eine Weise geistlichen Lebens, in: Katechetische Blätter 106 (11/1981) 842.
9 Vgl. F. Schumacher, Askese, in: Ch. Schütz (Hrsg.), Prakisches Lexikon der Spiritualität (Freiburg 1988) 71-74.
10 Siehe K.S. Frank, Mönchtum/Orden, in: P. Eicher (Hrsg.), Neues Handbuch theologischer Grundbegriffe III (München 1991) 400f.
11 Vgl. Denzinger-Schönmetzer, Enchiridion symbolorum (Freiburg ^{35}1973) Art. 980.
12 F. Wulf, Aszese, in: Herders Theologisches Taschenlexikon 1 (Freiburg 1972) 202.
13 K. Rahner, Zur Theologie der Entsagung, in: Schriften zur Theologie III (Einsiedeln 1967) 69.
14 J. Fischer, Über das Gottvorkommen in der heutigen Kirche, in: M. Albus u.a. (Hrsg.), Nur der Geist macht lebendig (Mainz 1986) 29-37.

Namenregister